Die Märchen der Weltliteratur

Begründet von Friedrich von der Leyen

Herausgegeben von Hans-Jörg Uther

Märchen vor Grimm

Herausgegeben von
Hans-Jörg Uther

EUGEN DIEDERICHS VERLAG

CIP-Titelaufnahme der Deutschen Bibliothek
Märchen vor Grimm/hrsg. von Hans-Jörg Uther. – München:
Diederichs, 1990
(Märchen der Weltliteratur)
ISBN 3-424-01041-3
NE: Uther, Hans-Jörg [Hrsg.]

Umschlaggestaltung: Ute Dissmann, München
Produktion: Tillmann Roeder, München
Satz: Uhl+Massopust, Aalen
Druck und Bindung: Wiener Verlag, Himberg
ISBN 3-424-01041-3
Printed in Austria

INHALT

1. Die Königstochter und der verzauberte Prinz Froschkönig 9
2. Das Mädchen im Schrein 11
3. Die Fabel von dem Wolf und dem Kitz 22
4. Vardiello 22
5. Rapunzel 29
6. Die drei Spinnerinnen 38
7. Treue und Untreue 40
8. Von einer Bohne 44
9. Von dem Fischer und siene Fru 47
10. Von einem König, Riesen, Einhorn und wilden Schwein 53
11. Eine schöne Historie von einer Frau mit zwei Kindlein 57
12. Der Rätselkampf 65
13. Das kleine Rotkäppchen 66
14. Die Tiere auf Wanderschaft 69
15. Das Märchen vom Popanz 70
16. Dionigia und der König von England 84
17. Eine schöne Fabel von ein törichtem Bauern 92
18. Die Prophezeiung erfüllt sich 94
19. Ein Fabel von einem Schneider 97
20. Der wilde Mann 98
21. Das Paten-Geld machet reich 107
22. Vergleichung des Hoflebens 108
23. Bestrafter Hochmut 111
24. Warum die Landsknechte der Trommel zulaufen 119
25. Der Orangenbaum und die Biene 123
26. Der treue Fuchs 131
27. Kilian Brustfleck als Katzenverkäufer 160
28. Die drei Königssöhne 161
29. Historie von Joringel und Jorinde 171

30. Von den Bauern in einem Dorf, das heißt Ganslosen, und ihrer Einfalt 174
31. Friß all, bezahl! 176
32. Der entlaufene Hasenbraten 177
33. Historia von einem Sohn, deß Weib ihren Schwäher nicht mit übern Tische essen lassen wollte 180
34. Erschreckliche Geschichte vom Hühnchen und Hähnchen 181
35. Der listige Schmied 183
36. Hans Wohlgemut 186
37. Von einem wahrhaftigen, doch betrieglichen Werber 191
38. Von einem Hahnen und Fuchs 192
39. Von drei Wünschen 193
40. Von einer Mutter, die ihren Sohn ausgesandt hat, um einen guten Tag zu suchen 194
41. Geschichte des Fischers mit dem Geiste 195
42. Vom Ursprung des Namens Bärnhäuter 205
43. Der Fremde aus dem Paradies 212
44. Wie man klugen Rat immer anhören, andern aber verwerfen muß 213
45. Die Wette um die Augen 215
46. Exempel von einer Frau und ihrem Sohn 217
47. Münchhausen und die Mondleiter 218
48. Hund verrät etliche Mörder 220
49. Von der Eintracht 221
50. Von drei Brüdern, die glaubten, wegen ihres Lateins aufgehängt zu werden 223
51. Der in einen Esel verwandelte Bräutigam 224
52. Die wunderschöne Psyche 227
53. Die drei Brüder 231
54. Goldener 234
55. Ein Weib bekommt einen guten Rath, den bösen Mann gut zu machen 238
56. Von wegen des Undancks gegen den Elteren 240

57. Ursprung der Affen 242
58. Der Teufel ist unsers Herrgotts Affe 246
59. Von drei faulen Söhnen 249
60. Wie Eulenspiegel in Prag zu Böhmen auf der hohen Schule mit den Studenten konversierte und wohl bestand 250
61. Der undankbare Zwerg 253
62. Pferd, Stier und Hund beim Menschen 255
63. Von deß Todts Botten 256
64. Hans Pfriem 257
65. Scherzrede von Verordnung der Personen, so zum Regiment gehören 259
66. Ein Fabel von einem Löwen und Esel 259
67. Die Ernteteilung 263
68. Von der Königstochter, die aus ihrem Schlosse alles in ihrem Reiche sah 264
69. Jungfer Maleen 268
70. Vom Bruder Stiefelschmeer 273

Nachwort 277
Anmerkungen 285
Quellen und Literaturverzeichnis 331

1. Die Königstochter und der verzauberte Prinz Froschkönig

Die jüngste Tochter des Königs ging hinaus in den Wald und setzte sich an einen kühlen Brunnen. Darauf nahm sie eine goldene Kugel und spielte damit, als diese plötzlich in den Brunnen hinabrollte. Sie sah, wie sie in die Tiefe fiel, und stand an dem Brunnen und war sehr traurig. Auf einmal steckte ein Frosch seinen Kopf aus dem Wasser und sprach: »Warum klagst Du so sehr?« – »Ach! Du garstiger Frosch«, antwortete sie, »Du kannst mir doch nicht helfen, meine goldene Kugel ist mir in den Brunnen gefallen.« Da sagte der Frosch: »Wenn Du mich mit nach Hause nehmen willst, so will ich Dir Deine goldene Kugel wiederholen.« Und als sie es versprochen, tauchte er unter und brachte bald die Kugel im Maul wieder in die Höhe und warf sie ans Land. Da nahm die Königstochter eilig ihre Kugel wieder und lief eilig fort und hörte nicht auf den Frosch, der ihr nachrief, sie solle ihn mitnehmen, wie sie ihm versprochen.

Und als sie nach Hause kam, setzte sie sich an die Tafel zu ihrem Vater, und wie sie eben essen wollte, klopfte es an die Türe und rief: »Königstochter, jüngste, mach mir auf!« Und sie eilte hin und sah, wer es war, da war es der häßliche Frosch, und sie warf eilig die Türe wieder zu. Ihr Vater aber fragte, wer da sei, und sie erzählte ihm alles. Da rief es wieder.

»Königstochter, jüngste,
mach mir auf,
weißt Du nicht, was gestern
Du zu mir gesagt,
bei dem kühlen Brunnenwasser.
Königstochter, jüngste,
mach mir auf.«

Und der König befahl ihr, dem Frosch aufzumachen, und er hüpfte herein. Dann sprach er zu ihr: »Setz mich zu Dir an den Tisch, ich will mit Dir essen.« Sie wollte es aber nicht tun, bis daß es der König auch befahl. Und der Frosch saß an der Seite der Königstochter und aß mit. Und als er satt war, sprach er zu ihr: »Bring mich in Dein Bettlein, ich will bei Dir schlafen.« Das wollte sie aber durchaus nicht, denn sie fürchtete sich sehr vor dem kalten Frosch. Aber der König befahl es ihr wiederum, da nahm sie den Frosch und trug ihn in ihre Kammer, und voll Zorn faßte sie ihn und warf ihn mit aller Gewalt gegen die Wand in ihrem Bett. Wie er aber an die Wand kam, so fiel er herunter in das Bett und lag darin als ein junger schöner Prinz, da legte sich die Königstochter zu ihm.

Und am Morgen kam ein schöner Wagen mit dem treuen Diener des Prinzen, der hatte ein solch großes Leid über die Verwandlung dessen gehabt, daß er drei eiserne Bande um sein Herz legen mußte. Und der Prinz und die Königstochter setzten sich in den Wagen, und der treue Diener stellte sich hinten auf, und sie wollten in sein Reich fahren. Und wie sie ein Stück Wegs gefahren sind, hört der Prinz hinter sich ein lautes Krachen. Da ruft er:

»Heinerich, der Wagen bricht!«
»Nein, Herr, der Wagen nicht,
es ist ein Band von meinem Herzen,
das da lag in großen Schmerzen,
als Ihr an dem Brunnen saßt,
als Ihr eine Fretsche [Frosch] wart.«

2. *Das Mädchen im Schrein*

Theobaldo, Fürst von Salerno, hatte, wie ich von alten Leuten schon mehrmals erzählen hörte, eine kluge und verständige Gemahlin von nicht geringer Herkunft und bekam von ihr eine Tochter, die an Schönheit und Holdseligkeit alle andern Salernitanerinnen übertraf. Es wäre aber für Theobaldo besser gewesen, er hätte diese Tochter nicht gehabt, denn dann wäre ihm das nicht passiert, was ihm geschah. Als nämlich die Frau, die jung an Jahren, aber alt an Verstand war, todkrank war, bat sie ihren Mann, den sie zärtlich liebte, nur diejenige zur zweiten Gemahlin zu nehmen, welcher der Ring, den sie am Finger trug, ebenso vollkommen paßte wie ihr. Der Fürst, der seine Gemahlin nicht weniger liebte als sie ihn, schwur ihr bei seinem Haupte, das zu befolgen, was sie ihm aufgetragen.

Bald nachdem die schöne Frau gestorben und ehrenvoll begraben war, bekam Theobaldo Lust, wieder zu heiraten. Er gedachte aber des Versprechens, das er der Verstorbenen gegeben, und wollte ihr Gebot unter keinen Umständen übertreten. Es hatte sich bald ringsumher das Gerücht verbreitet, Theobaldo, der Herr von Salerno, wolle sich wieder verheiraten, und die Kunde kam vielen Edelfräulein zu Ohren, die durch ihre Abkunft und ihre Vorzüge Theobaldo in nichts nachstanden. Er aber, darauf bedacht, den letzten Willen der verstorbenen Gemahlin zu erfüllen, verlangte von den Jungfrauen, die man zur Ehe antrug, daß sie zuerst versuchten, ob ihnen der Ring seiner ersten Frau passe. Und da er keine fand, der er passen wollte, und der einen zu weit und der anderen zu eng war, wies er sie alle miteinander ab.

Einstmals geschah es, daß Theobaldos Tochter Doralice, als sie mit ihrem Vater bei der Mahlzeit saß, den Ring der verstorbenen Mutter auf dem Tische liegen sah. Sie steckte ihn an ihren Finger, wandte sich zum Vater und sprach: »Schaut doch, lieber Vater, wie gut mir der Ring meiner Mutter paßt.« Der Vater sah hin und bestätigte es. Es dauerte jedoch nicht lange, da kam Theobaldo der seltsame und teuflische Gedanke, Doralice, seine eigene Tochter, zur Frau zu nehmen, und er schwankte lange Zeit zwischen Ja und Nein. Endlich aber, besiegt von seinem unsinnigen Wunsch und von ihrer Schönheit entflammt, rief er sie eines Tages zu sich und sprach zu ihr: »Meine liebe Tochter Doralice, als Deine Mutter in ihren letzten Zügen lag, bat sie mich flehentlich, ich solle keine andere Frau nehmen als die, welcher der Ring passen würde, den sie selbst bei Lebzeiten am Finger trug. Und ich schwur ihr bei meinem Haupte, ihrem Willen Folge zu leisten. Da ich nun viele Edeldamen habe probieren lassen und keine gefunden, welcher der mütterliche Ring so gut paßte wie Dir, so habe ich mir fest vorgenommen, Dich zur Frau zu nehmen; denn so erreiche ich meinen Wunsch und breche zugleich nicht das Wort, das ich Deiner Mutter gegeben.«

Doralice, die ein nicht weniger tugendhaftes als schönes Mädchen war, geriet in nicht geringe Bestürzung über die böse Absicht ihres unsinnigen Vaters. Allein sie ließ nichts davon merken und wollte seine gottlose Zumutung jetzt nicht beantworten, um ihn nicht zu erzürnen. Sie stellte sich daher erfreut und entfernte sich. Und weil sie niemand auf der Welt hatte, in den sie mehr Vertrauen setzte als in ihre Amme, so nahm sie sofort ihre Zuflucht zu dieser als der Quelle jedes Heils und bat sie, ihr einen Rat zu geben. Als diese von dem verruchten Vorhaben des Vaters hörte und das feste, edle Gemüt Doralices wohl kannte, die eher die schwersten Leiden erdulden als der Raserei des Vaters nachgeben würde, tröstete sie sie und versprach ihr Beistand, damit ihre Ehre unangetastet bleibe. Die Amme dachte nun hin und her, um ein Mittel zu finden, das Töchterlein zu retten, und es fiel ihr bald dies, bald jenes ein, doch nichts, was ihr völlige Sicherheit versprochen hätte. Flucht und Entfernung vom Vater schien ihr das Klügste; aber dann fürchtete sie wiederum dessen Schlauheit und daß er imstande wäre, die Tochter einzuholen und umbringen zu lassen.

Und wie nun die treue Amme alle Möglichkeiten erwog, kam ihr plötzlich folgender Gedanke: Es befand sich im Zimmer der verstorbenen Mutter ein wunderschöner und sehr kunstvoll gearbeiteter Schrein, in welchem Doralice ihre reichen Kleider und ihre kostbaren Kleinodien aufbewahrte; aber es vermochte ihn niemand zu öffnen als die weise Amme. Sie nahm nun heimlich die Kleider und das Geschmeide heraus und versorgte sie anderswo. Dann stellte sie einen gewissen Trank von solcher Kraft hinein, daß, wer auch nur einen kleinen Löffel davon nahm, lange Zeit ohne Nahrung leben konnte. Danach rief sie das Mädchen, schloß es in den Schrank ein und ermahnte es, so lange drin zu bleiben, bis Gott ihm ein besseres und freudigeres Leben gewähren und der Vater von seinem bösen Vorhaben abstehen würde. Und das Mädchen gehorchte der Amme und tat, was ihr geheißen.

Der Vater, der sein ungezügeltes Verlangen nicht zu unterdrücken vermochte, fragte mehrmals nach seiner Tochter, und weil er sie nicht fand, noch auch erfahren konnte, wo sie sei, geriet er in eine solche Wut, daß er drohte, sie auf schmachvolle Weise umbringen zu lassen. Nachdem einige Tage vergangen waren, trat Theobaldo eines Morgens bei Sonnenaufgang in das Zimmer, wo der Schrein stand, und als er ihn so vor Augen hatte, konnte er seinen Anblick nicht länger ertragen und befahl, man solle ihn fortschaffen und anderswohin bringen und verkaufen, damit er einen so verdrießlichen Gegenstand nicht immer anschauen müsse. Die Diener, schnell bereit, den Befehlen ihres Herrn zu gehorchen, luden den Schrank auf die Schultern und trugen ihn auf den Marktplatz. Der Zufall wollte es, daß gerade in diesem Augenblick ein rechtschaffener und reicher Kaufmann aus Genua auf den Markt kam und den schönen, herrlich gearbeiteten Schrein erblickte. Er verliebte sich so sehr in ihn, daß er beschloß, ihn auf jeden Fall zu kaufen, mochte von ihm ein noch so hoher Preis dafür verlangt werden. Er ging also zu dem Diener hin, dem er anvertraut war, einigte sich mit ihm über den Preis und kaufte ihn. Dann ließ er ihn von einem Laufträger auf den Rücken nehmen und auf sein Schiff bringen. Der Amme, die alles mit angesehen hatte, war dieser Vorfall sehr lieb, obwohl sie das Mädchen nur höchst ungern verlor. Indessen tröstete sie sich, denn wenn man die Wahl zwischen zwei Übeln hat, so muß man das Größere fliehen.

Der genuesische Kaufmann verließ mit seinem Schiff voll kostbarer Waren die Hafenstadt Salerno und gelangte zur Insel Britannien, die heutzutage England heißt. Dort landete er an einer Stelle, wo sich eine weite Ebene ausdehnte, und erblickte Genese, der vor kurzem zum König des Landes gekrönt worden war und eben jetzt an der Küste mit Windeseile einer wunderschönen Hirschkuh nachjagte, die sich in ihrer Furcht bereits in die Wellen des Meeres gestürzt hatte. Der König, müde und erschöpft vom langen Reisen, wollte ausruhen, und als er das Schiff sah, begehrte er von dem Schiffsherrn einen Trunk. Dieser tat, als ob er den König nicht kenne, erwies sich sehr freundlich gegen ihn und wußte es mit List und Klugheit dahin zu bringen, daß er mit ihm das Schiff bestieg. Kaum hatte der König daselbst den schönen und feingearbeiteten Schrein erblickt, so bekam er solches Verlangen danach, daß er es gar nicht erwarten konnte, ihn zu besitzen. Er fragte also den Schiffsherrn, wie hoch er ihn schätze, und dieser antwortete, er gelte einen sehr hohen Preis. Allein der König, ganz bezaubert von diesem Kleinod, ging nicht eher fort, als daß er mit dem Kaufmann handelseinig geworden war. Er ließ das Geld holen, zahlte die Summe aus, nahm Abschied von dem Kaufherrn und gab den Befehl, den Schrein in seinen Palast zu schaffen und in sein Schlafgemach zu stellen. Genese hatte aber, weil er noch zu jung war, keine Frau, und sein liebster Zeitvertreib bestand darin, täglich ganz früh auf die Jagd zu gehen.

Doralice, die Tochter Theobaldos, die im Schrein verborgen war, der in des Königs Zimmer stand, hörte und verstand alles, was im königlichen Gemach vorging, und begann nach soviel überstandenen Gefahren auf ein günstigeres Schicksal zu hoffen. Sobald nun der König in aller Frühe sein Gemach verlassen hatte und nach seiner Gewohnheit auf die Jagd gezogen war, verließ die Prinzessin den Schrein, brachte mit großer Geschicklichkeit das Zimmer in Ordnung, kehrte es, legte die Leintücher zurecht, ordnete die Vorhänge am Kopfende des Himmelbettes, breitete eine Decke darüber, die auf einzelnen Feldern mit großen Perlen reich bestickt war, und zuletzt legte sie zwei wunderbar gearbeitete Kopfkissen hin. Darauf streute das schöne Mädchen Rosen, Veilchen und andere herrlich duftende Blumen auf das prunkvolle Bett nebst zyprischem Puder und anderen Wohlgerüchen, die einen herrlichen Duft verbreiteten und das Gehirn erfrischten. Und dies tat sie alle Tage, ohne daß jemand sie gesehen hätte.

Der König Genese war ganz entzückt davon, denn jedesmal, wenn er von der Jagd zurückkam und in sein Zimmer trat, schien es ihm, als befinde er sich mitten unter den besten Wohlgerüchen, die je im Morgenlande wuchsen. Eines Tages wollte der König von seiner Mutter und ihren Kammerzofen wissen, wer dies sei, die ihm so artig und sinnreich das Zimmer schmücke und mit Wohlgerüchen erfülle. Sie gaben ihm zur Antwort, sie wüßten nichts davon, denn so oft sie kämen, ihm das Bett zu machen, fänden sie es ganz mit Veilchen und Rosen bedeckt und mit süßen Wohlgerüchen erfüllt. Da nahm sich der König vor, um jeden Preis zu erfahren, was da geschehe, und gab eines Morgens vor, er wolle nach einem Schloß, das zehn Meilen von der Stadt entfernt liege; doch verbarg er sich geräuschlos in seinem Zimmer, so daß er durch einen Spalt sehen konnte, und wartete ab, was sich begeben würde. Und es dauerte nicht lange, da kam Doralice, schöner als die strahlende Sonne, aus dem Schrein heraus und fing an, das Zimmer zu kehren, die Wandteppiche glatt hinzulegen, das Bett zu richten und alles sorgfältig in Ordnung zu bringen, wie sie es zu tun gewohnt war.

Als das reizende Mädchen ihr verdienstvolles und lobenswertes Geschäft vollendet hatte, wollte es wieder in den Schrein zurückgehen. Doch der König, der alles aufmerksam beobachtet hatte, war schnell hinter ihr her, nahm sie bei der Hand, sah, daß sie frisch und schön war wie eine Lilie, und fragte sie, wer sie sei. Das Mädchen gab ihm zitternd zur Antwort, sie sei die einzige Tochter eines Fürsten, dessen Namen sie nicht mehr wisse, weil sie schon so lange in dem Schrein verborgen gewesen; warum sie aber darin gelegen, wollte sie ihm nicht sagen. Als der König das hörte, nahm er sie mit Einwilligung seiner Mutter zur Gemahlin und bekam von ihr zwei Söhne.

Kehren wir nun wieder zu Theobaldo nach Salerno zurück. Da dieser immer noch auf seinem gottlosen Willen beharrte und die Tochter nicht fand, die er viele Tage gesucht und immer wieder gesucht hatte, kam ihm der Gedanke, sie möchte sich in dem verkauften Schrein versteckt haben und nun, nachdem sie ihn verlassen, in der Welt umherirren. Und voller Unwillen und Zorn beschloß er, den Versuch zu machen, ob er sie nicht irgendwo finden könne. Er verkleidete sich darum als Kaufmann, nahm viele Juwelen und andere Kleinodien mit sich, die wunderbar aus lauter Gold gearbeitet waren, und verließ damit unerkannt Salerno. Und nachdem er viele Dörfer und Städte durchwandert hatte, traf er zufällig auf den

Genuesen, der den Schrein zuerst gekauft, und fragte ihn, ob er ein gutes Geschäft damit gemacht habe und in wessen Hände die Truhe gelangt sei. Der Kaufmann gab ihm zur Antwort, er habe ihn an den König von England verkauft und noch einmal soviel dafür bekommen, als er ihn gekostet. Theobaldo war sehr erfreut, dies zu erfahren, nahm seinen Weg nach England, und als er dort angelangt und zur Königsstadt gekommen war, stellte er an den Mauern des Palastes alle seine Kleinodien und kostbaren Goldarbeiten aus, unter denen sich auch Spindeln und Spinnrocken befanden, und fing an zu rufen: »Kauft Spindeln und Rocken, ihr Frauen!« Ein Fräulein des Schlosses hörte es, lief zum Fenster und sah den Kaufmann mit seinen köstlichen Waren. Da eilte sie zur Königin und sagte ihr, es sei auf der Straße ein Kaufmann mit Rocken und Spindeln, so schön und reich, wie man sie noch niemals gesehen. Die Königin befahl, man solle ihn in den Palast heraufkommen lassen, und er stieg die Treppen empor und erschien im Saal vor seiner Tochter. Diese jedoch erkannte ihn nicht, weil sie nicht mehr an ihren Vater dachte; wohl aber erkannte der Händler seine Tochter. Als nun die Königin die wunderschönen Spindeln und Rocken sah, fragte sie ihn, wieviel ein Stück davon koste. »Viel«, entgegnete er, »allein wenn mir Eure Hoheit vergönnen wollte, eine Nacht in dem Zimmer Eurer beiden Söhnlein zu schlafen, würde ich Euch zum Entgeld alle diese Waren zum Geschenk machen.« Die leichtgläubige, arglose Frau, die von dem Händler nichts Böses fürchtete, willigte auf Zustimmung ihrer Fräulein in sein Gesuch ein. Bevor er aber von den Zofen zu Bett gebracht wurde, beschlossen die Fräulein, im Einverständnis mit der Königin, ihm einen Becher voll Wein, der mit Opium gemischt war, als Schlaftrunk zu reichen.

Als die Nacht gekommen war und der Kaufmann sich müde stellte, führte ihn eines der Fräulein in das Gemach, wo die Söhnlein des Königs schliefen und wo ein prächtiges Ruhebett bereitstand. Und ehe er sich niederlegte, fragte ihn die Zofe: »Habt Ihr Durst, mein Vater?« – »Ja, meinte Tochter«, gab er zur Antwort. Da nahm sie einen Becher, der aussah wie Silber, und reichte ihm den Opiumwein als Schlaftrunk. Allein der tückische und schlaue Händler nahm zwar den Becher und tat, als ob er trinke. Er leerte jedoch den ganzen Wein über seine Kleider und legte sich alsdann zur Ruhe. Es war in dem Schlafgemach der Kinder eine kleine Tür, durch die man in das Zimmer der Königin gelangen konnte. Da schlich der Händler um Mitternacht, als alles ruhig schien, leise hinüber, näherte sich ihrem Bett und nahm ein kleines Messer, das die Königin an der Seite trug und das er vorher bemerkt hatte. Dann ging er zur Wiege, in der die Kinder lagen, tötete sie beide, trug das Messer wieder zurück und steckte es, blutig wie es war, in die Scheide. Hierauf öffnete er ein Fenster und ließ sich an einem ganz mit Knoten versehenen Strick hinunter. Und kaum stieg die Morgenröte auf, so ging er zu einem Bartscherer, ließ sich seinen langen Bart abnehmen, damit man ihn nicht wiedererkenne, zog neue, weite und lange Kleider an und wanderte durch die Stadt.

Inzwischen erwachten die Ammen zur gewohnten Stunde ganz schlaftrunken, um die Kinder zu stillen, beugten sich über die Wiegen und fanden die Kinder ermordet. Da erhoben sie ein lautes Geschrei und Jammern, rauften sich die Haare, zerrissen ihre Kleider und entblößten die Brust.

Die traurige Kunde gelangte alsbald zum König und zur Königin, welche barfuß und im bloßen Hemd, wie sie waren, dem jammervollen Anblick zueilten und angesichts ihrer toten Kinder in bittere Tränen ausbrachen. Schon hatte sich die Nachricht von der Ermordung der beiden Königskinder durch die ganze Stadt verbreitet, und zugleich erzählte man, es sei ein berühmter Sterndeuter angekommen, der aus dem wechselnden Lauf der Gestirne alle vergangenen Dinge wisse und die Zukunft voraussage. Und da sein großer Ruf auch zu den Ohren des Königs gedrungen war, ließ er ihn vor sich kommen. So erschien er im Palast und stellte sich dem König vor. Auf die Frage, ob er ihm sagen könne, wer seine Kinder getötet habe, erklärte er, er wisse es, näherte sich dem Ohr des Königs und sagte ihm heimlich folgendes: »Geheiligte Majestät, befiehl, daß alle Männer und Frauen, die an Deinem Hofe sind und ein Messer an der Seite tragen, vor Dir erscheinen, und bei wem Du das Messer in der Scheide noch mit Blut befleckt findest, der ist der wahre Mörder Deiner Söhne.«

Daraufhin mußten auf Befehl des Königs alle Hofleute vor ihm erscheinen, und er untersuchte mit eigenen Händen einen nach dem andern, indem er mit größtem Eifer nachschaute, ob ihre Messer Blutspuren hätten. Als er jedoch bei keinem Blutflecken finden konnte, kehrte er wieder zum Sterndeuter zurück, erzählte ihm alles, was er getan, und fügte hinzu, es seien alle durchsucht worden mit Ausnahme seiner alten Mutter und der jungen Königin. »Geheiligte Majestät«, versetzte darauf der Sterndeuter, »sucht gut nach und nehmt keine Rücksicht auf die Person; dann werdet Ihr ohne Zweifel den Übeltäter finden.« Der König suchte zuerst bei der Mutter nach, fand aber nichts bei ihr. Dann rief er die Königin, nahm die Scheide, die sie an der Seite trug, und entdeckte das ganz mit Blut besudelte Messer. Außer sich vor Zorn und Wut angesichts dieses klaren Beweismittels wandte er sich gegen sie und schrie sie an: »O Du gottvergessenes, erbarmungsloses Weib, Du Feindin, Feindin und Verräterin an Deinen eigenen Kindern! Wie war es Dir nur möglich, daß Du Deine Hände mit dem Blute Deiner unschuldigen Kinder besudeln konntest? Ich schwöre Dir bei Gott, Du sollst die Strafe erleiden, die eine solche Schändlichkeit verdient!« Und obschon der König sich vor Zorn kaum mehr beherrschen konnte und nahe daran war, sich augenblicklich durch einen schmachvollen Tod an ihr zu rächen, verfiel er dennoch auf einen anderen Gedanken, wonach sie eine längere und empfindlichere Qual erleiden mußte. Er befahl nämlich, die Königin zu entkleiden und ohne Hemd bis an den Hals in die Erde zu graben, sie mit guten und feinen Speisen zu ernähren, damit die Würmer langsam an ihrem Fleische zehrten und sie auf diese Weise eine schreckliche und längere Todesstrafe erlitte.

Die Königin hatte schon früher manches Elend ertragen und war sich ihrer Unschuld bewußt. Sie erduldete daher diese furchtbare Marter mit geduldiger Seele. Als aber der Sterndeuter hörte, wie die Königin als schuldig befunden und zu den grausamsten Qualen verurteilt worden sei, war er hocherfreut, nahm Abschied vom König, verließ sehr zufrieden Engelland und kehrte heimlich in seinen Palast nach Salerno zurück, wo er der Amme alles erzählte, was ihm begegnet war und wie der König seine Tochter Doralice zu gräßlicher Todesstrafe verurteilt habe. Bei dieser Nachricht stellte sich die Amme äußerlich, als wäre sie recht erfreut; allein im Innern war sie über alle Maßen betrübt. Und von Mitleid für die arme Gemarterte bewegt und von zärtlicher Liebe für sie erfüllt und fortgerissen, verließ sie eines Morgens in aller Frühe die Stadt Salerno und ritt ganz mutterseelenallein Tag und Nacht hindurch, bis sie das Königreich Engelland erreichte. Dort stieg sie sogleich die Treppen des Palastes hinauf, fand den König, der gerade in einem großen Saale Audienz gewährte, warf sich ihm zu Füßen und flehte ihn um eine geheime Unterredung an, weil sie ihm Dinge zu sagen habe, welche die Ehre der Krone beträfen. Der König umarmte sie zum Gruß, hieß sie aufstehen, nahm sie bei der Hand, entließ die übrigen Anwesenden und setzte sich allein mit ihr nieder. Da sprach die Amme, die von allem, was vorausgegangen war, wohl Bescheid wußte, in Ehrerbietung folgendes zu ihm: »Wisse, geheiligte Krone, daß Doralice, Deine Gemahlin und meine Tochter – die ich zwar selber nicht unter meinem armen Herzen trug, wohl aber stillte – völlig unschuldig ist an dem Verbrechen, um dessen Willen Du sie zu einem so furchtbaren Tode verurteilt hast. Wenn Du alles ausführlich gehört und Dich überzeugt haben wirst, wer der ruchlose Mörder ist und weshalb er Deine Kinder getötet hat, so bin ich gewiß, daß Du, von Mitleid ergriffen, Deine Gemahlin augenblicklich von ihren bitteren Qualen befreien wirst. Und wenn Du mich als eine Lügnerin ertappst, so will ich dieselbe Strafe erdulden, die jetzt die arme Königin erleidet.« Und hierauf erzählte sie ihm von Anfang bis zu Ende Punkt für Punkt alles, wie es sich zugetragen.

Als der König den ganzen Sachverhalt vernommen hatte, schenkte er den Worten der Amme Glauben, ließ die arme Königin, die mehr tot als lebendig war, aus ihrer Gruft ziehen und sie aufs sorgfältigste heilen und pflegen, wodurch sie sich in kurzer Zeit wieder erholte. Darauf ließ der König große Zurüstungen im ganzen Reich veranstalten, sammelte ein gewaltiges Heer und schickte es nach Salerno. Schon nach kurzer Zeit hatte er die Stadt erobert. Theobaldo selber wurde gefangengenommen und mit gedrehten Stricken an Händen und Füßen gefesselt nach England gebracht. Und da der König sich noch genauer von dem begangenen Verbrechen überzeugen wollte, ließ er ihm den Prozeß machen und ihn auf die Folter spannen, wo er zunächst tüchtige Streiche erhielt. Um nicht lange gemartert zu werden, gestand Theobaldo alles der Reihe nach, worauf er am folgenden Tag auf einem von vier Pferden gezogenen Wagen durch die Stadt geführt, mit glühenden Zangen gezwickt, darauf wie Gan von Mainz gevierteilt und sein Leib den Hunden vorgeworfen wurde.

Und so endete der abscheuliche Theobaldo auf erbärmliche Weise. Der König Genese aber und die Königin Doralice lebten noch viele Jahre in Glück und Frieden und hinterließen, als sie starben, mehrere Söhne.

3. Die Fabel von dem Wolf und dem Kitz

Es ist hoch und groß an den Kindern zu loben, daß sie väterlichen Geboten Folge leisten. So lehrt uns auch diese Fabel.

Als eine Geiß beschloß, sich auf die Weide zu begeben, um Futter zu besorgen, warnte sie ihr Kitz, niemandem die Türe aufzutun, denn der freßgierigen Tiere gäbe es genug und die Neugierde könnte tödlich sein. Nachdem sie die Warnung ausgesprochen, begab sie sich auf die Weide und ließ das Kitz in dem verriegelten Stall zurück. Wenig danach kam ein Wolf vor die Tür des Kitzes und versuchte, seine Stimme dem Meckern der Geiß anzugleichen, und begehrte von dem Kitz, ihm doch die Tür aufzutun. Aber das Kitz merkte, durch einen schmalen Spalt sehend, daß seine Mutter nicht da war, und sprach: »Ich hör wohl eine Stimme meiner Mutter gleich, aber Du bist mein Feind und begehrst mich zu betrügen, und unter der nachgeahmten Stimme meiner Mutter begehrst Du meines Blutes. Darum geh hinfort, ich laß Dich hierein nicht.«

Die werden sicher leben, welche die Lehren ihrer Eltern befolgen.

4. Vardiello

Grannonia von Aprano war eine Frau von sehr großer Klugheit, besaß aber an ihrem Sohne namens Vardiello den einfältigsten Tropf jener Gegend. Die Augen einer Mutter sind jedoch wie beherzt und sehen gewöhnlich ganz falsch; daher hegte sie für ihn eine äußerst blinde Liebe und schmeichelte und streichelte ihn, als wäre er das schönste Geschöpf der Welt gewesen. Nun hatte aber Grannonia eine Gluckhenne, welche Küchlein ausbrütete, aus denen, wie sie große Hoffnung hegte, ihr ein hübscher Gewinn erwachsen und ihr Glück hervorsprießen sollte. Als sie nun einmal notwendig ausgehen mußte, rief sie ihren Sohn und sprach zu ihm: »Gib wohl acht, mein lieber Goldjunge, was ich dir sage; laß mir die Gluckhenne ja nicht aus den Augen, und wenn sie fortlaufen will, um zu picken, so paß auf und jage sie in den Steig zurück; denn sonst werden die Eier kalt, und wir haben dann weder Eier noch Hühnchen.« – »Laß mich nur machen«, erwiderte Vardiello, »Du hast zu keinen tauben Ohren gesprochen.« – »Noch etwas«, fuhr die Mutter fort, »sieh, mein Herzenssöhnchen, in dieser Kammer steht ein Topf mit gewissen giftigen Sachen; hüte Dich, daß Dich die böse Sünde des Naschens nicht antreibt, davon zu kosten; denn dann wäre es um Dich geschehen.« – »Das sei fern von mir«, erwiderte Vardiello. »Gift lockt mich nicht an, Du hast aber klug getan, daß Du mir die Warnung erteilt, denn wäre ich daran geraten, so hätte ich alles mit Stumpf und Stiel aufgegessen.«

Hierauf ging die Mutter fort, und Vardiello blieb zurück, welcher ohne Zeitverlust in den Garten ging, um Gruben zu machen und sie mit Zweigen und Erde zu bedecken, damit die kleinen Obstdiebe sich darin fingen. Wie er aber so richtig bei der Arbeit war, bemerkte er, daß die Glucke aus der Stube gelaufen kam, und fing daher an zu rufen: »Husch, husch, fort hier, geh dorthin!« Aber sie achtete nicht auf ihn. Als Vardiello sah, daß die Henne auf ihren Kopf bestand, fing er deshalb an, mit den Füßen zu stampfen und nach dem Fußstampfen die Mütze nach ihr zu werfen und nach der Mütze einen Knüttel, der sie auch gerade auf den Kopf traf, ihr den Garaus machte und das Lebenslicht ausblies.

Als Vardiello das angerichtete Unheil wahrnahm, so dachte er daran, dem Schaden so gut als möglich Abhilfe zu leisten, und aus der Not eine Tugend machend, ließ er die Hosen nieder und setzte sich auf die Eier, fabrizierte aber, indem er sich plötzlich einer gewissen Bürde entledigte, einen Eierkuchen von zwiefacher Gestalt. Als er nun sah, was er angerichtet hatte, war er nahe daran, mit dem Kopf gegen die Mauer zu rennen; endlich jedoch, da ja jeder Schmerz mit der Zeit nachläßt und sein Magen knurrte, beschloß er, die Henne zu verschmausen. Er rupfte sie daher, steckte sie an einen Spieß, machte ein großmächtiges Feuer und fing an, sie zu braten, worauf er – da sie in kurzer Zeit gar wurde, und um alles in gehöriger Weise anzurichten – ein reines Tischtuch über einen alten Kasten deckte und dann mit einem Krug in den Keller stieg, um sich einen Schoppen zu holen.

Während er jedoch mitten im besten Anzapfen war, hörte er einen Lärm, einen Spektakel, ein Getöse im Hause wie von einer Koppel Pferde, und als er ganz bestürzt den Kopf umdrehte, sah er, wie eine große Katze die Henne mitsamt dem Spieß erwischt hatte und eine andere ihr miauend nachjagte, um ihren Anteil zu erhaschen. Um dies wieder gutzumachen, stürzte sich Vardiello wie ein losgelassener Löwe auf die Katzen, ließ jedoch vor großer Eile den Hahn des Weinfäßchens aufgedreht, und nachdem er die Bestien in alle Winkel des Hauses umhergejagt, setzte er sich zwar wieder in den Besitz der Henne, das Fäßchen jedoch war inzwischen ganz ausgelaufen. Sobald nun Vardiello zurückkehrte und die schöne Bescherung wahrnahm, lief auch ihm beinahe das Faß der Seele durch die Spundlöcher der Augen aus; endlich jedoch, nachdem er sich lange den Kopf darüber zerbrochen, wie er den Schaden wieder gutmachen sollte, damit die Mutter die

Verheerung nicht bemerkte, nahm er einen bis an den obersten Rand gefüllten, dicht gepfropften, festgedrückten Sack Mehl und schüttete ihn auf die Weinsuppe.

Als er jedoch trotz allem die Unglücksfälle an den Fingern herzählte und bedachte, daß er durch diese Masse von Eseleien, die er begangen, in der Gunst der Mutter gänzlich das Spiel verloren haben müßte, faßte er den herzhaften Entschluß, sich vor ihr nicht mehr lebendig sehen zu lassen. Er fiel daher über den Topf mit eingemachten Nüssen her, von dem ihm die Mutter gesagt, daß er Gift enthielt, und hörte nicht auf einzuhauen, bis sich der Boden des Topfes zeigte, worauf er, nachdem er sich so den Bauch gehörig angefüllt, sich in einen Backofen verkroch.

Bald nachher kam nun die Mutter nach Hause und pochte eine lange Zeit; als sie jedoch sah, daß ihr niemand aufmachte, stieß sie die Tür mit einem Fußtritt auf und rief, in das Haus tretend, ihren Sohn mit lauter Stimme. Da ihr indes keine Seele antwortete, ahnte sie ein großes Unglück, und indem sie in ein lautes Jammern ausbrach, fing sie an, noch viel stärker zu rufen: »Vardiello! Vardiello! Bist Du taub, daß Du nicht hörst? Bist Du denn lahm, daß du nicht gelaufen kommst? Warum antwortest Du nicht? Wo steckst Du denn, Du Galgengesicht? Wo bist Du hingekommen, böser Bube? Oh, hätte ich Dich doch gleich erstickt, als ich Dich herausgedrückt.« Als Vardiello dieses Gekreische vernahm, rief er endlich mit kläglicher Stimme: »Hier bin ich, ich stecke im Ofen, und Du wirst mich nicht wiedersehen.« – »Warum?« fragte die arme Frau. »Weil ich mich vergiftet habe«, erwiderte der Sohn. »Herr Gott«, rief Grannonia aus, »wie hast Du das denn angefangen? Was hast Du für einen Grund gehabt, diesen Selbstmord zu begehen, und wer hat Dir das Gift gegeben?«, worauf ihr Vardiello all die schönen Dinge, die er ausgeführt, der Reihe nach erzählte, und daß er um dessentwillen sterben und sich in der Welt nicht mehr der Gefahr ähnlicher Streiche aussetzen wollte. Sobald nun die Mutter ihn ausgehört, wurde ihr übel und weh zumute, und sie hatte außerdem noch Not, dem Vardiello seine schwermütige Grille aus dem Kopf zu treiben; da sie jedoch ganz vernarrt in ihn war, so gab sie ihm endlich noch einige süße Sachen zu essen und brachte ihn dadurch zu der Überzeugung, daß die eingemachten Nüsse kein Gift, sondern nur eine Magenstärkung waren.

Nachdem sie ihm nun so mit guten Worten zugesprochen und ihn mit tausend Liebkosungen überhäuft hatte, zog sie ihn aus dem Ofen, gab ihm ein Stück Leinwand und sagte ihm, er solle es verkaufen gehen, indem sie ihm zugleich den Rat erteilte, sich bei diesem Handel nicht mit Personen von vielen Worten einzulassen. »Schon gut«, sagte Vardiello, »habe nur keine Furcht und laß mich nur machen«, nahm darauf die Leinwand und trollte sich mit derselben nach Neapel, ging in den Straßen umher und rief: »Wer kauft Leinwand, Leinwand!« So viele ihn auch fragen mochten: »Was ist das für eine Leinwand?« Allen antwortete er: »Wir passen zueinander nicht, Du machst mir zuviel Worte.« Und wenn ihn jemand fragte: »Wie teuer verkauft Ihr die Leinwand?« so nannte er ihn einen Schwätzer, der ihn betäube und ihm den Kopf zerhämmere. Zuletzt erblickte er in dem Hofe eines wegen Gespenstern unbewohnten Hauses eine Bildsäule aus Stuck und daneben eine Bank, auf welche der arme Bursche, der, vom vielen Umherlaufen ermüdet, fast seine Füße nicht mehr fühlte, sich niedersetzte. Da er nun in dem ganzen Hause, welches wie geplündert aussah, kein einziges lebendes Wesen wahrnahm, so sagte er höchst verwundert: »Höre, Kamerad, wohnt niemand in diesem Hause?« Und indem er lange Zeit vergeblich gewartet hatte, bis sie antworten würde, so schien sie ihm endlich fürwahr eine Person von sehr wenig Worten, daher sprach er wiederum zu ihr: »Willst Du diese Leinwand kaufen? Du sollst sie billig haben!« Als nun die Bildsäule noch immer nichts erwiderte, begann er aufs neue: »Meiner Treu, ich hab meinen Mann gefunden! Da nimm sie hin und sieh sie Dir an und gib mir dafür, was Du willst; denn morgen hole ich mir die Moneten.« Dies fragend, ließ er die Leinwand an dem Orte, an welchem er gesessen, liegen, von wo sie das erste Menschenkind, das um irgend eines dringenden Bedürfnisses willen erfreut über den unerwarteten Fund in den Hof trat, mit sich fortnahm.

Sobald nun Vardiello, ohne Leinwand nach Hause zurückkehrend, der Mutter den geschlossenen Handel mitgeteilt hatte, wäre diese fast in Ohnmacht gefallen und rief endlich aus: »Wann wird doch endlich einmal Dein Gehirn in Ordnung kommen? Erinnere Dich doch, bedenke doch, wieviele schlimme Streiche Du mir schon gespielt hast! Aber ich selbst messe mir die Schuld bei, weil ich aus purer Affenliebe Dir nicht gleich anfangs gegeben habe, was Dir zukam; und jetzt sehe ich ein, daß ein mitleidiger Arzt nur die Wunde unheilbar macht; Du wirst es jedoch solange treiben, bis Du einmal übel bei mir ankommst, und dann werden wir eine lange Rechnung begleichen.« – »Nur ruhig, liebe Mutter«, antwortete Vardiello, »es ist lange noch nicht so schlimm, wie es aussieht! Verlangst Du etwa mehr als funkelnagelneue Taler, und glaubst Du etwa, ich sei so ein einfältiger Tropf und wisse nicht, was ich tue? Warte nur bis morgen, dann wirst Du schon sehen; es geht ja nicht mehr solange und dann gib genau acht, ob ich wirklich so sehr auf den Kopf gefallen bin.«

Kaum war also der Morgen erschienen und die Schatten der Nacht, von den Häschern der Sonne verfolgt, aus dem Lande geflohen, so begab sich Vardiello eilig nach dem Hofraum, in welchem die Bildsäule stand, und sagte zu ihr: »Guten Tag, Freund, wäre es Dir wohl gefällig, mir die paar Dreier zu geben und mir die Leinwand zu bezahlen?«

Da er jedoch sah, daß die Statue keinen Laut von sich gab, ergriff er einen großen Kiesel und warf ihn aus allen Kräften mit der Spitze gerade auf die Brusthöhle, so daß er der Bildsäule eine Ader zersprengte, sich selbst aber zur vollen Gesundheit verhalf; denn indem einige Steine herunterfielen, entdeckte er durch die Öffnung einen Topf voll von Goldtalern, welchen er alsbald mit beiden Händen packte und damit Hals über Kopf nach Hause rannte, wobei er einmal über das andere rief: »Mutter, Mutter, sieh doch die große Menge roter Feigbohnen, diese große, große Menge.«

Sobald die Mutter die Taler erblickte, sagte sie zu ihm, da sie fürchtete, er würde den Vorfall den Leuten erzählen, er solle vor der Tür stehenbleiben, bis der Milch- und Käsemann vorbeikäme; denn sie wolle ihm für einen Dreier Milch kaufen. Vardiello in seiner Einfalt setzte sich vor der Tür nieder, und die Mutter ließ länger als eine halbe Stunde lang mehr als sechs Maß Rosinen und trockene Feigen durch das Fenster herabregnen, worüber er laut zu schreien anfing: »Mutter, Mutter, gib Becken her, stelle Töpfe auf, mache Tonnen zurecht; denn wenn dieser Regen lange fortdauert, dann werden wir reich.« Und nachdem er sich so den Bauch gehörig vollgefüllt hatte, ging er schlafen. Es geschah nun eines Tages, daß, da zwei Taglöhner, die das wahre Futter der Gerichtshöfe sind, wegen eines auf der Erde gefundenen Goldtalers gegeneinander klagten, Vardiello dazukam und sagte: »Was seid Ihr doch für Erzesel, daß Ihr wegen einer Feigbohne wie dieser da miteinander prozessiert; in meinen Augen wenigstens gelten sie für nichts, denn ich habe davon einen ganzen Topf voll gefunden.« Als die Richter dies hörten, machten sie große Augen, examinierten ihn genauer und fragten, wie, wann und wo er diese Taler gefunden; worauf Vardiello antwortete: »Ich habe sie in einem Palast im Leibe eines stummen Menschen gefunden an dem Tage, als es Rosinen und trockene Feigen regnete.« Kaum hatte der Gerichtshof diese tolle Ungereimtheit vernommen, so merkte er gleich, wie es mit Vardiello stand, und befahl als kompetente Behörde desselben, ihn in ein Narrenhaus zu sperren.

So machte die Dummheit des Sohnes die Mutter zur reichen Frau, und die Klugheit der Mutter machte die Eselsstreiche des Sohnes wieder gut, wodurch man ganz deutlich sieht:

»Ist gut des Schiffes Steuermann,
Stößts selten an einen Felsen an.«

5. Rapunzel

Zwei junge Liebesleute waren endlich Mann und Frau geworden, nachdem sie viel von ihren Muhmen und Vettern über ihre Liebe auszustehen gehabt hatten. Sie waren sehr vergnügt und lebten wie Kinder miteinander. Noch vergnügter wurden sie, als es sich zeigte, daß die junge Frau was unter ihrem Herzen trüge. Sie hatte sich immer einen kleinen Erben gewünscht, und nun, dachte sie, würde er wohl nicht mehr ausbleiben.

Nicht weit von ihnen wohnte eine Fee, deren ganzes Herz an einem schönen Garten und an schönen Blumen, Stauden und Pflanzen hing. Sie pflanzte sich einen, und man sah wunderseltne Dinge darin, unter anderem auch Rapunzeln, die damals noch sehr rar waren. Die Fee hatte sie über See her kommen lassen, und im ganzen Lande waren außer in ihrem Garten keine zu finden.

Nun bekam die junge Frau großen Appetit, Rapunzeln zu essen; und da sie wohl wußte, daß es schwer hielt, welche zu bekommen, weil niemand in den Garten durfte, so grämte sie sich darüber und fiel so ab, daß sie ihr eigner Mann kaum noch kennen konnte.

Er fragte sie eines Tages, warum sie sich denn so gräme. Und nachdem sie lange hinter dem Berge gehalten hatte, gestand sie ihm, daß sie gern Rapunzelsalat essen möchte.

Ihr Mann seufzte sehr, und es tat ihm leid, daß sie einen Appetit hatte, der so schwer zu stillen war. Da er sie aber sehr lieb hatte und die Liebe alles überwindet, so ging er Tag und Nacht um den Garten der Fee herum und suchte über die Mauern zu steigen. Aber sie waren so hoch, daß es nicht ging.

Endlich sah er mal abends die Gartentür offen. Er schlich sich leise hinein und war so glücklich, daß er eine Handvoll Rapunzeln ausstechen konnte, ohne daß man ihn kriegte. Er lief hurtig weg und brachte sie seiner Frau, die sich einen Salat davon machte und ihn ganz heißhungrig aufaß. Er hatte ihr so gut geschmeckt, daß den andern Tag ihr Appetit noch dreimal stärker danach war. Aber damals schmeckten die Rapunzeln auch noch herrlich.

Ihr armer Mann ging wieder nach dem Garten, aber zwei Tage hintereinander richtete er nichts aus. Seine Frau zehrte sich wieder ab. Endlich fand er den Garten wieder offen und ging hinein.

Aber eh' er sich's versah, stand die Fee vor ihm und fragte ihn, was er sich unterstünde, in den Garten zu kommen. Er wüßte doch, daß niemand herein dürfe.

Er war sehr erschrocken und tat einen Fußfall vor ihr. Sie solle ihm nur nichts tun, sagte er, er könne nichts dafür, daß er hier sei. Aber seine Frau hätte sterben wollen, wenn sie nicht ein Händchen voll Rapunzeln zu essen kriegte. Sie wäre schwanger, und da wüßte sie wohl selbst...

»Gut«, sagte die Fee lächelnd und gnädig, »Ihr sollt soviel Rapunzeln haben, als Ihr wollt, wenn Ihr mir das Kind gebt, womit Eure Frau niederkommen wird.«

Der Mann bedachte sich ein Weilchen, und dann sagte er ihr's zu. Nun konnte er soviel Rapunzeln nehmen, als er wollte. – Seine Frau hatte ihn dafür lieber als vorher.

Als sie in die Wochen kam, erschien die Fee vor dem Kindbette. Es ward ein Mädchen, und sie hieß Rapunzel. Sie wickelte sie in Silber- und Goldstoff, sie sprengte sie mit einem kostbaren Wasser ein, das sie in ihrem Büchschen hatte, und nun wurde sie das schönste Kind unter der Sonne. Sie nahm sie mit nach Hause und ließ sie sehr sorgfältig erziehen, und sie war ein ordentliches Wunder, noch eh' sie zwölf Jahre alt wurde.

Da aber die Fee wußte, daß ein unglücklicher Stern bei ihrer Geburt geschienen hatte, so beschloß sie, alles anzuwenden, daß sie davor sicher wäre: Sie zauberte einen hohen silbernen Turm mitten in einem Walde aus der Erde, der keine Tür hatte, wo man hineingehen konnte, aber dafür ein einziges kleines Fenster ganz oben. Aber doch waren die Zimmer darin so hell, als ob die Sonne hineingeschienen hätte, denn es waren große Karfunkel darin angebracht, die alles erleuchteten.

Die junge Rapunzel fand alles darin, was dazu gehört, wenn man herrlich und in Freuden leben will. Lauter prächtige Sachen! Sie durfte nur ihre Kasten oder Kommoden aufmachen, so hatte sie Ringe, Demanten und Perlen, und ihre Kleiderschränke waren so reichlich besetzt, daß sich die Kaiserin von Rußland nicht geschämt hätte, sich daraus anzuziehen. Alles war nach der neuesten Mode. – Sie war ganz allein hier, und darum fehlte es ihr an Gesellschaft. Hätte sie die noch gehabt, so wäre ihr gar nichts abgegangen. Zu essen hatte sie Gesottenes und Gebratenes, Marzipan und Mandeln und Zuckerplätzchen. Das schmeckte sehr gut, und sie aß es auch gerne.

Da sie niemand kannte als die Fee, so wünschte sie auch niemand sonst zu kennen, und sie vertrieb sich die Zeit recht gut. Sie las, malte, spielte, stickte und strickte, kurz, sie tat alles, was eine wohlgezogene Tochter zu tun pflegt.

Die Aussicht aus ihrem Fenster von oben war prächtig. Denn auf der einen Seite sah man die offenbare See und auf der anderen den dicken schwarzen Wald, und beides sah sehr schön aus.

Rapunzel hatte eine herrliche Stimme, und sie sang gerne, besonders wenn sie wußte, daß die Fee kommen würde. Diese kam recht oft, und wenn sie unten am Turme stand, sagte sie immer: »Rapunzel, laß deine Haare runter, daß ich rauf kann!«

Die Haare gingen bei Rapunzel über alle ihre Schönheiten. Sie waren dreißig Ellen lang und wurden ihr nicht sauer zu tragen. Sie waren blond, wie das feinste Gold, waren in Flechten geflochten und mit schönen Bändern eingebunden. Wenn sie nun die Fee hörte, so wickelte sie die Zöpfe erst um einen Fensterhaken und ließ sie hinunter, damit sie herauf konnte.

Als Rapunzel einmal allein war und an ihrem Fenster stand, fing sie wunderschön an zu singen. Ein junger Prinz war gerade auf der Jagd, und als er es hörte, kam er auf den Zehen näher und sah die schöne Rapunzel. Sie kam ihm so schön vor wie ein Engel, und er verliebte sich in sie. Er ging wohl zehnmal um den Turm herum, da er aber keine Tür darin fand, so grämte er sich und hätte sterben mögen.

Aber Rapunzel war auch ganz von sich, als sie solch einen schönen jungen Mann sah. Sie betrachtete ihn eine lange Weile und wunderte sich sehr. Aber auf einmal lief sie von dem Fenster weg, schlug es zu und dachte, es wäre etwa ein Ungetüm. Denn sie hatte sich erzählen lassen, daß es welche gäbe, die mit den Augen töten könnten, und sie hatte gefunden, daß es ihr bei seinen Blicken nicht wohl geworden war.

Der Prinz wollte vergehen, als er sie so auf einmal verschwinden sah. Er erkundigte sich bei der nächsten Köhlerhütte, wie es denn mit dem Turme wäre. Und man sagte ihm, daß ihn eine Fee hätte bauen lassen und daß sie ein schönes junges Mädchen darin eingesperrt hätte. Das machte ihn noch neugieriger, und er kam alle Tage und schlich um den Turm herum.

Einmal sah er die Fee davor und hörte, daß sie sagte: »Rapunzel, laß deine Haare runter, daß ich rauf kann!« Sogleich bemerkte er, daß das schöne Mädchen ihre langen Flechten herunterließ und daß die Fee daran hinaufstieg. Er wunderte sich über die besondere Art, die Leute zu besuchen, schrieb es sich aber hinter das Ohr.

Den nächsten Tag, als er glaubte, daß die Stunde vorbei sei, wo die Fee zu kommen pflegte, wartete er mit Ungeduld auf den Anbruch der Nacht. Und als sie kam, ging er unter das Fenster, machte die Stimme der Fee nach und sagte durch die Fistel: »Rapunzel, laß deine Haare runter, daß ich rauf kann!«

Die arme Rapunzel vermutete nichts Arges, kam an das Fenster und ließ ihre Flechten los. Der Prinz stieg daran hinauf, und als er oben war und im Fenster stand, dachte er, er müßte wieder runterfallen. So schön war Rapunzel! Aber er faßte sich ein Herz, was ihm als Prinz nicht schwer wurde, sprang in das Zimmer, fiel Rapunzel zu Füßen, schlug die Arme um ihre Knie und sagte ihr damit Dinge, die sie glauben konnte.

Aber sie fürchtete sich doch und schrie ganz erbärmlich, hörte auch nicht eher auf, als bis sie so verliebt in den Prinzen war als er in sie, und da wurde sie stille. Er sagte ihr sehr viel schöne Sachen, und sie war bloß bestürzt und antwortete nicht. Das machte ihm gute Hoffnung, und endlich ward er so dreist, daß er sie zu heiraten vorgab und sie gleich nehmen wollte. Sie sagte ja, ohne zu wissen, wozu, es geschah, ohne zu wissen, wie, und es war ihr wohl und weh, ohne zu wissen, wo. Das war recht artig!

Der Prinz war seelenvergnügt. Rapunzel gewöhnte sich auch daran, ihn liebzuhaben, und sie sahen sich alle Tage. Aber es dauerte nicht lange, so paßte ihr kein Kleid mehr. Der Prinz merkte, daß nichts Gutes herauskommen würde, wollte ihr aber nichts sagen, damit sie sich nicht grämte.

Aber als die Fee wiederkam und Rapunzel ihr klagte, daß ihr alle Kleider zu enge würden, gingen dieser die Augen auf, und sie sagte: »Du Unglückskind, du hast einen großen Fehler gemacht, dafür mußt du bestraft werden. Dem Schicksal kann man nicht entgehen, und mit aller meiner Vorsicht ist es nichts gewesen.«

Darauf befahl sie ihr mit gerunzelter Stirne, alles zu gestehen. Und die arme Rapunzel tat es und schluchzte erbärmlich dabei.

Die Fee blieb unbeweglich, und Rapunzel erzählte ihr doch so herzrührende Dinge, wie sie geliebt hätte und wie sie geliebt würde.

Sie rief beständig: »Desto schlimmer!«, schlug endlich ihre Flechten um ihre Hand, schnitt sie ritsch! herunter, machte sie an dem Fenster fest, ließ Rapunzel voransteigen und stieg hinterdrein herunter. Als sie unten waren, wikkelte sie sich mit ihr in eine Wolke, und diese flog mit ihnen an das Ufer der See, wo sie sie in einer einsamen, aber schönen Gegend niedersetzte.

Es waren da Wiesen, Gehölze, klare Springe und Bäche und eine kleine Hütte von Immergrün. Darin war eine Streu von dürrem Laub, und daneben stand ein Korb mit ganz besonderem Zwieback, der nicht alle wurde. Hier ließ die Fee die arme Rapunzel allein, schalt sie noch einmal recht aus; und dies tat ihr weher als alles andere, was ihr zugestoßen war.

Hier kam sie mit einem kleinen Prinzen und einer kleinen Prinzessin nieder, und hier stillte sie die beiden Würmchen und weinte oft, daß ihr Vater nicht da war.

Aber die Fee hatte nicht genug daran, daß sie die Mutter bestraft hatte, der Vater sollte auch seinen Teil kriegen: sie mußte den Prinzen in ihre Hände bekommen.

Als sie von Rapunzel weggegangen war, stieg sie auf den Turm und fing an zu singen, wie Rapunzel immer gesungen hatte.

Der Prinz kam und glaubte, sie wäre es. Er rief: »Rapunzel, laß deine Haare runter, damit ich rauf kann!«

Nun hatte sie ihr die Fee eben dazu abgeschnitten. Sie ließ also die Flechten herunter, und der Prinz kam herauf. Es ward ihm weh, daß er Rapunzeln nicht sah, und er suchte sie mit sehnlichen Blicken.

Aber die Fee sah ihn böse an und sagte: »Du Wagehals, du hast einen gefährlichen Verstoß gemacht, du sollst dafür grausam bestraft werden!«

Aber er hörte nicht auf ihre Drohungen und lief mit gerungenen Händen umher und rief eines Rufens: »Wo ist sie, wo ist sie?«

»Verloren für dich!« sagte die Fee.

Nun sprang der Prinz vor Gram vom Turme herunter, und er hätte leicht das Genick brechen können. Aber er tat einen glücklichen Fall und verlor bloß beide Augen.

Er wunderte sich sehr, daß er nicht mehr sehen konnte, und blieb eine Zeitlang an dem Turme liegen und weinte und sagte nichts als: »Rapunzel, Rapunzel!« Endlich stand er auf und tappte so lange mühsam fort, bis er besser gehen lernte. So ging er, ach, ich weiß nicht, wie lange, fort und konnte keinen Menschen finden, der ihn geführt hätte. Wenn ihn hungerte, aß er Gras und Wurzeln. Das war er gar nicht gewohnt.

Nach einigen Jahren kam ihm der Gedanke an seine verlorene Rapunzel und sein Unglück einmal recht stark wieder ins Herz. Er legte sich unter einem Baum nieder und überließ sich ganz seinen traurigen Betrachtungen. Aber auf einmal war er wie erwacht, als er eine schöne Stimme hörte, die nicht weit von ihm sein konnte. Sie drang ihm tief in das Herz und machte darin Empfindungen lebendig, die er seit langer Zeit nicht gehabt hatte.

»Ach, lieber Gott«, sagte er, und dabei streckte er beide Hände aus: »Das ist meiner Rapunzel ihre Stimme!« – Und da hatte er recht, denn er war nach und nach bis zu ihrer Einsamkeit hingewandert.

Sie saß vor ihrer Hütte und sang was von ihrer unglücklichen Liebesgeschichte. Ein Paar Kinder, so schön wie die Engelchen, spielten nicht weit von ihr im Grase; und da sie etwas weiter weg kamen, sahen sie den Prinzen unter dem Baume liegen und liefen zu ihm hin. Kaum hatten sie ihm ins Gesicht gesehen, so fielen sie ihm um den Hals und riefen beständig: »Du bist unser Papa!« Sie riefen ihre Mutter und schrien so dabei, daß sie gelaufen kam und nicht begreifen konnte, was es wäre, denn bis jetzt war sie in ihrer Einsamkeit durch nichts gestört worden.

Aber wie erstaunte sie und freute sich, als sie ihren lieben Mann auf einmal vor sich sah! Das läßt sich gar nicht beschreiben. Sie tat einen großen Schrei, fiel ihm um den Hals, und ihr Vergnügen war so groß, daß sie dabei weinen mußte. Und wie wunderbar das war: Kaum waren einige von ihren Tränen auf die Augen des Prinzen gefallen, so kriegte er sie wieder, und er konnte wieder so klar sehen als sonst – und hatte dies Glück der Liebe seiner Rapunzel zu verdanken, wofür er sie auch wieder liebte, wie er nie so stark getan hatte.

Es sah sich recht rührend zu, wie der schöne Prinz, die schöne Prinzessin und ihre beiden Kinderchen sich so freuten, daß sie alle vor Freuden weinen mußten.

Der Tag ging so unter Freuden hin. Als aber der Abend kam, war die ganze kleine Familie etwas hungrig. Der Prinz griff in den Korb und glaubte, Zwieback zu kriegen, aber ach! es war ein Stein. Er erschrak über dies Wunder und seufzte. Die beiden Kleinen weinten, denn ihr Zwieback wurde auch Stein. Die arme Mutter wollte ihnen wenigstens ein paar Tropfen Wasser geben, aber es wurde Kristall daraus.

Was das für eine schreckliche Nacht war! Sie glaubten, sie würde ewig dauern. Sobald der Tag graute, standen sie auf und wollten Wurzeln suchen. Aber o weh, o weh! Es wurden Schlangen und Regenwürmer daraus. Sie wollten Vögel fangen, und selbst die niedlichsten wurden zu Kolkraben, zu Wiedehopfen und Stoßvögeln.

»Nun ist es aus mit uns, liebe Rapunzel«, sagte der Prinz. »Wir haben uns hier wiederfinden sollen, um uns verhungern zu sehen.«

»So laß uns sterben!« rief sie und drückte ihn an sich. »Und unsere Feinde sollen uns beneiden, daß wir so sanft eingeschlafen sind.«

Die beiden armen Kinder saßen auf ihrem Schoß und waren so matt, daß sie nicht einmal mehr weinen konnten. Es hätte einen Stein erbarmen mögen, wenn er das so mit angesehen hätte.

Aber es kam nun auch Hilfe. Die Fee ließ sich rühren, und ihre ehemalige Liebe zur schönen Rapunzel kam zurück. Sie kam auf einem herrlichen Wagen durch die Luft gefahren, nahm sie alle hinein, setzte sie auf prächtige Kissen und führte sie in das Schloß, worin der Vater des Prinzen seine Hofstatt hielt.

Hier war man ganz außer sich vor Freuden, daß der schöne Prinz wiederkam, den man schon so lange für verloren gehalten hatte, daß sein Vater wieder hatte heiraten wollen, um einen zweiten zu bekommen. Das unterließ er jetzt, da es nicht nötig war.

Sein Sohn war jetzt doppelt so glücklich, weil er unglücklich gewesen war, und liebte Rapunzel doppelt so sehr und sie ihn, weil sie einander verloren gehabt hatten. – Hier ist die Geschichte zu Ende.

6. *Die drei Spinnerinnen*

Höret Wunder! Vor Zeiten soll eine Frau oder Mutter gewesen sein, deren Tochter sich durchaus zum Spinnen nicht hat verstehen wollen. Drum hatte sie von ihrer Mutter viel Schläge bekommen, welches einstmals ein Freier verwundernshalber mitangesehen und gefraget, was das bedeuten sollte, daß sie ihre schöne Tochter so marterte? (nämlich weil sie von der Frauen vielgeliebtem Martyrium, das ist dem Flachse, nicht viel gehalten) Die Frau aber antwortete entgegengesetzt: Sie könnte das unmäßige Tier nicht vom Spinnen bringen, so versessen sei es darauf und spönne mehr Flachs auf, als sie erlangen könnte. (Sehet, solch gefällige Lüge hat notwendig die gute Mutter machen müssen, damit sie ihre eigene Schande nicht entdeckten, welche da alle am größesten gewesen für solchen Menschen, der nicht gesponnen hat.)

Was geschieht? Der Freier saget: »Das ist ja gut. Gebet sie mir nur zum Weibe. Ich will gar wohl mit ihrem unverdrossenen und unaufhörlichen Fleiße zufrieden und vergnüget sein, ob sie sonsten gleich nichts zu mir bringet.« Nun, die Mutter kann dem Menschen seine eingelegte Bitte nicht abschlagen oder die begehrte Tochter versagen, gibt ihm derentwegen das faule Muster. Darauf sie der Bräutigam mit sich nimmt und ihr zum Versuche ein ziemliches Pensum oder Knocken Flachs zu spinnen aufgibt. Darüber sie zwar innerlich erschrickt, doch hat sie es angenommen und für die lange Weile in ihr Zimmer getragen und in Verzweiflung niedergeworfen. Drüber waren aber drei Weiber (es waren drei Furien oder höllische Gespenster) vors Fenster gekommen: eine mit einem großen breiten Arsche, damit sie kaum zur Stubentüre hernach hereinzukommen vermochte, die andere mit einem großen Dampfhorne, einem Rhinozeros nicht unähnlich, die dritte mit einem großen breiten Daumen.

Solche bieten ihre Dienste dar, sagend, daß sie alle Tage unvermerkt kommen und das aufgegebene Werk aufspinnen wollten, sofern sie (die faule Braut) an ihrem Hochzeitstage sagen wollte, daß sie ihre Basen und Muhmen wären, und sich nicht schämen würde, sie an ihre Tafel zu setzen etc. Sie verspricht solches.

Jene halten auch ihr Wort und stellen sich alle Tage fleißig ein zur Arbeit, damit die Braut auch wacker bestehet und zur Belohnung von ihrem Bräutigam erhält, daß er sie mit ehestem ehelicht. Wie also die Hochzeit angangen, stellen sich die abscheulichen Monstra alle ein und werden auch von der Braut wohl respektiert und als Basen tituliert, was dem Bräutigam jedoch mißfiel. Darum er von seiner Liebsten erfragte, wie sie zu solcher garstigen Freundschaft gekommen wäre. Sie antwortete: »Sie sind also Ungeheuer vom vielen Spinnen geworden. Eine als die dick- und breitarschige hat sich an unmäßigem Sitzen also verwahrloset. Die andere hat ihren Daumen nicht minder verschoren, indem sie so häufig den Faden mit gedrehet. Die dritte hat ihr Maul gar weggeleckt, darüber die Nase so hervorraget.« Hierauf soll der Bräutigam betrübt geworden sein und gesagt haben: »Nun, so sollet Ihr Euer Lebtage keinen Faden mehr spinnen, damit Ihr nicht solches Ungetüm werdet. Ihr habet doch vorher schon genug gesponnen.«

Das wäre ein Wort für hiesige Jungfern und gut Wasser auf ihre Mühlen, ja, ich halte auch dafür, daß sie solcher Rede und Ausganges sich anmaßen und danach verfahren.

7. Treue und Untreue

In einer Stadt, deren Namen ich nicht nennen möchte, wohnte einst ein ehrbarer Mann, der hatte die allerschönste Frau zur Gattin und lebte mit ihr in Freuden und Wonnen. Da geschah es, daß die Frau ohne jegliches Siechtum eines jähen Todes verblich, und vor Schmerz wußte sich der Mann schier nicht zu fassen. Und so wert hielt er ihren stolzen Leib, so fest blieb sein Sinn nach ihr, daß er es nimmer ertragen wollte, daß sie begraben würde; und ohne vor der Macht des Todes sich zu ängstigen, behielt er die Tote nicht nur zu Hause, sondern bot ihr auch, gleich als wäre sie noch lebendig gewesen, zu Tische und zu Bette alle Zucht.

Die Mär von diesem seltsamen Tun sprach sich in der Stadt herum. Auch seine Verwandten und Freunde erfuhren davon, und sie straften ihn mit hartem Schelten. Das kümmerte ihn jedoch nicht. Im Gegenteil: Alles, was er besaß, verkaufte er und machte es zu barem Gelde. Dann ließ er einen schönen Schrein anfertigen, und darein legte er die tote Frau. Und er zog mit ihr, nur noch von einem Knechte begleitet, weg aus seiner Stadt und in eine andere, wo ihn niemand kannte, und dort machte er sich in der Absicht, nimmer heimzukehren, ansässig. Er erwarb ein Haus, und das bezog er mit der toten Frau, und sie mußte mit ihm zu Tische sitzen und zu Bette liegen, so als wenn sie noch am Leben war.

Beständig dachte er daran, und dies bereitete ihm großen Kummer, ach, könnte seine Frau doch wieder lebendig werden, und als er einmal des Nachts im Bette lag, betete er: »O Herr Gott, könnte ich doch den Tag erleben, daß die Frau wieder lebendig würde und wieder frisch und gesund an meiner Seite wäre und daß mein Elend ein Ende hätte!« Und wie er das so inbrünstig begehrte, so sandte ihm Gott in seiner Gnade einen Engel, und der sagte zu ihm: »Deine Frau mag wieder lebendig werden, doch gibt's dabei eine Bedingung: von den Jahren, die Du noch zu leben hättest, müßtest du ihr zwanzig geben, und zur Stunde würdest Du um zwanzig Jahre älter werden.« Als der Mann diese Worte vernahm, war er über alle Maßen froh und sagte: »Gern gebe ich ihr die zwanzig Jahre, und gern will ich sie verlieren.«

Und schon war die Frau wieder lebendig und, wie zuvor, frisch und gesund; ihm aber sah man die Spuren des Alters an. War er bisher vierzig gewesen, so war er nun sechzig und sein Haar grau und weiß. Doch voller Freude rief er: »Willkommen, Frau! Aus Gottes Gnade bist Du genesen!« Und sie sagte: »Wie ist mir? Wie habe ich so lange geschlafen? Das war nicht recht von mir.« Und er sagte: »Nicht so! Mein Herz war traurig, nun ist es wieder froh. Zwei Monde bist Du tot gewesen, und nun bist Du dadurch, daß ich Dir zwanzig Jahre meines Lebens gab, genesen; die sollst Du von nun an leben, und siehe, mein Haar ist grau geworden.« Die Frau, in frischer Jugend prangend, dankte ihm, und so begannen sie von neuem in Freuden zu leben.

Nun geschah es, daß vor ihrem Hause ein Tanz veranstaltet wurde, und die Frau schaute zum Fenster hinaus, wie das junge Volk der Stadt sich vergnügte. Da kam ihr die Idee, auch zu tanzen, und sie bat ihren Mann darum, und er gewährte ihr es gern und hieß seinen Knecht, sie hinauszuführen und auf sie zu achten. Und so eilte sie und tanzte fröhlich. Der Mann hingegen legte sich ans Fenster und sah zu, ja, er freute sich über ihre Ausgelassenheit. Und ein junger Mann, ein Gesell mit stolzem Leib, tanzte mit ihr, und sie sah ihm in die Augen, und er fragte sie, ob sie, die doch mit allem Reiz begabt sei, keinen Mann habe, und sie sagte zu ihm: »Sehet den alten Schelm dort im Fenster, das ist mein Mann, und wäre ich ihn los, nichts bereitete mir größere Freude. Mit Listen hat er mich von meiner Verwandtschaft weg und in die Fremde gebracht, und wer mir helfen würde, von ihm loszukommen, dem gehörte meine Zuneigung.« So redeten sie miteinander, und der Jüngling sagte ihr zu, nach ihrem Willen zu handeln und sie nach dem Tanze an einen sicheren Ort zu führen. Da sagte der Knecht zu ihr: »Frau, wir sollten heimgehen, sonst könnte sich der Herr erzürnen.« Sie aber antwortete ihm: »Ich habe mir einen erlesen, und zu dem gehe ich lieber als zu dem alten unreinen Schelme.« Und der Jüngling nahm sie in seinen Arm und führte sie weg.

Der Knecht lief heim und berichtete seinem Herrn: »Schaut, Herr, wie's nun aussieht. Eure Frau will zu einem andern, und seht, sie geht mit ihm.« Der arme Mann lief ihr nach, und er rief sie: »Wohin, Frau? Komm her zu mir! Hab ich Dir nicht genug meine Treue bewiesen?« Die Frau aber wies ihn ab, und der, der sie führte, machte sich über ihn lustig. In seinem Schmerze ging der Mann zu den Stadtgewaltigen und bat sie um Hilfe und klagte und erzählte ihnen den ganzen Handel und erheischte sein Recht von ihnen. Sie willigten ein und schafften den Jüngling und das Weib und auch ihn, jeden für sich allein, ins Gefängnis. Und am Morgen gingen die Weisesten der Stadt zu ihm und fragten ihn, was sich ereignet hatte, und er berichtete ihnen den ganzen Hergang und wie er für ihr Leben seine ganze Jugend gegeben hatte. Und sie sprachen Recht, die Sache solle er schlichten, und er bat sie, die Leute einen Kreis bilden zu lassen und die Frau in die Mitte zu stellen und ihn und den Jüngling gleich weit von ihr, und dann wolle er sehen, ob sein Zureden so viel über sie vermögen werde, daß sie von ihrer ablehnenden Haltung lasse, wisse aber der Jüngling ihr einen anderen Rat zu sagen und wolle sie zu ihm, so solle sie mit ihm ziehen dürfen.

Und die Weisen waren damit einverstanden, und sie taten es der Frau und dem Jüngling kund, und denen gefiel das sonderlich, und die Bürger bildeten auf dem Plan einen

Kreis. Nun wurden der Alte, der Junge und das Weib hineingeführt und so, wie der Alte geraten, gestellt. Und dem Alten ward Erlaubnis gegeben, mit seiner Frau zu reden und sie zu mahnen, wie er wolle. Und er redete auf sie ein, sie möge bedenken, daß es noch nie einen Mann gegeben habe, der solches wie er für seine Frau getan habe: wie er ihren toten Leib gegen den Willen der Seinigen behalten habe und wie er mit ihm in die Fremde gezogen sei und ihn weder Tag noch Nacht von sich gelassen habe. Bedenken möge sie, daß er seine jungen Jahre hingegeben habe, um sie aus der Todespein zu lösen, und er schloß: »Komm wieder in mein Haus, wo ich Dir Zucht und Ehre bieten will, und kehre Dich ab von solchem Wandel!«

Die Frau aber sah nur den jungen Gesellen an und sagte: »Ich weiß nicht, was er redet, und kenne ihn nicht. Wer hat mir den Schelm aufgeladen? Ich hab hier genug an dem Jungen.« Und damit wollte sie auch schon zu diesem laufen, aber man hieß sie warten, bis auch er geredet haben werde, und der Jüngling sagte: »Frau, zu Recht gehört Ihr mir zu, und all mein Gut will ich mit Euch teilen; mit mir fahret Ihr wohl besser als mit dem Alten. Soll Euer stolzer Leib für einen alten Mann sein? Kommt her zu mir, da wird's Euch gut ergehen.«

Da sprach der Alte: »Höre noch mein letztes Wort. Noch einmal erinnere ich Dich an all die Treue und Liebe, die ich Dir nach Kräften getan; willst Du aber dennoch weg von mir und zu einem gehen, den Du bis gestern noch nicht kanntest, so wird Dir großes Leid geschehen, und dessen mag alles Volk, das hier steht, Zeuge sein. Ich sage es Dir jetzt: In dem Augenblick, wo Du Dich von mir abwendest, bist Du tot, und Dein toter Leib leidet denn viel mehr als zuvor; ich jedoch werde wieder jung und schön werden, und Du wirst ein fauliger Fraß für die Maden sein. Willst Du Dir dieses Ende ersparen, so komm zu mir, und dann lebst Du noch, wie der Engel gesagt hat, zwanzig Jahre. Nun wähle, ob Lieb oder Leid, und tu, wozu Dich dein Begehren treibt.«

Und kaum hatte er seine Rede beendet, da lief sie zu dem Jüngling hin und fiel ihm um den Hals – und war ein faulender Leichnam. Ihre Frische war Verwesung, ihre Schönheit war Gestank, ihr frevliger Sinn gab ihr den Lohn. Das Wunder sahen all die vielen Leute, und sie sahen auch, wie dem alten Manne Gnade geschah und ihm seine Jugend wieder ward. Und er dankte Gott für seine Gnade und lobte ihn mit lauter Stimme und bat ihn um Vergebung seiner Sünden. Und fortan besserte er sein Leben. Und er zog zurück in seine Heimat, diente Gott und schwor sich, niemals mehr einer Frau zu trauen.

Sieh dich vor Untreue vor und falscher Art,
darauf ist nicht zu bauen.
Falschheit und Treulosigkeit bringen nur Schaden,
und dies geziemt einem frommen Weibe nicht.
Und beschirme uns, himmlische Königin,
vor Sünde und vor Schande:
Wer in Treue lebt,
der kann auf Deine Gnade bauen,
ewiglich und ohne Unterlaß,
alle wünschen mit mir das!

8. Von einer Bohne

Im Dorf, dort nieder in der Au,
Da hatte eine arme alte Frau
Ein wenig Bohnen zusammenbracht,
Auf daß sie's ihrem Manne kocht.
Sie macht ein Feuer und ward sein froh
Und zündet's an mit ein wenig Stroh,
Gedacht: »Es ist der Mühe wohl wert!«

Eine Bohn entfiel ihr auf den Herd
Etwa da, und sie fand sie nicht wieder,
Eine glühend Kohl sprang bei ihr nieder;
Ein Strohhalm lag nahe dort dabei:
Die kamen zusammen alle drei.
Der Strohhalm sprach: »Ihr lieben Freund,
Von wannen kommt Ihr beid jetzund?«
Da sprach die Kohl: »Mir ist gelungen,
Daß ich bin aus dem Feuer entsprungen;
Wo ich mit Gewalt nicht wär entrunnen,
Ich wär zu Aschen gar verbrunnen,
So wenig tut man unsereins verschonen.«
Desgleichen fragtens auch die Bohnen.
Sie sprach: »Dem alten bösen Weibe
Entkam ich kaum mit gesundem Leibe,
Wo sie mich auch in'n Topf hätt' bracht,
Hätt' gewiß ein Mus aus mir gekocht.«
Der Strohhalm sprach: »Dermaßen auch
Hätt' sie ein Feuer und großen Rauch
Aus allen meinen Brüdern gmacht.
Ihr sechzig auf einmal umbracht,
Und bin ich von denselben allen
Ihr ohn' Gefahr allein entfallen.
Drum, weil's uns allen dreien geglückt,
Ist's gut, daß eins zum andern rückt,
Und uns verbinden miteinandern
Und alle drei zusammen wandern.
Von solchem Unglück zu entfliehen,
Fern hin in fremde Lande ziehen.«
Und stunden auf in einem Sinn,
Und zogen miteinander hin.
Bald kamen's an einen kleinen Bach,
Der Strohhalm zu der Gesellschaft sprach:
»Hier han wir weder Brück noch Steg,
Auf daß wir dennoch kommen weg,

Will Euch zu gut mich des erwegen,
Wie ein Zweig über diesen Bach mich legen.
Ihr alle beide über meinen Rücken
Mögt gehn wie über eine Brücken,
Wenn ich mich fein hinüber streck.«
Die Kohl deucht sich freudig und keck,
Wollt auch wagen den ersten Tritt.
Sobald sie kommen in die Mitt,
Und sahen das Wasser niedersausen,
Begann's die Kohl gar sehr zu grausen,
Stund still und ward erschrocken hart,
indem der Strohhalm brennend ward.
Zuhand zerbrach dieselbig Brück,
Fiel 'nab ins Wasser, in zwei Stück.
Die Kohl folgt bald hinnach und zischt,
Da sie das Wasser auch erwischt.
Des lacht die Bohne auf dem Gries [Sand] so sehr,
Daß ihr der Leib zerriß.
Da lief bald hin dieselbig Bohne,
Auf daß sie möcht' ihres Leibs verschonen,
Zum Schuster um einen kleinen Flecken,
Damit sie mocht' den Riß verdecken.
Der Schuster ward ein frommer Mann,
Nahm sich derselben Bohne an,
Und sprach: »Wohlan, meine liebe Bohne,
Wenn Du mir's treulich wolltest belohnen,
Wollt ich Deinen Bauch verpletzen [zuflicken],
Dafür einen schwarzen Flecken setzen.«
Und griff bald hinter sich zurück,
Schneid von einer Kalbes Haut ein Stück,
Und näht's der Bohnen vor das Loch.
Denselben Stecken trägt sie noch.
Die Fabel uns dies Stück bedeut':
Was tolle, unverständig Leut
Mit ihren kindischen Anschlägen

Anheben, bringen nichts zuwegen.
Weil's im Anfang nicht gut bedacht,
Ward es nit zu gutem Ende bracht.
Man sagt: ein unweislich [törichter] Anfang
Gewinnt gemeinlich den Krebsgang.

9. *Von dem Fischer und siene Fru*

Dar war mal eens een Fischer und siene Fru, de wahnten tosamen in'n Pießpott, dicht an de See, un de Fischer ging alle Dage hen un angelt: so ging he hen lange Tied.

Dar satt he eens an' n See bie der Angel und sach in dat blanke Water, un sach, un sach jümmer na de Angel; dar ging de Angel to Grunde deep ünner, un as he se heruttruck, so hahlt he eenen grooten Butt herut. Dar säd de Butt to em: »Ick bidd die, dat du mie leven letst, ick bin keenen rechten Butt, ick bin een verwünschten Prins; sett mie wedder in dat Water, un lat mie swemmen.« – »Nu«, säd de Mann, »du brukst nich so veele Worde to maken; eenen Butt, de spreken kann, hädd ick doch woll swemmen laten.« Dar sett he em wedder in dat Water, un de Butt ging furt weg to Grunde, un leet eenen langen Striepen Bloot hinner sick. De Mann äwerst ging to siene Fru in'n Pießpott un vortellt ehr, dat he eenen Butt fangen hädd, de hädd to em sait, he weer een verwünschten Prins, dar hätte he em weder swemmen laten. »Häst du die denn nix wünscht?« säd de Fru. »Nee«, säd de Mann, »wat schull ick mie wünschen?« – »Ach«, säd de Fru, »dat is doch öwel, jümmer in'n Pießpott to wahnen, dat is so stinkig und dreckig hier; gah du noch henn un wünsch en lüttje Hütt.« De Mann was dat nich so recht; doch ging he henn na den See, un as he dar kam, dar war de See gans gehl un grön; dar ging he an dat Water un säd:

»Mandje, mandje, timpe tee!
Buttje, Buttje in de See!
Miene Fru de Ilsebill
Will nich so, as ick woll will!«

Dar kam de Butt answommen un säd: »Na, watt will se denn?« – »Ach«, säd de Mann, »ick heww die doch fungen hat; nu sait miene Fru, ick hädd mie doch wat wünschen sullt; se mag nicht mehr in'n Pießpott wahnen, se wull geern een Hütt hebben.« – »Geh man henn«, sait de Butt, »se is all drinn.«

Dar ging de Mann henn, un siene Fru stund in eene Hütt in de Döhr, un säd to em: »Kumm man h'rinn; süh, nu is dat doch veel beter.« Un dar war ne Stuwe, un Kamer, un eene Kök drinn, un darachter was een lüttje Garn mit allerlei Grönigkeeten, un een Hoff, da weeren Höhner un Enten. »Ach«, sait de Mann, »nu will wie vergnögt lewen!« – »Ja«, sait de Fru, »wie will'n 't versöken.«

So ging dat nu woll een acht edder viertein Daag; dar säd de Fru: »Mann! De Hütt ward mie to eng, de Hoff un Garn is to lütt, ick will in een groot steenern Slott wahnen; gah henn tum Butt, he sull uns een Slott schaffen.« – »Ach Fru«, säd de Mann, »de Butt hät uns erst de Hütt gäwen; ick mag nu nich allwedder kamen, den Butt mug et vordreeten.« – »Ne wat!« säd de Fru, »de Butt kann dat recht goot, un deit dat geern; gah du man henn.«

Dar ging de Mann henn, un sien Hart was em so swar; as he awerst bie de See kam, was dat Water gans vigelett un gru un dunkelbloj, doch was dat noch still; dar ging he stahn un säd:

»Mandje, mandje, timpe tee!
Buttje, Buttje in de See!
Miene Fru de Ilsebill
Will nich so, as ick woll will!«

»Na, wat will se denn?« säd de Butt. »Ach«, säd de Mann gans bedröwt, miene Fru will in een steenern Slott wahnen.« – »Gah man henn, se steit för de Döhr«, säd se Butt.

Dar ging de Mann henn, un siene Fru stund för eenen grooten Pallas. »Süch Mann«, säd se, »wat is dat nu schön!« Met deß gingen se tosamen h'rinn; dar weeren so veel Bedeenten, un de Wände weeren alle blank, un goldne Stöhl un Dischen weeren in de Stuwe; un achter dat Slott was een Garn un Holt, woll eene halwe Miel lang, darinn weeren Hirschen, Reh un Haasen, un upp den Hoff Köhe un Pärde Ställ. »Ach«, sait de Mann, »nu will'n wie ok in dat schöne Slot bliewen un tofreeden sien.« – »Dat will'n wie uns bedenken«, sait de Fru, »un will'n 't beslapen.« Met deß gingen se to Bedd.

Den annern Morgens waakt de Fru upp, dat was all Dag; da stött se den Mann met den Ellenbagen in de Siede un säd: »Mann! stah upp; wie motten König waaren öwer all dat Land.« – »Ach Fru«, säd de Mann, »wat wull'n wie König weeren? Ick mag nich König sien.« – »Na denn will ick König sien.« – »Ach Fru«, säd de Mann, »wo kannst du König sien? De Butt mucht dat nicht dohn.« – »Mann!« sait de Fru, »gah stracks henn; ick mött König sien.«

Dar ging de Mann henn un was gans bedröwt, dat siene Fru König waaren wöllt, un as he an de See kam, was se all gans swartgru, un dat Water gährt so von unnen upp; dar ging he stahn un säd:

»Mandje, mandje, timpe tee!
Buttje, Buttje in de See!
Miene Fru de Ilsebill
Will nich so, as ick woll will!«

»Na, wat will se denn?« sait de Butt. »Ach«, säd de Mann, »miene Fru will König waaren.« – »Geh man henn, se is't all«, säd de Butt.

Dar ging de Mann henn, un as he för den Pallas kam, da weeren dar so veele Soldaten, un Puken un Trumpeten, un siene Fru satt upp eenen hogen Thron von Gold un Diamanten, un hatt eene groote Kron upp, un upp beeden Sieden bie ehr dar stunden söß Jungfruen, jümmer eene eenen Kopps lüttjer as de anner. – »Ach Fru«, sait de Mann, »siest du nu König?« – »Ja«, sait de Fru, »ick sie König.« Un as he ehr do so 'ne Wiel ansehn hädd, säd he: »Ach Fru, wat lätt dat schön, wenn du König best! Nu will'n wie ok nich mehr wünschen.« – »Nee Mann«, säd se, »gah tum Butt, ick wull Kaiser sien.« – »Ach Fru«, säd de Mann, »Kaiser kan he nich maken; ick mag den Butt dat nich seggen.« – »Ick sie König«, säd de Fru, »un du siest man mien Mann: gah gliek henn!«

Dar ging de Mann weg; un as he so ging, so dacht he: Dat geit nu nich goot; Kaiser is to utverschaamt, de Butt waart am Ende möde. Met deß kam he an de See; dat Water was gans swart un dick, un dar ging so een Keekwind öwer henn, dat et sick so kawwelt, dar ging he stahn un säd:

»Mandje, mandje, timpe tee!
Buttje, Buttje in de See!
Miene Fru de Ilsebill
Will nich so, as ick woll will!«

»Na, wat will se denn?« säd de Butt. »Ach«, säd de Mann, »se will Kaiser waaren.« – »Gah man henn«, säd de Butt, »se is't all.« Dar ging de Mann henn; un as he dar kam, da satt siene Fru upp eenen sehr hogen Thron, de was von een Stück Gold un hadd eene grote Kron upp, de was woll twee Ellen hoch; bie ehr upp de Sieden dar stunden de Trabanten, jümmer een lüttjer as de anner, von den allergrötesten Riesen bett to den lüttesten Dwark, de was man so lang as mien lüttje Finger. För ehr da stunden so veele Fürsten un Grawen; da ging de Mann ünner stahn un säd: »Fru, siest du nu Kaiser?« – »Ja«, säd se, »ick sie Kaiser.« –

»Ach«, säd de Mann, un sach se so recht an, »Fru, wat lätt dat schoin, wenn du Kaiser siest!« – »Mann«, säd se, »wat steist du dar? Ick bin nu Kaiser, nu will ick äwerst ok Pabst waren.« – »Ach Fru«, säd de Mann, »war wiest du Pabst waaren? Pabst is man eenmal in de Kristenheet.« – »Mann«, säd se, »ick mutt hüt noch Pabst waren!« – »Nee Fru«, säd he, »to Pabst kann de Butt nich maken, dat geit nich goot.« – »Mann, wat Snack! Kann de Butt Kaiser maken, kann he ok Pabst maken: gah furt henn.«

Dar ging de Mann henn, un em was gans flau; de Knee un de Waden zidderten em; un buten ging de Wind, un dat Water was, as kookt 't; de Scheepe schoten in de Noth un dansten un sprungen upp de Bülgen; doch was de Himmel in de Midde noch so en bitten blu, äwerst an de Sieden dar toog dat so recht roth upp as een swar Gewitter. Dar ging he recht vörzagt stahn un säd:

»Mandje, mandje, timpe tee!
Buttje, Buttje in de See!
Miene Fru de Ilsebill
Will nich so, as ick woll will!«

»Na, wat will se denn?« säd de Butt. »Ach«, säd de Mann, »miene Fru will Pabst waaren.« – »Gah man henn«, säd de Butt, »se is't all.«

Dar ging de henn; un as he dar kam, satt siene Fru upp eenen Thron, de was twie Mielen hoch un hadd dree groote Kronen upp, un üm ehr was so veel geestlicke Staat, un upp de Sieden bie ehr stunden twee Reegen Lichter, dat grötste so dick un groot as de allergrötste Thron, bett to dat lüttste Kökinglicht. »Fru«, säd de Mann, un sach se so recht an, »siest du nu Pabst?« – »Ja«, säd se, »ick sie Pabst.« – »Ach Fru«, säd de Mann, »wat lätt dat schoin, wenn du Pabst siest! Fru, nu wes tofreeden; nu du Pabst siest, kannst du nix mehr waaren!« – »Dat will ick mie bedenken«, säd de Fru.

Dar gingen se to Bedd; awerst se was nich tofreeden, un de Gierigkeit leet ehr nich slapen; se dacht jümmer, war se noch woll waaren willt. Met deß ging de Sünn upp. Süh, dacht se, as se se ut den Fenster so heruppkamen sah, künn ick nich ok de Sünn uppgahn laten? Dar ward se so recht grimmig un stött ehren Mann an: »Mann, gah henn tum Butt, ick will waaren as de leewe Gott!«

De Mann was noch meist in'n Slap, awerst he vörschrack sich so, dat he ut den Bedde feel. »Ach Fru«, säd he, »slah en die un blieve Pabst!« – »Nee«, säd de Fru, »ick sie nich tofreden un kann dat nich uthollen, wenn ick de Sünn un den Man uppgahn seh, un kann se nich ok uppgahn laten; ick mutt waaren as de leewe Gott.« – »Ach Fru«, säd de Mann, »dat kann de Butt nich; Kaiser un Pabst kann he maken, awerst dat kann he nich.« – »Mann«, säd se, un sah so recht greisig ut, »ick will waaren as de leewe Gott, gah stracks henn tum Butt!«

Dar fohr dat den Mann in de Gleeder, un he bewt för Angst. Buten awerst ging de Storm, dat all Boime un Felsen umweigten, un de Himmel was gans swart un dat dunnert und blitzt; dar sah man in de See so swarte hoge Bülgen as Berge un hadden baben all eene witte Kron von Schum upp. Da säd he:

»Mandje, mandje, timpe tee!
Buttje, Buttje in de See!
Miene Fru de Ilsebill
Will nich so, as ick woll will!«

»Na, wat will se denn?« säd de Butt. »Ach«, säd de Mann, »se will waaren as de leewe Gott!« – »Gah man henn, se sitt all wedder in'n Pießpott.« –

Dar sitten se noch hüt upp dissen Dag.

10. *Von einem König, Riesen, Einhorn und wilden Schwein*

Vor Zeiten begab es sich, daß eine Jungfrau vor einem Schneiderbursch vorüberging und hatte einen Korb voll Äpfel. Wie nun unter diesen Schneidergesellen einer war, der das Mägdlein kannte, gab er ihr einen freundlichen Blick; da warf sie ihm einen Apfel zu. Denselben legte er neben sich ans Fenster, und weil es schon Mittag war, ward er zur Mahlzeit berufen, ließ also den Apfel liegen und ging zum Essen. Wie er nun gegessen hatte und wieder zu seiner Arbeit gehen wollte, siehe, da hatten sich unzählig viel Fliegen auf den Apfel gesetzt, sich zu erlaben. Da wurde der Schneider im Zorn erhitzt und ergriff wütend einen Lappen und schmiß ihn in seinem Grimm auf die armen Fliegen, daß ihrer sieben das Leben einbüßten.

Wie das der Schneider ersah, warf er Nadel und Fingerhut von sich, lief hin und ließ sich einen schönen, wohl auspolierten Harnisch machen und mit güldenen Buchstaben darauf schreiben diese folgenden Worte: ›Sieben erschlagen in einem Streich, das mag ein wunderbarer Kriegsmann sein.‹ Damit reiste er davon, sein Heil zu versuchen.

Wie er nun weit gereist und todmüde war, kam er eben vor einen königlichen Hof. Da legte er sich auf die Erde zum Schlafen nieder. Und wie er also ausgestreckt da lag, begab es sich, daß etliche von Hofe da spazieren gingen. Da wurden sie diesen Helden gewahr, gingen leise hinzu, lasen die Schrift mit höchster Verwunderung, und niemand vermochte sich zu erkühnen, ihn aufzuwecken, sondern sie gingen hin und meldeten es dem König. Der König befahl, man sollte acht geben, wenn der Held erwachte, daß derselbe nicht etwa vorüber passierte, sondern sollte ihn zu Hof fordern.

Wie nun der Held erwachte, ward er von des Königs Bediensteten freundlich angeredet und gebeten, er sollte ihnen allerseits die Ehre und Freundschaft erzeigen und den königlichen Hof besuchen, zumal es des Königs Willen wäre. Also ließ er sich bitten und ging mit ihnen; da ward er gar wohl empfangen, lieb und wert gehalten. Es waren aber viele vornehme Ritter am Hofe, die alle gern gewußt hätten, woher und was die Ursache der güldenen Buchstaben auf dem Harnisch bedeutete. Es war aber keiner so dreist, der den vermeintlichen Helden darum angesprochen hätte. Das Glück aber war dem Schneider so wohlgesonnen, daß der König ihm seine Tochter versprach: Denn der König liebte ihn sehr. Weil aber alle Zeit bei einem Engel ein Teufel und bei der Kirche eine Kapelle ist, so geschah es auch hier. Denn die Tochter war ihm nicht so wohl zugetan wie der Vater. Darum bat sie den König, ihren Vater, er möge doch ihren Bräutigam einmal auf die Probe stellen, damit man erfahren könnte, was er für ein Held sei, damit sie wüßten, wie sie sich künftig zu ihm zu verhalten hätten. Eher könnte sie ihn nicht lieben.

Nun hatte der König zu der Zeit ein Einhorn in seinem Lande, welches dem Reisenden und auch sonst den Menschen großen Schaden zufügte und sich im nächsten Walde aufhielt. Da sprach der König zu Freymod – denn so nannte sich der Schneider: »Lieber künftiger Eidam, wir zweifeln nicht an Deiner Tapferkeit, weil wir davon längst überzeugt sind. Und eben darum bitten wir Dich, daß Du uns das Einhorn, das in unserem Lande ist und sich meistens im nächsten Walde aufhält, entweder tötest oder lebendig einfängst. Alsdann sollst Du meine Tochter zur Frau haben.« Es war aber von des Königs Räten wie auch von des Königs Tochter schlau eingefädelt: Denn sie waren Freymod nicht zum Besten gewogen.

Wie nun Freymod des Königs Meinung vernommen hatte, machte er sich reisefertig; denn er hatte des Königs

Tochter sehr lieb. Wagte ihretwegen sein Leben und ging in den Wald, nahm nicht mehr mit als seinen Degen und einen Strick. Als er nun lange im Wald hin und her gegangen war, da wurde er des Einhorns gewahr, das von ferne in vollem Zorn auf ihn zugerannt kam. Der gute Freymod hatte nicht lange Zeit zum Überlegen und stellte sich geschwind hinter einen dicken Baum. Als nun das Einhorn so schnell auf ihn zurannte, in der Meinung, ihn durch und durch zu laufen, da säumte er sich nicht lange und, weil er doch leicht zu Fuße ward, sprang geschwind beiseite. Also stieß das Einhorn in solcher Schnelle sein Horn fast halb in den Baum, daß es dasselbe nicht wieder herausziehen konnte. Da sprang Freymod geschwind herzu, nahm seinen Strick und schnürte ihm die Kehle zu, daß es keine Luft mehr bekam. Doch wollte er es nicht töten, weil er glaubte, mehr Ehre davon zu haben, wenn er es lebendig statt tot gefangen und sich dessen bemächtigt hätte, band ihm demnach alle vier Füße zusammen und ließ es so liegen, ging zum König und sagte: »Seine Majestät wollen das Einhorn holen lassen. Denn ich habe es bei allen Vieren zusammengebunden.« Da sandte der König Wagen und Pferde hin und ließ es mit Verwunderung gen Hofe holen. Danach ward Freymod mit des Königs Tochter vermählt.

Sie hatten aber noch nicht lange miteinander gelebt, da begab es sich, daß Freymond träumte, wie er mit seinen Werksgesellen da saß und nähte und überlaut ausrief: »Mein Gesell, nähe doch weiter, daß das Kleid fertig wird! Denn der Mann muß es morgen haben.« Wie nun des Königs Tochter ihren jungen Ehemann in solchen Phantasien reden hörte, merkte sie bald, was die Uhr geschlagen, und ward ihm gram, wußte aber nicht, wie sie ihm beikommen sollte. Zuletzt dachte sie noch einmal über die Dinge nach und sagte dann zu ihrem Mann: »Mein Allerliebster, ich hörte Euch diese Nacht reden, wie Ihr das große, wilde Schwein, das so viele Leute ums Leben gebracht, getötet, worüber ich sehr froh ward, als wenn es schon geschehen wäre. Also zweifle ich auch nicht daran, weil Ihr das Einhorn gefangen habt – was mehr zählt, als wenn Ihr es getötet hättet –, und so werdet Ihr auch das Schwein leicht bezwingen. Darum, mein Allerliebster, will ich Euch um unserer Liebe willen gebeten haben, daß Ihr das Schwein aus dem Wege räumt. Denn mich erbarmen die armen Leute, die allbereit so schändlich um ihr Leben gekommen sind, und ich befürchte noch weiteres Unglück. Werdet Ihr mir hierin zu Willen sein, so werde ich daraus erkennen, daß Ihr mich liebt.« (Sie dachte aber, ihn loszuwerden.)

Freymod, der seine junge Königin sehr liebte, dachte bei sich: »Ist es Dir mit dem Einhorn gelungen, wer weiß, es wird Dir mit dem wilden Schwein auch gelingen!« Und er machte sich auf den Weg, seiner Liebsten zu Willen zu leben, und nahm einen Spieß und einen Strick mit sich. Damit ging er ins Gehölz, das ihm genannt worden war, weil sich das Schwein dort aufhalten sollte. Wie er nun ins Gehölz gekommen war, erspähte er eine kleine Kapelle, ging hinein und merkte an dem Mist, daß sich das Schwein dort zuweilen aufhalten mußte. Überlegte daraufhin, wie er wohl vorgehen könnte, und band seinen Strick an die Tür und wartete auf das Schwein. Siehe da, es kam an den Ort gelaufen, wo das Fenster war. Da blieb er in der Kapelle stehen. Da springt das Schwein zum Fenster hinein, Freymod zur Tür hinaus – und die machte er hinter sich zu. Das Schwein wieder zum Fenster hinaus und wollte von der anderen Seite diesem Helden an den Leib; der sprang geschwind wieder zur Tür hinein. Weil aber das Schwein mit ihm eindrang, sprang er wieder zum Fenster hinaus, denn er war leicht auf seinen Füßen. Da wollte das Schwein wieder zurück und aus der Tür. Aber Freymod hatte den Strick in der Hand, den er an die Tür gebunden, damit zog er die Tür zu. Da sprang das Schwein ihm nach zum Fenster hinaus. Doch da hatte Freymod seinen Spieß parat und hielt ihn dem Eber entgegen. Und so sprang der Eber selbst in den Spieß, so daß ihm derselbe durch den Leib ging und daß er davon zu Boden stürzte.

Ging also Freymod mit Freuden wieder heim und berichtete seiner Liebsten und dem König, daß er das Schwein getötet. Der König war darüber sehr verwundert, aber es war ihm recht, daß das Schwein getötet war. Denn der König hatte es mit seinen Leuten nicht zu töten vermocht, weil man zu der Zeit noch von keinem ›Geschütz‹ etwas gewußt hatte. Darum ward Freymod für einen braven Helden gehalten, und seine Frau hielt ihn hernachmals lieb und wert.

Und so gewann der Schneider und behielt des Königs Tochter. Darum braucht man sich heute nicht zu wundern, daß die Schneider sich noch heute so herausgeputzt und in ihrer Kleidung fast edelmännisch geben. Freymod lebte danach mit des Königs Tochter lange Zeit in gutem Frieden und in Ruhe. Und wenn sie nicht gestorben sind, so leben sie wohl noch heute.

11. Eine schöne Historie von einer Frau mit zwei Kindlein

Ein guter armer Mann hatte eine Frau und von ihr zwei Töchterlein, und ehe dieselbigen Kindlein, von denen das kleinere Margaretlein und das größere Annelein hieß, erwachsen waren, starb ihm die Frau, und deshalb nahm er eine andere. Nun warf eben diese Frau einen Neid auf das Margaretlein und hätte gerne gewollt, daß es tot gewesen wäre, doch es selbst umzubringen fand sie nicht den Mut, und so zog sie mit Listen das ältere Maidlein an sich, daß es ihr hold und der Schwester Feind ward.

Und einmal begab es sich, daß die Mutter und die ältere

Tochter beieinander saßen und beratschlagten, wie sie ihm doch tun wollten, daß sie des Maidleins abkämen, und beschlossen endlich, daß sie miteinander in den Wald gehen wollten und das Maidlein mitnehmen, und in dem Wald wollten sie das Maidlein verschicken, daß es nicht mehr zu ihnen kommen könnte.

Nun stand das Maidlein vor der Stubentür und hörte all die Worte, so seine Mutter und Schwester wider es redeten und Ursache zu seinem Tode suchten; da war es sehr betrübt, ohne jede Ursache so jämmerlich zu sterben und von den Wölfen zerrissen zu werden. Und also betrübt ging es zu seiner Dotten und Göttel, die es aus der Taufe gehoben hatte, und klagte ihr die große Untreu und das tödliche, mörderische Urteil, so über sie von der Schwester und Mutter geschehen. »Nun wohlan«, sprach die gute alte Frau, »mein liebes Kind, alldieweil Deine Sache eine solche Gestalt hat, so geh hin und nimm Sägemehl und, wenn Du Deiner Mutter nachgehst, streue es vor Dir hin! Laufen sie hernach schon vor Dir, so geh Du derselbigen Spur nach, dann kommst Du wieder heim.«

Die gute Tochter tat, als ihr die gute Frau befohlen hatte. Und wie sie hinaus in den Wald kam, setzte sich ihre Mutter nieder und sagte zum älteren Maidlein: »Komm her, Annelein, und such mir eine Laus. So geht dieweil das Gretlein hin und klaubt uns drei Bürden Holz; so wollen wir an diesem Ort sein warten, danach gehen wir miteinander heim.«

Nun, das arme Töchterlein zog hin und streute vor sich das Sägemehl (denn es wußte wohl, wie es ihm ergehen würde) und sammelte drei Bürden Holz. Und als es die gesammelt, nahm sie es auf den Kopf und trug es an das End, da es seine Stiefmutter und Schwester gelassen hatte. Als es aber dahin kam, fand sie sie nicht; behielt jedoch seine drei Büschlein auf dem Kopf, zog seinem gemachten Weg nach wieder heim und warf die drei Büschlein ab.

Und als die Mutter es erblickte, sprach sie zum Maidlein: »Unsere Tochter ist wieder gekommen, und all unsere Kunst hat uns gefehlet. Darum wollen wir morgen an einen anderen Ort gehen und das Maidlein abermals von uns schicken; so wird es nicht mehr mögen heimkommen, so sind wir hernach sein ledig.«

Nun hatte das arme Margaretlein diese Worte abermals gehört, lief wieder zu seiner Göttel und zeigte ihr die Handlung an. »Wohlan«, sprach die Frau, »ich sehe wohl, daß sie Dir nach Deinem Leben trachten und nicht eher Ruhe haben werden, bis sie Dich umgebracht haben. Drum, so geh jetzt hin und nimm Spreu und streu die abermals vor Dich hin, wie Du es auch mit dem Sägemehl getan hast. So kannst Du wieder heimfinden.«

Als nun das Maidlein wieder heimkam, sagte seine Mutter: »Kommet her, Gretlein und Annelein! Wir wollen in den Wald gehen! Das ältere Maidlein, das um alle Sachen gar wohl wußte, auch Hilfe und Rat dazu gegeben hatte, zog ganz fröhlich, Gretlein dagegen ganz traurig hinaus. Und als sie in den Wald kamen, setzte sich die böse, arglistige, niederträchtige Frau nieder und sprach zum Annelein: »Komm her, Annelein, und such mir eine Laus. So geht das Gretlein hin und suchet derweil jeglichem eine Bürde Holz. Danach gehen wir wieder heim.«

Das arme Gretlein ging hin, und ehe es wiederkam, waren seine Mutter und seine Schwester hinweg. Nun ging das gute Gretlein mit seinem Holz der Spreu nach, bis es wieder heimkam. Und als es von seiner Mutter gesehen ward, sagte sie zum Annelein: »Unser elend Maidlein kommt wieder. Nun wollen wir sehen, wie wir es loswerden – und sollte es uns etwas Großes kosten. Und wir wollen morgen wieder in den Wald; da wollen wir sehen, daß es dahinten bleibt.« Solche Rede hatte das Maidlein abermals gehört und ging zum dritten Mal zu seiner Base, fragte die um Rat, was sie denn nun machen sollte. »Nun wohlan, liebes Kind«, sagte die Frau, »so geh hin und nimm Hanfsamen, säe den vor Dich hin, danach geh denselbigen wieder heim!» Das gute Maidlein zog abermals mit seiner Mutter und Schwester in den Wald und säte den Hanfsamen vor sich hin. Nun sagte die Mutter abermals, wie sie es schon zweimal gesagt hatte: »Annelein, such mir eine Laus. So muß das Gretlein Holz suchen.«

Das arme Gretlein zog hin und suchte Holz, dachte dabei: ›Nun ich zweimal bin heimgekommen, so will ich auch das dritte Mal wieder heimkommen.‹ Und als es das Holz gesucht hatte und wieder an den Ort gekommen war, an dem es seine Mutter gelassen hatte, da waren sie abermals hinfort. Und als nun das arme Maidlein seinem Weg nach wollte heimgehen, da hatten die Vögel den Samen allesamt weggefressen.

Ach Gott, wer war trauriger denn das arme Maidlein! Den ganzen Tag lief sie im Wald umher, schrie und weinte und klagte Gott ihr Leid, konnte keinen Weg finden, dadurch es aus dem Wald kommen möchte, war auch in den Wald so fern hineingekommen, wo ohne Zweifel nie ein Mensch bisher gewesen. Als nun der Abend kam und das arme Maidlein in aller Hilfe verzweifelt hatte, stieg es auf einen sehr hohen Baum, zu schauen, ob es doch irgendeine Stadt, ein Haus oder ein Dorf erspähen konnte, damit es nicht so weit kam, daß sie jämmerlich den wilden Tieren zur Speise gegeben würde. Und wie sie so umherschaute, begab es sich, daß sie eine kleine Rauchfahne erblickte. Behende stieg sie vom Baum herab und kam in wenigen Stunden an den Ort, von dem der Rauch ausging. Das war ein kleines Häuslein, darin niemand anders wohnte denn das Erdkühlein.

Das Maidlein kam vors Türlein, klopfte an und begehrte hereingelassen zu werden. »Ich laß dich wahrlich nicht herein, Du verheißest mir denn, Dein Lebtag bei mir zu bleiben und nimmermehr etwas über mich zu erzählen und mich auch nicht zu verraten.« Das gelobte das Maidlein, und alsbald ward es von dem Erdkühlein hereingelassen. Und das Erdkühlein sagte: »Wohlan, Du mußt nichts anderes tun, als mich des Morgens und des Abends zu melken. Danach ißt Du dieselbige Milch von mir, so will ich Dir Seide und Samt genug zutragen. Davon mach Dir schöne Kleider, wie Du sie begehrst. Denk aber daran und sieh zu, daß Du nichts über mich erzählst. Wenn schon Deine eigene Schwester zu Dir kommt, so laß sie nicht herein, damit ich nicht verraten werde, daß ich an diesem Ende bin! Sonst hätte ich das Leben verloren.« Ging nach solchen Worten an seine Weide und brachte dem Maidlein des Abends, wenn es heimkam, Seide und Sammet, davon sich das gute Gretlein so schön kleidete, daß es wohl mit einer Fürstin hätte verglichen werden können.

Als sie nun in dem anderen Jahr also beieinander gewesen waren, begab es sich, daß dem größeren Maidlein, so daheim geblieben war und geholfen hatte, das junge Gretlein, sein Schwesterlein, ohne alle Schuld in das Elend zu jagen, in den Sinn kam, wie es denn wohl seinem Schwesterchen gehen möchte, das mit ihrer Hilfe ins Elend gejagt worden war. Kläglich hob sie an zu weinen und die Untreue zu bedenken, die sie ihr ohn alle Schuld bewiesen hatte, kam in Summa in eine solche Reue, daß sie nicht mehr bleiben konnte oder mochte, sondern sehen wollte, ob sie doch irgendein Beinlein von ihrem Schwesterlein finden möchte, damit sie dasselbige heimtrüge und es in Ehren hielte.

Und eines Tages ging sie morgens früh in den Wald und suchte und trieb solches Suchen mit kläglichem Weinen so lange, bis sie sich im Wald ganz und gar verlaufen und verirret hatte und nun die finstere Nacht ihr auf dem Hals lag. Wer war da trauriger als das Annelein? Da ward es daran erinnert, daß es solches wohl ihrer Schwester wegen verdient hatte, weinte kläglich, rief Gott um Gnade und

Verzeihung an und betete. Doch war da nicht lang zu warten oder zu klagen, sondern sie stieg zunächst auf einen sehr hohen Baum, zu sehen, ob es nicht doch irgendein Haus erblickte, worin es über Nacht bleiben könnte, damit es nicht jämmerlich von den wilden Tieren zerrissen würde. Und in solchem Umschauen ersah es einen Rauch aus dem Häuslein gehen, darin seine Schwester war. Von Stund an nahete es dem Haus, nicht anders meinend, denn daß es eines Hirten oder Waldbruders Haus wäre.

Und als es zu dem Haus kam, klopfte es an, und es dauerte nicht lang, da wurde es von seiner Schwester gefragt, wer denn da wäre. »Ei«, sprach das Annelein, »ich bin ein armes Maidlein und in dem Wald verirret und bitte, daß man mich durch Gottes Willen über Nacht behalte.« Das Gretlein sah durch ein Spältlein hinaus und erkannte, daß es seine untreue Schwester war, und sprach: »Wahrlich, liebs Maidlein, ich darf Dich nicht hereinlassen, denn es ist mir verboten. Wenn sonst mein Herr käme und ich jemand Fremdes eingelassen hätte, so würde er mich schlagen. Drum zieh fort!« Das arme Maidlein wollte sich nicht abreden noch vertreiben lassen, sondern lag mit Bitten seinem unerkannten Schwesterlein solange in den Ohren, bis es ihm die Tür aufgetan und es hereingelassen hatte.

Und als es hineinkam, erkannte es seine Schwester, fing an, heiß zu weinen und Gott zu loben, daß sie es noch lebendig gefunden hatte, fiel nieder auf ihre Knie und bat, daß sie ihm verzeihen sollte alles das, so es wider sie getan. Danach bat sie freundlich, daß es ihr doch sagen sollte, wer bei ihr wäre, daß sie so schön und wohlgekleidet ginge. Das gute Gretlein, dem verboten war, zu sagen, bei wem es war, erfand mancherlei Ausrede und zog sie hervor: einmal sagte sie, sie wäre bei einem Wolf, das andermal, sie wäre bei einem Bären. All dies wollte aber das Annelein nicht glauben und redete süß dem Gretlein, ihrem Schwesterlein zu, ihr doch die Wahrheit zu sagen. Und das

Maidlein (wie denn aller Frauen Brauch und Gewohnheit ist, daß sie mehr schwätzen, als ihnen befohlen ist) sehr kläffig war und seinem Schwesterlein sagte: »Ich bin bei einem Erdkühlein. Aber paß auf und verrat mich nicht!«

Als solches das Annelein hörte, welches seiner Untreue an der Schwester noch kein Genügen getan hatte, sagte sie: »Wohlan, führ mich wieder auf den rechten Weg, damit ich heimkomme.« Das tat das Gretlein bald. Und da mein gutes Annelein heimkam, sagte es der Mutter, wie sie ihre Schwester bei einem Erdkühlein gefunden hätte und wie die so köstlich gekleidet gegangen wäre. »Wohlan«, sprach die Mutter, »so wollen wir nächste Woche hinausziehen und das Erdkühlein samt dem Gretlein heimführen. Dann wollen wir das Kühlein schlachten und essen.«

Alles das wußte das Erdkühlein wohl, und als es des Abends spät heimkam, sagte es weinend zum Maidlein: »Ach, ach, mein allerliebstes Gretlein, was hast Du getan, daß Du Deine falsche Schwester hast eingelassen und ihr gesagt, bei wem Du bist? Und nun sieh, Deine schlimme Mutter und Schwester werden nächste Woche herkommen und mich und Dich heimführen. Mich werden sie schlachten und essen, Dich aber bei ihnen behalten, wo Du übler gehalten werden wirst denn nie zuvor.«

Nach solchen Reden stellte sich das Erdkühlein so kläglich, daß das arme Maidlein anfing zu weinen und vor Traurigkeit zu sterben glaubte, und sie bereute sehr, daß es seine Schwester eingelassen hatte. Doch das Erdkühlein tröstete es und sprach: »Nun wohlan, liebs Maidlein, dieweil es nun schon geschehen ist, so kann es nicht ungeschehen gemacht werden. Darum tu, was ich jetzt sage: Wenn mich der Metzger totgeschlagen hat, so steh da und weine. Wenn er Dich dann fragt, was Du willst, dann sag ihm: ›Ich will gern meines Kühleins Schwanz.‹ Den wird er Dir geben. Wenn Du den hast, so fang an zu weinen und begehr das eine Horn von mir. Wenn Du es auch erhalten hast, so weine abermals. Wenn man Dich dann fragt, was Du willst, so sprich: ›Ich wollt gern meines Kühleins Schühlein.‹ Wenn Du das hast, so geh hin, setz den Schwanz in die Erde, auf den Schwanz das Horn und auf das Horn setz das Schühlein und geh nicht weg bis an den dritten Tag! Und am dritten Tag wird ein Baum daraus geworden sein. Der wird Sommer und Winter die schönsten Äpfel tragen, die ein Mann je gesehen hat. Und niemand wird sie abbrechen können denn Du allein, und durch diesen Baum wirst Du zu einer großen mächtigen Frau werden.«

Als man nun das Kühlein schlachtete, stand das Margaretlein und begehrte all die Dinge, die ihm sein Kühlein aufgetragen, und die wurden ihm auch gegeben. Und es ging hin, steckte es in die Erden, und am dritten Tag war ein schöner Baum daraus gewachsen. Nun begab es sich, daß ein gewaltiger Herr vorbeiritt. Der führte seinen Sohn mit sich, der das Fieber oder kalt Wehe hatte. Und als der Sohn die schönen Äpfel sah, sprach er: »Mein Herr Vater, laßt mir Äpfel bringen von diesem Baum. Mir ist, als würde ich davon gesund werden können.« Sofort rief der Herr, man sollte ihm Äpfel bringen, er wollte sie gar teuer bezahlen.

Die ältere Tochter ging zunächst zum Baum und wollte Äpfel davon brechen. Da bogen sich die Äste allesamt in die Höhe, so daß sie gar keinen erlangen konnte. Da rief sie nach der Mutter und forderte sie auf, Äpfel zu brechen und dem Herrn zu geben. Als aber die arge Frau Äpfel abbrechen wollte, bogen sich die Äste noch viel höher auf. Der Herr sah das alles wohl und verwunderte sich heftig.

Und zuletzt kam das Margaretlein zum Baum, Äpfel zu brechen, und zu ihm neigten sich die Äste, und es ließen sich die Äpfel willig abbrechen. Das verwunderte den Herrn noch viel mehr, und er meinte, sie wäre vielleicht eine heilige Frau, rief nach ihr und fragte sie nach dem

Wunder. Und ihm erklärte die gute Tochter die ganze Handlung, was es mit ihrer Mutter, ihrer Schwester und dem Erdkühlein auf sich hatte, von Anfang bis Ende.

Nachdem der Herr die Sache vernommen hatte, fragte er die Jungfrau, ob sie mit ihm davon wollte. Damit war die gute Tochter wohl zufrieden, grub ihren Baum aus und setzte sich samt ihrem Vater auf den Wagen zu dem Herrn. Von dem wurden sie freundlich und ehrlich empfangen, fuhren hin und ließen ihre schalkhaftige Mutter und Schwester sitzen.

12. Der Rätselkampf

Es war einmal ein Ritter, der hatte viel Geld und Gut, doch vertat er alles im Waffenhandwerk. Und als er schließlich gar nichts mehr hatte, hörte er bei einem Turnier einen Herold verkünden, der König, sein Herr, fordere mannhaft zum Redestreit mit seiner gar klugen Tochter heraus. Wer sie überwinde, dem werde er auf der Stelle sein halbes Reich geben und nach seinem Tode das ganze. Sein Haupt jedoch verlöre der, wenn sie den Sieg davontrüge. In seiner ganzen Verzweiflung und weil er so die Möglichkeit hatte, mit einem Schlag alles Verlorene zurückzugewinnen, zog der Ritter hin.

Als er vor dem König und dem ganzen Hofe zum Redestreit mit der Prinzessin erschien, wurde der Richtblock gebracht, der über und über von dem Blute der Getöteten errötet war. Und die Prinzessin sagte: »Ich lasse Euch die Wahl, ob Ihr mir drei Rätsel aufgeben wollt oder ich Euch.« Er entschied sich für das Fragen und leistete einen Eid, der Wahrheit ihr Recht zu lassen. Dann begann er: »Auf dem Wege hierher habe ich einen Ritter getroffen, dem sagte ich, eine Meile solle er mich tragen, die nächste werde ich ihn tragen.« – »Das ist nicht schwer zu erraten«, sagte die Prinzessin, »er hat Euch ein Märlein erzählt und Ihr ihm ein anderes.«

»Auf dem Wege hierher litt ich unter der großen Kälte, und so stieg ich in einem Hause ab, um mich zu erwärmen, da das Feuer klein war, fachte ich es mit einem schlichten Wörtlein an.« Dieses Rätsel konnte die Prinzessin nicht lösen, und sie bat um eine Frist bis zum nächsten Morgen, was er ihr auch gewährte. Und verdutzt und verwirrt schickte sie eines von ihren Fräulein nach dem anderen zu dem Ritter mit dem Auftrag, alles zu tun, was er verlangte, wenn er nur die Lösung verriete. Aber er verweigerte es einer jeden. Schließlich ging sie selber zu ihm, und er enthüllte ihr die Lösung gegen das Versprechen, sie werde keinen Gebrauch davon machen.

Und am Morgen nahm der Streit seinen Fortgang, und auf seine Frage sagte sie die Lösung, daß die schlichten Wörtlein der Inhalt seines Stunden- und Gebetbuchs seien, das er verbrannt habe, und dann forderte sie ihn auf, die dritte Frage zu stellen. Und er sagte: »Ich kam in einen Wald, und da war manch schöne Hindin, und alle kamen zu mir und fügten sich zu mir, und alle ließ ich laufen bis auf eine, und die habe ich durchbohrt.« Und sie antwortete: »Das weiß ich nicht.« So war er denn Sieger und gewann alles zurück, was er im Waffenspiel verloren hatte.

13. Das kleine Rotkäppchen

Es war einmal ein kleines Bauernmädchen, das hübscheste, das man nur finden konnte. Die Mutter war ganz vernarrt in das Kind, und die Großmutter war am Ende noch vernarrter. Die gute Alte hatte ihm ein rotes Käppchen anfertigen lassen. Das stand ihm so gut, daß seitdem unser Bauernmädchen von jedermann das Rotkäppchen genannt wurde. Eines Tages sagte die Mutter –

sie hatte gerade Kuchen gebacken: »Schau nach, wie es der Großmutter geht. Die Leute sagen, sie sei krank. Bring ihr einen Kuchen und den kleinen Topf mit Butter dazu.« Sogleich machte sich das Rotkäppchen auf, seine Großmutter zu besuchen. Sie wohnte in einem anderen Dorf.

Als das Rotkäppchen einen Wald durchquerte, begegnete ihm der Gevatter Wolf. Der Gevatter Wolf hatte große Lust, es zu fressen; aber er wagte es nicht, denn es waren ein paar Holzfäller in der Nähe. So fragte er bloß, wohin das Rotkäppchen gehe. Das arme Mädchen wußte nicht, daß es gefährlich ist, stehenzubleiben und einen Wolf anzuhören. Es sagte deshalb: »Ich gehe meine Großmutter besuchen und bringe ihr, was meine Mutter ihr schickt: einen frischgebackenen Kuchen und einen Topf Butter.« – »Wohnt die Großmutter denn weit von hier?« fragte der Wolf. »Aber ja«, antwortete das Rotkäppchen. »Sie wohnt noch hinter der Mühle, die Ihr da draußen seht, ganz dort hinten, im ersten Haus des Dorfes.« – »Fein«, sagte der Wolf, »ich besuche sie ebenfalls. Ich nehme diesen Weg hier, und Du nimmst jenen Weg dort. Und dann wollen wir einmal schauen, wer zuerst ankommt.«

Der Wolf hatte den kürzeren Weg gewählt, und er lief, was das Zeug hielt. Das Mädchen aber ging den längeren Weg und fand seine Freude daran, Haselnüsse abzulesen, hinter Schmetterlingen herzulaufen und aus den Blumen, die es fand, Sträuße zu binden. Der Wolf brauchte nicht lange, um zum Haus der Großmutter zu gelangen. Er klopfte: Tock, tock. »Wer ist draußen?« – »Euer Enkelkind, das kleine Rotkäppchen«, sagte der Wolf und verstellte seine Stimme. »Es bringt, was seine Mutter Euch schickt: einen frischgebackenen Kuchen und einen kleinen Topf Butter dazu.« Die Großmutter, die ein wenig krank war und zu Bett lag, rief ihm zu: »Zieh nur am Knopf, dann fällt der Riegel.« Der Wolf zog an dem Knopf, und die Tür öffnete sich. Da stürzte er sich auf die gute Alte und verschlang sie im Handumdrehen, denn er hatte seit über drei Tagen nichts mehr gefressen. Dann schloß er die Tür, legte sich in Großmutters Bett und erwartete das kleine Rotkäppchen, das auch in der Tat eine Weile später ankam und an die Tür klopfte: Tock, tock. »Wer ist draußen?« Als das kleine Rotkäppchen die rauhe Wolfsstimme hörte, wurde ihm angst. Aber weil es annahm, die Großmutter könnte sich erkältet haben, antwortete es schließlich doch: »Euer Enkelkind, das kleine Rotkäppchen. Es bringt, was seine Mutter Euch schickt: einen frischgebackenen Kuchen und einen kleinen Topf Butter dazu.« Der Wolf machte seine Stimme sanft und rief: »Zieh nur am Knopf, dann fällt der Riegel.« Das kleine Rotkäppchen zog an dem Knopf, und die Tür öffnete sich.

Als aber der Wolf es eintreten sah, verbarg er sich unter der Bettdecke und sagte: »Setz den Kuchen und den Topf Butter auf den Kasten und leg Dich zu mir ins Bett.« Das kleine Rotkäppchen zog seine Kleider aus und legte sich in Großmutters Bett. Aber dann war es doch erstaunt zu sehen, wie die Großmutter ohne Kleider aussah und es sagte:

»Großmutter, was habt Ihr große Arme!«
»Damit ich Dich besser umhalsen kann.«

»Großmutter, was habt Ihr große Beine!«
»Damit ich besser laufen kann.«

»Großmutter, was habt Ihr große Ohren!«
»Damit ich Dir besser zuhören kann.«

»Großmutter, was habt Ihr große Augen!«
»Damit ich Dich besser anschauen kann.«

»Großmutter, was habt Ihr große Zähne!«
»Damit ich Dich besser fressen kann!«

Und kaum hatte er das gesagt, da stürzte sich der elende Wolf auf das kleine Rotkäppchen und fraß es, ohne noch länger Umstände zu machen, auf der Stelle einfach auf.

Moral

Hier sieht man, daß ein jedes Kind
Und daß die kleinen Mädchen (die schon gar,
So hübsch und fein, so wunderbar!)
Sehr übel tun, wenn sie vertrauensselig sind,
Und daß es nicht erstaunlich ist,
Wenn dann ein Wolf so viele frißt.
Ich sag: ein Wolf, denn alle Wölfe haben
Beileibe nicht die gleiche Art:
Da gibt es welche, die ganz zart,
Ganz freundlich leise, ohne Böses je zu sagen,
Gefällig, mild, mit artigem Betragen
Die jungen Damen scharf ins Auge fassen
Und ihnen folgen in die Häuser, durch die Gassen.
Doch ach, ein jeder weiß, gerade sie, die zärtlich werben,
Gerade diese Wölfe locken ins Verderben.

14. Die Tiere auf Wanderschaft

Ein Haushund und ein Haushahn, welche sich lange Zeit bei einem Herrn aufgehalten, vermerkten, daß derselbe alle seine lebendigen Tiere eines nach dem andern verkaufte und das Geld durch die Gurgel rinnen ließ. Damit nun sie beide nicht auch verkauft und etwa an einen unanständigen Ort kommen möchten, so haben sie beschlossen, miteinander zu gehen.

Sie nahmen also den Reißaus und kamen zu Nachts in einen Wald. Da setzte sich der Hahn auf einen hohen Baum, der Hund aber legte sich in den hohlen Stamm eines

Baumes hinein. Als es nun gegen Tag ging, fing der Hahn nach seiner Gewohnheit an zu krähen. Dieses hörte alsobald ein Fuchs und schlich in aller Stille dem Geschrei nach, bis er nahe an den Baum kam und den Hahn wiederum schreien hörte. Da machte der Fuchs einen Haufen schmeichlerisches Geschwätz, der Hahn sollte doch zu ihm herabfliegen, denn er nichts anderes wünschte, als mit einem solchen schönen Hahn, der so lieblich krähen könnte, Bekanntschaft zu haben.

Der Hahn, so des Fuchses List wohl kannte, sagte, er hätte nichts dagegen, mit ihm eine gute Bekanntschaft zu machen, wenn er sich nur auf den Baum hinauf zu ihm bemühen wollte. Weilen aber der Baum inwendig ganz hohl wäre, sollte er nur hineinschlüpfen, so könnte er gar leicht zu ihm hinaufkommen. Der Fuchs voller Freude vermeinte, den Hahn gleichsam schon gefressen zu haben, und schlüpfte alsobald in den Baum hinein, wo aber der Hund schon auf ihn lauerte, ihn alsobald erwischte und ihm seinen Balg so lang und so viel zerriß, bis sich der Fuchs nicht mehr regte.

15. Das Märchen vom Popanz

Es war einmal ein König, der hatte eine sehr schöne Tochter, die schönste Prinzessin, die man jemals mit Augen gesehen. Schon als Kind verliebten sich alle in sie. Ihre Eltern hatten sie einem benachbarten Königssohn versprochen, der sehr häßlich und bucklicht, dessen Mutter aber eine große Zauberin war.

In der Nachbarschaft der Prinzessin wohnte ein Pastetenbäcker, der so schöne Pasteten backte, daß der König und der ganze Hof von keinem anderen Pasteten nahm als von ihm. Daher kam es, daß er die Prinzessin einst sah und sie ihn. Beide verliebten sich ineinander und so heftig, daß sie eins ohne das andere nicht mehr leben zu können glaubten. Da nun die Prinzessin immer größer ward und endlich die Zeit herannahte, daß sie mit dem bucklichten Prinzen Hochzeit machen sollte, wußte sie sich nicht mehr zu helfen vor Schmerz. In ihrer Herzensangst wandte sie sich an ihre Amme und entdeckte ihr ihre Liebe zu dem Pastetenbäcker. Die Amme war sehr erschrocken hierüber und ermahnte sie, diese Liebe fahren zu lassen, da sie doch den Pastetenbäcker nie heiraten könnte und dürfte, und dagegen ihre Gedanken auf den Prinzen, ihren künftigen Gemahl, zu richten. Die Prinzessin aber weinte und schluchzte und versicherte ihrer Amme, daß sie nicht eher wieder essen und trinken würde, bis sie ihr in ihrer Liebe Rat gegeben hätte.

Die Amme, die wohl wußte, daß die Prinzessin hielt, was sie sagte, war sehr bestürzt und bat sie, nur ruhig zu Bett zu gehen, und versprach ihr, bis zum Morgen nachzusinnen, was sie für sie tun könnte. Diese Amme verstand auch etwas von der Feerei und der geheimen Wissenschaft und riet am folgenden Tage der Prinzessin, ihren Vater zu bitten, daß er die Hochzeit noch ein Jahr aufschieben sollte; unterdessen würde sich Rat finden, und so könnte sie so lange nach wie vor ihren Pastetenbäcker sehen. Dies geschah, und da die Amme um das Geheimnis wußte, so konnte er täglich die Pasteten in ihr Zimmer bringen, und beide konnten sich ungestört sprechen, solange sie wollten. Auch vergaß derselbe niemals etliche Pasteten für die Amme mitzubringen, die mit Gold gefüllt waren. So gewann ihn diese sehr lieb und versprach ihm, alles zu tun, was möglich wäre, ihnen zu helfen.

Da die beiden Verliebten aber täglich vertrauter wurden und oft halbe Tage lang zusammen saßen, ohne Vorsicht zu gebrauchen, so geschah es, daß, als sie einst wieder so recht traulich beisammen saßen, es dem Prinzen, ihrem Bräutigam, einfiel, den König zu bitten, mit ihm zu seiner

Braut zu gehen. Aber welch Erstaunen ergriff sie, als sie beim Eintritt die schöne Prinzessin in den Armen des Pastetenbäckers sahen. Der Vater wollte fast vor Schrekken in Ohnmacht fallen, der Prinz aber vor Wut zergehen. Der Pastetenbäcker benutzte die Verwirrung und lief davon. Der Prinz, im Übermaß seiner Wut, verwünschte sie alle, da er von seiner Mutter die Feerei gelernt hatte, daß sie in derselben Stellung unbeweglich blieben, bis er sie wieder aufweckte. Dies geschah auch sogleich. Über die Amme aber hatte er keine Macht, da sie selber eine Fee war. Sie war sehr betroffen über den Vorfall; da sie nicht mächtig genug war, den Zauber zu vernichten, so bedachte sie sich kurz, ging zum Pastetenbäcker und sagte ihm alles. Dieser war sehr betrübt darüber; die Amme tröstete ihn aber und sagte ihm, wenn er wirklich die Prinzessin so sehr liebte, wie er zeige, so könnte er ihr noch helfen und den Zauber auflösen. Er beteuerte seine Liebe und war sogleich bereit, alles zu tun und auch sein Leben dafür hinzugeben. »Nun gut«, sagte die Amme, »so sollst Du Dich anschicken, eine weite Reise zu machen. In einem Lande, viele tausend Meilen von hier, wohnt ein Popanz, der Oberste aller Popanze, dem nichts verborgen ist und der das Größte und Kleinste weiß, was durch die Zauberei geschieht und geschehen kann, zu dem mußt Du hin und sieben Federn aus seinem Schwanz zu kriegen versuchen.«

Als dies der Pastetenbäcker hörte, war er sehr erschrokken und antwortete der Amme, daß solches unmöglich wäre, da er wüßte, daß alle Menschen, die zu dem Popanz kämen, von ihm aufgefressen würden. Die Amme eröffnete ihm aber, der Popanz hätte eine schöne Frau, die keine Menschen fräße; diese müßte er zu sprechen suchen und sie bitten, ihm zu helfen. Sie wüßte durch ihre Kunst, daß der Popanz alle Nachmittage um vier Uhr ausginge und vor Abend nicht nach Hause käme; unterdessen könnte er hingehen und die Frau bitten, ihm die sieben

Federn zu verschaffen und sieben Fragen zu beantworten, die sie ihm jetzt sagen wollte: die erste beträfe die Entzauberung des Schlosses und seiner Bewohner; die zweite, wie eine andere Prinzessin, die schon seit vielen tausend Jahren im Schloß läge, aufgeweckt werden könnte; die dritte, wie der Weinstock in dem Garten eines Königssohnes, der sonst so schöne Trauben getragen, nun aber verdorrt und dieser darüber in Krankheit gefallen, wieder zum Grünen zu bringen sei; viertens, woher es käme, daß der Prinz so häßlich und bucklicht wäre, da doch seine Mutter eine Fee und ihn so schön, als sie gewollt, hätte schaffen können; fünftens, wo der Mann wohnt, der Tag und Nacht auf dem Rücken trägt; sechstens, wo das Schiff zu kriegen, daß so gut zu Lande als zu Wasser geht; siebentens, wie die Frau des Popanz zu entführen wäre; denn dazu müßte er sich zur schuldigen Dankbarkeit entschließen: an ihrer Einwilligung wäre nicht zu zweifeln; denn das würde die Bedingung sein, worunter sie ihm die sieben Federn aus dem Schwanz des Popanzes würde verschaffen wollen, indem sie sehr unglücklich mit demselben lebte.

Die Amme gab ihm hierauf einen versiegelten Zettel und sagte ihm, er sollte ihn nicht eher aufbrechen als in der Nacht um zwölf Uhr vor dem Tore der Stadt, und alsdann sollte er die Worte, die darauf geschrieben stünden, dreimal laut rufen: sogleich würde er sich in einem dicken Walde befinden, in welchem ein großes Schloß stünde. Er sollte sich aber in dem Walde verborgen halten, bis die Glocke vier geschlagen hätte. Alsdann sollte er in das Schloß gehen und mit der Frau des Popanzes sprechen. Dies alles versprach er getreulich zu erfüllen oder zu sterben. Als nun Mitternacht kam und er vor dem Tore die drei Wörter ausgesprochen hatte, befand er sich auf einmal in dem Walde, nahe bei dem Schloß des Popanzes. Er verbarg sich, so gut er konnte, in dem Dickicht, und es währte nicht lange, so sah er den Popanz ausgehen, welcher fürchterlich umherschnupperte, als röche er Menschenfleisch. Als er ihm aus den Augen war, ging er in das Schloß zu der Frau und bat sie um ein Nachtlager. Sie war sehr verwundert, als sie ein menschliches Wesen zu sich hereintreten sah: »Mein Gott!«, rief sie aus, »wie kommst Du in diese Gegend? Es ist Dein Glück, daß Du nicht früher gekommen bist und meinen Mann getroffen hast, er hätte Dich gewiß gefressen. Er ist aber auf die Jagd gegangen, nach seiner Gewohnheit. Ich will Dir zwar etwas zu essen geben, aber mach, daß Du wieder fortkommst, sonst frißt Dich mein Mann, wenn er zurückkehrt und Dich hier trifft: denn er spürt sogleich, wenn ein Mensch im Hause ist.«

Der Pastetenbäcker fing aber an, die Frau sehr zu bitten und ihr die ganze Sache vorzutragen: Er wollte weder essen noch trinken, und bat sie nur inständig um die sieben Federn und um die sieben Fragen. Die Frau war sehr verwundert darüber und antwortete, solches wäre unmöglich: ihr Mann würde sich weder die Federn ausziehen lassen noch die sieben Fragen beantworten, und wenn er im Hause bliebe, so wäre sein Tod gewiß, er möchte sich verstecken, wo er wollte, ihr Mann fände ihn doch. Er bat aber so dringend und verhieß ihr, alles für sie zu tun, was sie nur verlangte, wenn sie ihm dagegen zu den sieben Sachen verhülfe.

Endlich sagte sie es ihm zu, mit der Bedingung aber, daß er sie mit sich hinwegführte. Darauf überlegten sie miteinander, wie es anzustellen wäre. Indessen sie noch darüber redeten, hörten sie den Popanz kommen. Die Frau wußte in der Geschwindigkeit keinen anderen Rat, als ihren Freund unter dem Bett zu verstecken, und daß er da bliebe, bis am folgenden Tag der Popanz wieder auf die Jagd ginge.

Kaum war der Freund versteckt, so trat der Popanz schon in die Stube herein, und das erste, was er aussprach, war: »Frau, ich rieche Menschenfleisch.« Und sogleich fing er an zu suchen, daß der armen Frau ganz angst und bange ward. Er befahl ihr, ihm zu sagen, wo der Mensch wäre, damit er ihn sogleich fressen könnte; denn er wäre noch sehr hungrig und müde von der Jagd, da er nicht viel gefunden. Die Frau versicherte, es wäre niemand da; einer wäre zwar dagewesen, aber sogleich wieder davongelaufen, als er vermerkt, wo er hingekommen; dieser würde wahrscheinlich noch im Walde versteckt sein, wo er ihn morgen noch aufspüren könnte.

Darauf beruhigte sich der Popanz und legte sich mit seiner Frau zu Bette. Als sie nun merkte, daß er eingeschlafen war, da er laut schnarchte, so faßte sie eine Feder aus seinem Schwanz und riß sie mit aller Gewalt heraus. Sogleich wachte der Popanz auf und schrie vor Schmerz: »Weib, bist Du toll? Was ist das, daß Du mich so am Schwanze rupfst?« – »Ach, lieber Mann«, antwortete die Frau, »verzeihe mir. Ich träumte eben einen fürchterlichen Traum, wie in einem fernen Lande ein Schloß mit allen seinen Bewohnern erstarrt und versteinert worden durch die Macht eines bösen Zauberers, und mir war, als wenn ich auch darin war und mit versteinert wurde. Daher packte ich Dich so fest. Könnte so etwas wohl wirklich geschehen?« – »Allerdings«, antwortete er, »neulich hat sich dieser Fall ereignet in einem fernen Königreiche.« – »Mein Gott«, sagte die Frau, »ist denn dieser Zauber nicht wieder aufzulösen?« – »O ja«, erwiderte er, »aber das Mittel ist keinem Menschen bekannt.« – »Nun, was ist es denn für eins, lieber Mann?« – »Derjenige, der die Prinzessin liebt und durch den das Unglück geschehen ist, müßte hier in unseren Wald kommen und zu dem Wasserfall gehen, der darinnen ist, und warten, bis ein ganz kleiner unansehnlicher Zwerg erscheint, der ein Felsenstück auf den Schultern trägt und in das Wasser schmeißt. Doch, Weib, laß mich schlafen; was nützt Dir diese Erzählung? Ich bin müde.«

Sie bat aber so schön, daß er fortfuhr: »Dies alles würde ihm doch nichts helfen; denn der Zwerg würde nicht mit ihm gehen wollen, es sei denn, daß er eine von meinen Schwanzfedern hätte und ihm damit ins Gesicht schlüge: dann würde der Zwerg plötzlich zu einem großen Riesen werden und freundlich mit ihm gehen, wohin er wollte. Derselbe müßte dann das verwünschte Schloß emporheben und umdrehen und der Geliebte der Prinzessin sie mit der Feder berühren: worauf alles wieder wie vorher leben und der Zauber gelöst sein würde. Aber das wird nimmer geschehen; denn wer wollte mir wohl eine Feder ausziehen? Und nun laß mich schlafen.«

Die Frau war still, wie sie ihn aber wieder schlafen hörte, riß sie ihm abermals eine Feder aus. Der Popanz fuhr noch heftiger auf als das erstemal. »Ach Mann, ich bitte Dich um Verzeihung, ich habe soeben wieder einen ängstlichen Traum gehabt; mir träumte, wie eine schöne Prinzessin eines fernen Königreichs schon seit vielen tausend Jahren in einem Zauberschlafe versenkt läge und in dem ganzen Palast keine lebendige Seele mehr wäre, da alles schon ausgestorben.« – »Du hast Recht, Frau«, erwiderte der Popanz, »es gibt ein solches Schloß, wo eine versteinerte Prinzessin schläft und alles ausgestorben ist, bis auf ein kleines Hündlein, das immer vor dem Fenster liegt und ihn bewacht, indem, solange es dies tut, nichts Lebendiges hinein kann; denn sobald sich was nähert, verwandelt es sich in ein fürchterliches Ungeheuer, das alles zerreißt. Es gibt aber eine Stunde des Tages, wo es das Fenster verläßt und zu der Prinzessin geht und sich bei ihr schlafen legt. Diese Stunde ist von ein bis zwei Uhr, und wenn sich alsdann jemand hinein schleichen könnte und sich dem Hündlein näherte, ohne daß es erwachte, und ihm vor den Kopf schösse, aber gerade in die Mitte des weißen Sterns daselbst und so, daß sein Blut die Prinzessin benetzte, so würde sie aus dem Zauberschlafe erwachen; träfe er aber nicht also, so wäre sein Tod gewiß. Nun rat ich Dir, Frau, wecke mich nicht zum dritten Male mit Deinen beschwerlichen Träumen.« Damit drehte er sich um und fing bald wieder an zu schnarchen.

Sobald aber die Frau dies hörte, zog sie ihm zum drittenmal eine Feder aus. Jetzt ward der Popanz ganz wütend und wollte sie aus dem Bett werfen. Er schrie: »Weib, Du mußt besessen sein, mich schon wieder so zu rupfen, daß ich blute.« Sie versicherte ihm aber, sie habe sich bloß an ihm festgehalten aus Furcht vor einem Traum, der sie befallen. »Nun, was hast Du denn schon wieder geträumt?« fragte er. »Ich träumte, daß ein Königssohn in seinem Garten einen schönen Weinstock hätte, der sonst so schöne Trauben getragen, plötzlich aber unfruchtbar geworden und verdorrt, und so wie er verdorrt, so vergeht auch der Prinz: sage mir, lieber Mann, ist das wohl wahr?« – »Allerdings, verwünschte Träumerin.« – »Nun sage mir das, lieber Mann, was man wohl tun müßte, um den Weinstock wieder grünen und den Prinzen gesund zu machen?« – »Man muß in das Hühnerhaus, welches dort auf dem Hof ist, und wird da einen schönen bunten Hahn finden, der nicht zu den Hühnern gehört, den muß man nehmen; doch was sage ich für dummes Zeug? Man muß auch dazu wieder eine von meinen Federn haben.« – »Ja und, lieber Mann, erzähle nur aus.« – »Man nimmt den Hahn und trägt ihn zwischen zwölf und ein Uhr zu dem Weinstock: Hier steckt man ihm meine Feder in seinen Schnabel, und sogleich wird er anfangen zu graben und solange fortfahren, bis drei Kröten herauskriechen. Diese Kröten soll man nehmen und sogleich verbrennen und die Asche davon auf die Wurzeln der Rebe streuen und sie mit Erde bedecken und noch den Prinzen mit der Feder berühren. Alsbald wird er wieder blühen und der Prinz genesen. – Nun aber sage ich Dir, wecke mich nicht wieder auf zum vierten Male.«

Kaum war er eingeschlafen, so reichte die Frau die drei Federn dem Pastetenbäcker, der unter dem Bette lag, mit diesen Worten: »Verwahre sie. Du hast gehört, was mit ihnen zu tun ist: und ich weiß nicht, wie ich die anderen kriegen werde.« Damit drehte sie sich zu ihrem Mann und riß ihm die vierte aus. Der sprang aus dem Bett vor Wut und Schmerz und gab seiner Frau zwei derbe Stöße: »Du Unhold Du, werd ich vor Dir gar nicht schlafen können diese Nacht! Ich glaube, Du rupfst mir wirklich meinen Schwanz.« – »Ach lieber Mann, ich fange an zu glauben, daß ich behext bin; da hatte ich wieder einen fatalen Traum: Mir träumte von einem häßlichen Königssohn, der mich liebhaben wollte und küssen, und er war so abscheulich häßlich, daß ich mich so entsetzte und mich an Deinem Schwanz festhielt.« – »Nun wahrlich, er muß sehr häßlich gewesen sein, daß Du mich so gezupft hast!« – »Ach ja, stelle Dir vor: eine Figur von kaum zwei Fuß, hinten und vorne mit einem Buckel, einem Kopf, der so breit ist als sein ganzer mißgeschaffener Leib lang ist, und darauf eine Nase, die noch mit drei anderen kleinen Nasen besetzt ist, und rote Augen.«

Hierüber konnte sich der Popanz des Lachens nicht enthalten und er rief aus: »Aha, Du hast den Prinzen Kabubulusch gesehen.« – »Ei, lieber Mann, also gibt es solch einen?« – »Ja, und seine Mutter ist dazu eine der schönsten Frauen, die man sehen kann, und Fee zugleich.« – »Aber, kann sie ihm denn keine andere Gestalt geben?« – »Nein, es sei denn, daß der Hahn, von dem ich vorhin gesagt habe, seine Gestalt wiederkriegt, dessen Mutter ihn verwünscht hat, dadurch, daß man ihm die Sporen abschneidet und sie in des Prinzen Fersen steckt. Nun aber schlafe.« Er tats, aber sie ließ ihn nicht lange schlafen, sondern riß mit aller Gewalt noch eine Feder aus und schrie dabei fürchterlich. »Ach, lieber Mann, schon wieder ein schrecklicher Traum!« – »Du hörst die ganze Nacht nicht auf zu träumen und mich zu zupfen; sieh, wenn ich Dir nicht so gut wäre, so fräße ich Dich auf der Stelle: Ich habe heute nicht soviel gefressen und rieche ständig Menschenfleisch. Was hast Du denn wieder geträumt?« – »Ich träumte, daß Du ausgegangen wärest, und plötzlich trat ein Fremder herein, der einen Kasten auf dem Rücken trug, worin Tag und Nacht sein sollten. Ich war neugierig und bat ihn, mich hineinsehen zu lassen, und siehe, er packte mich und wollte mich in seinen Kasten stecken: Daher muß es gekommen sein, daß ich Dich so gezogen habe.« – »Was Du für närrisches Zeug träumst!« – »Gibts denn einen solchen Mann?« – »O ja, den hab ich ja in meinem Lande!« – »Aber wie kommt es denn, daß ich ihn nie gesehen habe?« – »Das ist, weil Du das Mittel nicht kennst, wodurch man ihn sieht oder gebrauchen kann.« – »Was muß man denn tun, um seiner habhaft zu werden?« – »Das ist ebenfalls ein Mittel, das von mir abhängt, denn es gehört eine Feder aus meinem Schwanze dazu. Man muß diese Feder in die Ritze des Kastens zu bringen suchen: Alsbald geht der Mann mit dem Kasten, wohin man will, und tut, was man ihm befiehlt. Jetzt aber, hoffe ich, wirst Du mich schlafen lassen und nicht mehr träumen; denn die Nacht ist bald zu Ende.«

Er entschlief wieder, die Frau nicht faul, riß ihm die sechste Feder aus. Er schalt fürchterlich: »Verdammtes Weib! Ich glaube wirklich, daß Du besessen bist.« – »Ach lieber Mann, ich weiß nicht, wie ich diese Nacht mit ungeheuren Träumen geplagt bin: Eben träumte ich, daß in Deiner Abwesenheit hier Leute hereinkamen, die mir sagten, daß sie ein Schiff hätten, das so gut zu Lande als zu Wasser ging; und ob ich es nicht sehen wollte? Als ich herausging, wollte mich einer packen und in das Schiff setzen; daher meine Angst. So ein Schiff gibt es aber wohl nicht?« – »O ja, und es gehört mir, es kann niemand sich desselben bedienen, es sei denn, daß er eine Feder aus meinem Schwanz hätte.« – »Wenn dies nun wäre, würdest Du denn nicht mit Deinen anderen Federn dagegenwirken können?« – »Nein, weil mein Schwanz nur sechzig Federn hat und sie alle sechzig ihre eigene Bestimmung haben; und wenn man mir eine Feder auszöge mit dem Gedanken von einer dieser Bestimmungen, so träfe man immer die dazugehörige, so daß ich alsdann keine Macht mehr darüber hätte.« – »Wie findet man aber das Schiff?« – »Man kann nicht fehlen; man legt die Feder vor sich an die Erde nieder, sogleich erhebt sie sich und fliegt ganz langsam zu dem Ort hin, wo das Schiff steht: hier läßt sie sich herunter, und man nimmt sie und pflanzt sie als Fahne auf den Mast, worauf es so gut zu Lande als zu Wasser geht. – Nun aber sage ich Dir, störst Du mich noch einmal, so binde ich Dich an die Bettstelle, damit ich Ruhe vor Dir habe.«

Er drehte sich um und schlief, aber nicht lange, denn die Frau zögerte nicht, ihm auch die siebente und letzte Feder auszureißen. Worauf er aufsprang und sie wirklich anbinden wollte. Sie bat ihn und liebkoste ihn aber soviel, daß er sich wieder beruhigte. Sie versprach ihm heilig, es nicht wieder zu tun, sie wollte lieber die ganze Nacht wachbleiben, um den bösen Träumen zu entgehen. – »Nun, was hast Du denn schon wieder geträumt?« – »Es war mir, als wenn ich von einem fremden Mann entführt würde, und zwar mit meinem Wissen und Willen. Könnte das wohl geschehen, und ohne, daß Du es merken würdest?« – »Es könnte wohl gehen: aber wehe Dir und dem, der es unternähme! Ihr wäret beide des Todes: es wäre denn, daß er die Feder hätte, wodurch ich Dich halte, und was freilich nicht gut wäre für mich, wiewohl für viele andere: denn Dein Gemahl, der Prinz, welchen Du glaubst, daß ich ihn gefressen habe, ist eben der Prinz, welcher immer krank ist, und Dein Sohn, das ist der Weinstock.« Mit diesen Worten schlief er, müde von dem vielen Wachen, wieder ein.

Kaum hörte sie ihn schnarchen, so stand sie leise auf, zog den Pastetenbäcker unter dem Bette hervor und schlich mit ihm leise zum Schlosse hinaus. Das erste, was sie taten, war, in dem Wald den Zwerg aufzusuchen und mit ihm zu tun, wie sie von dem Popanz gehört hatten. So taten sie es auch mit dem Kasten, worin Tag und Nacht, und dem Land- und Wasserschiff. Sogleich setzten sie sich in dieses und fuhren fort.

Unterdessen war es Tag geworden, und der Popanz erwachte. Als er seine Frau vermißte, fiel es ihm aufs Herz; er besah seinen Schwanz und da er seine Federn zählte, ward ihm alles klar. Sogleich faßte er die Feder an, welche ihm alles offenbarte, und er erfuhr dadurch die Flucht seiner Frau mit dem Pastetenbäcker. Er war außer sich vor Bosheit und Wut und wollte schier von Sinnen kommen; er schwur, sie zu verfolgen und sich zu rächen, und sollte er auch darüber seinen ganzen Schwanz einbüßen. Er säumete auch nicht lange und machte sich gleich fertig. Er nahm eine Feder, biß darein und sogleich waren mehr als hunderttausend Soldaten zu Pferde hinter dem Schiff mit den Flüchtlingen her. Aber die Frau, die das merkte, warnte den Pastetenbäcker und ließ sie dem Schiffe ganz nahe kommen: alsdann befahl er dem Riesen, sie alle zu nehmen und hundert Klafter tief in die Erde zu schmeißen. Das geschah auf der Stelle, und alle verschwanden mit Roß und Mann. Als dies der Popanz sah, biß er in eine andere Feder, und sogleich wurde das Schiff verfolgt von einem Heer Schlangen, Eidechsen, Kröten und anderm giftigen Gewürm. Der Pastetenbäcker steckte in der Angst noch eine von den Federn auf den Mastbaum, und das Schiff flog, wenn es vorher nur ging; und das Gewürme aber immer stärker hinterdrein.

Endlich kamen sie an einen großen See. Hier befahl er dem Schiff still zu stehen, und so wie das Ungeziefer nahe genug war, ließ er den Kasten drehen und finstere Nacht machen. Kaum war das geschehen, so fuhr das Schiff wieder von dannen: das Gewürm aber verfolgte und fiel alles in das Wasser. Unterdessen kamen sie in das Königreich ***; denn der Popanz hatte sie nicht weiter verfolgt, indem er gewiß glaubte, die Tiere würden sie einholen und zu Tode quälen. Der Pastetenbäcker ließ den Riesen das mit seinen Bewohnern versteinerte Schloß umkehren, berührte seine geliebte Prinzessin mit der Feder, und sogleich erwachte sie samt allen aus der Erstarrung. Die beiden Geliebten freuten sich des lebendigen Wiedersehens und umarmten sich inbrünstig. Der König, gerührt über die treue Liebe und über den Mut und die Standhaftigkeit seines und ihres Erlösers, dagegen erzürnt über die Untat des Prinzen, gab sogleich die Einwilligung in die Vermählung der beiden Geliebten. Sein neuer Eidam dankte für diese Güte, bat aber noch um einen kurzen Urlaub, indem es ihm obläge, die andern, mit der gegenwärtigen verbundenen, Bezauberungen aufzulösen, ehe er würdig wäre, die Hand der geliebten Prinzessin zu empfangen. Es ward ihm, wie wohl nicht zu gern, verstattet.

Er reiste weiter, die Frau des Popanzen aber blieb bei der Prinzessin. Sie fuhren beinahe drei Jahre, ehe sie in das Königreich kamen, indem sie viel Ungemach von Zauberern und auch vom Popanz zu erdulden hatten. Endlich kam er an das Schloß der Prinzessin, die im tausendjährigen Schlafe lag; er tat, wie ihm gesagt war, und die Prinzessin erwachte. Sie sprach sogleich zu ihm: »Großmütiger Fürst, wieviel Dank bin ich Dir schuldig! Du hast mir das Licht und Leben wiedergegeben: aber zugleich mich nur erweckt, um in den größten Schmerz zu versinken. Das Hündlein, das Du getötet hast, ist mein Geliebter, ein edler Prinz von Geburt, und keiner vermag ihm das Leben zu geben als Du. Laß Dein Werk nicht halb vollendet und erwecke ihn.« – »Wie kann ich das?« fragte der Fürst. »Hier«, sagte die Prinzessin, indem sie ihm ein blankes

Schwert reichte, »haue dem Hündlein den Kopf ab und lege ihn säuberlich hier aufs Bett.« Und nun entblößte sie ihren schönen Hals, der so weiß wie Alabaster war »Nun haue auch meinen Kopf ab, und wenn das geschehen ist, setze meinen Kopf auf des Hündleins Rumpf und des Hündleins Kopf auf meinen Rumpf; und Du wirst Wunder sehen.« Der Prinz tat, wie sie sagte. Kaum war es geschehen, so sprangen die Köpfe wieder zurück, jeder auf seinen Rumpf, und die Prinzessin steht lebendig und unversehrt da, aus dem Hündlein ist aber plötzlich ein schöner Prinz geworden, welcher ihr um den Hals fiel und ausrief: »Ja, Du liebst mich, und ich werde von nun an mehr Zutrauen zu Dir haben.« Hierauf dankten sie ihrem Befreier und erzählten ihm ihre Geschichte.

Der junge Held fuhr weiter und gelangte zu dem Prinzen mit dem Weinstock; er tat, wie er vernommen hatte, und beide fingen an wieder zu blühen, aber der Weinstock war noch nicht wieder verwandelt: Dies geschah durch Berührung mit der einen übrigen Feder, und Sohn und Vater erkannten und freuten sich herzinniglich und noch mehr, als sie von ihrem Befreier vernahmen, daß ihre Gattin und Mutter noch am Leben und ebenfalls erlöst wäre. Sie setzten sich darauf alle zusammen ins Schiff, nahmen auch den Hahn und brachten ihn der schönen Fee, durch ihn die Verwünschung ihres Sohnes zu lösen und dessen Gestalt zugleich durch die Entzauberung des Hahnes, dessen Mutter unterdessen gestorben war, herzustellen. Die Fee und ihr Sohn, der Nebenbuhler unseres Helden, wurden dadurch mit ihm versöhnt. Dieser kehrte nun mit seinen Gefährten zurück zu seiner geliebten Prinzessin.

Alle freuten sich des Wiedersehens, zumal die gewesene Frau des Popanzes mit ihrem Mann und Sohn. Sie feierten aufs neue ihre Versöhnung mit der des Prinzen und der Prinzessin, die herrlich und in Freuden begann und endigte.

16. Dionigia und der König von England

Der König von England heiratet Denise, die Tochter eines Königs von Frankreich, die er in einem Kloster der Insel findet. In Abwesenheit ihres Gemahls bringt sie zwei Knaben zur Welt. Durch Verleumdungen, die ihre Schwiegermutter gegen sie ausstreut, gezwungen, den Hof zu verlassen, begibt sie sich mit den Kindern nach Rom. Bei dieser Gelegenheit erkennen die beiden Könige der eine die Gattin, der andere die Schwester.

Als die beiden Liebenden am zehnten Tag in dem gewohnten Sprechsaal sich zusammenfanden, begann Saturnina und sagte: »Ich will Dir eine Geschichte erzählen, die Dir gefallen wird, denn sie handelt von einem Gegenstand, der, wie ich glaube, dich ergötzt.« Und sie begann:

Ein König von Frankreich besaß eine Tochter namens Dionigia, schön und anmutsvoll, wie nur irgendeine Frau ihrer Zeit, und ihr Vater, der sie reich verheiraten wollte, beabsichtigte, sie einem sehr vornehmen Edelmann aus Deutschland zu geben, der siebzig Jahre zählte, aber die Jungfrau mochte ihn nicht, obschon der Vater beschloß, sie gegen ihren Willen mit ihm zu vermählen. Das Mädchen jedoch, das nur darauf sann, auf welche Weise es fliehen könnte, verkleidete sich eines Nachts als Pilger, rieb sich das Gesicht mit gewissen Kräutern ein, die seine Farbe veränderten, nahm einige kostbare Juwelen an sich, die die Mutter ihr beim Tode hinterlassen, und begab sich hinunter an den Strand, dort ging sie auf ein Schiff, das sie nach der Insel England brachte.

Aber als am nächsten Morgen ihr Vater, der König, die Tochter vermißte, ließ er in der ganzen Stadt und im ganzen Reich nach ihr suchen, und da man sie nicht fand, glaubte er, daß sie sich aus Kummer ertränkt hätte. Die Jungfrau jedoch schlug, sobald sie gelandet, den Weg zu einer Stadt ein und stieß auf ein Kloster, das reichste auf der Insel, dessen Priorin eine Verwandte vom König der Insel war. Dort angelangt, sagte das Mädchen zu der Priorin, daß sie gern Nonne werden würde, und die Priorin fragte sie, wer sie sei, wessen Tochter und woher sie käme. Jene antwortete, daß sie die Tochter eines Bürgers aus Frankreich sei, daß Vater und Mutter gestorben seien und daß sie, nachdem sie gewisse Reisen gemacht, sich dem Dienste Gottes weihen wolle. Da der Priorin jene sanft und liebreich dünkte, so wollte sie sie teils als Zögling und teils als Dienerin aufnehmen und sagte: »Ich werde Dich, meine Tochter, gern aufnehmen, aber es wird gut sein, daß Du zuvor unsere Regel und unser Leben kennenlernst und prüfst, und wenn es Dir alsdann im Hause behagt, kannst du den Schleier nehmen.«

Dionigia war sehr befriedigt, und in das Kloster eingetreten, diente sie der Priorin und den anderen Schwestern mit soviel Demut, daß alle, die im Kloster waren, große Liebe für sie hatten und sich wunderten über ihre Schönheit und ihre Wohlgesittetheit, indem sie sagten, daß sie sicherlich von vornehmer Herkunft sein müsse.

Kurze Zeit danach begab es sich, daß der König von England, der, da ihm in jener Zeit der Vater gestorben, sein Land durchzog, in dieses Kloster kam, um seine Verwandte, eben die Priorin, zu besuchen, die ihn mit großen Ehren empfing. Bei diesem Aufenthalt kam Dionigia ihm zu Gesichte, die einen unbeschreiblichen Eindruck auf sein Herz machte, und er fragte die Priorin, wer sie sei; diese berichtete darauf, wie und wann Dionigia zu ihr gekommen und wie sittsam und zuvorkommend ihr Benehmen sei, und der König beschloß, sie zu seiner Gemahlin zu machen, und teilte seine Absicht der Priorin mit. Diese erwiderte, daß dies ihr Wunsch nicht sei in Anbetracht, daß sie nicht wüßte, wer jene sei, und ihm käme es zu, sich mit einer Königs- oder Kaisertochter zu vermählen; worauf er meinte, daß jene nach ihrer ganzen Art, ihrer Sittsamkeit und Schönheit wahrlich die Tochter eines großen Herrn sein müsse. »Das ist sie«, antwortete die Priorin. Der König sprach: »Ich will sie so, wie sie ist, mag sie sein, was sie will.« Die Priorin, nachdem sie das Mädchen hatte rufen lassen, sprach zu ihr: »Dionigia, Gott hat Dir ein großes Glück beschert, und höre welches: der König von England will Dich zur Frau.« Als jene das hörte, wechselte sie die Farbe und sagte, daß sie unter keiner Bedingung einwillige, daß sie Nonne bleiben würde und daß die Priorin daher die Güte haben möge, ihr nie wieder von solchen Dingen zu sprechen. Die Priorin meldete es dem König, aber er blieb fest entschlossen, sie auf jeden Fall, indem er alle Hindernisse beiseite räumte, zu seiner Frau zu machen.

Als die Priorin ihn also entschlossen sah, redete sie ihr so lange zu und umschmeichelte sie, daß sie es zufrieden war und nachgab, und so vermählte er sich mit ihr in Anwesenheit der Priorin. Alsdann kehrte er mit seiner Gemahlin, nachdem er sich von der Priorin verabschiedet, nach London zurück, wo er ihr in seinem Schloß ein großes Fest gab, zu dem er alle seine Barone einlud, unter denen auch nicht einer war, der sich beim Anblick so großer Schönheit, solcher Reinheit und so edlen Gebarens nicht in sie verliebte.

Die Mutter des Königs aber, die seine Wahl mißbilligte, wollte nicht teilnehmen an diesem Hochzeitsfest und begab sich in heftigem Zorn auf eines ihrer Güter. Es geschah, daß Dionigia durch ihr ganzes Wesen den König so entzückte, daß er sie mehr liebte als sich selbst. Nicht lange danach ward sie guter Hoffnung. Der König, ihr Gemahl, aber mußte mit einem großen Heer nach einer Insel aufbrechen, die sich empört hatte. Daher reiste er, nachdem er von seiner Gattin Abschied genommen und seinem Stellvertreter die Sorge für sie ans Herz gelegt und ihm aufgetragen, sie als Königin zu ehren und ihn von ihrer Niederkunft zu benachrichtigen, tatsächlich von England ab.

Als die gebührende Zeit verstrichen, gab die Frau einem Zwillingspaar, zwei Knäblein, das Leben, und der Vizekönig machte in einem Brief seinem Herrn davon Meldung. Der Bote, der den Brief befördern sollte, kam zu dem Schloß, wo die Königinmutter wohnte, dort unterbrach er seine Reise und teilte der Mutter des Königs die Geburt der beiden Kinder mit. Von zwiefachem Zorn erfüllt, vertauschte diese während der Nacht, als der Kurier schlief, die Briefe, indem sie ihrem Sohn statt dessen schrieb, daß ihm zwei Wechselbälger geboren seien, garstiger und mißgestalteter, als man je welche gesehen.

Am folgenden Tag, nachdem sie den Boten belohnt, verabschiedete sie ihn, indem sie ihm auftrug, bei der Rückkehr wieder bei ihr vorzusprechen; er versprach es, brach auf und gelangte auf seinem Pferde reitend bis an den Feind und übergab den falschen Brief seinem Herrn. Dieser war, als er ihn las und das Begebnis erfuhr, ganz erstarrt, nichtsdestoweniger schrieb er seinem Stellvertreter, daß er für eine Amme sorgen und nicht aufhören solle, seine Gemahlin bis zu seiner Heimkehr, die bald erfolgen werde, mit aller Liebe und Sorgfalt zu umgeben, und blieb, nachdem er den Boten mit dem Brief abgefertigt, sehr bekümmert. Der Kurier, nachdem er die Briefe empfangen, nahm, wie er versprochen hatte, den Weg am Schloß, wo die Mutter seines Herrn wohnte, vorbei, dort ruhte er aus, und in der Nacht, während er schlief, nahm die Frau ihm die Briefe des Sohnes fort. Als sie sie gelesen und aus ihrem Inhalt ersehen hatte, daß nichts vom Tode der Schwiegertochter darin stand, war sie tief bekümmert. Und an Stelle des richtigen schrieb sie einen gefälschten Brief folgenden Inhalts: »Bei Empfang dieses Briefes wirst Du meine Gattin und die beiden Kinder töten, weil ich weiß, daß die Kinder nicht meine Kinder sind.«

Und diesen Brief tat sie in die Tasche des Kuriers, der noch schlief, und am nächsten Morgen, nachdem sie ihm noch vielerlei Gutes erzeigt, entließ sie ihn. Der Kurier, der von nichts wußte, brach auf und beim Vizekönig angelangt, übergab er ihm den Brief. Dieser blieb ganz starr vor Staunen, als er ihn las, und fragte den Boten, wer ihm den Brief gegeben habe, worauf jener antwortete: »Der König selbst, und zum Beweis sage ich Euch, daß er ganz fassungslos war, als er Eure Botschaft las.« Als der Vizekönig diese Nachricht hörte, begann er heftig zu weinen und begab sich also weinend zur Königin, zeigte ihr jenen Brief und sprach: »Lest dieses Schreiben, o Herrin.« Die Königin, indem sie den Brief las, begann laut zu weinen und sagte: »Ach, wie unglücklich ist doch mein Leben, keine Stunde Glücks war mir je vergönnt!« Dann nahm sie ihre Knäbchen in den Arm und sprach: »Meine geliebten Kinder, zu welchem Unglück kamt ihr auf die Welt! Und welche Schuld begingt ihr, daß ihr sterben müßt? Und so in die schmerzlichsten Klagen ausbrechend, küßte sie ihre armen Kleinen, die schön waren wie zwei Sterne. Und des Königs Stellvertreter weinte mit ihr und klagte und wußte nicht ein noch aus, und zur Frau gewendet sagte er: »Madonna, was gedenkt Ihr zu tun und was wollt Ihr, daß ich tue? Ihr seht, was mein Herr mir schreibt, nichtsdestoweniger würde ich nicht wagen, Hand an Euch zu legen; nehmt daher Eure Kinder heimlich an Euch, und ich werde Euch bis zum Hafen geleiten, dort sollt Ihr Euch einschiffen und mit Gott abfahren; das Schicksal wird Euch an einen Strand führen, wo Ihr vielleicht glücklicher sein werdet als hier.«

Sie willigte ein und die folgende Nacht nahm sie heimlich ihre Kinder an sich, ging zum Hafen, trat zu einem Schiffer und sagte: »Bringe mich fort von hier und fahre mich in Deinem Schiff nach Genua; Du wirst Deinen Lohn dafür empfangen.« Der Vizekönig legte dem Schiffer die Sorge für die Frau ans Herz, gab ihm Geld und nahm unter Tränen Abschied von ihr.

Bei gutem Winde brachte das Schiff in kurzer Zeit die unglückliche Frau nach Genua und nachdem sie einige der Juwelen, die sie besaß, verkauft, nahm sie zwei Ammen und zwei Zofen und begab sich alsdann nach Rom, wo sie ihre beiden Knäblein sorgsam pflegte und dem einen den Namen Carlo, dem anderen den Namen Lionetto gab. Und ein sittsames, zurückgezogenes Leben führend, erzog sie diese ihre Kinder, daß sie, an Körper und Geist wachsend, jedermann, der sie kannte, in Erstaunen setzten. Sie ließ sie von guten Lehrern in all den Wissenschaften und schönen Künsten unterrichten, die dem Edelmann zu wissen ziemen, und als sie aufwuchsen, ließ sie sie am päpstlichen Hof verkehren, ohne zu sagen, wessen Kinder sie wären.

Als der Papst von dem sittsamen und heiligen Leben dieser Frau hörte und die Wohlerzogenheit und Schönheit ihrer Kinder sah, faßte er eine große Neigung zu ihnen und sorgte in reicher Weise für ihren Unterhalt, so daß sie Diener und Pferde halten und ein bequemes Leben führen konnten. Es trug sich zu, daß der Papst einen Zug übers Meer zu den Sarazenen unternehmen wollte und alle Könige und Herren der Christenheit, unter ihnen auch die Könige von Frankreich und England, aufforderte, persönlich in Rom zu erscheinen, weil er ihren Rat über dieses Unternehmen hören wollte. Und so fanden sich die beiden Könige auf Gebot des Papstes in Rom ein.

Aber zuerst muß noch erzählt werden, daß der König von England, als er von der Eroberung der Insel, die sich gegen ihn empört hatte, heimkehrte und in London anlangte, den Vizekönig nach seiner Gemahlin und seinen Kindern fragte. Es wurde ihm geantwortet, daß man seine geschriebenen Befehle befolgt habe, ja nicht einmal alle, da er ja geschrieben habe, daß sie getötet werden sollten, und er sie doch nur fortgeschickt habe, und legte ihm zum Beweise dafür die Briefe vor. Worüber der König in großen Zorn geriet und in Erfahrung bringen wollte, wer der Urheber dieser Geschehnisse wäre. Als er erfuhr, daß seine eigene Mutter es gewesen, ließ er sich vom Zorn hinreißen und tötete sie. Alsdann sandte er Boten nach allen Himmelsrichtungen, um seine Gattin zu suchen, und als er gar erfuhr, daß sie ihm zwei schöne Knaben geboren, starb er fast vor Schmerz, und lange Zeit durfte niemand mit ihm reden, noch wurde er je wieder seines Lebens froh, so groß war die Liebe zu seiner Gemahlin, die er auf so unselige Weise verloren hatte.

Nachdem er nun diesen Befehl des Papstes, daß er sich mit dem König von Frankreich in Rom einfinden solle, erhalten, reiste er ab, und in Frankreich angelangt, begab er sich zusammen mit dem König von Frankreich nach Rom, wo sie vom Papst mit vielen schmeichelhaften Ehrungen aufgenommen wurden. Es geschah, daß sie auf einem ihrer Spaziergänge in Rom von der Dame erkannt wurden, der eine als Bruder – denn der Vater war mittlerweile gestorben – und der andere als Gatte.

Darauf ging sie zum Papst und sagte zu ihm: »Heiliger Vater, Eure Heiligkeit weiß, daß ich Euch niemals die Herkunft dieser Kinder noch meine eigene offenbaren wollte, jetzt aber, wo die Gelegenheit gekommen ist, es zu tun, werde ich es tun, und überlasse Eurer Heiligkeit über die Folgen zu entscheiden. So möge Eure Heiligkeit denn wissen, daß ich als Tochter des Königs von Frankreich geboren und die Schwester desjenigen, der hier in Rom ist, bin, und da mein Vater gegen meinen Willen mich einem alten Mann vermählen wollte, entfloh ich voller Mut und Selbstvertrauen und ging nach England, wo ich in einem Kloster Aufnahme fand, dort sah mich der König von England, verliebte sich in mich und vermählte sich mit mir, ohne zu wissen, wer ich sei, und binnen kurzem gebar ich ihm diese Zwillingssöhne, und da er zu dieser Zeit abwesend war, schickte er den Befehl, daß man mich und die armen Kinder töten sollte, indem er leugnete, daß sie seine Kinder seien. Aber durch einen seiner Minister entkam ich und flüchtete hierher, wo ich lebte, um mich, wie Eure Heiligkeit weiß, der Erziehung dieser unglücklichen Kinder zu widmen.« Und alsdann schwieg sie.

Der Papst entließ sie, nachdem er ihr Trost gespendet, entbot die beiden Könige und die Jünglinge zu sich und richtete also das Wort an den König von Frankreich: »Kennt Ihr, o erhabener König, diese Knaben?« Worauf jener entgegnete: »Nein, auf mein Wort.« Dieselbe Antwort erhielt er auf seine Frage von dem anderen. Nun wandte sich der Papst an die beiden Könige und teilte ihnen mit, wie die Sache stand, und legte sie dem einen als seine Kinder, dem andern als seine Neffen ans Herz, und sie wurden von ihnen mit großem Jubel und der größten Freude aufgenommen. Und als sie nach der Mutter fragten, ließ der Papst diese kommen, und sie umarmte den Bruder wieder und wieder, ohne an den Gemahl auch nur ein Wort zu richten. Auf die Frage, warum sie dies tue, entgegnete sie: »Weil ich so handeln muß, in Anbetracht der Grausamkeit, die Du mir widerfahren ließest.« Weinend erzählte ihr nun der König, wie die Sache sich verhielt, wer die Urheberin von allem gewesen und in welcher Weise er Rache an ihr genommen habe.

Worauf dann, da die Dame die Rechtfertigung gelten ließ, das schönste und glücklichste Fest der Welt gefeiert wurde, und während dieses Jubelfestes verblieben sie mehrere Tage in Rom in eitel Fröhlichkeit. Als sie aber vom Papst entlassen worden waren, gab er Befehl zur Abreise. Und die Dame sagte zu ihrem Gemahl: »Ich übergebe Dir diese Deine beiden Kinder und lege sie Dir ans Herz, und so ziehe mit Gott, denn ich will hier bleiben, um meine Seele zu retten und nicht wieder in die Welt zurückkehren.« Der Gatte erwiderte ihr, daß er niemals Rom ohne sie verlassen würde; und es war ein großer Kampf zwischen ihnen. Aber der Papst und ihr Bruder, der König von Frankreich, legten sich ins Mittel und baten sie so lange, bis sie mit ihrem Gemahl heimkehrte, und er war der glücklichste aller Sterblichen. Und nachdem sie sich vom Papst verabschiedet, reisten sie ab und gingen mit dem König von Frankreich nach Frankreich, wo große Feste stattfanden, und alsdann begaben sie sich nach England.

17. Ein schöne Fabel von ein törichtem Bauern

Eine sehr reiche Witfrau hätt einen einigen Sohn, aber von grobem und viehischem Verstand und dazu ganz närrisch. Der gewann nicht weit von ihm daheim eine edle Jungfrau heftig lieb und begehret, man sollts ihm zum Weib geben; die Eltern der Jungfrau hätten, wiewohl sie vom Adel waren, wenig Guts und wurden häuslichen Mangels arg bedrängt, konnten derhalben ihrer Tochter nicht leicht einen Mann ihres Stands erwählen, darum sie sich durch den Reichtum des Bauern bewegt nicht lang seiner Bitt gewidert.

Weil aber die Mutter seine Narrheit wußte, hat sie besorgt, daß ihn die Jungfrau wegen seines Unverstandes verschmähe und vor ihm Verdruß gewinne und ihm auf das allerfleißigst Unterricht geben, was Sitten er gebrauchen müßt. Und als der töricht Bauer zum ersten Mal zu der Jungfrau ginge, auf daß sie sich mit ihm verliebe, hat ihm die Jungfrau, wie er wieder heimwärts wollt, ein Paar lederne Handschuh, so aus dem köstlichen Fellwerk gefertigt waren, geschenkt; die zog er an, aber ein großer Regen verdarb sie ihm ganz in den Grund hinein. Darum straft ihn die Mutter: »Lieber Sohn, Du hättest die Handschuh fein sollen zusammengelegt haben und getan in den Busen.«

Und da er zum andern Mal zu der Jungfrau kam, verehret sie ihm einen Sperber, den er, da er auf der Mutter Lehr gedachte, in den Busen schob; als er der Mutter wollt die Schenkung zeigen, zog er den toten Sperber heraus, darauf die Mutter ihn wieder strafet und saget, er sollt ihn fein auf der Hand getragen haben. Und als er zum dritten Mal die Jungfrau heimsuchet, begabet sie ihn, weil er weder Handschuh noch Sperber hätt recht heimgebracht, auf Befehl der Mutter mit einem Kornsieb, und der grob Tölpel ging hin und trugs auf der Hand, wie er hätt sollen den Sperber tragen. Wie ihn die Mutter abermals lehret, er hätts sollen dem Roß hinten an den Schwanz binden, behielt ers im Gedächtnis.

Zuletzt schenket ihm die Jungfrau, die schon ein Mißfallen ob seinen unhöflichen Sitten trug, eine Speckseiten, die er dem Roß an den Schwanz bande und im Heimreiten an den Dörnern und Stauden allerding zerrissen und verschleift hätt. Auf solches sorget die Mutter, daß der Sohn von seiner ungeschickt Sitten wegen nicht gar ausgeschlagen würde, befahl ihm die Hütung des Hauses, ging selbst zu den Eltern der Jungfrau und erlanget auch, daß man bestimmet ein Tag zur Hochzeit. Daneben hätt sie aber dem Sohn befohlen, daß er dieweil daheim keine Unruh anfinge. Wie sie weg war, ging er selbst in den Keller, wollt Wein holen und ließ dabei das ganze Faß auf den Estrich auslaufen. Damit aber die Mutter solches nicht sähe, überschüttete er es mit Mehl.

Wie er dann nach der Stuben hinaufgegangen war, erschrecket er mit seinem laut Ungetüm ein Gans, die da ist auf Eiern gesessen und die schrie: »Gag gag gag«. Damit jaget sie dem Narren Furcht ein, der verstand, die Gans spräch: »Ich sags«, der halben er sie erwischet und ihr, weil sie ihm gedroht zu sagen, was er im Weinkeller gestift hätt, den Kopf abhieb. Dann strich er ihr den ganzen Leib mit Honig, der bei ihm in eim Fäßlein stund, an, klebet aus etlichen Bettkissen die Pflaumen an den Honig und setzte sie der Gans statt auf die Eier von wegen sie gar ausbrüten.

Als nun die Mutter aus dem Schloß der Jungfrau wieder heimkommen war, fand sie den Sohn auf den Eiern sitzen, der ihr, als sie an der Tür anklopft und ihn angeschrien hätt, nur »Gag gag« antwortet, als ob er jetzunder müßt mit Stimm und Brüten das Amt der Gans versehn. Nach vielen Dräuworten seiner Mutter stand er letztendlich von dem Nest auf und ließ sie herein. Und weil stracks hernach die Braut folgen sollt, vergab ihm die Mutter den angerichteten Schaden und erwies ihm daneben, mit was Zucht er die Braut empfangen sollt, daß er nämlich die Augen freundlich und fröhlich gegen ihr werfen sollt. Und wie sie nun kame, hätt er den vielen Schafen seiner Mutter die Augen ausgestochen und warf sie in das Angesicht der Jungfrau. Dann also, hätt es der Narr verstanden, wüßt er die Augen auf sie werfen.

Nichtsdestominder gab der Reichtum, der das allerbest Pfand der Liebe ist, der Heirat ein Fortgang. Dann so einer Reichtum hat, kann er überkommen Adel, Schöne, Verstand und alles, was er will.

18. Die Prophezeiung erfüllt sich

Es war einmal ein Ritter und Herr eines Schlosses auf einer Insel, der hatte einen Sohn von so scharfen Sinnen, daß er die Vogelstimmen ebenso gut verstand wie die menschliche Stimme. Und als sie eines Tages allesamt zu dem Schlosse fuhren, begleiteten das Schiff viele Vögel, und die zwitscherten, und da sagte der Ritter zu seinem Sohne und seiner Frau: »Was für eine wundersame Gabe wäre es, diese Vögel verstehen zu können.« Und der Sohn sagte: »Ich verstehe sehr wohl, was sie sagen.« Darauf der Vater: »Ich bitte Dich von Herzen, erklär es uns und tu es uns kund.« Und der Sohn antwortete: »Sie sagen, Ihr und meine Frau Mutter würdet in solche Armut verfallen, daß Ihr kein Brot zu essen und ein Kleid anzuziehen haben werdet, und ich würde so hoch aufsteigen, daß Ihr mir das Wasser zum Händewaschen reichen werdet.«

Über diese Rede und Verkündigung erboste sich der Ritter mächtig, und er warf seinen Sohn ins Meer. Der wurde dann von sardinischen Schiffern aufgefischt und einem Ritter in Sizilien verkauft. Wegen dieses Verbrechens aber, den Sohn ins Meer geworfen zu haben, wurde der Vater von seinen Mannen aus dem Schlosse vertrieben und samt seiner Frau verbannt, und sie zogen auch nach Sizilien.

Den König von Sizilien begleiteten nun damals, wohin immer er ging, drei Raben, und das währte nun schon fünf Jahre, und sie ließen ihm keine Ruhe, weder bei Tag noch bei Nacht. Darum ließ der König ausrufen, wer ihm die Vorbedeutung der Raben und den Grund der Gefolgschaft wahrheitsgetreu auslege, dem werde er seine Tochter samt seinem halben Reiche geben. Davon vernahm auch jener Jüngling, und er ging zu seinem Herrn, dem Ritter, und bat, ihn vor den König zu bringen, weil er wisse, was für eine Bewandtnis es mit den Raben habe. Und hocherfreut willigte der Ritter ein mit der inständigen Bitte, der Jüngling möge, wenn er das halbe Reich und solche Macht erlangt haben werde, an ihn denken.

Und der Jüngling kam vor den König, und als ihm der jene Frage stellte, verlangte er die Bekräftigung des Versprechens, und nachdem ihm diese gewährt worden war, sagte er: »Es sind zwei Raben und ein Rabenweibchen, und von den zweien ist der eine alt und der andere jung, und der alte Rabe, der noch immer seiner Lust frönt, hat die Rabenfrau nach langem Zusammensein verstoßen und sich an jüngere gemacht. Der jüngere Rabe aber hat die nun von dem andern Verlassene zu sich genommen und sie bisher genährt und geschützt. Und nun will sie der Alte, der sie ohne ihre Schuld hilflos verstoßen hat, wieder zurückhaben, weil er eine jüngere Rabenfrau nicht finden kann, und er ist darauf aus, sie zu entführen. Und weil sie der junge nicht lassen will, so folgen sie Dir alle drei, auf daß Du das Urteil sprichst, zu wem die Rabenfrau nun gehören soll!«

Und der König gab, nachdem er sich Rat geholt und die Raben entboten hatte, den Spruch ab, daß die Rabenfrau dem jungen gehöre und nicht dem alten. Und der alte Rabe machte sich davon, und die Rabenfrau blieb bei dem jungen. Und dem Jüngling wurde die Tochter des Königs vermählt, und er machte den Ritter, seinen ehemaligen Herrn, zu seinem Haushofmeister.

Zu solchen Ehren war er also erhöht worden, als er eines Tages bei einem Morgenritt durch Messina seinen Vater und seine Mutter in gar armseliger Kleidung vor der Tür eines Spitals sitzen sah. Unerkannt von ihnen, die er sehr wohl erkannte, stieg er vom Pferde und ließ sich Speisen holen, um bei ihnen zu essen. Und sie brachten ihm Wasser zum Händewaschen, und nachdem er das Wasser von Vater und Mutter empfangen hatte, sagte er, während sie bei Tische saßen, zu seinem Vater: »Welche Strafe verdient wohl ein Vater, der einen Sohn wie mich getötet hat?« Der Vater: »Für ein so ungeheuerliches Verbrechen könnten die Strafen gar nicht hoch genug ausfallen!« Darauf der Jüngling: »Ihr seid jener, der mich der Erklärung der Vogelstimmen halber ins Meer geworfen hat, ich aber will Euch keineswegs Böses mit Bösem vergelten, da es ja Gott so verordnet hat.«

19. Ein Fabel von einem Schneider

Ein hinkender Schneider ist zu der Himmelspforte gekommen und hat von Sankt Petrus begehrt, hineingelassen zu werden. Das hat ihm aber Sankt Petrus abgeschlagen, seiner vielen Diebstähle wegen, die er begangen hätte, wie es die Schneider zu tun pflegten.

Der Schneider aber bat um Barmherzigkeit, er könne vor lauter Müdigkeit nicht weiter laufen, und versprach, er wollt sich hinterm Ofen ducken und die schlechteste Arbeit verrichten, und dies trug er zuletzt mit großer Bitte vor. Als danach für eine Zeit der himmlische Gebieter mit dem ganzen himmlischen Heer der Unterhaltung wegen hinaus in einen Garten außerhalb des Himmels gegangen war, blieb der Schneider allein, der, nachdem er in Abwesenheit des Herrn und aller Knechte alle Räumlichkeiten besichtigt hatte, endlich auch zu der Sitzstatt des höchsten Königs kam; von dort hat er alles, so die Menschen unten machten, sehen können.

Da ward er gewahr, wie ein altes Weib einer andern, die bei einem fließenden Bächlein wusch, heimlich Kleider stahl. Dies ärgerte ihn sehr, weil er ja aus eigener Erfahrung wußte, was für eine große Sünde das Stehlen war, und er erwischte den Fußschemel unter seinen Füßen und warf damit nach der alten Diebin. Wie aber der oberste König wiederkam und seinen Schemel vermißte, fragte er, wer ihm denn das angetan hatte, und kam endlich an den Schneider, zu dem er, nachdem er den Grund erfahren hatte, sagte: »O Sohn, wenn ich ebenso zornig und rachsüchtig wie Du wäre, so hätt ich jetzund weder Fußbänke noch Stühle noch Schemel mehr!« Darauf deutet aber Ovid:

›Wenn Jupiter seine Blitze schickte, so oft die Menschen sündigen, dann wäre er in nicht allzu ferner Zeit ohne Waffen.‹

20. *Der wilde Mann*

Es war einmal in Maregliano eine wackere Frau namens Masella, die außer sechs unverheirateten Töchtern, welche lang waren wie die Hopfenstangen, einen so einfältigen, tölpelhaften Sohn hatte, daß ihm sogar der Schnee zu hart war, um einen Schneeball daraus zu machen, und er der wahre Gimpel aller Gimpel schien, weswegen auch kein Tag vorüberging, wo die Mutter nicht zu ihm sagte: »Was machst Du denn in unserem Haus, verdammter Schlingel? Pack Dich, Du Klotz; marschier, Du Pinsel; fort mit Dir, Du Unheilstifter; geh mir aus den Augen, Du Bärenhäuter. Denn Du bist mir in der Wiege ausgetauscht und statt eines hübschen Kindchens, Püppchens, Täubchens, ist mir ein solcher Dummerjan, ein solcher Einfaltspinsel hineingelegt worden, wie Du bist.« Aber mit allen diesen Reden brachte Masella nichts zustande; denn es ging ihm zu einem Ohr hinein und zum andern hinaus.

Da nun die Mutter sah, daß keine Hoffnung vorhanden war, daß aus Anton (denn so hieß der Sohn) irgend einmal etwas würde, ergriff sie eines Morgens, nachdem sie ihm den Kopf, und zwar ohne Seife, gehörig gewaschen hatte, einen tüchtigen Knüppel und fing an, ihm damit das Wams nach Noten auszuklopfen.

Als Anton sich so ganz unerwartet durcharbeiten, krempeln und walken sah, riß er aus, sobald er ihr entkommen konnte, und lief so weit und so lange, bis er gegen Sonnenuntergang, um die Stunde, da man anfing, in den Laden des Mondes die Lichter anzuzünden, am Fuße eines Berges anlangte, der so hoch war, daß er mit dem Himmel zusammenstieß. Hier sah er auf dem Stumpf einer Pappel neben einer Grotte aus Bimsstein einen wilden Mann sitzen. O steh mir bei, wie häßlich sah der aus! Er war ein ganz kleiner Knirps und nicht größer als ein Zwerg; er hatte aber einen Kopf, dicker als ein indischer Kürbis, eine blattrige Stirn, die Augenbrauen zusammengewachsen, verdrehte Augen, eine platte Nase mit zwei Nasenlöchern, die zwei Kloaken schienen, einen Mund so groß wie eine Kelter, aus welchem zwei Hauer hervorragten, die ihm bis an die Fußspitzen gingen, eine zottige Brust, Arme wie eine Garnwinde, Beine wie eine Bogenwölbung und Füße so flach wie die einer Gans; mit einem Wort, er schien ein Popanz, ein Teufel, ein häßliches Fratzengesicht und ein wahres Schreckgespenst, das selbst einen Roland hätte in Angst setzen, einem Achilles den Mut rauben und einen Bettelbruder abschrecken können. Anton aber, der nicht so leicht vor etwas in Furcht geriet, verneigte sich und sagte zu ihm: »Gott grüß' Euch, Herr; wie geht's Euch, was macht Ihr? Kann ich Euch womit dienen? Wie weit ist es noch bis zu dem Orte, wohin ich zu gehen habe!«

Sobald der wilde Mann diese ungereimte Rede hörte, fing er an zu lachen, und weil ihm dieser sonderbare Patron gefiel, fragte er ihn: »Willst Du in meinen Dienst treten?« Worauf Anton erwiderte: »Was wollet Ihr den Monat?« – »Diene mir nur ordentlich«, antwortete der wilde Mann, »dann werden wir schon miteinander fertig werden, und Du sollst bei mir ein lustiges Leben führen.« Als der Handel auf diese Weise geschlossen war, trat Anton in den Dienst des wilden Mannes, wo es Essen die Hülle und Fülle gab und mit der Arbeit auch nicht weit her war, so daß in weniger als vier Tagen Anton feist wurde wie ein Türke, rund wie eine Tonne, mutig wie ein Hahn, rot wie ein Krebs, grün wie Knoblauch, so mager wie ein Walfisch und mit einem Wort so dick und fett, daß er nicht aus den Augen sehen konnte.

Es waren aber noch keine zwei Jahre vergangen, als ihm die guten Bissen zuwider wurden und er ein großes Gelüst bekam, einmal wieder eine Fahrt nach Hause zu machen, und indem er an die Heimat dachte, wäre er fast auf der

Stelle davongelaufen. Der wilde Mann, der ihm ins Herz schaute, sah ihm an der Nase die Unruhe seines Hintern an, indem Anton sich hin und her drehte, als wenn er mit dem Allerwertesten auf Nadeln gesessen hätte; er rief ihn daher beiseite und sprach zu ihm: »Lieber Anton, ich weiß, daß Du großes Verlangen hast, die Deinigen zu sehen, und da ich Dich so herzlich liebe, wie mich selbst, so bin ich's zufrieden, daß Du einmal zu ihnen reisest und Deinen Wunsch befriedigest. Nimm also diesen Esel, der Dir die Mühseligkeiten des Zufußgehens ersparen wird, aber sieh Dich vor, daß Du nie zu ihm sagst: ›arre cacaurre‹; denn bei der Seele meines Großvaters, es möchte Dir leid tun.«

Anton nahm den Langohr, hing, ohne selbst nur adieu zu sagen, seine Beine über denselben und fing an, darauf loszutraben; er war aber noch nicht hundert Schritte vorwärts gekommen, als er auch schon von dem Grauen abstieg und sogleich sagte: »arre cacaurre«; und kaum hatte er den Mund geöffnet, als auch schon Langohr anfing, Perlen, Rubine, Smaragde, Saphire und Diamanten, alle so groß wie die Walnüsse, von hinten von sich zu geben. Anton sperrte das Maul weit auf, starrte die herrliche Ausleerung, den prächtigen Abgang und den kostbaren Durchfall des Eseleins an und füllte mit großer Herzenslust seinen Quersack mit den Edelsteinen voll. Hierauf fing er wieder an in einem tüchtigen Trabe zu reiten und gelangte endlich zu einem Wirtshaus, woselbst er, sobald er abgestiegen, zu dem Wirte vor allen Dingen sagte: »Hurtig, bindet mir diesen Esel an die Krippe und schüttet ihm gehörig vor; hütet Euch aber zu ihm zu sagen: ›arre cacaurre‹, denn es möchte Euch leid tun; und hebet mir auch diese Sächelchen hier sorgfältig auf.« Als der Wirt, der sein Handwerk gehörig verstand und ein schlauer, durchtriebener, pfiffiger Schelm war, so ganz unversehens diese Rede vernahm und die Edelsteine erblickte, welche strahlten wie die liebe Sonne, ergriff ihn die Neugier, zu sehen, was diese Worte bedeuteten. Nachdem er also Anton gut zu essen und, so viel er wollte, zu trinken gegeben hatte, steckte er ihn zwischen einen Sack und eine Bettdecke, lief, sobald er ihn die Augen schließen sah und im tiefsten Basse schnarchen hörte, nach dem Stalle und sagte zu dem Esel: »arre cacaurre«, worauf dieser denn auch durch das Klistier dieser Worte die gewöhnliche Operation vornahm, indem ihm der Hintere von Goldklumpen und Juwelenhaufen überlief. Kaum nahm der Wirt diese köstliche Ausleerung wahr, so faßte er den Entschluß, den Esel auszutauschen und so jenem Bauerntölpel von Anton einen Streich zu spielen, ihn zu hintergehen, anzuführen, zu betrügen, zu beluchsen, zu prellen, zu berücken, hinters Licht zu führen und einem solchen Hansnarren, Schöps, Pinsel, Gimpel, Dummerjan wie jener, der ihm in die Hände gelaufen war, die Augen gehörig auszuwischen.

Als daher Anton zur Zeit, wann Aurora ganz rot vor Scham an das Fenster des Ostens tritt, um den Nachttopf ihres alten Ehekrüppels auszugießen, erwacht war, sich die Augen mit den Händen gerieben, sich eine halbe Stunde lang ausgedehnt und gereckt und ein Schock mal nach Art eines Zwiegespräches gegähnt und gerülpst hatte, rief er den Wirt und sagte zu ihm: »Komm her, Kamerad; kein Kredit, lange Freundschaft; wir sind Freunde, unsere Beutel Feinde; drum macht mir die Rechnung, denn ich will bezahlen.« So summieren sie denn zusammen, so viel für Brot, so viel für Wein, das für Suppe, das für Fleisch, fünf für Stallgeld, zehn für das Nachtlager und fünfzehn das Frühstück und Biergeld, worauf Anton die Spieße aufzählt, den falschen Esel nebst seinem Quersack voll Bimsstein statt der kostbaren Juwelen in Empfang nimmt und über Hals und Kopf nach dem Wohnort seiner Mutter eilt. Ehe er aber noch einen Fuß ins Haus setzte, fing er schon an, aus vollem Halse zu schreien wie ein Zahnbrecher: »Komm schnell herbei, Mutter, komm ganz schnell; denn wir sind jetzt reich; mach Tischtücher zurecht, breite Laken aus, lege Decken auf die Erde; denn Du wirst Schätze sehen.« Die Mutter, außer sich vor Freude, öffnet also einen großen Kasten, in welchem die Ausstattung ihrer heiratsfähigen Töchter lag, zieht ganz feine Laken, die man wegblasen hätte können, Tischtücher, die noch nach der Wäsche rochen, und Bettdecken, die einen bis über die Nase verhüllen, hervor und breitet sie alle säuberlich auf die Erde. Alsdann wird der Esel darauf gestellt und Anton fängt an, sein »arre cacaurre« anzustimmen; aber arre cacaurre Du nur immer zu; denn der Esel kümmerte sich gerade soviel um diese Worte als um den Klang der Laute. Gleichwohl wiederholte Anton diese Worte noch drei- oder viermal, da aber alles in den Wind geredet war, ergriff er einen tüchtigen Knüppel und fing an, das arme Tier so zu bearbeiten, gerbte und drosch und walkte es dergestalt durch, daß dem armen Grauen die Hintertür aufsprang und durch dieselbe ein gelber Fladen auf die weißen Tücher geflogen kam. Als die arme Masella den Esel auf diese Weise überlaufen und statt in ihr armes Haus einen Strom von Reichtümern einen zwar allerdings reichen, aber derartigen Strom sich ergießen sah, daß er dasselbe hätte ganz verpesten können, ergriff sie einen Knüttel, und ohne daß sie Anton Zeit ließ, auch noch seine Bimssteine zu zeigen, fütterte sie ihn mit einer solchen Prügelsuppe, daß er sich eilends wieder zurück zu dem wilden Manne auf den Weg machte. Sobald er dort mehr im Trabe als im Schritt angekommen war, erhielt er von dem wilden Manne, der durch seine Zauberkünste alles und daher auch das wußte, daß Anton sich von seinem Gastwirt hatte überlisten lassen, eine tüchtige Tracht Schläge, indem ihn sein Herr dabei einen unverständigen, dummen, albernen, blödsinnigen Tagedieb, einen Strohkopf, einen Tölpel, eine Schafsnase, einen Stoffel, einen ausgemachten Narren, einen Erzgimpel, einen Hans Tepp nannte, der sich für einen juwelenmachenden Esel eine Bestie hatte anbinden lassen, die eine Überfülle von pomeranzenfarbigem Quarkkäse von sich gab. Anton verschluckte jedoch diese bittere Pille und schwor, daß er sich nie wieder, nein, nie wieder von einem lebenden Wesen würde eine Nase drehen und hinters Licht führen lassen.

Kaum war aber ein anderes Jahr vorüber, als ihn wieder dieselbe Lust plagte und er fast vor Sehnsucht, die Seinigen wiederzusehen, vergangen wäre. Der wilde Mann, der häßlich von Ansehen, aber schön von Herzen war, gab ihm Erlaubnis zur Reise und schenkte ihm außerdem eine hübsche Serviette, indem er hinzufügte: »Bringe dies Deiner Mutter, sieh Dich aber vor, daß Du nicht wieder so ein Rindvieh bist und es machst wie mit dem Esel, und ehe Du nicht zu Hause anlangst, sage ja nicht: ›Tu Dich auf und tu dich zu, Serviette‹; denn wenn Dir darüber etwas Schlimmes widerfährt, so ist es Dein Schaden; jetzt geh mit Gott und komme bald wieder.« Anton machte sich also wieder auf den Weg, aber nicht weit von der Höhle legte er alsbald das Tellertuch auf die Erde und sagte: »Tu Dich auf und tu Dich zu, Serviette«, worauf diese sich sogleich auftat und in ihrem Innern so viel Pracht und Herrlichkeiten und Schmucksachen sehen ließ, wie man gar nicht glauben kann. Als Anton dies wahrnahm, sagte er rasch: »Tu Dich zu, Serviette«, und unverzüglich verbarg sie wieder alles in sich. Anton zog alsdann wieder weiter nach demselben Wirtshause und sagte zu dem Wirt: »Da hebet mir diese Serviette auf und saget ja nicht: ›Tu Dich auf und tu Dich zu, Serviette.‹« Der Wirt, der ein durchtriebener Schelm war, erwiderte hierauf: »Seid ganz ohne Sorge«, gab ihm tüchtig zu essen, trank ihm so lange zu, bis er benebelt war, und bracht ihn dann hurtig zu Bette; alsdann nahm er die

Serviette und sagte: »Tu Dich auf, Serviette«, welche sich dann auch sogleich auftat und so viele Kostbarkeiten zeigte, daß der Wirt vor Erstaunen ganz außer sich geriet. Er suchte daher eine andere dieser ähnlichen Serviette heraus, die er Anton, als er des Morgens aufgestanden war, auch wirklich anhängte. Dieser nun langte tüchtig darauf losstiefelnd in dem Hause seiner Mutter an und rief alsbald aus: »Diesmal, meiner Treu, werden wir gewiß unsere Armut zum Teufel jagen; diesmal gewiß die Lumpen, den Plunder und den ganzen Trödelkram aus dem Hause werfen«, zugleich breitete er die Serviette auf die Erde aus und fing an zu sagen: »Tu Dich auf, Serviette.« Aber er hätte diese Worte bis zum anderen Morgen wiederholen können und hätte nur seine Zeit damit verloren, denn er brachte nichts zuwege, auch nicht das mindeste. Da er nun sah, daß es ihm nicht nach Wunsch ging, sagte er zu der Mutter: »Hol's der Kuckuck, der Wirt hat mir wieder diesen Quark angehängt; aber warte nur, Schelm, Du sollst mir das bezahlen, es wäre Dir besser, Du wärst nie geboren, besser, Du wärest als Kind überfahren worden. Ich will das Liebste, was ich habe, verlieren, wenn ich ihn nicht beim nächsten Einkehren in seinem Wirtshaus zu Brei haue.« Als die Mutter diesen neuen Eselsstreich vernahm, erglühte sie vor Wut und sagte: »Daß Du doch den Hals brächest oder Dir das Genick abstürztest, Du Unglückssohn, scher Dich zum Teufel; denn Du bist mir zuwider wie eine Spinne, ich kann Dich nicht ansehen, ohne daß mir übel wird, und ich bekomme den Krampf immer, wenn Du mir zwischen die Füße kommst. Mach ein Ende und laß Dir dünken, daß dieses Haus in Flammen steht, denn ich schüttle mir die Kleider aus und betrachte Dich gar nicht als meinen Sohn.«

Der arme Anton, welcher den Blitz sah und den Donner nicht abwarten wollte, senkte den Kopf, riß aus, gleich als hätte er etwas gestohlen, und kam über Hals und Kopf rennend bei dem wilden Mann an. Kaum sah dieser ihn so traurig und niedergeschlagen anlangen, so ließ er ein neues Donnerwetter über ihn ergehen, indem er sagte: »Ich weiß nicht, was mich abhält, Dir eine Laterne anzustecken, Du Vielfraß, Furzpeter, Dummbart, nichtsnutziger Schlingel, Plappermühle, Plaudermatz, der Du wie eine Gerichtstrompete alles öffentlich ausrufst, ausspeiest, was Du im Leibe hast und auch nicht einmal junge Schoten bei Dir behalten kannst; wenn Du im Wirtshaus dein Maul gehalten hättest, so wäre Dir das nicht widerfahren, was Dir widerfahren ist; weil Du Deine Zunge wie einen Mühlstein gebraucht hast, hast Du Dir das Glück zermahlen, das Dir aus meinen Händen zuteil geworden war.«

Anton stand da wie ein abgebrühter Pudel und hörte still und geduldig diese Musik an; als er aber noch andere drei Jahre im Dienste des wilden Mannes ruhig zugebracht und so wenig an seine Heimat gedacht hatte als daran, Graf zu werden, bekam er doch wieder einen Fieberanfall, und wiederum setzte er es sich in den Kopf, die Seinigen einmal zu besuchen. Er bat deswegen den wilden Mann um Erlaubnis, welcher denn auch, um den lästigen Tölpel loszuwerden, ihn gehen ließ und ihm einen sehr schön gearbeiteten Stock mit den Worten schenkte: »Nimm diesen Stock zum Andenken von mir, hüte Dich aber zu sagen: ›Steh auf, Prügel‹, oder ›leg Dich nieder, Prügel‹; denn sonst beneide ich Dich nicht um das, was geschehen würde.« Anton nahm den Stock und antwortete: »Seid ganz ohne Sorgen, ich habe den Schleifstein des Verstandes eingeschraubt und weiß recht gut, wieviel zweimal zwei ist; ich bin kein Kind mehr; denn wer Anton etwas weismachen will, muß früh aufstehen.« – »Eigenlob stinkt«, erwiderte der wilde Mann, »gesagt ist leichter als getan; was ich sehe, glaube ich; wenn Du nicht taub bist, so mußt Du mich verstanden haben, und wer sich raten läßt, dem ist auch zu helfen.«

Während nun der wilde Mann noch immer zu reden fortfuhr, war Anton schon auf dem Wege zu seiner Mutter, er hatte aber noch keine halbe Meile hinter sich, als er auch schon sagte: »Steh auf, Prügel.« Dies wirkte jedoch nicht wie gewöhnliche Worte, sondern wie ein Zauberspruch; denn gleich als wäre der Stock von einem bösen Geist besessen gewesen, geradeso fing er auch urplötzlich an, dem unglücklichen Anton den Rücken dergestalt zu bearbeiten, daß die Schläge wie in Strömen herabregneten und einer nicht den andern erwartete. Als der arme Schelm sich so zerbleut und durchgegerbt sah, sprach er rasch: »Leg Dich nieder, Prügel«, worauf auch sogleich der Prügel abließ, auf dem Rücken Antons aufzuspielen, und dieser, auf seine Kosten gewitzigt, ausrief: »Nun weiß ich, was ich zu tun habe, und meiner Treu, es soll nicht ungetan bleiben; noch ist der nicht zu Bett, dem es heute abend noch sehr schlimm ergehen wird.« Dies sagend, kommt er bei dem gewöhnlichen Wirtshaus an, wo er mit der größten Freundlichkeit von der Welt empfangen wird. Kaum angelangt, sagt er zu dem Wirt: »Da nehmt diesen Stock und hebt mir ihn gut auf; hütet Euch aber, daß Ihr nicht etwa sagt: ›Steh auf, Prügel‹; denn wenn es Euch übel bekommt, versteht mich wohl, so beschwert Euch nicht über den Anton; ich kann dann nichts dafür und wasche mich zum voraus von aller Schuld rein.« Der Wirt, voll der größten Freude über diesen dritten Glücksfang, läßt Anton tief in die Schüssel greifen und noch tiefer ins Glas gucken, und nachdem er ihn zu Bett gebracht, eilt er mit seiner Frau, die er zu dem schönen Fest herbeigerufen, zu dem Stock und sagt: »Steh auf, Prügel.« Dieser fängt denn auch sogleich an, die Hinterseite des Wirtes und seiner Ehehälfte heimzusuchen, und tick hier, tack da, fährt er wie der Blitz hin und her, so daß sie, sich so kläglich und jämmerlich zugerichtet sehend, immer mit dem Prügel hinter sich Anton aufzuwecken liefen und ihn um Barmherzigkeit anflehten. Als dieser nun wahrnahm, daß die Sache ganz nach Wunsch ging, und die Makkaroni im Käse und den Kohl im Speck sah, sagte er: »Da ist nicht zu helfen; Ihr müßt Euch nun einmal dazu bequemen, totgeprügelt zu werden; es sei denn, daß Ihr mir meine Sachen wiedergebt.« Der Wirt, von Schlägen fast zermalmt, rief alsbald aus: »Nehmt alles, was ich habe, nur befreiet mich von diesem Dreschflegel«, und um Anton sicherzustellen, ließ er auch wirklich alles herbeiholen, was er ihm früher abgeluchst hatte. Sobald Anton das Seinige wieder in seiner Gewalt sah, sagte er: »Leg Dich nieder, Prügel«, und dieser hörte auch sogleich auf und sank herab. Anton nahm nun den Esel sowie die anderen Sachen und begab sich damit zu seiner Mutter, und nachdem er daselbst mit der Serviette einen sehr gelungenen Versuch angestellt und das Hintergestell des Esels eine Generalprobe hatte halten lassen, saß er von der Zeit an ganz warm, verheiratete seine Schwestern, machte seine Mutter zur reichen Frau und bezeugte so die Wahrheit des Sprichwortes:

Narren und Kindern
steht der Himmel bei.

21. Das Paten-Geld machet reich

Ich muß allhier schließlich noch einanders Seltsames vom Paten-Gelde erzählen, nämlich: Es soll eines Bauersmannes Frau einstmals ein Kind geboren haben. Dazu hat der Vater beschlossen, Gevatter zu bitten, welche ihm zuerst begegnen würde, im Ausgehen. Hatte sich derentwegen aus dem Hause auf den Weg gemachet. Da war ihm der Teufel begegnet, der von ihm erfraget, wohin er wollte. Der Bauer antwortete: »Ich will zu Gevatter bitten.« Der Teufel sprach: »Bitte mich.« Antwort: »Nein, Du betrügst und verführest alle Leute, drum mag ich Dich nicht.«

Weiter war ihm zweitens der liebe Gott begegnet. Zu solchem hat er auch gesprochen, daß er ihn nicht begehre, sintemal er etliche Leute reich, etliche arm mache und hielte keinen Vergleich durchaus mit dem menschlichen Geschlechte. Drittens war zu ihm der Tod gekommen. Den hat er gebeten, weil er es allen Leuten gleichmache, wenn er aus allen lebendigen Leuten Leichen zubereitete. »Ja«, hat der Tod gesaget, »Du tust recht, nimm mich nur zum Gevatter, ich will Deinen Sohn, wenn er groß wird, sehr reich und vornehm machen. Ich will ihm ein Kraut zeigen, damit er alle Krankheiten heilen kann. Nämlich auf solche Art wird er zu dem Kranken gefordert werden, da will ich mich alle Zeit von ihm allein sehen lassen: Werde ich den Bettlägerigen zu Füßen stehen und er sieht solches, so soll er den Kranken von meinem Kraute geben und gewisse Verheißung tun, daß er davonkommen wird, welches auch ihm fehlen wird. Wird er mich aber zum Haupte stehen sehen, so soll er flugs sagen, daß er nicht zu helfen vermag, und hiernach soll er auch nicht fehlen, sondern es wird immer eintreffen. Und also soll er berühmt sein und für den besten Medicus gehalten werden und viel Geld verdienen.«

22. Vergleichung des Hoflebens

Dieweil sichs an vielen Fürstenhöfen und Herrendiensten also begibt, daß diejenigen, so manchen bösen Tag erduldet und Leib und Leben oft großer Gefahr und Sorgen dargeboten, in ihrem Alter, da sie für ihre gepflegte Treue Erquickung empfangen sollten, verschmäht, ausgestoßen, in Armut verlassen und aller Zusage vergessen werden. Derwegen trifft fein darauf die Vergleichung mit einem Jagd- oder Suchhund, wie man ihn nennen will.

Derselbig, wenn er noch jung ist, wird von den Waidleuten, ja Fürsten, Herren und Edelleuten selbst in ihren

Kammern und Gemächern aufgezogen, wo sie ihn streicheln, auf ihren Betten, Röcken, gefütterten Schauben und bei ihnen auf den köstlichen Tapeten und Kissen liegen lassen. Wer dem Hund etwa ein kleines Leid, Stöße oder sonsten ungefähr zufügt, muß Fluchen, Streiche, bisweilen Ungnad zu erwarten haben. Daraus wird der Hund mutig und läßt sich, was die freidige Jugend aller Kreaturen pflegt, zu mancherlei Waidwerk anführen und gewöhnen. Wird darum nicht allein von Herren, sondern auch von allen Dienern geliebt, mit schönen Halsbändern geziert, von einem eigenen darauf bescheidenen Verwahrer, zuzeiten, daß er im Laufe desto geschickter behalten, auf einem Wagen geführt und in Schwein- und Bärenhatzen mit besonderer Rüstung, Verletzungen zu vermeiden, gewappnet.

Gelingt ihm alles, ist des Rühmens, was er für ein guter Hund sei, kein Ende. Es speiset ihn abermals der Herr und der Knecht von ihrem eigenen Tisch mit Fleisch, Butter, etc. Ist er vom wilden Tier verwundet, dürfen die Barbierer ihn zu verbinden und zu heilen keinen Fleiß sparen. Hauet ihn nun ein Schwein, daß ihm die Därme zum Leibe auszotteln, ist es um einen Hund zu tun, und es wird leicht geklagt.

Wie gehts ihm aber letztlich, so er altershalber nicht mehr laufen mag, ihm die Zähne stumpf, der Rücken und die Haut grindig, dürr, krätzig und schäbig werden und wenn er sich nimmer der Flöhe erwehren mag? Genießt er denn auch seines in der Jugend geübten vorigen Dienstes? Dann täten ihm gute Bißlein erst vonnöten. ›Ja, hauck vor matt‹, spricht der Däne. Er kann an keinem Ort vor Schlägen und Aufscheuchen, von jedermann verlassen, sicher liegen. Spülwasser wird ihm nicht vergönnet; harte Knochen oder Beine, an denen er nagen muß, daß ihm die Bilder bluten, sind seine beste Nahrung. Und wie er in des Herrn Gemach nicht mehr Platz hat, also geschieht ihm auch sonst allenthalben. Von vielen ausgegeißelt, von den Buben getreten, aus der Küche mit Prügeln und Beinen geworfen und mit heißem Wasser beschüttet, daß von seinem Schreien und Kläffen der Herr, vorgenommener Geschäfte verirrt, im Zorn spricht: »Ei, ist der alte Schelm noch da? Bring ihn einem Schinder oder hänge ihn an einem Baum!«

Gleich also gehet es zu mit den Dienern. Während sie jung, in Vermögen und willig sind, keine Arbeit zu scheuen und an ihr keinen Fleiß erwinden lassen, um ihres Herrn willen alles so möglich bestehen wollen und Tag und Nacht ausrichten, steht die Gnadentür zwanzig Klafter weit offen. Auch werden sie von vielen um solche Treue anderen gegenüber gepriesen und mit großen Zusagen verlockt. Wohlan, denen nun Gott wohl will, sind auch alle Apostel günstig. Ehre zu erzeigen und Kappenrücken ist diesen nicht seltsam, doch nur so lange, bis des Herrn Gunst währt. Diese aber kann sich leicht umwenden – so wie eine trübe Wolke die Sonne bedeckt: nämlich durch Verleumder, die einem andern gern die Schuhe austreten, oder in solchen Fällen, wenn einem sein befohlenes Geschäft durch Unfall verhindert ist, die wohl gar an der Pfanne kleben bleiben und von Altendorf oder Unvermögenheim das Haus belagern, daß darum nicht viel Nutzen mehr denn Wärmen und Salben zu hoffen ist.

Alsdann wird der alte graue Mann ins Gras geschlagen, da er nunmehr ungemengten Hafer essen soll. Warum wird dann seiner also vergessen? Daß man ihn nicht mehr brauchen kann, darum werden ihm auch die Eisen, daß er barfuß gehen muß, abgebrochen. Das ist, dieweil er durch seine vermeinte Hoffnung betrogen, aller Notdürftigkeit, zu einem alten Mann gehörig, in Mangel stehen und solange bleiben muß, bis ihm der Kuckuck den letzten Sommer verkünden wird. Nun könnte einer fragen: Widerfährt solches denn allen Dienern der Fürsten und

Herren also? Nein! Dieweil aber den meisten von ihnen dergestalt begegnet und die Welt mit Undankbarkeit zu lohnen pflegt, wird dieses Gleichnis zu den Tyrannen und nicht zu denen von frommen Fürsten und Obrigkeit gestellet, denn gottlob gibt es noch viel gottfürchtige und ehrenreiche Herren, die ihrer Diener getreuen Dienst auch gegen ihre Kinder in allen Gnaden erkennen.

Wer Herren dient, bedenk dabei,
Daß solcher Dienst sein Erb nicht sei.
Richt alles wohl aus, trau nicht zu wohl,
Gar kleine Sünd bring schweren Groll.
Denn Herrengunst und Rosenblätter,
Sonnenschein und Aprilwetter,
Der Buhler Lieb und Kartenspiel
Verkehrn sich oft, wers glauben will.
Doch wer einen Herrn mit Treue meint,
Des Lohn die Tat selber bescheint.

Ein anders von Tyrannen:
Herrengunst und Lerchengesang
Ist gut und süß, währt doch nit lang.

23. Bestrafter Hochmut

Wer den Bogen zu sehr spannt, zerbricht ihn am Ende; wer sich mutwillig in Gefahr begibt, kommt oft darin um, wer auf Bergeshöhen wandelt, sehe zu, daß er nicht falle; denn der Schaden ist sein, wie ihr dies am Schicksal einer Jungfrau ersehen könnt, die Kronen und Zepter verachtete und endlich in einem Stall Zuflucht suchen mußte, obwohl die Wunden, die der Himmel schlägt, stets ihre Pflaster mit sich führen, da er nie Strafen ohne Wohltaten, nie Schläge ohne Liebkosungen austeilt.

Es war einmal ein König von Langfurch, der eine Tochter namens Cintiella hatte, die zwar so schön war wie der Mond, jede Drachme ihrer Schönheit aber durch ein Pfund Stolz aufwog, so daß sie jedermann geringschätzte und es daher ihrem armen Vater, der sie gern zu verheiraten wünschte, unmöglich war, für sie einen Gemahl zu finden, der ihr gut und vornehm genug dünkte. Unter allen Fürsten aber, die an den Hof ihres Vaters zusammenströmten, um sich um ihre Hand zu bewerben, war es besonders der König von Schönland, der nichts unversucht ließ, um sich die Zuneigung Cintiellas zu erwerben. Je besseres Gewicht an Diensten er ihr jedoch zuwog, desto schlechteres Maß an Belohnung gab sie ihm; je wohlfeiler und reichlicher er ihr seine Liebe überließ, desto teurer und spärlicher war sie mit ihrer Zuneigung, je freigebiger er mit seiner Seele war, desto geiziger war sie mit ihrem Herzen, so daß kein Tag vorüberging, wo der arme Mann ausrief: »Wann, o Grausame, werde ich unter so vielen Melonen der Hoffnung, die sich mir in Kürbisse verwandelt haben, eine finden, die mir vollkommen nach Wunsch heranreift? Wann, Du mitleidloses Ding, werden die Stürme deiner Unbarmherzigkeit aufhören und ich das Schiff meiner Wünsche mit günstigem Winde in diesen schönen Hafen steuern können? Wann werde ich nach so vielen Stürmen von Beschwörungen und Bitten endlich die Fahne meiner Liebessehnsucht auf die Mauern Deiner schönen Festung pflanzen dürfen?«

Jedoch alle diese Worte waren vergeblich; denn sie hatte zwar Augen, die Steine durchbohrten, aber keine Ohren, die Klagen eines Liebeswunden vernahmen, vielmehr zeigte sie sich noch mürrischer gegen ihn, als hätte er ihr wunder was Böses getan, so daß der arme König, der sah, daß die Gefühllosigkeit Cintiellas sich um ihn so wenig bekümmerte wie um einen Hund, endlich voll Zorn ausrief: »Ich will nichts mehr mit dem Liebesspiel zu schaffen haben!« und dann mit Sack und Pack seiner Wege ging, vorher jedoch einen feierlichen Schwur leistete, sich an dieser unbarmherzigen Schelmin zu rächen, dergestalt, daß sie es bereuen sollte, ihn so sehr gequält zu haben. Hierauf verließ er also den Hof ihres Vaters, ließ sich den Bart wachsen, färbte sich das Gesicht und kehrte nach einigen Monaten, als Bauer verkleidet, nach Langfurch zurück, wo es ihm durch Geschenke gelang, als Gärtner in den Dienst des Königs zu treten.

Indem er sich nun bemühte, seiner Arbeit bestmöglich nachzukommen, breitete er eines Tages unter den Fenstern Cintiellas einen herrlichen, ganz mit Gold und Diamanten besäten Mantel aus. Kaum hatten die Zofen der Prinzessin dies wahrgenommen, so erzählten sie sogleich davon der Prinzessin, die daher alsbald den Gärtner fragen ließ, ob er den Mantel verkaufen wolle; er erwiderte aber, er sei weder Kaufmann noch Kleidertrödler, würde ihn aber der Prinzessin gern zum Geschenk machen, wenn sie ihn eine einzige Nacht in ihrem Saale schlafen ließe. Als die Zofen dies vernommen, sprachen sie zu Cintiella: »Was verlierst Du dabei, Prinzessin, dem Gärtner seinen Willen zu tun, wenn Du dadurch in den Besitz dieses königlichen Mantels kommst?« Cintiella ließ sich also von dem, der noch ganz andere Fische angelt, als sie war, wirklich fangen, und indem sie den Mantel von dem Gärtner in Empfang nahm, tat sie ihm seinen Willen.

Am darauffolgenden Morgen aber zeigte er ein Untergewand von derselben Pracht, bei dessen Anblick Cintiella ihm sagen ließ, daß, wenn er es verkaufen wollte, sie ihm geben würde, was er verlangte; worauf der Gärtner erwiderte, daß das Gewand ihm nicht feil wäre, daß er es ihr aber gern schenken wolle, wenn sie ihm erlaube, in ihrem Vorzimmer zu schlafen, und Cintiella ließ sich, um in den Besitz des Gewandes zu kommen, auch wirklich verlokken, ihm sein Begehr zu gewähren. Als nun der dritte

Morgen erschien, legte er, bevor die Sonne aus ihrem Feuerstrahl auf den Zunder der Gefilde Funken schlug, ein sehr schönes Mieder aus, das zu dem Kleide vollkommen paßte, so daß Cintiella, sobald sie es erblickte, ausrief: »Wenn ich dieses Mieder nicht bekomme, habe ich keine Ruhe.« Sie ließ daher den Gärtner rufen und sprach zu ihm: »Du mußt mir, mein wackerer Mann, das Mieder verkaufen, das ich im Garten gesehen, dann werde ich Dir auch ewig dankbar sein.« – »Ich habe es nicht zum Verkauf, gnädige Prinzessin«, versetzte jener, »wenn es Euch aber gefällt, so gebe ich Euch nicht nur das Mieder, sondern auch noch ein Halsband aus Diamanten, wenn ihr mich heute nacht in Eurem Gemach schlafen lasset.« – »Da sehet mir einmal den Bauern«, erwiderte Cintiella, »es genügt Dir nicht, im Saal und dann im Vorzimmer geschlafen zu haben, jetzt willst Du sogar in mein Schlafgemach; am Ende wirst Du auch noch in meinem Bette liegen wollen.« – »Gut denn, gnädige Prinzessin«, entgegnete der Gärtner, »so behalte ich mein Mieder und Ihr Euer Gemach; denn wenn Ihr mich anders dranzukriegen gedenkt, seid Ihr auf dem Holzwege. Übrigens will ich ja bloß auf der Erde schlafen, etwas, was man sogar einem Hunde nicht versagen würde, und wenn Ihr erst das Halsband sehen werdet, das ich Euch noch dazu geben will, würdet Ihr mir vielleicht etwas mehr zu Willen sein.«

Die Prinzessin, teils durch eigenes Verlangen gereizt, teils durch die Zofen angetrieben, die ihr immer in den Ohren lagen, willigte endlich darein, dem Gärtner nachzugeben, und als der Abend erschien und die Nacht wie ein Gerber die Lohbeize über das Fell des Himmels ausgoß, wodurch dieser nach und nach eine dunkle Farbe annahm, begab sich der Gärtner mit dem Halsband und dem Mieder in die Zimmer der Prinzessin und händigte ihr diese Gegenstände ein, worauf sie ihn in ihr Schlafgemach eintreten ließ, und nachdem sie ihm seinen Platz in einer

Ecke angewiesen, also zu ihm sprach: »Jetzt verhalte Dich hier ganz ruhig und rühre Dich nicht, wenn Dir an meiner Gnade etwas gelegen ist.« Alsdann machte sie mit Kohle ein Zeichen auf der Erde und fügte hinzu: »Gehst Du darüber hinaus, dann ists mit Dir vorbei.« So sprechend, zog sie die Vorhänge ihres Bettes zu und begab sich zur Ruhe.

Kaum aber sah der königliche Gärtner, daß sie eingeschlafen war, so schien es ihm Zeit, den Liebesgarten zu bearbeiten; er legte sich also neben sie nieder, und ehe seine Eigentümerin erwacht war, hatte er die Früchte der Liebe gepflückt. Als sie nun aber endlich der Schlaf verließ und sie sah, was ihr widerfahren war, wollte sie nicht aus einem Übel zwei machen und, um den Gärtner zu vernichten, den eigenen Garten zerstören, vielmehr aus der Not zwar nicht eine Tugend, sondern eine üble Gewohnheit machend, war sie mit dem Vergehen zufrieden und fand Vergnügen an dem Fehltritt, so daß sie, die gekrönte Häupter verschmäht hatte, es nicht für zu gering hielt, sich einem Bauernkerl hinzugeben; denn ein solcher schien der König, und für einen solchen wurde er von Cintiella gehalten.

Indem sie nun aber den betretenen Weg weiterwandelte, wurde sie endlich schwanger, und da sie ihren Leib von Tag zu Tag mehr anschwellen sah, sagte sie endlich zum Gärtner, daß sie ein Kind des Todes wäre, wenn ihr Vater hinter ihr Treiben käme, und sie daher daran denken müßten, dieser Gefahr zuvorzukommen. Der König jedoch erwiderte, daß er keinen anderen Ausweg in ihrer Bedrängnis wüßte, als daß sie flöhen; er würde sie dann in das Haus einer ehemaligen Gebieterin bringen, die ihr wohl einige Bequemlichkeit bei ihrem Wochenbette gewähren würde. Cintiella, die sich durch die Sünde des Hochmuts von Klippe zu Klippe fortgerissen und endlich in so große Bedrängnis gestürzt sah, ließ sich durch die Worte des

Königs bewegen, aus dem Vaterhaus zu fliehen und sich ihrem Schicksal zu überlassen. Der König aber brachte sie nach langem Umherziehen in sein eigenes Haus, und nachdem er seiner Mutter alles Vorgefallene mitgeteilt, bat er sie, sich nichts merken zu lassen, da er Cintiella für ihren Stolz büßen lassen wollte. Er brachte sie also in einem schlechten Stall seines Palastes unter und ließ sie ein sehr ärmliches Leben führen, indem er ihr jeden Bissen aufs kärglichste zuschnitt.

Als nun einmal die Dienerinnen des Königs Brot buken, hieß er sie, Cintiella rufen, um ihnen zu helfen, zugleich sagte er ihr, sie solle zusehen, ob sie nicht ein Laiblein beiseite bringen können, damit sie sich einmal satt essen könnten. Die arme Cintiella stibitzte daher beim Herausnehmen des Brotes aus dem Ofen einen kleinen Brotkuchen unvermerkt fort und schob ihn in die Tasche; im selben Augenblick erschien aber der König, seinem Rang gemäß gekleidet, und sprach zu den Dienerinnen: »Wer hat Euch erlaubt, dieses Weibsbild in mein Haus zu bringen? Sehet Ihrs ihr denn nicht ihrem Gesicht an, daß sie eine Diebin ist? Zum Beweis durchsucht ihr gleich die Taschen, dann werdet Ihr das Corpus delicti finden.«

Und als man sie nun durchsuchte und das Gestohlene fand, wusch man ihr dergestalt den Kopf, daß das Gehöhn und Gespött den ganzen Tag hindurch dauerte. Hierauf zog sich der König wieder seine anderen Kleider an, und da er sie über die erlittene Schmach und Schande ganz niedergeschlagen fand, sagte er zu ihr, sie solle sich den Vorfall nicht so sehr zu Herzen nehmen; denn die Not sei der Tyrann der Menschen, und wie jener toskanische Dichter gesagt: »Aus Hunger tut der Arme manches, das er, wenn er nur besser stände, des Tadels eher würdig fände.« Da also der Hunger weh tut und sogar den Wolf aus dem Walde treibt, sei sie vollkommen entschuldigt, wenn sie tue, was sich für einen anderen sonst nicht zieme.

Sie solle daher zur Gebieterin des Hauses, die eben Leinwand zuschnitte, hinaufgehen und ihre Hilfe anbieten; vielleicht könne sie ein oder das andere Stück davon heimlich wegnehmen, da sie wohl wisse, daß sie ihrer Entbindung nah sei und tausenderlei Dinge nötig habe.

Cintiella, die ihrem Mann, denn dafür hielt sie ihn, nicht zu widersprechen gewohnt war, stieg hinauf, und indem sie sich unter die übrigen Zofen mischte, ihnen beim Zuschneiden von Kinderleintüchern, Röcklein, Mützchen und Windeln Hilfe leistete, packte sie ein Bündel davon zusammen und schob es unter ihre Kleider. Wiederum erschien aber der König, machte denselben Spektakel wie beim Brot und ließ sie auch dieses Mal durchsuchen, so daß sie, beim Diebstahl ertappt, aufs neue mit Schmähreden übergossen wurde und wie ein abgebrühter Pudel in den Stall hinuntereilte. Der König aber kleidete sich wieder um und sagte zu ihr, da er sie in größter Verzweiflung fand, daß alle Dinge der Welt bloß von der Meinung abhingen und sie daher noch ein drittes Mal etwas heimlich wegzuschaffen suchen solle, indem sie ja alle Augenblicke ihre Niederkunft erwarte, und daß die Gelegenheit dazu günstig wäre. »Denn«, fuhr er fort, »die Herrin vom Hause hat ihren Sohn mit einer fremden Dame verlobt, und da sie ihr eine Anzahl fertiger Kleider von Brokat und Goldstoff zu übersenden gesonnen ist, so will sie an Dir das Maß dazu nehmen, weil die Braut, wie sie sagt, gerade von Deinem Wuchse ist. Es wird Dir also ein Leichtes sein, einige Flicken wegzupraktizieren, die wir dann verkaufen und davon weiter leben wollen.«

Cintiella tat, wie ihr Mann sie hieß, und hatte sich schon einen hübschen Streifen Goldbrokat in den Busen gesteckt, als der König anlangte, wieder einen großen Lärm erhob, Cintiella durchsuchen ließ und nach Auffindung des entwandten Gegenstandes sie mit großer Schande fortjagte. Sogleich aber zog er wieder seine Gärtnerkleider an und eilte hinunter, sie zu trösten; denn wenn er sie mit der einen Hand ohrfeigte, trieb ihn doch die Liebe, die er für sie hegte, dazu an, sie mit der anderen zu streicheln.

Jedoch die arme Cintiella, die dachte, daß alles eine Strafe des Himmels für ihren früheren Stolz und Hochmut sei, indem sie, die so viele Prinzen und Könige zu ihren Füßen gesehen, jetzt wie ein niedriges Frauenzimmer behandelt wurde und sie, die für die Bitten ihres Vaters ein hartes Herz gehabt, jetzt bei den Hohnreden der Dienstmägde erröten mußte, die arme Cintiella, sage ich, wurde durch den heftigen Zorn, den sie bei diesen Schmähungen empfand, plötzlich von Geburtswehen befallen, so daß die Königin, hiervon benachrichtigt, sie heraufbringen ließ, ihr tiefes Mitleid über ihren Zustand bezeigte und sie in ein mit Goldstoff ausgeschlagenes Zimmer, in ein mit Gold und Perlen reichgesticktes Bett bringen ließ, worüber Cintiella vor Staunen ganz außer sich geriet, als sie sich aus einem Stall in ein königliches Gemach und von einem Misthaufen auf ein so herrliches Lager versetzt sah. Sie wußte gar nicht, wie ihr geschah; außerdem aber gab man ihr auch alsbald stärkende Getränke und Speisen, um ihr Kräfte zur Entbindung zu verleihen. Mit des Himmels Beistand gebar sie nun ohne große Mühe zwei so schöne Knaben, daß man nichts Artigeres auf der Welt hätte sehen können.

Kaum aber war sie entbunden, als auch der König wieder eintraf und ausrief: »Wo habet Ihr denn den Verstand, daß Ihr dem Esel die Schabracke auflegt? Ist das ein Bett für so ein gemeines Weibsbild? Hurtig, hurtig, jagt sie mit Stockprügeln von dannen und räuchert dieses Zimmer mit Rosmarin, damit sie es nicht verseuche.« Als jedoch die Königin diese Worte vernahm, sprach sie also: »Genug, mein Sohn, genug der Qual, die Du bis jetzt Deine arme Frau hast ertragen lassen; Du sollst nun befriedigt sein, da Du sie durch so vielfaches Leid ganz zum Schatten geschwunden siehst. Wenn Du Dich aber noch nicht für die Verachtung, die sie Dir am Hofe ihres Vaters erwiesen, hinlänglich gerächt dünkst, so mögen die zwei Juwelen, mit denen sie Dich beschenkt hat, Dir für das noch Fehlende Ersatz leisten.«

So sprechend, ließ sie alsbald die beiden Kindlein, die so schön waren, wie man sich nur irgend denken kann, herbeibringen, so daß der König durch den Anblick der zwei holdseligen Geschöpfe tief gerührt, Cintiella umarmte und sich ihr als der, der er wirklich war, zu erkennen gab, wobei er sagte, daß alles, was er getan, eine Folge des Zornes darüber gewesen sei, daß sie einen König, wie ihn, so geringgeachtet, daß er sie aber von Stund an auf Händen tragen würde; und da auch die Königin sie als Frau ihres Sohnes und als ihre Tochter umarmte, belohnten sie Cintiella für die beiden Kindlein so reich, daß ihr dieser Anblick des Trostes vollständiger Ersatz für alle erduldete Drangsal dünkte; obwohl sie es sich fortan angelegen ließ, die Nase nicht so hoch zu tragen, da sie stets bedachte:

›Hochmut kommt vor dem Fall.‹

24. Warum die Landsknechte der Trommel zulaufen

Mich tät einmal ein Hauptmann fragen
Und bat mich, ihm Bescheid zu sagen,
Woher der Trommel Kraft doch käme,
Sobald ihr Brummen man vernähme,
Daß dann die Landsknecht' in hellen Haufen
Der Trommel kämen nachgelaufen.
Ich sprach: »Im Buch der Wahrheit fand
Die Mär ich, wie der Brauch entstand:«
Ein Landsknecht, der vor langen Jahren

Auf Bettelfahrt durchs Land gefahren,
Traf Petrus, der ihn bat um Gabe.
Nun hatt' derselbe fromme Knabe
Drei Pfennig nur erbettelt sich;
St. Peter bat gar flehentlich
Und schwatzt' das Geld ihm ab unbillig.
Als er ihn nun fand gutwillig,
Tät er im Besten sein gedenken
Und tät ihm ein paar Würfel schenken.
Er sprach: »Was Du nur magst begehren,
Ein Wurf damit wirds Dir gewähren.«
Froh zog der Landsknecht seine Straß'.
Zur Nacht bei einer Eich' er saß,
Der Hunger plagt' ihn hart und schwer.
Da nahm er die Wunschwürfel her,
Warf sie und sprach: »O wollte Gott,
Es stünden hier Wein, Fleisch und Brot!«
Sofort stand bei ihm in dem Gras,
Was er gewünscht. Er trank und aß.
Da sah auf einem Esel reiten
Er ein Bäuerlein von weiten.
Der bot ihm seinen Esel an
Zum Kauf. Er sprach: »Mein lieber Mann,
Woher hast Du das Tier genommen?«
Der sprach: »Nachts ist zu mir gekommen
St. Peter, den beherbergt' ich.
Heut' früh hat er begabet mich
Mit diesem Esel, den ich nicht mag.« –
»Warum?« zu ihm der Landsknecht sprach.
Der sprach: »Er steckt voll Landsknecht' ganz.
Wenn man ihn schlägt auf seinen Schwanz,
So fällt ein Landsknecht gleich herab:
Vor denen ich ein Grauen hab';
Sie brachten mich in Angst und Mühe
Und nahmen Rosse mit und Kühe

Fort im bayerischen Kriege,
Weshalb ich noch in Armut liege.«
Der Landsknecht dachte still bei sich:
›Der Esel wäre recht für mich.‹
Er sprach: »Der Würfel zwei ich hab',
Die mir heut' auch St. Peter gab.
Sie schaffen, was Du wünschest Dir,
Gib du dafür den Esel mir.«
Der Tausch alsbald zustande kam,
Der Landsknecht hin den Esel nahm,
Der Bauer die Würfel und zog dahin.
Der Landsknecht hatte Tück' im Sinn
Und sann, wie er zurückbekäme
Die Würfel und sie dem Bauern nähme:
Er schlug zweimal den Eselschwanz,
Da fielen heraus zwei Landsknecht' ganz.
Mit diesen beiden nahm er bald
Die Würfel dem Bauern mit Gewalt,
Damit zog er nach Schweden dann.
Dort hatt' der König kundgetan,
Wer ihm auf seinem Königssaal
Zuricht' ein köstlich Abendmahl
Ganz ohne Kohlen, Holz und Feuer,
Dem wollt' er um sein Abenteuer
Sein Töchterlein zur Gattin geben.
Dem Landsknecht war das recht und eben.
Er nahm die Würfel mit zum Saal
Und warf und wünscht' ein Königsmahl:
Das stand bald fertig auf zwölf Tischen
Mit Wildbret, Vögel, seltenen Fischen,
Daß der Hofstaat hatt' genug zu leben.
Doch wollt' der König ihm nicht geben
Die Tochter, wiewohl ihn liebte die:
Auf seinem Esel entführt' er sie.
Als das der König ward gewahr,

Berief er seiner Mannen Schar
Und folgt' dem Landsknecht auf den Socken.
Der aber war gar nicht erschrocken,
Er schlug mit seinen Fäusten ganz
Gewaltig seines Esels Schwanz.
Da purzelt' es herunter sehr,
Ein Fähnlein Landsknecht' oder mehr.
Die stellt' er schnell in Reihen auf
Und nahm die Würfel fein darauf
Und wünscht' beim Wurf rings eine Mauer.
Den König überlief ein Schauer,
Als er den Landknecht sah so mächtig
Mit Volk und Kriegsausrüstung prächtig.
Von seinem Zorn ließ er nun ab,
Ihm zum Gemahl die Tochter gab.
Der Landsknecht ließ sich keine Zeit,
Die Hochzeit machte er bereit.
Auf Silber gab es Speis und Trank.
Dabei fraß sich sein Esel krank,
Nahm ab am Leibe und verdarb
Und ihm nach wenigen Tagen starb.
Den Landsknecht dauerte sein Sterben,
Drum ließ er seine Haut sich gerben
Und sie auf eine Trommel zog.
Sobald ihr Lärm die Luft durchflog
Und das vernahm der Landsknecht' Haufen,
So kam er schnell herbeigelaufen.
Seht, dieses ist des Brauches Grund,
Und fort und fort wirkt bis zur Stund'
Also des toten Esels Haut:
Wenn eine Trommel wirbelt laut,
So laufen zu die Landsknecht' gleich,
Ein jeder hofft zu werden reich,
Will sich erstreiten Gut geschwind,
Doch mancher Armut nur gewinnt,

Was er von Anfang nicht erhofft,
Bringt aus dem Krieg auch Krankheit oft,
Die er sein Leben lang muß tragen.
Zum Schwanke tät der Hauptmann sagen:
»Die Wahrheit dank das Fieber Dir!
Was Du erzählst, passierte mir
Vor Jahren in dem Ungarland.«
Gott hüt' vor Armut, Sünd' und Schand'
Die frommen Hauptleut' und Landsknecht',
Die streiten wollen für das Recht
Und bringen Schutz dem Vaterland
Vor Feindes Mord und Raub und Brand,
Daß denen Ruhm und Preis erwachs',
Zu Nürnberg wünschts für sie Hans Sachs.

25. Der Orangenbaum und die Biene

Eine Prinzessin namens Amata, die Tochter des Königs von den glücklichen Inseln, wurde, ein Kind noch, einst bei einer Seefahrt vom Sturm ins offene Meer hinausgetrieben und landete im Reiche der Menschenfresser.

Diese waren von furchterregendem Äußeren: sie hatten nur ein schielendes Auge, das mitten auf der Stirne saß, ein Maul so groß wie einen Backofen, eine breite und flache Nase, lange Eselsohren, struppiges Haar und vorn und hinten einen Buckel. Quälerine [Tourmentine], die Gattin des Menschenfressers Wüterich [Ravagio], nahm die Prinzessin in ihr Haus auf und beschloß, da sie so schön war, sie ausnahmsweise nicht aufzufressen, sondern als zukünftige Gemahlin für ihren Sohn aufzuziehen.

Der Gedanke an diese drohende Heirat bekümmerte die Prinzessin in höchstem Maße, und als sie eines Tages so in trübe Gedanken versunken am Strande wandelte, bemerkte sie plötzlich einen Jüngling, den die Wellen auf das

Ufer geworfen hatten. Sie nahm sich des jungen Fremden an und erquickte ihn mit Früchten, die sie im Walde gepflückt hatte; als er ihr aber folgen wollte, hielt sie ihn mit allen Gebärden der Angst zurück, denn sie fürchtete, er möchte dem Wüterich zum Opfer fallen. Der Schiffbrüchige – es war der Prinz Amatus, ihr Vetter, der gerade in das Land ihres Vaters hatte fahren wollen, dessen Thron er dereinst erben sollte – wurde in einem sicheren Schlupfwinkel untergebracht, und die Prinzessin kam alle Tage, um ihm Nahrung zu bringen.

Eines Tages – drei Tage trennten die Jungfrau nur mehr von dem Termin, da sie den jungen Menschenfresser heiraten sollte – trat sie sich einen Dorn in den Fuß und konnte die Höhle, in der sie mit den Menschenfressern hauste, nicht verlassen; der Prinz, den ihr Fernbleiben ängstigte, machte sich auf, sie zu suchen, und gelangte an den Ort, den zu betreten die Jungfrau ihn mit allen Mitteln hatte hindern wollen. Der Wüterich wollte sich sogleich auf ihn stürzen, um ihn zu verschlingen, aber die Prinzessin bat, den jungen Mann als Festbraten zu ihrem Hochzeitstage aufzusparen. Dies leuchtete dem Menschenfresser ein, und der Prinz erhielt eine Gnadenfrist von drei Tagen, die er in der Höhle verbringen mußte. Amata sann lange darüber nach, wie sie den Prinzen, den sie vom ersten Augenblick an geliebt hatte, retten könnte, und dabei fiel ihr das elfenbeinfarbige Stäbchen ein, dessen sich die zauberkundige Quälerine bei ihren Hexereien bediente. Sie entwendete also das Stäbchen und verabredete mit dem Prinzen die Flucht, welche in der Nacht vor ihrem Hochzeitstage stattfinden sollte.

Diese langersehnte Nacht kam endlich herbei. Die Prinzessin nahm Mehl und knetete mit ihren weißen Händen einen Teig, welchen sie in eine Bohne steckte; dann sagte sie mit ihrem Elfenbeinstab in der Hand: »O Bohne, kleine Bohne, ich wünsche im Namen der königlichen Fee

Trusio, daß Du redest, wenn Du gefragt wirst, so lange, bis Du gar gekocht bist.« Darauf legte sie den Kuchenteig unter die Asche und trat zum Prinzen, der sie mit Ungeduld erwartete. »Auf!« sagte sie zu ihm, »das Kamel ist im Walde angebunden.« – »Die Liebe und das Glück mögen uns führen«, erwiderte ganz leise der junge Prinz, »komm, meine Geliebte, gehen wir, ein glücklicheres und ruhigeres Land zu suchen!«

Der Mond leuchtete zu ihrer Fahrt, sie fanden das Kamel und machten sich auf den Weg, ohne zu wissen, wohin sie gingen. Quälerine hatte den Kopf voll Sorgen, sie drehte und wendete sich im Bett herum und konnte nicht schlafen. Sie streckte die Arme aus, um zu fühlen, ob die Prinzessin schon auf ihrem Lager sei; da sie diese nicht spürte, rief sie mit Donnerstimme: »Wo bist Du, Mädchen?« – »Hier, beim Herd«, antwortete die Bohne. »Kommst Du bald schlafen?« – »Gleich«, versetzte die Bohne, »schlaft nur, schlaft derweil!« Quälerine fürchtete, ihren Wüterich aufzuwecken, und machte keine weiteren Einwendungen. Aber zwei Stunden später tastete sie wieder nach dem Bette Amatens und rief: »Nun, kleiner Galgenstrick, willst Du nicht schlafen gehen?« – »Ich wärme mich, solange ich kann!« entgegnete die Bohne. »Ich wollte, Du säßest mitten im Feuer für Deine Unart!« murmelte die Menschenfresserin. »Da sitze ich auch«, sagte die Bohne, »man kann sich nicht besser wärmen.« So unterhielten sie sich noch eine längere Weile, und die Bohne antwortete ständig, denn sie war eine gescheite Bohne.

Schließlich tagte es, und Quälerine rief wieder nach der Prinzessin, aber die Bohne war gar gekocht und antwortete nicht mehr. Diese Stille beunruhigte sie, sie erhob sich hastig, sah sich um, rief, erschrak und suchte überall umher. Kein Prinz, keine Prinzessin und kein Zauberstab waren zu sehen! Da schrie sie so laut, daß Wälder und

Täler widerhallten: »Wach auf, Du Fettwanst, wach auf! Teurer Wüterich, Deine Quälerine ist betrogen, unser Menschenfleisch ist davongelaufen!« Wüterich öffnete sein Auge und sprang wie ein Löwe mitten in die Höhle; er schrie, brüllte, heulte und schäumte vor Wut. »Marsch!« rief er, »meine Siebenmeilenstiefel, meine Siebenmeilenstiefel, daß ich unsere Durchgänger verfolge, sie sollen eine gute Mahlzeit abgeben, binnen kurzem werde ich meine Gurgel mit ihnen stopfen!« Er legte seine Stiefel an, in welchen ihn jeder Schritt um sieben Meilen weiterbrachte.

Die beiden Flüchtlinge setzten indes ihren Weg fort, bezaubert von dem Glück, allein beisammen zu sein, und in der Hoffnung, nicht verfolgt zu werden, bis die Prinzessin, die zuerst den schrecklichen Wüterich entdeckte, aufschrie: »Prinz! Wir sind verloren! Sieh dieses entsetzliche Ungeheuer, das auf uns zukommt wie eine Wetterwolke!« – »Was sollen wir tun?« sagte der Prinz, »was soll aus uns werden! Oh, wenn ich allein wäre, würde ich mich nicht um mein Leben kümmern, aber auch das Deine, meine teure Freundin, ist in Gefahr!« – »Ich weiß keinen Rat; wenn das Stäbchen uns nicht hilft«, sagte Amata, »so müssen wir sterben.« Dann setzte sie hinzu: »Ich wünsche im Namen der königlichen Fee Trusio, daß unser Kamel ein Teich werde, der Prinz ein Nachen und ich eine alte Schifferin, die ihn steuert!«

Sogleich war der Teich, der Nachen und die Schifferin da, und der Wüterich kam an das Ufer: »Hola, ho, alte Vettel«, rief er, »habt Ihr nicht ein Kamel mit einem jungen Mann und einem jungen Mädchen vorbeikommen sehen?« Die Schifferin, die sich in der Mitte des Sees hielt, setzte ihre Brille auf die Nase, betrachtete den Wüterich und gab ihm ein Zeichen, daß sie jene wohl gesehen habe und daß sie über die Wiese dort weitergegangen seien. Der Menschenfresser glaubte ihr und wandte sich nach links;

die Prinzessin wünschte nun ihre alte Gestalt wieder anzunehmen, sie berührte dreimal mit dem Stab sich selbst, den Nachen und den Teich und wurde ebenso wie der Prinz wieder so schön und jung wie zuvor. Sie stiegen auf das Kamel und ritten nach rechts, um ihrem Todfeind nicht zu begegnen.

Während sie so eilig vorwärtswanderten und irgend jemanden zu finden hofften, den sie nach dem Wege zu den glücklichen Inseln fragen könnten, lebten sie von den Früchten des Feldes, tranken das Wasser der Quellen und schliefen unter den Bäumen, stets in Furcht, die wilden Tiere möchten kommen, sie zu verzehren. Der Prinz gab der Prinzessin gegenüber dem Wunsche Ausdruck, möglichst bald zu ihrem königlichen Vater zu gelangen, denn sie hatte ihm versprochen, ihm mit dessen Einverständnis die Hand zum Ehebunde zu reichen.

Nachdem der Wüterich über Berge, Wälder und Ebenen gelaufen war, kehrte er in seine Höhle zurück, wo Quälerine und die kleinen Menschenfresserchen ihn mit Ungeduld erwarteten. »Nun«, rief Quälerine ihm zu, »hast Du sie gefunden und gefressen, diese Ausreißer, diese Diebe? Hast Du mir keinen Fuß und keine Pratze übriggelassen?« – »Ich glaube, sie sind davongeflogen«, versetzte Wüterich, »wie ein Wolf bin ich überall umhergerannt, ohne sie zu treffen, niemanden habe ich gesehen außer einer Alten in einem Nachen auf einem Teich, die mir Nachricht von ihnen gegeben hat.« – »Und was hat sie Dir von ihnen gesagt?« erwiderte Quälerine ungeduldig. »Sie hätten sich nach links gewandt!« antwortete der Wüterich. »Bei meinem Haupte«, sprach jene, »Du bist schön angeführt worden. Mir geht durch den Kopf, daß Du mit ihnen selber geredet hast. Kehr um und wenn Du sie erwischt, so schone sie keinen Augenblick!« Der Wüterich schmierte seine Siebenmeilenstiefel und sauste wie ein Rasender davon.

Unser junges Liebespaar trat gerade aus einem Wald, wo es die Nacht verbracht hatte. Als sie ihn bemerkten, erschraken sie von neuem. »Meine Geliebte«, sagte der Prinz, »da kommt unser Feind! Ich fühle Mut genug, ihm entgegenzutreten; bist Du stark genug, um allein zu fliehen?« – »Nein«, rief sie, »ich verlasse Dich nicht, Grausamer! Zweifelst Du so an meiner Liebe? Aber versäumen wir keinen Augenblick. Vielleicht kann uns das Stäbchen wieder nützen. Ich wünsche«, setzte sie hinzu, »im Namen der könglichen Fee Trusio, daß der Prinz zu einem Gemälde werde, das Kamel zu einem Pfeiler und ich zu einem Zwerg.«

Die Verwandlung vollzog sich auf der Stelle, und der Zwerg begann auf seinem Horn zu blasen. Wüterich, der mit großen Schritten näherkam, fragte ihn: »Höre, kleine Mißgeburt, sahst Du nicht einen hübschen Burschen und ein Mädchen auf einem Kamel hier vorbeikommen?« – »Im Falle«, sagte der Zwerg, »daß Ihr Euch auf der Suche nach einem ritterlichen Jungherr, einer bewunderungswürdigen Dame und deren Reittier befindet, so wisset, daß ich eben diese drei gestern um diese Stunde erschauet habe, wie sie freudigen Gemüts einherstolzierten. Besagter Ritter war mit den Preisen der Turniere beladen, die zu Ehren der Melusine abgehalten wurden, so Ihr allda leibhaftig abkonterfeit sehet. Beim Scheiden redete die Jungfrau zu mir wie folgt: ›Zwerg‹, sagte sie, ›um eines ersuche ich Dich: wenn Du einen ungeschlachten Riesen erblickst, der sein Auge inmitten der Stirn trägt, so bitte ich höflich, daß er in Frieden reise und uns ziehen lasse.‹ Daraufhin spornte sie ihren Zelter an und entfernte sich.« – »Wohin?« fragte Wüterich. »Quer über jene blumige Wiese am Waldessaum«, versetzte der Zwerg. »Wenn Du lügst«, sagte der Menschenfresser, »so sei versichert, kleiner Schmutzfink, daß ich Dich mitsamt Deinem Pfeiler und dem Bild des Stockfisches da verschlingen werde!« –

»Nie war Untreue in mir«, entgegnete der Zwerg, »und nie ließ mein Mund eine Lüge verlauten, aber Ihr müßt Euch sputen, wenn Ihr sie noch fällen wollt, ehe die Sonne sinkt.«

Der Menschenfresser entfernte sich, der Zwerg nahm seine alte Gestalt wieder an und berührte das Bild und den Pfeiler, die wieder zu dem wurden, was sie sein sollten. Der Wüterich lief vergebens umher, er fand weder den Liebhaber noch die Geliebte, und müde wie ein Hund kehrte er in seine Höhle zurück. »Was? Du kommst wieder ohne die Gefangenen?« rief Quälerine, indes sie ihre Igelborsten raufte, »komm mir nicht zu nahe, sonst erwürge ich Dich!« – »Ich bin niemandem begegnet«, sagte er, »nur einem Zwerg, einem Pfeiler und einem Gemälde.« – »Bei meinem Haupte«, versetzte sie, »das waren sie! Ich bin eine Närrin, Dir die Sorge für meine Rache anzuvertrauen, als ob ich zu schwach wäre, selber mich zu rächen. Also gelt? Jetzt gehe ich! Ich lege die Schuhe an und werde genauso schnell gehen wie Du.« Sie zog die Siebenmeilenstiefel an und eilte von dannen.

Der Prinz und die Prinzessin sahen Quälerine kommen; sie war in eine Schlangenhaut gekleidet, welche in allen Farben schillerte, und auf der Schulter trug sie eine Keule aus Eisen von einem entsetzlichen Gewicht. Sie schaute sich sorgfältig nach allen Seiten um und hätte die beiden sicher bemerkt, wenn sie nicht gerade in der Tiefe eines Waldes geschritten wären. »Wir können weder vorwärts noch rückwärts«, sagte Amata weinend, »dort kommt die grausame Quälerine, deren Anblick mein Blut zu Eis erstarren macht; sie ist gescheiter als der Wüterich. Wenn einer von uns beiden mit ihr redet, wird sie uns erkennen und mit uns kurzen Prozeß machen, sie wird uns fressen, und damit wird sie höchstwahrscheinlich bald fertig sein.«

»O Liebe, Liebe!« rief der Prinz, »verlaß uns nicht!« – »Nun, kleines Stäbchen«, hob die Prinzessin an, »tu Deine

Pflicht! Ich wünsche im Namen der königlichen Fee Trusio, daß das Kamel zu einer Kiste und mein teurer Prinz zu einem schönen Orangenbaume werde, den ich, in eine Biene verwandelt, umschwirre.«

Sie klopfte wie gewöhnlich dreimal mit dem Stäbchen auf jeden von ihnen, und die Verwandlung vollzog sich auf der Stelle, ohne daß Quälerine, die alsbald anlangte, etwas davon merkte. Die abscheuliche Megäre setzte sich ganz außer Atem unter den Orangenbaum, und die Prinzessin Biene machte sich ein Vergnügen daraus, sie an tausend Stellen zu stechen; so hart ihre Haut auch war, sie fühlte doch den Stachel und schrie laut auf. Wie sie sich auf dem Rasen wälzte und um sich schlug, glich sie einem Stier oder Löwen, der unter einen Bienenschwarm geraten ist, denn diese eine Biene arbeitete wie ihrer Hundert sonst. Der Prinz Orangenbaum verging vor Angst, sie möchte sich ertappen lassen und getötet werden. Endlich entfernte sich Quälerine über und über blutend, und die Prinzessin wollte ihre alte Gestalt wieder annehmen, aber zum Unglück gingen gerade Fremde vorüber, welche das wertvolle Elfenbeinstäbchen entdeckten, aufhoben und mitnahmen.

So mußte das Liebespaar Orangenbaum und Biene bleiben, bis eines Tages eine Prinzessin in jenem Walde lustwandelte. Der gefiel der Orangenbaum so gut, daß sie ihn in ihren Garten verpflanzen ließ, wohin ihm seine treue Biene folgte. Die Prinzessin hatte ein unwiderstehliches Gelüste, eine Blüte von dem Baum zu brechen, und so sehr es ihr auch die Biene mit Stichen verwehrte, endlich gelang es ihr doch, einen Zweig zu pflücken; aber wie erschrak sie, als der Orangenbaum einen Wehschrei ertönen ließ und Blut aus der Wunde strömte. Sogleich berief sie eine Feenversammlung, und die Fee Trusio, die sich darunter befand, entwandelte den Prinzen Orangenbaum und auf dessen Bitten auch die Prinzessin Biene. Auf dem fliegenden Wagen der Fee begab sich das Liebespaar zu Amatens Eltern. Sie wurden vom König und der Königin um so liebevoller empfangen, als diese bereits jede Hoffnung auf ein Wiedersehen aufgegeben hatten. Alsbald wurde die Hochzeit gehalten, der die Grazien im Festgewande beiwohnten; auch die Liebesgöttin fand sich ein, obwohl sie gar nicht geladen war, und auf ihren ausdrücklichen Wunsch erhielt der älteste Sohn des jungen Paares den Namen Treuelieb.

26. Der treue Fuchs

Vor langen, langen Jahren lebte einst ein großer König namens Romwald. Er regierte alle seine Länder sehr weise, und seine Untertanen lebten unter ihm friedlich und sicher, daher sie auch viel Liebe und Ehrfurcht vor ihm hatten.

Er hatte eine liebenswürdige, fromme Gemahlin, die ihn herzlich liebte und beständig dafür sorgte, ihm die Stunden, wo er von seinen Regierungsgeschäften frei war, angenehm zu machen. Die übrige Zeit wendete sie auf die Erziehung ihrer drei Prinzen, von welchen die beiden ältesten sehr offene Köpfe hatten, aber viel Stolz und Eigenliebe besaßen, denn sie hatten von den Bedienten erfahren, daß sie Prinzen wären. Der jüngste war zwar etwas einfältiger, hatte aber desto mehr Gutherzigkeit und Sanftmut. Wenn er von jemand etwas wollte getan haben, so bat er, statt daß die beiden älteren befahlen. Daher war er von allen mehr geliebt und die älteren mehr gefürchtet. Aldegill hieß der älteste, Torkild der zweite und Nanell der dritte.

König Romwald war sehr reich und hatte seine ganze Schatzkammer voll Gold und Edelsteinen. Eins aber fehlte dem guten Könige doch zu seiner Glückseligkeit – die

Gesundheit. Er litt sehr an heftigen Gichtschmerzen und Podagra und mußte schon seit zwei Jahren deswegen das Bett hüten.

Seine Gemahlin kam fast nicht von seinem Bett und hätte gern einen Teil seiner Schmerzen auf sich genommen, wenn es möglich gewesen wäre. Auch seine beiden älteren Prinzen beklagten, solange sie im Zimmer waren, herzlich die Krankheit ihres Vaters. Sobald sie aber heraus waren, fühlten sie wenig mehr davon. Sie ritten auf die Jagd, erlegten viele Hirsche, und oft sollen sie es ganz vergessen haben, daß ihr Vater krank sei.

Der jüngste hingegen sprach wenig, wenn er im Zimmer war, sondern saß immer still und traurig in einem Winkel und blickte nur bisweilen verstohlen hin auf den leidenden Vater. Und dieses wurde ihm von vielen als Gefühllosigkeit ausgelegt, welche man seiner Einfalt zuschrieb. Sobald er aber herauskam, saß er oft ganze Stunden in einem einsamen Eckchen und weinte bitterlich darüber, daß er dem armen Vater nicht helfen könnte.

Alle Ärzte und Wunderdoktoren kamen weit und breit her und brachten Arzneimittel für den kranken König und versprachen auch gewisse Hilfe, wofür sie köstlich gespeist und gut bezahlt wurden. Aber die gehoffte Hilfe blieb aus. Sie nahmen zwar alle das Geld, keiner aber die Schmerzen mit weg.

Einstmals träumte dem guten König Romwald, wenn er den Vogel Phönix würde singen hören, so würde er gesund werden. Anfangs gab er wenig auf den Traum und hatte ihn am Morgen schon wieder vergessen. Die zweite Nacht träumte ihm ebenso. Das machte ihn aufmerksam darauf, und er erzählte des Morgens seiner Gemahlin und seinen Prinzen den Traum.

Der älteste Prinz warf sich auf, den Vogel Phönix zu suchen, wenn anders der Vater dadurch würde gesund werden. Eigentlich aber war ihm mehr darum zu tun, reisen zu können, denn das hatte er längst gewünscht. Wegen der Krankheit des Vaters aber war es ihm bis jetzt beständig abgeschlagen worden. Der Vater dankte ihm herzlich für seine Zärtlichkeit und befahl, daß er völlig zur Reise ausgerüstet werden solle. Er ließ sich schöne Kleider machen, nahm auch viel Gold und Edelsteine mit, packte alles auf ein schönes Pferd, nahm Abschied, setzte sich auf und ritt in vollem Galopp zum Tore hinaus.

Nachdem er eine geraume Zeit geritten war, kam er vor einen dicken großen Wald. Gleich am Eingang stand ein Fuchs am Wege und rief ihn an: »Prinz Aldegill, wo kommst Du her und wo willst Du hin?« Der stolze Prinz ward böse, daß ihn ein Fuchs so geradezu anredete, und statt der Antwort zog er seine Pistole aus dem Sattel und schoß nach dem vorwitzigen Fuchse. Aber er fehlte. Der Fuchs nahm seinen Schwanz auf den Rücken und trabte immer waldein. Verdrießlich, daß er den Fuchs nicht getroffen hatte, ritt der Prinz immer in dem Walde fort und gab nicht acht auf den Weg. Er verirrte sich, und ehe er sichs versah, wurde er von drei Räubern umgeben. Sie fielen dem Pferde in die Zügel, rissen ihn herunter und banden ihm die Hände auf den Rücken. Einer von den Räubern setzte sich aufs Pferd, der Prinz aber wurde von den beiden andern geführt und mußte nebenher laufen.

Anfangs schimpfte der Prinz und drohte ihnen, und da seine königlichen Drohungen hier nichts fruchten wollten, so legte er sich aufs Bitten. Aber ihre Ohren waren zu einem so taub wie zu dem andern. Sie spotteten seiner Tränen. Prinz Aldegill mußte wohl drei Stunden auf unwegsamem Pfade über Stock und Stein laufen und durch verwachsene Sträucher kriechen, bis sie endlich ganz im Dickicht still hielten. Der eine Räuber schoß seine Pistole los. Beim zweiten Schuß öffnete sich eine verborgene Falltüre, wodurch Prinz Aldegill in eine dunkle Höhle kriechen mußte. Sobald sie hinunter waren, wurde die Türe wieder verschlossen.

Von fern sah der Prinz einiges Licht schimmern. Als er näher kam, war er vor Schrecken fast außer sich. Denn er erblickte beim Schein einer düstern Lampe, womit die Höhle nur dunkel erhellt wurde, sechs andere Räuber auf die Erde gelagert, die eben beschäftigt waren, die Kleider eines Ermordeten zu durchsuchen, dessen blutiger Leichnam zu ihren Füßen lag. Bei seiner Ankunft standen sie auf, besahen ihn vom Kopf bis zu den Füßen und freuten sich über den schönen Fund, den sie in seinem Mantelsacke getan hatten. Sie hielten kurzen Rat, was mit ihm anzufangen wäre, und beschlossen einstimmig, er sollte ermordet werden. Der Prinz fiel vor ihnen auf die Knie und bat flehentlich um sein Leben. Die Räuber redeten erst heimlich miteinander. Endlich sprach der ansehnlichste unter ihnen: »Dein Leben sei Dir geschenkt, doch unter der Bedingung, daß Du bei uns bleibst. Es kann ein braver Kerl aus Dir werden, wenn Du vorsichtig und verschwiegen bist. Sobald Du aber Miene machst, davonzulaufen, so ist Dein Leben verloren.«

Der Prinz war bei diesen Worten wie neugeboren. Er versprach alles. Sie gaben ihm Wein und Essen und zeigten ihm ganze Kisten mit Kostbarkeiten und Gold, die sie in ihrer Höhle versteckt hatten. Nach und nach gewöhnte er sich an ihre wilde Lebensart. Nach Hause traute er sich nicht, weil er den Vogel nicht hatte. Überdem sah er auch anfangs kein Mittel zu entkommen, und zuletzt sehnte er sich nicht weg. Er raubte und mordete wie seine Gesellen und zeigte immer viel Herzhaftigkeit. Daher machten sie ihn, da ihr Hauptmann bei einer Räuberei erschossen wurde, zu ihrem Hauptmann, welche Stelle er auch mit allgemeiner Zufriedenheit seiner Bande bekleidete.

Unterdessen hoffte der arme kranke König ängstlich auf die Zurückkunft seines Sohnes, allein vergeblich. Und so verschlich ein ganzes Jahr unter Kummer und heftigen Schmerzen.

Die nämliche Nacht übers Jahr hatte König Romwald denselben Traum wie vorher: Wenn er würde den Vogel Phönix singen hören, so würde er gesund werden. Er erzählte des Morgens den gehabten Traum seiner Gemahlin und seinen Prinzen.

Der zweite Prinz, Torkild, warf sich auf, den Vogel zu suchen, wenn es seinem Vater zur Gesundheit helfen könnte. Eigentlich aber war er des traurigen Lebens an seines Vaters Hof müde, wo schon seit drei Jahren keine Lustbarkeiten und Hofbälle mehr gewesen waren, und wollte viel lieber weg sein, um nicht seine Seufzer und Klagen zu hören. Zudem hoffte er auch, seinen Stolz befriedigen zu können, wenn er den Vogel eher brächte als sein Bruder, und die Regierung zur Vergeltung zu erhalten. Weder Vater noch Mutter wollten es anfangs zugeben. Allein der Prinz ließ nicht ab zu bitten und versicherte zugleich, daß er seinen älteren Bruder aufsuchen wollte. Daher ihm endlich der Vater Erlaubnis gab, ihn auszurüsten befahl und mit vielen väterlichen Warnungen entließ.

Es wurden ihm ebenso schöne Kleider verfertigt. Der jüngste Prinz brachte seinen ganzen gesammelten kleinen Schatz an Gold und wollte es ihm mit auf die Reise geben, ob er schon das Geld sehr liebte. Aber Prinz Torkild lachte ihn aus, ging in die Schatzkammer und nahm sich Gold und Edelsteine, soviel er fortbringen konnte, setzte sich aufs Pferd, und trab, trab, trab gings immer zum Tore hinaus.

Nachdem er einige Zeit geritten war, überlegte er, wie er es klug genug anfangen wollte, daß er recht vergnügt leben und doch nebenher den Vogel Phönix finden könnte. Unter diesen Gedanken kam er an denselben Wald, wo sein Bruder seine Räubereien trieb. Am Eingang stand der Fuchs und redete ihn ebenso an wie seinen Bruder: »Prinz

Torkild, wo kommst Du her und wo willst Du hin?« Aufgebracht über den naseweisen Fuchs, der ihn jetzt in seinen tiefsinnigen Betrachtungen störte, sprengte er auf ihn zu und wollte ihm mit seinem Hirschfänger eins versetzen. Aber der Fuchs hielt nicht stand, lockte ihn immer tiefer in den Wald und kam ihm endlich ganz aus dem Gesicht.

Darüber war der Prinz vom Wege abgekommen und befand sich, ehe er sichs versah, mitten unter den Räubern, wo es beinahe um sein Leben geschehen gewesen wäre, denn er hatte den einen Räuber mit seiner Pistole verwundet. In dem Augenblick trat der Hauptmann zwischen sie, erkannte seinen Bruder und rettete ihm das Leben. Er wurde in ihre Bande aufgenommen und fand bald in der Gesellschaft seines Bruders Gefallen an dem wüsten Leben, raubte und mordete mit und sehnte sich nicht wieder nach Hause. – Ja, die beiden Brüder sollen zuletzt Mutter, Vater, Krankheit und den Vogel Phönix völlig vergessen haben.

Unterdessen wurde ihre Zurückkunft am Hofe ihres Vaters vergeblich erwartet. Ängstlich fragte der leidende Vater jeden Morgen, ob noch keine Nachricht von seinen Prinzen gekommen sei, und immer mußte er von seinen Bedienten mit Achselzucken die traurige Antwort hören, man habe nichts erfahren. Die gute Königin suchte ihn, soviel ihr möglich war, mit Trostgründen zu beruhigen, die sie selbst nicht glaubte, und stellte sich fröhlicher, als es ihr ums Herz war. Immer trocknete sie sich, ehe sie in sein Zimmer ging, die Tränen sorgfältig von den Augen und fragte jedesmal, ehe sie die Tür öffnete, ihre Bedienten, ob man es ihr ansähe, daß sie geweint hätte.

So verschlich endlich auch dies lange Jahr unter vielem Jammer und Tränen. Die Krankheit des leidenden Königs wurde durch seinen Gram noch heftiger, und seine Schmerzen vermehrten sich sehr.

Dieselbe Nacht träumte ihm geradeso wie die vorigen Male, wenn er den Vogel Phönix würde singen hören, so würde er gesund werden. Er erzählte des Morgens seinen Traum, und seine Gemahlin seufzte tief, denn sie war mit den Träumen, die sie um ihre beiden Söhne gebracht hatte, übel zufrieden.

Der jüngste Prinz aber stand auf und bat um Erlaubnis, einen Versuch machen zu dürfen, ob er vielleicht glücklicher sein möchte als seine beiden älteren Brüder. Er versicherte dabei mit der unschuldigsten Offenherzigkeit, daß es die größte Freude für ihn sein würde, wenn er den Vogel finden könnte, damit dem armen Vater könne geholfen werden. Überdem sei doch auch an ihm soviel nicht gelegen, wenn es ja nicht glücklich gehen sollte, denn zur Regierung habe er ohnedem nicht Fähigkeiten genug. Weder Vater noch Mutter wollten in seinen Vorschlag willigen, aber der Prinz ließ nicht ab zu bitten und versprach, recht vorsichtig zu sein, auch vor Ablauf des Jahres, mit oder ohne Vogel, gewiß zurückzukehren. Durch sein Bitten, noch mehr aber durch die Vorstellung bewogen, daß er sich doch eben in keine gefährlichen Unternehmungen wagen und bald genug auch ohne den Vogel Phönix zurückkehren würde, gaben sie endlich ihre Einwilligung zur Reise.

Kaum hatte er sie erhalten, so machte er sich reisefertig, packte nur schlechte Kleider ein, das Gold aber und die Edelsteine hatte er zu lieb, als daß er davon viel hätte mitnehmen wollen. Daher versah er sich lieber mit einem guten Schnappsack voll Proviant, welcher ihm auf ein schlechtes Pferd gepackt wurde. Er nahm zärtlichen Abschied vom Vater und bat um seinen Segen. Der Mutter empfahl er nochmals seine Sparbüchse, saß auf und ritt ganz gemach zur Stadt hinaus.

Nachdem er eine geraume Zeit geritten war, kam er an eben den Wald, wo seine Brüder hausten. Am Eingange stand der Fuchs und rief ihn an: »Prinz Nanell, wo kommst Du her? Wo willst Du hin?« Der Prinz verwunderte sich, einen Fuchs reden zu hören, hielt still und fragte ihn: »Wie kommts, mein lieber Fuchs, daß Du sprechen kannst? Und woher kennst Du mich? Ich habe Dich an meines Vaters Hof nie gesehen.« »Wenn Du ein wenig absteigen wolltest«, versetzte der Fuchs, »so solltest Du alles erfahren.«

Prinz Nanell stieg ab, band den Mantelsack vom Pferde, ließ es grasen und setzte sich neben den Fuchs. Er öffnete seinen Mantelsack und nahm den besten Schinken heraus. »Warte, mein lieber Fuchs«, sprach er, »ehe Du weitererzählst! Du wirst ohne Zweifel hungrig sein.« Er zog ein Messer aus der Tasche und teilte redlich mit dem Fuchse. Während des friedlichen Mahls erzählte der Prinz seine ganze Geschichte, daß er, als der jüngste Prinz des kranken Königs Romwald, ausgezogen sei, den Vogel Phönix zu suchen, um seinem Vater zu helfen.

»Es ist traun [fürwahr]«, sprach der Fuchs, »ein schweres Unternehmen. Doch wenn Du mir folgen willst, so soll es Dir schon gelingen.« Über diese Nachricht war der Prinz voller Freuden, und es fehlte nicht viel, so hätte er seinen lieben Fuchs umarmt. »Laß das jetzt sein«, sprach der Fuchs, »bis zu einer andern Zeit, wo es sich besser schicken dürfte. Bis dahin verspare auch Deine Neugier wegen meiner Person und sei zufrieden, daß ich Dir verspreche, Dein Freund zu sein und Dich nicht zu verlassen, auch einst Dir meine Geschichte zu erzählen. Jetzt laß uns aufbrechen, damit wir keine Zeit versäumen. Pferd und Mantelsack mußt Du dalassen. Denn Du würdest sonst den Räubern, die in diesem Walde hausen, in die Hände fallen. Setze Dich nur auf meinen Rücken, und ich bringe Dich bald zur Stelle!«

Der Prinz stieg auf, so wehe es ihm auch tat, sein Pferd zu verlieren. Der Fuchs wickelte seinen Schwanz um ihn herum, und nun gings vogelschnell fort, daß dem Prinzen die Haare pfiffen. Sie mochten wohl so einen Tag und eine Nacht geritten sein, als der Fuchs nicht fern von einer großen Stadt stillhielt. »Jetzt«, sprach er, »bist Du am Orte Deiner Bestimmung. In dieser Stadt wohnt ein mächtiger König, der den Vogel hat. Im großen Schloßsaale hängt er in einem schlechten eisernen Bauer. Er hat so prächtig glänzende Federn, daß er jeden Vogel an Schönheit übertrifft, so wie sein Gesang bezaubernder ist als alle Musik, die Du je gehört hast. Daneben hängt ein goldener Bauer, mit Diamanten besetzt, von unschätzbarem Werte. Aber wer den köstlichen Bauer nimmt, ist unglücklich. – Um den Vogel zu kriegen, mußt Du in die Stadt gehen, bei der Küche herum Dich aufhalten und Dich bemühen, bei den Köchen in Dienste zu kommen, wo Du zugleich das Einheizen in den königlichen Zimmern zu besorgen hast. Alsdann kannst Du, wenn der König auf der Jagd ist, den Vogel wegnehmen. Hüte Dich aber ja, so lieb Dir Dein Leben ist, den goldenen Bauer zu berühren! Mehr darf ich Dir jetzt nicht sagen! Aber Du bist verloren, wenn Du mir nicht folgst. Sobald Du mit dem Vogel vor die Stadt kommst, will ich wieder bei Dir sein und Dich sicher zu Deinem Vater bringen. Jetzt weißt Du alles. In der nächsten Hütte wirst Du eine Frau finden, die Dir schickliche Kleider zu Deinem neuen Stande geben wird, wofür Du ihr die Deinigen zurücklässest.« Der Prinz dankte seinem lieben Fuchse, versprach alles zu erfüllen, und sie schieden voneinander.

Prinz Nanell trat in die Hütte und erhielt leicht von ihrer dürftigen Bewohnerin schlechte leinene Kleider und einen völlig bäuerischen Anzug. Er ging damit in die Stadt, stellte sich neben die königliche Küche und bat die herauskommenden Köche, sie möchten ihn doch in ihre Dienste nehmen, er sei ein armes elternloses Kind und wolle recht gut sein. Es ging alles nach Wunsch. Er wurde aufgenommen und ihm nach einiger Zeit, da er sich in seinem Diente treu und ehrlich bewies, das Einheizen in den königlichen Zimmern aufgetragen.

Sobald er das erstemal in den Saal trat, erblickte er zu seiner innigsten Freude den so gewünschten Vogel Phönix in einem schlechten Bauer. Daneben sah er den ledigen goldenen Bauer, und er staunte über seine Schönheit, die alle Beschreibung seines Fuchses übertraf. So oft er in den Saal kam, betrachtete er auch den glänzenden Bauer und berechnete immer seinen hohen Wert, wobei er beständig den Wunsch fühlte, ihn zu besitzen. Aber die Warnung des Fuchses schreckte ihn immer davon ab.

Einige Wochen darauf ritt der König auf die Jagd und nahm fast sein ganzes Gefolge mit. Diese Gelegenheit machte sich Prinz Nanell zunutze. Er nahm einen langen Mantel um, ging in den Saal und holte den Bauer mit dem Vogel herunter. Wie er in die Tür kam, sah er nochmals zurück auf den goldenen Bauer, und er schien ihm schöner als sonst. Er konnte den Gedanken, ihn zurückzulassen, nicht ertragen. ›Es wird ja so gefährlich nicht sein‹, dachte er, und in dem Augenblick hatte er auch den Bauer herunter. Froh über seine Beute, steckte er den Vogel Phönix in den goldenen Bauer, nahm ihn unter den Mantel und eilte davon. Als er ins äußerste Tor kam, fing der Vogel an zu schreien, so daß die ganze Wache herauskam. Sie fielen über ihn her, rissen ihm den Mantel herunter und entdeckten den Betrug. Er wurde mit schweren Ketten geschlossen, in einen festen Turm geworfen und scharf bewacht, bis der König bei seiner Zurückkunft sein Schicksal entschied.

Des Abends kam der König von der Jagd zurück und erstaunte über die Bosheit des Jungen, der ihm sein Liebstes hatte entführen wollen. In seinem heftigsten Zorn sprach er das Urteil, daß er des morgigen Tages sollte gehenkt werden, und ließ ihm sein Schicksal noch diesen Abend bekanntmachen.

Um Mitternacht lag der Prinz auf seinem harten Lager und und weinte und seufzte über sein Unglück, das er sich selber zugezogen hatte, noch mehr aber über seinen armen Vater, dem er nun nicht helfen könnte. »Prinz Nanell«, rief unvermutet eine Stimme, »wie gehts?« Der Prinz sah in die Höhe, woher die Stimme käme, und erblickte seinen treuen Fuchs, der zu einer Öffnung hereinsah. Er erzählte ihm weinend seine traurige Geschichte. »Gern«, sprach er, »wollte ich mein hartes Schicksal tragen, das ich mir selbst zugezogen habe, wenn nur mein armer Vater den Vogel bekäme.« – »Siehst Du«, antwortete der Fuchs, »die Folgen Deiner Habsucht? Hättest Du den Vogel in dem schlechten Bauer gelassen, er hätte nicht geschrien. Jetzt sehe ich kein Mittel zu Deiner Befreiung.« – »Ach, lieber guter Fuchs, sprach schluchzend der Prinz, »rette mich nur diesmal! Ich will auch gern folgen.« – »Ein einziger Versuch«, sprach nachdenkend der Fuchs, »ist noch übrig. Wenn Du morgen zum Tode geführt wirst, so bitte um die letzte Gnade, den König noch zu sprechen. Und wenn Du sie erhalten solltest, so erzähle ihm aufrichtig Deine Geschichte. Vielleicht wird er dadurch zum Mitleid bewegt und schenkt Dir das Leben. Freilich ist es sehr ungewiß. Inzwischen tue es! Jetzt muß ich fort, der Morgen kommt. Bist Du glücklich, so sehen wir uns wieder.« Und weg war der Fuchs.

Ängstlich erwartete Prinz Nanell die Stunde, wo er würde zum Tode geführt werden. Endlich erschien sie. Die Wache näherte sich seiner Tür. Er wurde herausgeholt und gebunden nach dem Richtplatze geführt. Er bat flehentlich um die einzige letzte Gnade, den König zu sprechen. Sie wurde dem König hinterbracht und dem Prinzen gewährt. Er warf sich vor dem König auf die Knie, erzählte ihm seine ganze Geschichte und bat wehmütig, er möchte doch nur seinem armen Vater den Vogel überlassen, er wolle auch gern sterben. Der König war über den Beweis seiner kindlichen Liebe gerührt. »Ich schenke Dir«, sprach er, »Dein Leben und den Vogel obendrein, wenn Du mir das bunte Pferdchen bringst. Gehe und suche es auf und ziehe alsdann mit dem Vogel zu Deinem Vater in Frieden!«

Der Prinz dankte herzlich und eilte voller Freude aus der Stadt. Nicht fern davon fand er seinen treuen Fuchs. Er dankte ihm sehr für seinen guten Rat, erzählte ihm die ganze Geschichte und bat um seine fernere Unterstützung. »Ich will«, sprach der Fuchs, »noch einen Versuch machen, aber unter der Bedingung, daß Du mir diesmal besser folgst.« Der Prinz voller Freuden versprach alles, setzte sich auf den Fuchs, nahm den Schwanz um sich, und nun gings in vollem Trabe fort.

Sie waren lange geritten, als der Fuchs endlich nicht fern von einer großen Stadt stillstand. »In dieser Stadt«, sprach er, »wohnt der König, der das bunte Pferd besitzt. Es ist klein, mit roten und blauen Flecken gezeichnet und steht in seinem siebenten Jahre. Es wird bloß mit Zuckerbrot und Rosinen gefüttert. Dagegen hat es auch die seltene Eigenschaft, daß es jeden Schritt eine Meile weit läuft. Oben am Kopfe steht ein Büschchen Haare, woran es von seinem Reiter gelenkt wird. Jetzt weißt Du alles. Gehe in die Stadt, biete dem König Deine Dienste als Bereiter an. Wirst Du angenommen, so kannst Du alsdann zur schicklichen Stunde mit dem Pferde entfliehen. Aber eins vergiß nicht: Neben dem Pferde hängt sein gewöhnlicher Zaum von Leder und Eisen, woran Du es leicht wirst herausführen können. Oben drüber hängt einer von Gold mit großen Perlen besetzt, von hohem Wert. So lieb Dir Dein Leben ist, rühre ihn nicht an! Wenn Du ihn wegnimmst, so bist Du des Todes. Sobald Du das Pferd hast, bin ich bei Dir.« Der Prinz versprach alles, dankte seinem lieben Fuchse, und sie schieden voneinander.

Er ging in die Stadt und bot dem König seine Dienste an. Der König ließ ihn vor sich kommen, fragte ihn über

Verschiedenes in seiner Kunst und ließ ihm endlich das bunte Pferd vorführen und befragte ihn um seine Meinung über sein Alter und seine Eigenschaften. Der Prinz sah es genau und gab dem König über beides befriedigende Antwort.

Der König wunderte sich über die Klugheit des Menschen und machte ihn auf der Stelle zu seinem Stallmeister. So oft er in den Stall trat, bewunderte er auch die Schönheit des kostbaren Zaums. Anfangs sah er immer gleich wieder weg, denn die Erinnerung seines Fuchses »Du bist des Todes!« schallte ihm immer in den Ohren, und es war ihm immer, als wenn er sollte gehenkt werden, wenn er den Zaum sah. Nach und nach fing er an, die Warnung des Fuchses zu vergessen, und konnte den Zaum lange sehen, ohne an das Hängen zu denken.

Endlich erschien die so lange gehoffte Gelegenheit, mit dem Pferde zu entfliehen. Der König reiste eines Morgens früh auf eins seiner Lustschlösser mit seinem ganzen Gefolge. Der Prinz stellte sich krank und blieb zu Hause. Er ging in den Stall, um das Pferd anzuzäumen. Der kostbare Zaum hatte ihm noch nie so schön geschienen. Er überlegte, wie schön es sein würde, wenn er den Vogel Phönix dem Vater bringen und den unschätzbaren Zaum noch überdem behalten könnte, und es schien ihm unmöglich, ihn so zurückzulassen. ›Es wird doch‹, dachte er, ›so gar schlimm nicht wieder gehen. Das Pferd mag immerhin schreien, in zwei Minuten bist du weit weg, und sie können dich ja doch nicht einholen.‹ Er griff hinauf, riß den schönen Zaum herunter, legte ihn dem bunten Pferde an, führte es hinaus, setzte sich auf, gab ihm die Sporen und – das Pferd schlug hinten und vorn aus, bäumte sich, schrie und wieherte und warf seinen Reiter auf die Erde. Die Wache kam herzu, entdeckte den Betrug und warf den trügerischen Stallmeister in ein tiefes Gefängnis. Das Pferd aber brachten sie wieder in den Stall.

Der König erfuhr abends die Geschichte und befahl, daß der Betrüger, der ihm sein Liebstes hatte entführen wollen, morgigen Tages solle geköpft werden. Das Urteil wurde ihm noch diese Nacht bekanntgemacht, um sich auf sein Ende zu bereiten. Der Prinz verwünschte seinen Eigennutz und bereute zu spät seinen Leichtsinn, durch welchen er sich um die letzte Hoffnung, seinem armen kranken Vater zu helfen, gebracht hatte. Er weinte und klagte laut, aber umsonst. Jedermann war taub für seine Klagen.

Um Mitternacht hörte er von oben eine Stimme: »Mein Prinz Nanell, wie gehts?« Er erkannte nicht sofort seinen lieben Fuchs, als er ihm wehmütig sein trauriges Schicksal erzählte und offenherzig seinen Fehler gestand. »Sieh«, sprach der Fuchs, »ich habe Dirs vorher gesagt. Du hast mir zum zweitenmal nicht gefolgt. Jetzt wirst Du Deinen Ungehorsam und Geiz hart büßen. Hättest Du das Pferd mit dem schlechten Zaum genommen, so wären wir längst zur Stelle. Du hättest den Vogel und Deinem armen Vater wäre geholfen. Aber nun ist für Dich alles verloren. Mit Anbruch des Tages wirst Du sterben. Es wird schon ein großes Gerüst auf dem Markt erbaut, worauf Du zum warnenden Beispiel anderer hingerichtet werden wirst. Mache Dich auf Deinen Tod gefaßt. Mich wirst Du nicht wiedersehen.« – »Ach lieber Fuchs«, sprach weinend der Prinz, »willst Du mich in meiner letzten Nacht verlassen? Gewähre mir doch nur eine einzige Bitte, es ist die letzte! Wenn anders für mich keine Rettung mehr ist, so gib meinem armen Vater Nachricht von meinem Tode und dem Vogel. Vielleicht ist einer meiner Brüder glücklicher als ich und kann den Vogel verschaffen. Versprich mir nur diese Bitte zu erfüllen, und ich will gern sterben.« – »Deine Bitte ist schwer«, sprach der Fuchs, »doch sie sei Dir gewährt. Inzwischen mache morgen, wenn Du zum Tode geführt wirst, noch den letzten Versuch. Bitte um die

Gnade, den König zu sprechen, erzähle ihm, wenn Du sie erhältst, aufrichtig Deine ganze Geschichte. Vielleicht hat er Mitleiden mit Dir und schenkt Dir das Leben. Wo nicht, so erfülle ich Deine Bitte.«

Des Morgens hörte der Prinz das Getöse des zusammengelaufenen Volkes, das ihn wollte sterben sehen und voll ängstlicher Erwartung der Stunde, wo er zum Tode würde geführt werden, ungeduldig entgegensah. Es wurde ihm ganz angst. Endlich hörte er das Geklirr der Schlüssel vor der Türe seines Gefängnisses. Sie wurde geöffnet, der Kerkermeister schloß ihn los und übergab ihn der Wache, die ihn zum Tode führen sollte. Mit Zittern folgte er wankend seinem Führer. Wie er heraustrat, waren die Augen aller Zuschauer auf ihn gerichtet und folgten unverwandt ihm nach bis auf die errichtete Erhöhung, wo schon ein schwarzer Sarg in Bereitschaft stand, darein sein Körper sollte gelegt werden, und ein Häufchen Sand, sein Blut aufzufangen. Kaum war er imstande, seine Bitte vorzubringen, den König noch vor seinem Ende zu sprechen, weil er ihm noch Sachen von Wichtigkeit zu entdecken habe.

Es wurde dem König gemeldet, und er gab Befehl, daß er sollte vor ihn gebracht werden. Das versammelte Volk hatte zwar viel Mitleid mit ihm geäußert, als sie aber sahen, daß er weggeführt wurde, waren sie doch sehr mißvergnügt, weil dadurch das blutige Schauspiel noch länger aufgehalten wurde. Er warf sich dem König zu Füßen und entdeckte ihm seine ganze Geschichte. Der König wurde gerührt, »Gehe«, sprach er, »ich schenke Dir nicht nur das Leben, sondern das bunte Pferdchen noch obendrein, wenn Du mir die schöne Trako-Maid schaffst. Sie ist das schönste Mädchen, das ich je gesehen habe, aber ein schrecklicher Riese hält sie heimlich gefangen. Suche sie auf und befreie sie! Bringst Du sie mir, so ist das Pferd nebst dem schönen Zaum Dein.« Der Prinz fühlte sich bei den Worten wie neugeboren. Er dankte dem König und versprach, alles anzuwenden, das Mädchen zu befreien. Er eilte, daß er zur Stadt hinauskam, und fühlte oft nach seinem Kopfe, ob er noch feststehe, unterdes die neugierigen Zuschauer, verdrießlich, daß ihre Erwartung für diesmal betrogen war, sich verliefen und mißmutig nach Hause schlichen.

Kaum war der Prinz vor das äußerste Tor, so kam Freund Fuchs. Voller Freuden erzählte ihm der Prinz den glücklichen Ausgang seines Abenteuers und fragte ihn wegen der Trako-Maid um Rat. »Wenn Du mir diesmal besser folgen willst«, sprach der Fuchs, »so soll schon Rat dazu werden. Jetzt setze Dich auf!« Der Prinz gelobte von neuem an, saß auf, nahm den Schwanz um sich, und in flüchtigem Trabe gings über die Berge, immer nach der schönen Trako-Maid zu.

Mitten in einem dicken Walde hielten sie still. »Hier«, sprach der Fuchs, »haust der ungeheure Riese Raschader. Hörst Du von fern her das schreckliche wilde Geheul?« – »Leider höre ich das grausende Getöse«, sprach der erschrockene Prinz. »Es ist, als wenn Wölfe, Bären, Katzen und andere Tiere heulten.« – »Das ist«, antwortete der Fuchs, »seine Wache. Noch ohngefähr zwei Stunden von hier hat er in einem ungeheuren Felsen seine Wohnung. Durch sechs Eingänge mußt Du zum innersten Behältnis gelangen, worin er die schöne Trako-Maid gefangen hält. Jeder Eingang ist mit wütenden und giftigen Tieren besetzt, die ohne Unterschied alles, was ihnen zu nahe kommt, mit wütendem Hunger anfallen und erwürgen. Reißende Tiger stehen vor dem ersten, hungrige Wölfe vor dem zweiten, grimmige Leoparden vor dem dritten, giftige Schlangen vor dem vierten, wilde zottige Bären vor dem fünften und schrecklich brüllende Löwen vor dem sechsten. Durch alle diese Wachen mußt Du hindurch, um zur schönen Trako-Maid zu gelangen. Neben ihr wirst Du den ungeheuren Riesen finden, den Du töten mußt, willst Du sie befreien.«

Den Prinzen überliefs eiskalt bei dieser Erzählung. Er hätte gern die Prinzessin im Stich gelassen, wenn er nur seinem armen kranken Vater hätte helfen können. Zehnmal verwünschte er jetzt seinen Eigennutz, der ihn in ein so schweres Unternehmen verwickelt hatte. »Jetzt«, sprach der Fuchs, »ist noch übrig, Dir zu sagen, wie Du, ohne Dein Leben zu verlieren, hineinkommst. Von zwölf bis ein Uhr liegt alles im harten todähnlichen Schlafe, und keine menschliche Gestalt ist vermögend, sie zu erwecken. Das ist die Zeit, in welcher Du Dein Werk vollenden mußt. Du kannst ungehindert durch alle Wachen hindurchgehen bis in das Innerste der Höhle, wo Du das schöne Mädchen finden wirst. Neben ihr liegt der Riese im tiefsten Schlafe. Das übrige wirst Du weiter von ihr selbst erfahren. Aber hüte Dich, daß Du nicht länger als die gesetzte Stunde verweilst. Bleibst Du eine Minute länger, so wacht alles auf, und Du bist unvermeidlich des Todes.«

Der Prinz versprach alles. Es war ihm bei der Nachricht freilich ganz leicht ums Herz geworden, und er fürchtete sich vor schlafenden wilden Tieren nicht sehr. »Jetzt«, sprach der Fuchs«, gehe, damit Du zur rechten Zeit an die Höhle gelangst! Nimm diese drei Haare von mir mit Dir! Sie werden Dein Wegweiser sein und Dich erinnern, wenn Du meine Warnung vergissest. Bewahre sie wohl und folge mir diesmal besser, sonst bist Du verloren.« Der Prinz dankte seinem Fuchse und ging fort. Er hielt die Haare in der Hand, und sie drehten sich beständig mit magnetischer Kraft nach der Gegend der Felsenhöhle zu. Das Geheul und Gebrüll wurde mit jedem Schritt stärker. Plötzlich aber wurde alles still, und er hörte ein entsetzliches Schnarchen.

Indem stand er vor dem ersten Eingange. Alles lag im harten Schlafe. Mit Grausen ging er durch alle Wachen hindurch und kam endlich ins Innerste der Felsenwohnung. Wie erstaunte er, als er bei dem Schein eines glänzenden Karfunkels, womit die Höhle erleuchtet wurde, das schönste Mädchen auf einem Ruhebett nachlässig liegend erblickte! Sie war weiß gekleidet, und ihr braunes Haar floß nachlässig in schönen Locken auf ihre Schultern. In einer Hand hielt sie ein weißes Tuch, womit sie sich die Tränen vom Auge trocknete, die linke lag auf dem Gesicht des Riesen, der ausgestreckt auf der Erde lag und mit seinem Kopfe neben ihr auf einem Kissen ruhte. Sein Gesicht war rund und breit, schwarzbraun von Farbe und so übermäßig groß, daß die Hand des Mädchens kaum die Hälfte seines Kinns bedeckte. Sein Körper war der Größe des Kopfes angemessen sieben und eine halbe Elle lang, und seine Hände lagen wie Bärentatzen daneben auf der Erde. Er schnarchte fürchterlich, und mit jedem Atemzug wurde die Wohnung erschüttert. Der Prinz stand vor Schrecken über den ungeheuren Riesen wie versteinert.

Indem blickte das schöne Mädchen in die Höhe und war nicht weniger über seine Erscheinung an einem Orte verwundert, wo sie schon seit drei Jahren keine andere menschliche Gestalt als den verhaßten Riesen gesehen hatte. »Wer Du auch seist, unglücklicher Fremdling«, unterbrach sie das Stillschweigen, »welch widriges Schicksal brachte Dich hierher in die schreckliche Wohnung des Unholds? Du bist des Todes, wenn der Riese und seine Bedeckung erwacht. Gern wünschte ich Dich zwar hier zu behalten, aber Du wärest verloren. Eile und fliehe, wenn Dir Dein Leben lieb ist, und erinnere Dich bisweilen an mich, die in dieser schrecklichen Wohnung verschmachtet.« Der Prinz kam durch die Rede des schönen Mädchens wieder zu sich selbst, warf sich ihr zu Füßen, und in seinem Entzücken entfielen ihm die Haare seines Fuchses, ohne daß er es gewahr wurde. »Dich zu befreien, schönes Mädchen«, antwortete er ehrerbietig, »bin ich hierhergekommen. Gib mir ein Mittel, den Riesen zu töten und Dich aus seinen Klauen zu retten!« – »Das ist traun ein schweres Unternehmen«, sprach das Mädchen, »doch dem Menschen ist nichts zu schwer, er kann alles, was er nur ernstlich will. Dort hängt das ungeheure Schwert des Riesen, mit dem allein Du es wagen darfst, seinen Kopf vom Rumpfe zu sondern und ihn zu töten. Jeden andern Waffen trotzt sein fester eherner Nacken. Hast Du Mut genug in Dir, so unternimm das schwere Geschäft, wo nicht, so eile und errette Dein Leben!«

Der Prinz antwortete nichts, sondern ging nach der Seite der Wand, wo das Schwert des Riesen hing, und wollte es herunternehmen. Aber wie erstaunte er, als er es nicht regen noch bewegen konnte! Es war vier Ellen lang und eine und eine halbe Elle breit und dabei so außerordentlich schwer, daß es kein Mensch regieren konnte, denn es war mit zauberischen Künsten verfertigt. Der über den mißlungenen Versuch erschrockene Prinz sah wehmütig das schöne Mädchen an. »Dort im Schranke«, sprach sie, »steht eine Büchse mit köstlicher Salbe. Damit bestreiche Deine Arme und Hände und reibe sie wohl ein, und Du wirst Wunder sehen!«

Der Prinz tat, wie sie ihm gesagt hatte, und versuchte von neuem das schwere Unternehmen. Er fand jetzt das Schwert ganz leicht, nahm es herunter, trat damit vor den schlafenden Riesen, faßte es mit beiden Händen, schwang es in die Luft und tat einen so gewaltigen Schlag auf den Nacken des Riesen, daß er mit einem Hiebe seinen Kopf vom Rumpfe hieb und der Kopf mit erschrecklichem Getöse auf den Boden kollerte. Ein großer Strom schwarzen Bluts floß aus der Wunde und mit ihm das Leben des Riesen.

Nachdem beide sich von ihrem Schrecken erholt hatten, holte die schöne Trako-Maid aus einem Schranke Erfrischungen und starken Wein, ihren ermüdeten Erretter zu stärken. Während der Mahlzeit dankte sie ihm zärtlich für ihre Errettung und schwur, ewig die Seine zu werden. Der Prinz wurde durch ihre Zärtlichkeit so entzückt, daß er die Warnung seines Fuchses vergaß und nicht an das Herausgehen dachte. Noch zwei Minuten fehlten, so war die schnelle Stunde vorüber und beider Leben verloren. Schon fing die Uhr in der Felsenwohnung an zu rollen, als plötzlich der Prinz seine schöne Trako-Maid ergriff, sie durch alle Wachen hindurchriß und mehr mit ihr flog als lief. Kaum waren sie durch den letzten Eingang, so schlugs eins, und mit dem Schlage erwachte alles. Sie hörten das schreckliche Geheul und eilten desto mehr. Der gute Fuchs kam gelaufen. »Eilet«, rief er, »und rettet Euer Leben!« Er ließ sie beide aufsitzen, wickelte seinen Schwanz um sie und eilte im schnellen Trab mit ihnen davon.

Je weiter sie sich entfernten, desto näher schien ihnen das Geheul. Der Prinz sah sich um. Aber wie erschrak er, als er die ganze fürchterliche Wache des Riesen ihm nacheilen sah! Die Wölfe waren voran und sperrten gierig ihre Rachen weit auf, sie alle zu verschlingen. In der größten Gefahr machte der Fuchs mit seinem Schwanze einen Verhack von den stärksten Bäumen, wodurch die reißenden Tiere verhindert wurden, daß sie ihnen nicht so schnell folgen konnten.

Nachdem sie wieder eine Weile getrabt waren, sahen sie ihre Feinde wieder hinter sich. Sie waren am Ende des Waldes. Der Fuchs zündete ihn an und setzte sich und seine Reisegesellschaft durch das Feuer in völlige Sicherheit. Nachdem sie von den wilden Tieren nichts mehr zu fürchten hatten, ließ der Fuchs absitzen und legte sich nieder, um auszuruhen. Der Prinz hing mit seinen Augen an der schönen Trako-Maid und vergaß in ihrer Gesellschaft alle überstandene Angst und Gefahr. Der Fuchs merkte, daß seine Gegenwart hier wohl überflüssig sein dürfte, und ging ein wenig aus.

Sobald sie allein waren, sah der Prinz das schöne Mädchen zärtlich an: »Hast Du mich lieb«, sprach er, »liebes Mädchen?« – »Über alles! Aber wozu diese Frage?« – »Willst Du mir nicht Deine Geschichte erzählen und Dein sonderbares Schicksal? Wie kamst Du in die Höhle des Riesen?« – »Laß«, sprach sie, »das jetzt sein! Ich habe einen hohen Eid geschworen, nie meine Geschichte zu erzählen, bis ich meinen geliebten Bruder wiedersehe. Drei lange Jahre seufze ich vergebens nach ihm.« Bei dem Andenken an ihren Bruder traten ihr Tränen in die Augen.

Der Prinz ward wehmütig, denn jetzt fiel ihm auf einmal ein, daß er sie nicht behalten dürfe, sondern um das schöne Pferd geben mußte, um damit den Vogel zu lösen und mit ihm seinen kranken Vater zu retten. Lange stritt er mit sich selbst. Die kindliche Liebe siegte, und er beschloß, so schwer es ihm auch sein, ihr zu entsagen, um dem armen Vater zu helfen. Der Entschluß kostete ihm viel. Er weinte.

Gerührt über seine Tränen, deren Ursache sie nicht wußte, sprach wehmütig das Mädchen: »Hast Du mich nun gar nicht mehr lieb?« – »Mehr als ich sollte.« – »Und bist doch so traurig und weinst?« – »Eben weil ich Dich liebe, Dich beständig lieben werde und Dich doch verlieren muß. So wehe es mir tut, so muß ich Dich doch meiner Pflicht aufopfern. Ich bin Kind. Vergiß mich!« Erstaunt über die rätselhaften Reden ihres Retters schwieg nachdenkend das Mädchen.

Der Fuchs fand bei seiner Zurückkunft sie beide in Tränen. Der Prinz entdeckte ihm seinen Kummer und seinen Entschluß, der ihm so schwer geworden. »Das ist gut«, sprach der Fuchs. »Das Gute, das einem schwer wird, hat desto mehr Wert und bleibt nie unbelohnt. Jetzt sollst Du alles erhalten, den Vogel, das Pferd und das Mädchen noch obendrein behalten. Bist Du nun zufrieden?« Der Prinz sprang voller Freuden auf, umarmte das Mädchen und dankte dem Fuchse.

Sie setzten sich auf und ritten nach dem bunten Pferde zu. Unterwegs unterrichtete der Fuchs den Prinzen, wie er sich zu verhalten hätte, damit er das Pferd bekommen könnte, ohne sein Mädchen zu verlieren. Sie kamen vor die Stadt und stiegen ab. Der Prinz ging mit Trako-Maid hinein und ließ sich beim König ansagen. Er wurde bald vorgelassen, und jedermann erstaunte über die Schönheit des Mädchens. Der König umarmte den Prinzen und übergab ihm das bunte Pferd, welches er auch sogleich bestieg, nachdem er von allen Abschied genommen hatte. Alles stand um ihn herum, um seine Abreise zu sehen. Jetzt bat er den König noch um die Erlaubnis, sein so teuer errettetes Mädchen zum Abschied zu küssen. Sie wurde ihm gern gewährt. Er beugte sich herunter, schlang seinen rechten Arm um das Mädchen, hob sie aufs Pferd, gab ihm die Sporen und flog mit ihr im Angesicht des ganzen Hofes davon. Alle Bemühungen, sie wieder einzuholen, waren vergeblich.

Nachdem sie einige Zeit mehr geflogen als geritten waren, sahen sie den Fuchs. Der Prinz hielt still, machte mit dem treuen Fuchse Gesellschaft und erzählte ihm, wie gut seine List vonstatten gegangen.Unter diesen Gesprächen kamen sie der Stadt bis auf sechs Meilen nahe, worin der König mit dem Vogel Phönix seinen Aufenthalt hatte.

»Überlaß«, sprach der Fuchs, »jetzt mir die schöne Trako-Maid und gehe mit dem Pferd allein zum König. Sobald Du wiederkommst, werden wir beide schon bei Dir sein.« Der Prinz machte anfangs viele Schwierigkeiten, sich von seinem lieben Mädchen zu trennen. Auf Zureden des Fuchses ließ er sich den Vorschlag gefallen, umarmte die schöne Trako-Maid und schied von ihnen mit dem gewissen Versprechen, sehr bald wieder bei ihnen zu sein.

Er ließ sich beim König melden und wurde mit großen Freuden empfangen. Der König hielt Wort und ließ ihn alsbald den Vogel Phönix samt dem schönen Bauer ausliefern. »Es wäre doch wohl billig«, sprach der Prinz, indem er abreisen wollte, »daß ich dem ganzen Hofe noch vorher die seltenen Künste zeigte, die das schöne Pferd kann.« Der König freute sich darüber, denn das hätte er bald in der Eile vergessen.

Der Prinz setzte den Bauer auf die Erde, tummelte das Pferd einigemal im Hofe herum und ließ es seine Künste versuchen, so daß der König und der ganze Hof es bewunderte. Endlich ritt er nahe an den Bauer, beugte sich nieder, ergriff ihn, nahm ihn schnell aufs Pferd, gab dem Pferd die Sporen und flog mit ihm und dem Vogel in den Lüften davon. Der König und alle Zuschauer starrten ihm nach und wußten nicht, wie ihnen geschah. Alles mußte aufsitzen und dem Flüchtling nachjagen, aber umsonst. Sie kamen alle zurück, ohne seine Spur gefunden zu haben.

Sobald der Prinz aus der Stadt war, sah er sich beständig nach seiner geliebten Trako-Maid und seinem Fuchse um. Endlich entdeckte er sie beide und lenkte sein Pferd zu ihnen. Voll Freuden dankte er seinem lieben Fuchse und nahm sein schönes Mädchen zu sich aufs Pferd. Der Fuchs trabte nebenher, und so ging der friedliche Zug immer nach Hause zu.

Unterwegs kamen sie vor eine große Stadt, wo der Weg mitten durchging. »Hier«, sprach der Fuchs, »müssen wir uns auf eine kurze Zeit trennen, denn durch die Stadt darf ich ohne Lebensgefahr nicht gehen. Jenseits der Stadt treffen wir schon wieder zusammen. – Einen guten Rat muß ich Dir noch geben: Dein Leben hängt daran, daß Du mir folgst. Willst Du ihn besser befolgen als vorher?« Der Prinz versprach ihm schon im voraus einen blinden Gehorsam und war begierig, seinen Rat zu wissen. »Hüte Dich«, sprach der Fuchs, »daß Du kein Fleisch vom Galgen kaufst!« Der Prinz lachte über das drollige Verbot, glaubte, der Fuchs habe ihn zum besten, und sprach lachend: »Das hat keine Gefahr, diesen Rat werde ich sicher befolgen.« »Vergiß nicht«, erwiderte der Fuchs, »daß Dein Leben daran hängt.« Sie schieden voneinander.

Sobald der Prinz in die Stadt kam, sah er einen großen Zusammenlauf des Volks. Er erkundigte sich nach der Ursache und erfuhr, daß eben Halsgericht über zwei Missetäter gehegt werden würde, die wegen vieler verübter Räubereien und Mordtaten gehenkt werden sollten. Er erwartete voll mitleidiger Neugier die armen Opfer der Gerechtigkeit und sah den Zug, der die Missetäter gebunden zum Tode führte, sich nähern. Aber wie erschrak er, als er seine beiden Brüder erblickte, die jetzt den Lohn ihrer Taten erhalten sollten. Er ging zu den Vorstehern des Gerichts und bat um die beiden Missetäter, wobei er versprach, sie in so enger Verwahrung zu halten, daß sie niemandem wieder Schaden zufügen könnten, und sie mit so vielem Gelde zu lösen, als die Richter fordern würden. Die Richter machten anfangs viele Schwierigkeiten. Endlich aber, durch das wiederholte Bitten bewogen, noch mehr aber durch den Glanz der Diamanten, die der Prinz von seinem köstlichen Bauer gebrochen hatte und ihnen zum Lösegeld anbot, geblendet, überließen sie ihm die Gefangenen, nachdem sie ihnen nochmals viele väterliche Ermahnungen zur Besserung ihres sündlichen Lebens mit auf den Weg gegeben hatten.

Vor dem Tore entdeckte sich der Prinz seinen Brüdern, fiel ihnen um den Hals und freute sich, daß er zur rechten Zeit gekommen wäre, ihr Retter zu werden. Nun wären alle seine Wünsche erfüllt. Die beiden Brüder dankten ihrem Bruder für ihre Errettung und versprachen eine völlige Lebensbesserung.

Prinz Nanell setzte sich aufs Pferd, nahm die schöne Tako-Maid vor sich, und die beiden älteren Brüder gingen hinterdrein.

Unterwegs erzählten sie sich ihre Schicksale. Die beiden älteren Prinzen ärgerten sich nicht wenig, daß ihr jüngster

Bruder so glücklich gewesen war, den Vogel Phönix nebst dem bunten Pferdchen und dem schönen Mädchen zu erlangen, und sie hätten nichts. Sie überlegten, daß er nun in des Vaters Hause viel mehr würde geachtet werden als sie und ihnen wohl gar die Regierung wegnehmen könnte. Daher faßten sie den schändlichen Entschluß, ihn zu ermorden und sich seiner Kostbarkeiten zu bemächtigen. Gedacht, getan. Sie kamen eben bei einem tiefen Steinbruche vorbei. Der Älteste versetzte ihm mit seinem Stocke einen so heftigen Schlag auf den Kopf, daß er vom Pferd stürzte, worauf sie ihn ohne weitere Umstände in den Abgrund hinabwarfen, wo er von den Felsenklippen jämmerlich zerschmettert wurde. Das Blut floß aus seinen Wunden, und mit ihm floß Leben und Odem des guten Prinzen. Er war tot. Die beiden ältesten Prinzen nahmen von der schönen Trako-Maid einen hohen Eid, daß sie nichts von dem entdecken wollte, was sie eben gesehen hätte, sondern sagen, daß sie beide sie erlöst hätten.

So zogen sie fort und kamen endlich zur herzlichen Freude aller Menschen am Hofe ihres Vaters an. Sie legten ihre Beute dem Vater zu Füßen, hingen den Vogel im königlichen Zimmer auf, wiesen dem schönen Mädchen schöne Zimmer an und brachten das bunte Pferdchen in den Stall. Hierauf erzählten sie ihre Geschichte, wie sie sie von ihrem Bruder gehört hatten, und schmückten sie mit vielen Lügen aus. Viele Tage lang war die Stadt voll von der Geschichte der königlichen Prinzen.

Der kranke König Romwald hoffte sehnlich, daß doch der schöne Vogel singen sollte, aber er sang nicht und hing traurig den Kopf. Die schöne Trako-Maid weinte beständig, und das bunte Pferdchen wollte nicht fressen. Jedermann glaubte, es würde sich mit der Zeit schon geben, und hoffte auf bessere Zeiten.

Unterdessen kam der Fuchs, der der Reisegesellschaft von fern gefolgt war und den Mord gesehen hatte, zu dem

Steinbruch. Er stieg hinunter und fand seinen lieben Prinzen verblutet und ohne Leben. Er durchsuchte seine Taschen und fand zu seiner großen Freude die Büchse mit der Salbe aus der Riesenwohnung. Er zog ihn aus und bestrich ihn damit über und über und rieb die Salbe recht ein. Sowie die wundertätige Salbe eindrang, fühlte er Wärme an dem Prinzen. Er rieb viel mehr, und der Prinz holte Atem und schlug die Augen auf. Zuletzt wurde er völlig wieder lebendig, und von seinen Wunden sah man keine Spur mehr.

Nachdem er völlig wiederhergestellt war, hielt ihm der Fuchs eine große Strafpredigt und erinnerte ihn an seine Warnung, kein Fleisch vom Galgen zu kaufen, die er auch diesmal nicht befolgt hätte.

Der Prinz erkannte seinen Fehler, entschuldigte sich aber damit, daß es seine Brüder gewesen, die er gerettet hätte. »Nun«, sprach der Fuchs, »was geschehen ist, ist geschehen. Jetzt komm, wir wollen uns aufmachen, um zu Deinem Vater zu gelangen, wo Du auch Dein geliebtes Mädchen wiedererhalten sollst.« Der Prinz, voller Freuden über die letzte Nachricht, machte sich auf und kletterte mit vieler Mühe aus dem Abgrunde herauf.

Unterwegs überdachte der Prinz alle Freundschaft, die ihm der Fuchs erwiesen hatte. »Sage mir«, sprach er, »lieber Fuchs, wodurch ich nur einigermaßen Deine Freundschaft und Liebe vergelten kann!« – «Das wird sich bald zeigen«, antwortete der Fuchs. »Ich habe eine Bitte an Dich, deren Gewährung meine ganze Glückseligkeit betrifft und die Du mir vorher zu erfüllen versprechen mußt.« »Und welche?« sprach schnell der Prinz. »Ich verspreche Dir heilig, sie zu erfüllen.« – »Es wird Dir aber schwer werden, sehr schwer, guter Prinz. Versprich nicht zuviel!« – »Und wenn es mir mein Leben kosten sollte, ich schwöre Dir, ich erfülle sie gewiß.« – »Gut«, sprach der Fuchs, »ich halte Dich beim Worte. – Im nächsten Walde werden wir ein neues scharfgeschliffenes Beil finden, das nimm und haue mit demselben mir den Kopf und Schwanz ab, mache ein Feuer und wirf alles darauf! Dann bist Du Deines Versprechens entledigt. – Erfülle meine Bitte, es ist die letzte an Dich, denn die Stunde meines Todes ist gekommen.«

Der Prinz erschrak über diese Bitte, die er sich nicht vermutet hatte. »Du hast mir Dein Wort gegeben«, sprach der Fuchs. »Denke, daß Dein und mein Glück gleich an der Erfüllung dieser Bitte hängt. Mehr zu sagen ist mir jetzt nicht vergönnt.«

Sie kamen zum Walde und fanden das Beil auf einem abgehauenen Stamme liegen. Der Fuchs nahm Abschied von seinem Prinzen, legte sich zurecht und bat ihn, sein Geschäft mutig und schnell zu vollenden. Der Prinz, durch sein Versprechen gebunden und durch die Bitten des Fuchses bewogen, ergriff das Beil und hieb ihm Kopf und Schwanz ab, machte Feuer, warf alles darauf und setzte sich auf die Seite, wendete seine Augen vom Feuer und weinte bitterlich.

Plötzlich stand ein stattlicher, schöner Prinz hinter ihm und umarmte ihn. Er erschrak und wollte sich losmachen, aber indem entdeckte der Fremde, daß er sein lieber Fuchs sei, den er durch Gewährung seiner Bitte erlöst hätte. Prinz Nanell konnte sich noch nicht in die sonderbare Verwandlung finden. »Du sollst alles erfahren«, sprach der neue Prinz. »Eile, wir haben noch einen ziemlichen Weg an Deines Vaters Hof. Meine Geschichte wird ihn verkürzen.«

Sie gingen fort, und der Fremde erzählte unterwegs seine Schicksale: »Meine Schwester und ich sind Königskinder. Sie ist die, so Du gerettet hast. Wegen ihrer Liebe zur Jagd wurde sie von meinen Vater Trako-Maid, das entschlossene Mädchen, genannt. Der König mit dem bunten Pferd hielt um sie an, und sie ward ihm von meinem Vater versprochen. Sie selbst hatte einen unwiderstehlichen Abscheu vor der Heirat und war auf keine Weise dazu zu bereden. Der König brauchte arge List, um ihre Gegenliebe zu erhalten, und beredete sich mit dem Riesen Raschader, der ein großer Zauberer war, daß er durch Zauberei ihr Liebe zu ihm einflößen sollte. Der Riese stellte ihr nach, und als sie einst im Walde jagte, entführte er sie und beschloß, da er sie so schön fand, sie selbst zu behalten.

Sobald die Nachricht an unserem Hofe erscholl, saß alles auf, die schöne Königstochter wieder zu befreien. Ich war nicht der letzte, denn ich liebe meine gute Schwester herzlich. Nachdem ich drei Tage geritten war, traf ich den Riesen im Walde an. Ich stritt mit ihm, aber unglücklich, denn keine menschlichen Waffen können ihn verwunden. Er riß mir mein Schwert aus der Hand, berührte mich mit seiner Keule und sprach folgende, schreckliche Worte: ›Sei Fuchs, und so lange daure Deine Verwandlung, bis Du einen Menschen findest, meinen Sieger, der Gefallen findet an Deinem Umgange, durch Dich von seinen Fehlern gebessert wird und durch Deinen Rat mit List alle seine Wünsche auf Erden erreicht. Er werde durch Dich vom Tode errettet und morde Dich zur Vergeltung. In drei Stücken gebe er Deinen Leib dem Feuer zur Speise und werde dadurch Dein Retter.‹ Er schwang seine Keule in die Lüfte, lachte laut, und ich ward Fuchs, ohne meinen Verstand zu verlieren.

Eine wohltätige Fee erschien mir bald nach meiner Verwandlung und versprach mir ihren Beistand zu meiner Befreiung, da sie den Zauber zu lösen nicht vermöchte. Sie brachte meinem Vater den Vogel Phönix und gab dem Deinigen den sonderbaren Traum ein. Durch sie habe ich alle die unbegreiflichen Sachen verrichtet, die Du weißt. Drei lange Jahre hat meine Verwandlung gewährt, und schon hatte ich fast alle Hoffnung aufgegeben, jemals wieder erlöst zu werden, bis ich Dich, geliebter Prinz, antraf. Deine Brüder waren hart gegen mich und haben ihre Verwegenheit gebüßt.«

Jetz kamen sie am Hofe des Königs Romwald an. Sobald sie in die Stadt traten, hörten sie, daß heute die Hochzeit des ältesten Prinzen Aldegill mit der schönen Fremden wider ihren Willen sollte vollzogen werden. Sie kehrten im besten Gasthofe ein und ließen sich als zwei fremde Prinzen beim Könige ansagen. Sie wurden gleich mit zur Tafel geladen, um das Fest desto glänzender zu machen. Sobald sie ins Zimmer traten, fing der Vogel an zu singen, so schön, daß alle Menschen vor Verwunderung starr waren. Kaum hörte der König den reizenden Gesang, so verließ ihn sein Schmerz, und er sprang aus dem Bette so gesund als ehedem.

Die Prinzessin, die bisher beständig geweint hatte, sah sich um, und als sie ihren geliebten Prinzen erblickte, sprang sie auf und fiel ihm in die Arme. Das bunte Pferd im Stalle fing an zu wiehern und verlangte Futter. Der Prinz konnte sich nicht länger halten, riß sich von seiner Prinzessin los und fiel seinem Vater und seiner Mutter um den Hals. Er entdeckte ihnen seine ganze Geschichte, die der fremde Prinz bestätigte.

Den treulosen Brüdern wurde auf Fürbitte ihres Bruders ihre verdiente Strafe erlassen, doch mußten sie fern vom Hofe auf einsamen Schlössern, unter beständiger Aufsicht, ihre Tage zubringen, um da ihre schändlichen Taten zu bereuen. Der jüngste Prinz bekam leicht die Erlaubnis, die schöne Trako-Maid zu heiraten, und wurde noch diesen Tag mit ihr verbunden. Der fremde Prinz zog einige Tage nachher fort und kam zu innigster Freude seines Vaters, in Begleitung seiner Schwester und seines Schwagers, an seinem Hofe an. Der Vater verzieh leicht dem Retter seiner Kinder die Entführung seines Vogels und gab gern seine Einwilligung zur Heirat. Der Prinz

Nanell schenkte ihm das bunte Pferd und erhielt dafür eine große Morgengabe.

Nach einiger Zeit zogen sie beide in Frieden wieder zu seinen Eltern und lebten sehr vergnügt miteinander. Oft erinnerten sie sich an ihre sonderbaren Schicksale und suchten sich dadurch in ihrem Glauben an die Vorsehung zu bestärken. Prinz Nanell dankte den Göttern, die ihn dadurch von seinem Eigennutze geheilt hatten, und wendete seine Schätze an, Gutes zu tun denen, die es bedurften. Nach dem Tode seines Vaters übernahm er die Regierung und regiert in Frieden, wenn er nicht gestorben ist, bis auf den heutigen Tag.

27. Kilian Brustfleck als Katzenverkäufer

Kilian Brustfleck gedachte auf eine List, ging in die Stadt zu einem Wirt und bat die Köchin, sie wolle ihm doch von einem abgezogenen Hasen das Fell oder den Balg geben. Als er nun einen bekommen hatte, sah er sich auch nach einer schönen dicken Katze um, ob er nicht eine abfangen könnte. Da fand er eine bei einer alten Frau, die nahm er verstohlen mit nach Hause und zog ihr das Hasenfell über den Rücken und nähte es unten am Bauch ordentlich zusammen und zog über den Kopf, Ohren und Fenster alles so subtil und fest aneinander, daß mans so leicht nicht erkennen konnte. Er nahm den Hasen, steckte ihn an einen Sack, wie es ein Landmann pflegt zu machen, ging damit in die Stadt zu einem Kürschner und fragte, ob er nicht einen Hasen kaufen wollte, der lebendig wäre. Der Kürschner sagte, ja, er solle ihm nur weisen, wo er ihn hätte. Da sagte er: »In meinem Sacke. Wir wollen ihn nur ein wenig aufmachen, damit er uns nicht herausspringt!« Der Kürschner sah nun in dem Sack den Hasen sitzen und sagte: »Ich kann ihn nur nicht recht sehen, er ist so dick.« –

»Ja, Herr«, sprach Kilian Brustfleck. »Er hat Junge im Leib, drum hat er nicht laufen können, so hab ich ihn eben so bekommen.« – »Nun, was wollt Ihr dafür haben«, sprach der Kürschner. Da verlangte der Kilian Brustfleck einen halben Taler dafür. Sie waren endlich des Kaufes einig, es wußte aber der Kürschner nicht, wo er ihn jetzt hintun sollte. Da sagte ihm der Kilian Brustfleck, er solle nur einen Hühnerkorb herbringen. Und als er einen gebracht hatte, tat er den Hasen sachte hinein, stellte sich vor das Licht, daß der Kürschner den Schwanz nicht gleich sehen konnte, und als der Has im Hühnerkorb war, versteckte der Hase den Schwanz unter sich, wie es pflegen die Katzen zu machen, und unter sich zu stecken und ging alles bei ihm gar gut an. Ging darauf der Kilian Brustfleck mit dem Geld davon und lachte sich genug.

Als nun der Kürschner auf die Zusammenkunft des Handwerks mußte, erzählte er, was er für einen schönen lebendigen Hasen gekauft hätte. Seine Mitmeister baten ihn, sie möchten ihn doch auch sehen. Wie er sie nun des Abends mit nach Hause nahm und mit einem Licht dem Hasen nahekam, fing der Hase an zu schreien: »Miau, miau«.

Da lachten seine Mitmeister darüber, was das für ein Hase sei, sie hätten dergleichen noch niemals gesehen und hören schreien. Als man recht nachsah, war dieses eine Katze in einen Hasenbalg genähet.

28. Die drei Königssöhne

Vor uralten Zeiten lebte im Morgenlande ein König, der hatte drei Söhne. Die zwei ältesten waren schon in ihrer Kindheit gar ausgelassen und mutwillig, aber klug. Der jüngere hingegen war folgsam und gut, aber nicht so klug als seine Brüder.

Als nun der älteste von den drei Königssöhnen achtzehn Jahre alt war, gab ihm sein Vater ein Pferd und ein Ritterkleid und ein Schwert und ließ ihn ausziehen, die Welt zu sehen und sich ritterlich zu erzeigen in fremden Landen. Und er ritt fort und ritt weit und breit umher und lebte ausschweifend und unordentlich und kam nimmer heim, vergaß seinen Vater und schickte nicht Nachricht von sich, wie es ihm ergangen sei. Und der zweite von den Königssöhnen ward auch achtzehn Jahre alt, und sein Vater gab ihm auch ein Pferd, ein ritterliches Kleid und ein Schwert und ließ ihn ausreiten in die Welt, um fremde Lande zu sehen und sich ritterlich darin zu erweisen und nach seinem ältern Bruder zu forschen. Und er ritt fort und triebs wie sein Bruder und kam nimmer heim und schickte nicht Nachricht, wie es ihm ergangen sei. Da ward der alte König traurig und meinte, seine Söhne wären beide tot, und härmte sich ab und beklagte ihren Verlust.

Aber als der dritte Sohn auch achtzehn Jahre alt war, da ging er eines Tages zu seinem Vater und bat ihn, er möge doch ihm auch ein Pferd und Schwert geben und ihn reiten lassen in die Welt, wie seine Brüder getan hätten. Da weint' aber der alte König, umarmte seinen Sohn und sprach: »Willst Du mich auch verlassen und mir verloren gehen, wie Deine Brüder mir verloren sind? Nein, mein einzig Kind, Du muß meine Stütze sein in meinem Alter.« Und sein jüngster Sohn stand ab von seinen Bitten, obgleich ers ungern tat.

Es stand aber an etliche Tage, da hatte der alte König einen wunderbaren Traum: Er stand in seinem Garten, so wars ihm, da wüchsen zwei Ölbäume auf. Und sie waren im Anfange schön und schienen gesund. Aber bald fingen sie an zu trauern, und die Früchte fielen ab, und die Blätter wurden gelb, und die Zweige schienen dürr. Da wuchs schnell zwischen ihnen auf ein Palmenbaum und schoß hoch auf und beschattete die kranken Ölbäume und goß seinen Tau auf sie, und auch sie wurden wieder gesund und frisch. Da ließ der König morgens seine Traumdeuter und Weisen kommen, daß sie ihm den Traum auslegten. Die Traumdeuter sagten: »Die zwei Ölbäume sind Deine zwei ältesten Söhne, und der Palmbaum ist Dein jüngster Sohn. Die zwei Ölbäume wurden bald dürr, so werden Deine zwei ältesten Söhne bald zugrunde gehen. Aber den Palmbaum, Deinen jüngsten Sohn, mußt Du ziehen lassen, daß er seinen Brüdern beistehe, sonst sind sie für Dich verloren.« Als der König das hörte, gab er seinem jüngsten Sohn ein Pferd und Schwert und ließ ihn mit Tränen von sich.

Aber der jüngste Königssohn zog aus in die Welt und ritt weit umher, und ihm war es wohl im Freien, und er sah viel Land und Leute und erwies sich überall, wo er herbergte, als ein braver Rittersmann. Und kam so weit fort in ferne, ferne Länder. Es geschah aber eines Abends, da kam er in einen dichten Wald und fand keinen Ausgang. Wie er so ritt, siehe, da standen zwei Männer am Wege. Und wie er sie fragt', wo der Weg hinginge, aus dem Walde, da erkannt' er seine älteren Brüder und freute sich über sie. Sie aber fingen an zu schelten und sagten: »Können wir, die wir klüger sind, kaum durch die Welt uns schlagen, wie willst Du durchkommen, der Du einfältig bist?« Denn die ältern Königssöhne waren klüger für die Welt, dem jüngeren aber fehlte die Weltklugheit.

Jetzt ward es Abends. Nur selten fiel am Abhange des Bergwaldes ein Strahl der scheidenden Sonne durch die Fichtenstämme. Da berieten die drei Königssöhne, welchen Weg sie einschlagen wollten, daß sie eine Herberge fänden. Und sie wendeten sich nach der Höhe des Berges, ob sie von oben nicht ein Haus oder nur ein freies Feld erblickten. Da kamen sie vorbei an einem Ameisenhaufen. Den wollten die ältesten Brüder zerwühlen, daß sie sehen könnten, wie die Tierlein ihre Eier herumschleppten. Aber der jüngste Bruder stieg von seinem Pferd und wehrte ihnen, daß sies nicht taten. Und als sie vorbeigingen, da redete ihn der Ameisenkönig an und sprach: »Wer Du auch sein magst, Fremdling, ich danke Dir, daß Du Deinen Reisegefährten wehrtest und so großes Unglück von uns armen Tierlein abwendetest. Wenn ich Dir nützen kann, so komm, und Du sollst sehen, daß ich Dir alles mit Freuden tue.«

Und sie gingen weiter und kamen an einen See, der war bedeckt mit einem ganzen Schwarm Enten. Da wollten die ältesten Brüder drüber her und sich einige erlegen, daß sie ein Abendessen hätten. Da wehrte aber der jüngste Bruder und sagte: »Laßt die armen Tiere! Wir werden doch diesen Abend etwas zu essen haben.« Und sie ließen die Enten in Ruhe. Als sie aber vorbeigingen, schwamm der König der Enten herzu und dankte dem jüngsten Königssohn und sagte: »Wenn ich Dir in etwas dienen kann, so solls mit Freuden geschehen.«

Darauf gingen sie weiter und kamen an einen Eichbaum, darin die Bienen ihre Zellen hatten. Und es war so viel Honig drinnen, daß er am Stamm heruntertroff. Als die zwei ältesten Königssöhne das sahen, wollten sie Feuer in die Baumhöhle machen, daß die Bienen umkämen und daß sie den Honig fassen könnten. Da wehrte aber der jüngste wieder ab und sagte: »Laßt die armen Tierlein! Bringt sie nicht um des bißchen Honigs willen um!« Und sie wollten weiterziehen. Da flog die Bienenkönigin heraus, dankte ihm und sprach: »Kann ich Dir mit etwas dienen, so befiehl nur! Ich wills mit Freuden tun.«

So gingen sie weiter und kamen in ein altes Schloß und wollten da herbergen. Das Schloß war aber ganz wundersam gebaut, und nichts Lebendiges war drin. Sie gingen ein durch das Tor, und der jüngste führte sein Pferd in den Stall, da standen lauter steinerne Pferde. Sie gingen die Stufen hinauf. Da kamen sie in einen Vorplatz, der war mit Marmor geplattet, und hohe Säulen bildeten die drei Eingänge. Den einen bildeten silberne Säulen, den andern bildeten goldne Säulen, und den dritten Eingang bildeten gar diamantene Säulen. Und sie gingen ein durch den ersten Eingang und kamen in eine Reihe Zimmer, darin alles, Wände und Gerätschaften, von getriebenem Silber war. Aber sie gingen durch alle Zimmer und fanden am Ende eine Türe, die verschlossen war durch drei Schlösser. Aber durch ein Lädlein konnte man hineinsehen in das Gemach. Und drinnen am Tische saß ein alt, eisgrau Männlein, dem der Bart ging bis auf die Füße. Diesem riefen sie zu, aber es hörte nicht. Sie riefen ihn zum zweitenmal, aber es hörte nicht. Und sie riefen ihn zum drittenmal. Da stand es auf und kam heraus und empfing sie freundlich und bewirtete sie den Abend aufs allerbeste und wies ihnen weiche Betten mit seidenen Vorhängen zu Schlafstätten an. Aber es sprach kein Wort und antwortete auf keine ihrer Fragen. Doch die drei Königssöhne hatten sichs wohl behagen lassen, daß sie in eine so gute Herberge gekommen waren.

Als sie am andern Morgen erwachten, lag jeder zwar in einem schönen Zimmer, aber alles war so verschlossen, daß keiner von ihnen herauskommen konnte. Und bei dem ältesten stand das eisgraue Männlein mit dem langen Bart und winkte ihm, daß er ihm folge. Dieser folgte ihm, aber ganz ängstlich, und sie gingen ein durch den goldenen Eingang und kamen in einen großen geräumigen Saal, darin alles von getriebenem Gold gearbeitet war. Und der Alte wies mit seinem schwarzen Stab über die Türe. Da standen die Worte:

Jeder Fremdling, der die Schwelle dieses Schlosses betritt, muß es versuchen, drei Arbeiten zu vollbringen. Wenn er diese glücklich ausführt, so ist sein Glück auf immer gegründet. Vollbringt er sie nicht, so mag er als Stein bis zur Stunde der Erlösung harren auf dem Flecken, wo ihn der letzte Strahl der Abendsonne bescheint.

Als der älteste Königssohn diese Worte gelesen, begehrte er die erste der Arbeiten zu wissen und stand zwischen Furcht und Hoffnung, ob er sie wohl vollbringen könnte. Da berührte das Männlein mit seinem Stabe die Wand, und es sprang eine Tür auf, und der Königssohn sah ein Gemälde, das stellte die Gegend dar, wo der Ameisenkönig seinen jüngsten Bruder angeredet hatte. Und darunter standen die Worte:

Dreitausend Perlen, der Hauptschmuck der Prinzessin Pyrola und ihrer zwei Schwestern, liegen hier im Moose zerstreut. Diese hast du zu sammeln, daß auch die letzte nicht fehlet!

Aber der Königssohn erkannte die Gegend und eilte hinaus und sammelte eifrig. Aber Mittag kam, und er hatte nicht hundert beisammen. Die Sonne ging unter, da hatte er noch nicht dreihundert gesammelt. Und der letzte Sonnenstrahl traf ihn, da sank er nieder und war Stein.

Den andern Morgen stand das graue Männlein beim zweiten Königssohn und winkte ihm mit seinem schwarzen Stabe, daß er ihm folge, und er folgte ihm. Und das Männlein zeigte ihm auch die Überschrift über der Türe im goldenen Saale und zeigte ihm das Gemälde. Da eilte der Bruder auch hinaus und sammelte emsig und sammelte bis an den Abend. Aber er hatte keine dreihundert der kleinen Perlen beisammen, da ging die Sonne unter, und er sank nieder und war ein Stein wie sein Bruder. Nun kam der dritte Morgen. Da stand das eisgraue Männlein bei dem jüngsten Königssohn und führte auch ihn in den Saal und ließ ihn die Schrift lesen über der Türe und zeigte ihm das Gemälde und winkte ihm, hinauszugehen, weil er traurig dastand.

Da ging der dritte Königssohn hinaus und sah die kleinen, kleinen Perlen so weit zerstreut und im Moose versteckt. Und als er das sah und merkte, daß es unmöglich sei, sie zu sammeln bis auf die letzte, da setzte er sich hin-

und weinte bitterlich und beklagte seinen armen Vater, der jetzt alle seine Kinder verloren habe. Und wie er so weinte und wehklagte, da hörte er eine Stimme ihm rufen: »Warum weinst Du, lieber Fremdling?« Da sah er auf und erblickte den Ameisenkönig und klagte dem seine Not. Der Ameisenkönig aber sprach: »Ist es weiter nichts? Oh, dann sei nur ruhig, dann soll Dir bald geholfen sein!«

Als er dies gesagt, ging er in den Ameisenhaufen und kam bald mit mehr denn fünftausend Ameisen hervor, und alle sammelten an den Perlen und zählten sie dem Königssohn in den Hut. Und als er sie alle hatte bis auf die letzte, da sprach der Ameisenkönig: »Gehe hin, Du hast sie alle! Und danke mir nur gar nicht, denn Du hast noch mehr verdient als diesen kleinen Gefallen.« Da lief der jüngste Königssohn hinein in das Schloß und brachte dem Männlein die Perlen. Und das eisgraue Männlein erstaunte darüber und führte ihn wieder in den goldenen Saal und berührte eine andre Wand. Diese tat sich wieder auf, und es stellte sich ein Gemälde dar, das den See bedeutete, worauf der Entenschwarm sich aufhielt, und darunter standen die Worte:

In der Tiefe des Sees liegt der Schlüssel zu dem Schlafgemach der Prinzessin Pyrola und ihrer zwei ältern Schwestern. Du mußt ihn gefunden haben, ehe die Sonne niedergehet.

Und der Königssohn erkannte den See und eilte hinaus und kleidete sich aus, um hineinzuwaten und den Schlüssel zu suchen. Doch wie er hineinsteigen wollte, da schwamm der König der Enten zu ihm her und fragte: »Was begehrst Du, lieber Fremdling?« Da sagte der Königssohn, was er in dem See suchen wollte. Aber der Entenkönig antwortete: »Der See ist für Dich zu tief. Laß mich für den verlorenen Schlüssel sorgen!« Und er befahl allen Enten, unterzutauchen und den Schlüssel zu suchen. Und sie tauchten unter, und gleich brachte eine den verlorenen goldenen Schlüssel in ihrem Schnabel herzu, und der Entenkönig überreichte ihn dem Königssohn und sprach: »Nimm ihn hin und danke nicht! Du hast noch mehr um uns verdient als diesen kleinen Gefallen.«

Er eilte sich aber und brachte den Schlüssel dem eisgrauen Männlein. Und kaum hatte es den Schlüssel in Händen, da bekam es seine Sprache wieder und dankte dem Königssohne mit Freudentränen und sprach: »Schon zweitausend Jahre muß ich hier lebendig, aber stumm sitzen in diesem Schlosse und auf Erlösung harren. Nun hast Du, glücklicher Fremdling, nur noch ein Geschäft, aber das schwerste: dann ist Dein Glück gegründet.« Da fragte der jüngste Königssohn, was das wäre. »Drei Töchter habe ich«, sprach das graue Männlein. »Ich bin der König von diesem verzauberten Schloß und Lande. Diese drei Töchter sind mir von ihrer eigenen Mutter, die eine böse Fee war, verzaubert und liegen nun seit zweitausend Jahren in einem totenähnlichen Schlafe. Die älteste, Rubina genannt, verzauberte sie durch ein Stück Zucker, die zweite, Briza genannt, durch einen Sirup, aber meine jüngste Tochter Pyrola durch einen Löffel voll Honig. Eine meiner Töchter sieht der andern völlig gleich, und alle scheinen von gleichem Alter. Aber Pyrola, meine jüngste Tochter, ist mir besonders lieb. Und gerade an ihr muß die Erlösung geschehen. An ihrem Hauche muß man erkennen, welche von den dreien den Honig gegessen, obgleich seitdem zweitausend Jahre verstrichen sind.«

Als er dieses gesagt, führte der unglückliche König den Königssohn heraus und schloß die dritte Säulenpforte auf. Da waren alle Zimmer mit edlen Steinen von allen Farben geziert, Wohlgerüche und sanfte Töne schwebten aus dem Hintergrund hervor, Kühlung wehte ihnen entgegen. Und in einer Bettstätte, die mit Laubwerk von grünen und farbigen Edelsteinen umgeben war, lagen in dem höchsten mittelsten Saale wie tote Marmorbilder Rubina, Briza und

Pyrola, alle drei von ausnehmender, aber gleicher Schönheit. Die Pracht des Saales und die Schönheit der Prinzessinnen, die Musik und die Wohlgerüche betäubten ihn ganz, daß er nicht mehr wußte, was er tun sollte, bis ihn der König des Schlosses daran erinnerte und sprach: »Die Sonne steht im Mittag. Wenn sie niedergeht und Du hast noch nicht erkannt, welche die jüngste ist, so trifft Dich gleiches Schicksal wie Deine Brüder, und ich muß wieder stumm sitzen wie vorher, bis sich wieder ein anderer Fremdling hierher verirrt. Erkennst Du aber, ohne zu raten, meine Tochter Pyrola, so ist sie Deine Gemahlin, und Du erbst mein Reich. Der jüngste Königssohn aber eilte hinaus und jammerte und weinte, und der Wald hallte wider von seinen Klagen.

Und wie er so klagte und jammerte, hörte er eine Stimme ihm rufen und zu ihm sagen: »Was klagst Du, lieber Fremdling?« Da sah er auf und erkannte die Bienenkönigin auf dem Baumstamme sitzen. »Ach«, sagte er, »wie kann ich das erkennen, welche von den drei Prinzessinnen vor zweitausend Jahren Honig gegessen hat?« – »Was?« fragte die Bienenkönigin. »Ist es weiter nichts? Wie magst Du darum auch so klagen? Ich will Dir eine Biene mitgeben, die soll um alle herumfliegen. Aber die ist es, der sie auf die Lippen setzt.« Darauf ging die Königin hinein in die Höhle, und eine Biene flog heraus und setzte sich ihm auf die Schulter. Und er trug sie in den Saal zu den schlafenden Königstöchtern. Da flog sie zu allen und schwärmte herüber und hinüber und setzte sich endlich auf den Mund der mittelsten. Da sprach der Königssohn zu dem eisgrauen Könige: »Die mittelste ist Pyrola, Deine jüngste Tochter!«

Und kaum hatte er das gesagt, da krachte und donnerte und blitzte es, als wollte die Erde zusammenstürzen, und alles war verändert: Das kleine graue Männlein stand da als ein würdevoller, majestätischer alter König. Die Prinzessinnen standen in blühender Schönheit da und umarmten ihren Vater, und die jüngste, Pyrola, kam herzu und dankte ihrem Erretter, dem jungen Königssohne. Und der junge Königssohn umarmte sie und nannte sie seine Braut. Diener gingen aus und ein, im Schloßhofe war ein Pferdegetrappel. Sie gingen ans Fenster: da war um sie nicht mehr die alte Wildnis. Eine prächtige Stadt stand da, und weiterhin sah man auch fruchtbare Felder und viele glückliche Fluren und Dörfer, und in den Straßen war ein Gewühl, und alles ging so ordentlich, als wäre da gar kein Wunder geschehen, als wäre alles beim alten. Niemand schien etwas davon zu wissen.

Auch in den Saal kamen einige Diener. Da ließ der König den Königssohn nehmen und seine Tochter Pyrola und ließ sie setzen in eine prächtige offene Kutsche, vor die er zwölf Schimmel spannen ließ. Und vierundzwanzig Männer, in Purpur und Gold gekleidet, ließ er vorausreiten mit Posaunen und ließ den Königssohn und seine Tochter Pyrola ausrufen als König und Königin des Landes. Darauf wurde ein köstliches Mahl gehalten, wobei es an nichts fehlte, was den Tag verherrlichen konnte.

Und wie sie so dasaßen in großem Jubel, ließen sich zwei fremde Ritter melden. Man ließ sie ein, und siehe da, es waren des jungen Königs Brüder. Und abermals wurde ein Fremdling gemeldet, und als er hervortrat, da sprangen die drei Königssöhne von ihren Sitzen und bewillkommneten ihn mit Freudengeschrei: es war ihr Vater. Er hatte sich aufgemacht, seine verlorenen Söhne zu suchen, und war eben in dieser Stadt angekommen.

Drei Monate blieb der Vater der Königssöhne da, und solang' er da war, dauerten die Feste, wovon immer eines das andere an Pracht übertraf. Dann zog er mit seinen zwei ältesten Söhnen heim. Sie sollen sich von ihren ehemaligen Fehlern gebessert und in des alten Königs Reich geteilt haben. Auch soll der älteste die Prinzessin Rubina, der zweite die Prinzessin Briza zur Gemahlin genommen, und beide sollen lange und glücklich regiert haben. Der jüngste aber und Pyrola wurden noch über hundert Jahre alt und beglückten ihre Untertanen. Ein fremder König regierte nach ihm auf seinem Throne, und durch ihn wurden die Menschen wieder so verschlimmert, daß eine große Sintflut über das Land kam. Und seitdem ist jenes Land, das Land der Märchen, versunken, und nur noch diese Sage ist von ihm übriggeblieben.

29. *Historie von Joringel und Jorinde*

Es war einmal ein altes Schloß mitten in einem großen dicken Wald, darinnen wohnte eine alte Frau ganz allein, das war eine Erzzauberin. Am Tage machte sie sich bald zur Katze oder zum Hasen oder zur Nachteule; des Abends aber wurde sie ordentlich wieder wie ein Mensch gestaltet. Sie konnte das Wild und die Vögel herbeilocken, und dann schlachtete sie's, kochte und briet es. Wenn jemand auf hundert Schritte nah bei's Schloß kam, so mußte er stille stehen und konnte sich nicht von der Stelle bewegen, bis sie ihn lossprach; wenn aber eine reine keusche Jungfrau in diesen Kreis kam, so verwandelte sie dieselbe in einen Vogel und sperrte sie dann in einen Korb ein, in die Kammer des Schlosses. Sie hatte wohl siebentausend solcher Körbe mit so raren Vögeln im Schlosse.

Nun war einmal eine Jungfer, die hieß Jorinde. Sie war schöner als alle anderen Mädchen. Die und dann ein schöner Jüngling namens Joringel hatten sich zusammen versprochen. Sie waren in den Brauttagen und hatten ihr größtes Vergnügen eins am andern. Damit sie nun einstmals vertraut zusammen reden konnten, gingen sie in den Wald spazieren. »Hüte Dich«, sagte Joringel, »daß Du nicht zu nah an das Schloß kommst!« Es war ein schöner

Abend, die Sonne schien zwischen den Stämmen der Bäume hell ins dunkle Grün des Waldes, und die Turteltaube sang kläglich auf den alten Maibuchen. Jorinde weinte zuweilen, setzte sich hin in den Sonnenschein und klagte. Joringel klagte auch. Sie waren so bestürzt, als wenn sie hätten sterben sollen. Sie sahen sich um, waren irre und wußten nicht, wohin sie nach Hause gehen sollten. Noch halb stand die Sonne über dem Berg und halb war sie unter. Joringel sah durchs Gebüsch und sah die alte Mauer des Schlosses nah bei sich, er erschrak und wurde totbang. Jorinde sang:

»Mein Vöglein mit dem Ringelein rot,
Singt Leide Leide Leide,
Es singt dem Täubelein seinen Tod,
Singt Leide Lei – Zicküth Zicküth Zicküth.«

Joringel sah nach Jorinde. Jorinde war in eine Nachtigall verwandelt. Sie sang Zicküth Zicküth. Eine Nachteule mit glühenden Augen flog dreimal um sie herum und schrie dreimal Schu – hu – hu – hu! Joringel konnte sich nicht regen. Er stand da wie ein Stein, konnte nicht weinen, nicht reden, nicht Hand noch Fuß regen. Nun war die Sonne unter. Die Eule flog in einen Strauch, und gleich darauf kam eine alte krumme Frau aus diesem Strauch hervor, gelb und mager, große rote Augen, krumme Nase, die mit der Spitze ans Kinn reichte. Sie murmelte und fing die Nachtigall, trug sie auf der Hand fort. Joringel konnte nichts sagen, nicht von der Stelle kommen. Die Nachtigall war fort. Endlich kam das Weib wieder und sagte mit dumpfer Stimme: »Grüß Dich, Zachiel! Wenn's Möndel ins Körbel scheint, bind' los, Zachiel, zu guter Stund'!« Da wurd' Joringel los. Er fiel vor dem Weib auf die Knie und bat, sie möchte ihm seine Jorinde wiedergeben. Aber sie sagte, er solle sie nie wiederhaben, und ging fort. Er rief, er weinte, er jammerte – aber alles umsonst. »Nu! Was soll mir geschehen!« Joringel ging fort und kam endlich in ein fremdes Dorf, da hütete er die Schweine lange Zeit.

Oft ging er rund um das Schloß herum, aber nicht zu nahe dabei. Endlich träumte er einmal des Nachts, er fände eine blutrote Blume, in deren Mitte eine schöne große Perle war; die Blume bräch' er ab, ging damit zum Schlosse. Alles, was er mit der Blume berührte, ward von der Zauberei frei. Auch träumte er, er hätte seine Jorinde dadurch wiederbekommen. Des Morgens, als er erwachte, fing er an, durch Berg und Tal zu suchen, ob er eine solche Blume fände. Er suchte bis an den neunten Tag, da fand er die blutrote Blume am Morgen früh. In der Mitte war ein großer Tautropfen, so groß wie die schönste Perle. Diese Blume trug er Tag und Nacht bis zum Schloß.

»Nu! Es war mir gut!« Wie er auf hundert Schritt nahe bis ans Schloß kam, da wurd' er nicht fest, sondern ging bis ans Tor. Joringel freute sich hoch, berührte die Pforte mit der Blume, und sie sprang auf. Er ging hinein, durch den Hof, horchte, wo er die vielen Vögel vernähm'. Endlich hört er's. Er ging und fand den Saal. Darauf war die Zauberin, fütterte die Vögel in den siebentausend Körben. Wie sie den Joringel sah, ward sie bös', sehr bös', schalt, spie Gift und Galle gegen ihn aus, aber sie konnt' auf zwei Schritte nicht an ihn kommen. Er kehrte sich nicht an sie und ging, besah die Körbe mit den Vögeln.

Da waren aber viel hundert Nachtigallen. Wie sollte er nun seine Jorinde wiederfinden? Indem er so zusah, merkte er, daß die Alte heimlich ein Körbchen mit einem Vogel nimmt und damit nach der Türe geht. Flugs sprang er hinzu, berührte das Körbchen mit der Blume – und auch das alte Weib! Nun konnte sie nichts mehr zaubern, und Jorinde stand da, hatte ihn um den Hals gefaßt, so schön, als sie ehemals war. Da macht' er auch all die andern Vögel wieder zu Jungfern, und da ging er mit seiner Jorinde nach Hause, und sie lebten lange vergnügt zusammen.

Henrich saß wie versteinert, seine Augen starrten grad aus, und der Mund war halb offen. »Base!« [Base Mariechen hatte Henrich die ›Historie‹ erzählt] sagte er endlich, »das könnt' einem des Nachts bange machen.« – »Ja«, sagte sie, »ich erzähl's auch des Nachts nicht, sonst werd' ich selber bang.«

30. Von den Bauern in einem Dorf, das heißt Ganslosen, und ihrer Einfalt

Es hat sich zugetragen, daß auf eine Zeit ein abenteuerlicher Possenreißer sagen hörte von der Einfalt der Bauern zu Ganslosen. Und nahm eine Katze und ging einen weiten Weg; er wanderte und trug die Katze auf seinem Arm. Das sah ein Bauer, der lief zu seinem Nachbarn und sprach: »Ei, lieber Nachbar, was trägt der Mann für ein seltsames Tier! Was mag es nur sein?« – »Lieber, wir wollen ihn fragen.«

Da riefen sie ihm zu und sprachen: »Höre, Landsmann, was trägst Du da für ein Tier?« Da antwortete der Possenreißer: »Es ist ein Mäushund.« Da die Bauern das hörten, waren sie froh, dieweil sie noch niemals einen gesehen hatten und sie so viele Mäuse hatten, die ihnen Korn, Gerste, Hafer und alles zerrissen und fraßen. Sie fragten den Possenreißer, ob er den Mäushund feil habe. Er antwortete: »Ja.« Sie sprachen: »Wieviel soll er kosten?« Er antwortete: »Um zweihundert Gulden.« Da sagten die zwei es im ganzen Dorf an, daß da einer wäre, der hätte einen Mäushund, den wollte er ihnen zu kaufen geben. Da waren die Bauern alle froh und meinten, sie müßten die Mäuse nun loswerden. Sie wurden mit dem Abenteurer eins, legten eine Steuer um und gaben ihm hundert Gulden für die Katze. Der gab sie ihnen und zog seine Straße und war froh.

Da ließen die Bauern ihren Mäushund in der Stube laufen, der gefiel ihnen wohl. Da fing einer an und sprach: »Potz, wir haben vergessen, daß wir nicht gefragt haben, was er doch fresse!« Da schickten sie ihm zwei nach, daß er ihnen sage, was er so esse. Sie liefen geschwind und schrien: »Hola, hola!« Der Spaßvogel sah sich um und sprach: »Was ist das?« Sie schrien: »Hör, Lieber, was ißt der Mäushund?« Er sprach: »Was man ihm gibt.« Des erschraken die zwei und verstanden, er fresse Vieh und Leut, liefen und sagten es den andern. Die erschraken auch und sprachen: »Ach Gott, was haben wir getan! Werden wir seiner wieder mit Ehren los, es sollte uns um das Geld nicht gereuen.« Und sie schickten eilends einen dem Spaßvogel nach, ihm zu sagen, daß er seinen Mäushund wieder nehme, sie wollten ihm das Geld lassen. Der war schon weg, und es kamen die Gesandten wieder zurück.

Da tat es ihnen noch mehr leid, und sie sprachen: »Wenn er keine Mäuse mehr hat, dann wird er unser Vieh und danach unsere Weiber und Kinder und zuletzt uns selbst fressen.« – »Aber damit wir ihn loswerden«, sagte ein alter Bauer, »wollen wir noch eine Steuer umlegen und unserm Nachbarn sein Haus bezahlen und es mit Feuer verbrennen, so werden wir des Mäushunds ledig und auch unserer großen Sorge wegen der Gefahr für das Vieh, Weiber und Kinder und auch für uns selbst.« Das gefiel den andern wohl, sie zahlten das Haus und steckten es an mit Feuer. Als nun das Haus richtig brannte und die Katze sah, daß das Feuer zur Stube hinein wollte, sprang sie zum Fenster hinaus und lief auf die Bauern zu. Als das die Bauern sahen, daß der Mäushund auf sie zulief, flohen sie, schrien und warfen mit Steinen nach ihr, meinten, der Mäushund wolle sie fressen, und flohen weit weg. Das Feuer nahm überhand, so daß das ganze Dorf abbrannte, und die armen, einfältigen Bauern meinten, sie wollten etwas sparen, daß die Mäuse das Getreide nicht fressen, da fraß der

Mäushund das Getreide und die Häuser mitsamt der anderen Nahrung.

31. Friß all, bezahl!

Einem hungrigen Wolf ward ein Gewölb, darin viel geschlachtetes Fleisch verwahret, angezeigt. Daselbst gedacht er, seinen Wanst weidlich zu füllen, trug jedoch die Fürsorg, ohne Gesellschaft würd ihm die Zeit zu lang werden und das Bankett nicht lustig sein oder das Essen nicht schmecken. Derhalben nahm er einen Fuchs mit sich daselbst hin.

Die Kundschaft war gerecht und alles im Überfluß. Darum gedacht der Fuchs, wie ihm zu tun sei, damit er, wo es vonnöten, wieder ohne Entgelt möcht entwischen. Er nahm immer ein Stück nach dem andern, trug es und steckte es zu dem Schlupfloch hinaus, da sie hinein waren gekrochen, auf daß er danach hier draußen sicher davon zu leben hätte.

Der Wolf aber hat sich ganz geizig vollgefressen. Als es nunmehr Abscheidungszeit, war es ihm unmöglich, wie oft und auf wie mancherlei Weis er es versuchet, sich hinauszuwürgen. Denn das Fenster war inwendig enger denn außen und sein Wolfsmagen zu dick geworden, während der Fuchs doch leichtlich konnt entweichen.

Also durch ihr lang Geschwätz und nicht gemach genug Reden wurden die Leute erweckt. Die kamen gelaufen, den Diebstahl zu besehen, ergriffen noch in dem Gewölb den Wolf, und sintemal er kein Geld mitgenommen, die Zech zu bezahlen, mußt er seinen Pelz daselbst zu Pfand lassen.

Hunger und ledig Bäuch tun weh,
Ein überfüllter Magen meh.

Beschert Gott was, des iß Dich satt
Und laß eim andern, was er hat.
Wannt, da Dein Mutwill Dich verführt,
Und hinnimmst, daß Dir nicht gebührt,
Mußt gar teur bezahln die ührt [Irrtum].

Oder:

Bistu Tyrann verhaft, hab acht,
Und sie Dein Küch auch feist gemacht,
Haben Dich ihre Band umschlossen,
So bald Dich stellst ihrs Diensts verdrossen,
Wird Dein Abscheid Dir mit einm Stanck
Versiegelt, wenn Du alt und krank,
Doch zahln wohltätig Herrn mit Dank.

32. Der entlaufene Hasenbraten

In einer vornehmen Stadt wohnte ein reicher / und sehr guter Herr / den ich wegen angebohrner Freygebigkeit Liberalis tauffe: ware ein Wittiber, dan seine Frau war ihme nicht unlängst gestorben / er hatte aber eine Dienst-Magd / welche seine Frau vom Gey [Land] herein zu sich genommen / und an Kindsstatt aufgenommen / die weilen sie ihr Tauff-Dothen war / ihr Name war Gretl. Nachdeme nun die Frau mit Todt abgangen / hat sie ihr Herr / umbwillen sie im Kochen schon zimlich erfahren und abgericht / zur Kuchel gestellt / für ein Köchin gebraucht / und von Fuß auf gekleidt. Wer war nun witziger / als die Gretl? Es hatte ihr der Herr bey dem Schuster saubere Ramen-Schuh mit hohen Stöcklein angefrimbt und machen lassen / die gefielen dem Gretl so wol / daß sie vermeint / sie wäre die Schönste in der gantzen Stadt / wann sie Geschäfft halber ausgehen müssen / wendete sie sich bald auf diese / bald auf jene Seiten / und schaute hinab auf die Schuh / wie sie ihr anstunden / bin ja ein rundes Diendl / denckte sie bey ihr selbst / übernahm sich auch mittlerweil / und obwohlen sie vorhero weder Wein noch Bier gedruncken / so bekam sie doch an jetzo / weil sie überall völligen Gwalt hatte / ein trefflichen Appetit darzu / und gewohnete fein an die guten Bissel. Einsmahls hatte ihr Herr einen seiner guten Freunden / auf ein paar Hünnel und Trunck Wein eingeladen / befilcht der Gretl / sie solt auf den Abend / nach Vesper-Zeit / ein Salat und ein paar Hünnel richten / er hab diesen und diesen Herrn eingeladen: Ja Herr / wills schon richten / nimbt alsobald aus der Steigen das beste paar Hünnel heraus / stichts ab / butzets / last ein Weil im Wasser ligen / steckts darnach umb die Vesper-Zeit an / brat und brat / biß die Hünnel schon dahin braun wurden / der Gast wolt nicht kommen. Sie schreyt dem Herrn: Herr! Die Hünnel werden bald gebraten / wann der Gast nit bald kommt / so muß ichs vom Feuer thun / ist aber schad / daß mans nicht bald isset / jetzt wärens am besten im Saft; wann deme also / spricht der Herr / so will ich dann selbst geschwind dahin gehen / und ihn mit mir her führen. Der Herr hat kaum den Rucken gekehret / da legte die Gretl den Spieß sambt den Hünneln beyseits / lauffet geschwind in Keller umb ein Krüglein Wein / dann so lang beym Feuer sitzen / macht schwitzen / und durstig / holla / denckt sie / ich will mir dieweil wol seyn lassen / wer weiß wann sie kommen / thut geschwind ein guten Zug / geseng Gott Gretl / und thut darnach die Hünnel wieder zum Feuer / schmirbts mit Butter / und treibts lustig um / daß ihr mit der Zeit ein Lust kommen / die Hünnel zu verkosten / schleckt mit dem Finger / es wären halt so geschmack / ey / spricht sie bey sich selber / wären halt die Hünnel so gut / ist ja Sünd und Schad / daß mans nicht gleich isset. Sie laufft zum Fenster / und schaut durchs Guckerle hinauß / ob ihr Herr mit dem Gast nicht daher kommet / siehet kein Menschen

/ thut darauf ein Trunck / bratet wieder ein weil; schaut abermalen / ob sie nit daher kommen / siehet niemand / sitzt wieder zum Feuer / die Hünnel gefallen ihr halt so wol / kont sich nit mehr enthalten / ich muß dannoch gehn kosten / denckts ihr / und schneid von dem einen ein Flügel herab / issts mit Lust / thut abermal ein Truncklein darauf / schauet durchs Guckerle hinauß / mein guter Herr kombt noch nit daher / was müssens so lang thun? denckt ihr die Gretl / vielleicht kommens nicht mehr / oder gantz spat / daß sie nimmer essen mögen / so will ich dieweil das eine Hünnel essen / weil es schon angegriffen ist / nun wolauff mein Gretl sey guter Ding / das Hünnel schmeckt schon wol / laufft noch einmal in Keller umb ein Krügel voll Wein / damit sie das Hünnel kunt abi schwaiben [schwemmen]; schaut noch einmal zum Fenster hinauß / die Gast wolten halt nit kommen / ey denckt sie will gleich so mein beyde Hünnel essen / wo das Eine ist / muß das Andere auch seyn. Was wird aber der Herr sagen? Was wird er sagen? Ich sag halt die Hünnel seynd vom Spieß gefallen / oder will sonst ein Fund erdencken.

Unterdessen / als das gute Gretl am besten asse und trancke / da kam mein guter Herr daher geloffen / schreyt in die Kuchel hinein: nun Mensch / schick dich / der Gast wird bald nachher kommen. Ja Herr / ist schon gut / will gleich den Salat machen / und die Hünnel abziehen; Der Herr bereitete unterdessen den Tisch / wätzet die Messer / die Hünnel zu transchieren. Bald darauf kombt der Gast daher / klopfft gar sittlich und höfflich an der Vorthür an / das Gretl laufft / schaut / wer da sey / und als sie gesehen / daß der Gast vorhanden / warnet sie ihn / und haltet den Finger vors Maul / sagend / er solle geschwind wieder in der Stille davon eylen / dann mein Herr hat euch zwar auf ein Nachtessen eingeladen / hat aber / weiß nit was für ein Grollen / und hat ihm vorgenommen / euch beyde Ohren abzuschneiden; und loß der Herr / spricht sie / er wätzet schon das Messer. Der Gast bedanckt sich / und macht sich geschwind wieder aus dem Staub / auf und davon / über die Steigen ab; die Gretl aber macht Lermen / lauffet zu ihren Herrn mit giehnendem Maul in die Stuben hinein / sprechend: Der Herr hat einen schönen Gast eingeladen; warumb; darumb / weil er mir beyde Hünnel aus der Schüssel weggenommen / und damit auf und davon geloffen. So! spricht der Herr / das ist eine schöne Hofweise / er kratzte sich im Haar / und war ihm leyd für die gute Hünnel / wann er mir dannoch das Eine hätt da gelassen / daß ich gleichwol etwas zu essen hätte; er schreyt ihm nach / er solt da bleiben / der Gast nur auff und davon / thut / als wann ers nit hörete. Laufft ihm derowegen gar nach / und hatte das Messer noch in der Hand / schreyet: Nur eins / solte ihm wenigst das eine Hünnel da lassen / und nit alle beyde mit sich nehmen; der Gast aber verstunde / er wollte ihm nur ein Ohr abschneiden / lauffte / was er nur kont / damit er beyde Ohren davon brächte / und mithin hat sich die Gretl aus der Schlingen gewunden. Nachmahlen aber über ein Zeit / als ihr Herr diß Stickl über sie erfahren / hat er sie auf ein Stund weggejagt / die Händ von ihr abgezogen / all Hülf und Gnad hat sie verschertzet / und ist bald darnach in große Noth und Armuth gerathen.

33. Historia von einem Sohn, deß Weib ihren Schwäher nicht mit übern Tische essen lassen wollte

Ihr wisset ja die Historiam von einem Sohn, deß Weib ihren Schwäher nicht wollte mit übern Tische essen lassen noch in seiner Kammer vergünnen zu schlafen, sondern er hatte sich unter einer Treppen behelfen müssen. Und wie der Vater Winterzeit um ein Kleid anlanget, denn er könnte sich für der Kälte nicht erhalten, gibt der Sohn dem

Vater zwei Ellen Gewand, den alten zurissenen Rock entweder damit auszubüßen oder sich sonst im Lager damit zu decken. Und wie deß Sohns Söhnlein auch zwo Ellen Gewand vom Vater bittet; und der Vater sagt, was sie ihm sollen, antwortet der: Er wolle sie aufheben und dermal eins ihm, dem Vater, auch zum Rocke oder zur Decke, wenn er nu alt und schwach würde, geben, wie er jetzunder seinem Großvater getan. Darob sich der Vater gebessert, seines Söhnleins Rede zu Herzen genommen und seinem alten Vater mit dem Söhnlein einen guten Pelz geschicket, auch ihn wiederum an seinen Tisch und in eine gute Kammer auf und angenommen.

34. Erschreckliche Geschichte vom Hühnchen und Hähnchen

Ein Hühnchen und ein Hähnchen sind miteinander in die Nußhecken gegangen, um Nüsse zu essen, und jedes Nüßchen, welches das Hähnchen fand, hat es mit dem Hühnchen geteilt, endlich hat das Hühnchen auch eine Nuß gefunden, und das Hähnchen hat sie ihm aufgepickt, aber das Hühnchen war neidisch und hat nicht teilen wollen und hat aus Neid den Nußkern ganz verschluckt, der ist ihm aber im Halse steckengeblieben und wollte nicht hinter sich und nicht vor sich, da hat es geschrien: Lauf zum Born und hol mir Wasser.

Hähnchen ist zum Born gelaufen:
»Born, Du sollst mir Wasser geben,
Hühnchen liegt an jenem Berg
Und schluckt an einem Nußkern.«
Und da hat der Born gesprochen:
»Erst sollst Du zur Braut hinspringen,
Und mir klare Seide bringen.«

Hähnchen ist zur Braut gesprungen:
»Braut, Du sollst mir Seide geben,
Seide soll ich Brunnen bringen,
Brunnen soll mir Wasser geben,
Wasser soll ich Hühnchen bringen,
Hühnchen liegt an jenem Berg
Und schluckt an einem Nußkern.«
Und da hat die Braut gesprochen:
»Sollst mir erst mein Kränzlein langen,
Blieb mir in den Weiden hangen.«
Hähnchen ist zur Weide flogen,
Hat das Kränzlein runterzogen:
»Braut, ich tu Dirs Kränzlein bringen,
Sollst mir klare Seide geben,
Seide soll ich Brunnen bringen,
Brunnen soll mir Wasser geben,
Wasser soll ich Hühnchen bringen,
Hühnchen liegt an jenem Berg
Und schluckt an einem Nußkern.«
Braut gab für das Kränzlein Seide,
Born gab für die Seide Wasser,
Wasser bringt er zu dem Hühnchen,
Aber Hühnchen war erstickt,
Hat den Nußkern nicht verschlickt.

Da war das Hähnchen sehr traurig und hat ein Wägelchen von Weiden geflochten, hat sechs Vögelchen davor gespannt und das Hühnchen darauf gelegt, um es zu Grabe zu fahren, und wie es so fort fuhr, da kam ein Fuchs:

»Wohin Hähnchen?« – »Mein Hühnchen begraben.« – »Darf ich aufsitzen?« – » Sitz hinten auf den Wagen, vorne könnens meine Pferdchen nicht vertragen.«

Da hat sich der Fuchs aufgesetzt, kam ein Wolf: »Wohin Hähnchen?« usw., kam ein Löwe, kam ein Bär, usw., alle hinten drauf, endlich kam noch ein Floh: »Wohin Hähnchen?« usw., aber der war zu schwer, der hat gerade noch gefehlt, das ganze Wägelchen mit aller Bagage, mit Mann und Maus ist im Sumpfe versunken, da braucht er auch kein Grab, das Hähnchen ist allein davongekommen, ist auf den Kirchturm geflogen, da steht es noch und dreht sich überall herum und paßt auf schön Wetter, daß der Sumpf austrocknet, da will es wieder hin und will sehen, wie es seinen Leichenzug weiter bringt, wird aber wohl zu spät kommen, denn es ist allerlei Kraut und Gras drüber gewachsen, Hühnerdarm und Hahnenfuß und Löwenzahn und Fuchsia und lauter solche Geschichten, wer sie nicht weiß, der muß sie erdichten.

35. Der listige Schmied

Christus der Herr ging mit Sankt Peter über Feld, durchreisete unterschiedliche Länder, und wie er ninders kein eigne Herberg hatte, kehrte er bei einem Schmied ein, der hatte ein altes Weib, die täte ihnen alle Ehre an.

Nachdem sie wieder von dannen wollten scheiden, wünscht unser Herr und Sankt Peter ihr alles Guts und den Himmel oben darauf. »Ach, meine Herren, wann dies wahr wäre, daß ich nur in den Himmel käme, das andere wollt ich gern alles fahren lassen.« Sankt Peter sagt: »Zweifle nit, es wäre wider die heilige Schrift, wann Du in die Höll kämest; also mußt Du in den Himmel hinein, es gehe, wie es wolle.« – »Wie weißt Du das, mein lieber Peter?« – «Schau«, antwortet er, »tue das Maul auf! Es stehet in der Bibel geschrieben, in der Höllen werd sein Heulen, Weinen und Zähneklappern. Du hast kein Zahn mehr im Maul, also kann die Schrift an Dir nit erfüllet werden.« Wer war froher als das Weib! Sie bracht ohne Zweifel noch Sankt Johannissegen und einen überbliebenen Krapfen auf die Reis.

Unser Herr samt seinem Reisgespan wollte sich gegen den Mann auch dankbarlich einstellen, sagt, er solle vier Wünsch tun, und es sollen ihm alle wahr werden. »Wohlan«, spricht der Schmied, »ich bedank mich des Anerbietens und wünsche, daß, wann mir einer auf meinen Birnbaum, welcher hinter dem Haus stehet, hinaufsteigt, ohne meinen Willen nit mehr herab könnte.« Das verdroß Sankt Peter nicht wenig; dann er vermeinte, der Schmid sollte ehender das Himmelreich begehrt und gewunschen haben. Aber der Herr sagt ihm dennoch zu. Fürs ander wünschete er, daß, wann einer auf seinen Schmiedstock sich niedersetzte, nit mehr ohn seinen Willen möcht aufstehen. Drittens, wann einer in sein altes Feuerrohr hineinfuhr, so lang müßte darin bleiben, als es ihm gefiele. Sankt Peter sagt: »Schmied, Schmied, siehe auf, was Du tust! Das sein lauter Wünsch, welche Dich wenig werden nutzen. Sei aufs wenigst auf die letzt gescheider, wünsche Dir das ewige Leben und Reich der Himmeln!« – »Nein,« spricht der Schmied, »ich wünsch, daß mir dies grüne Häublein eigentumlich allezeit verbleibe, und wann ich darauf mich niedersetze, niemand davon zu treiben Macht habe.« Das war auch Fiat, so geschehe dann eins und das ander.

Unser Herr gehet mit Sankt Peter seinen Weg fort, der Schmied hauset etlich Jahr mit seiner Alten. Da meldet sich ein langer, beiniger Mann, der Tod, an, fordert den Mann ab, soll mit ihm gehen in ein anders Leben. »Holla«, sagt der Schmied, »mein Bruder, kann schon sein; will nur ein saubers Hemd und Kragen anlegen. Brock Du derweilen in meinem Garten Birn ab!« Der Tod steigt auf den Baum hinauf, kommt aber nimmer herab, bis er versprach, den Schmied noch zwanzig Jahr leben zu lassen. Nach deren Verfließung meldet er sich abermal an, aus Befehlch unseres Herrn und Sankt Peters soll er mit ihm gehen. »Unsern Herrn und Sankt Peter kenn ich auch«, antwortet der

Schmied, »Du wirst gewiß gar müd sein, setz Dich nur ein wenig auf diesen Stock nieder! Ich will nur Sankt Johannissegen trinken und von meiner Andel Urlaub nehmen, will gleich wieder vorhanden sein.« Der Tod setzte sich nieder, konnte aber nit mehr aufstehen, bis er ihme noch andere zwanzig Jahr des Lebens versprache.

Nach diesem kam der Teufel, wollte den Schmied mit Gewalt fortführen. »Ho, Kerl«, sagt dieser, »das wird noch mehr brauchen; ich hab wohl andere Brief, und noch weißere als Du schwarze Cartabianc. Wann Du dann ein solcher Tausendkünstler und über mich Dich getraust, so laß sehen, ob Du in dieses rostige Feuerrohr kannst hineinfahren!« Der Teufel war gleich darinnen; der Schmied samt seinen Gesellen mit dem Rohr ins Feuer und auf den Amboß, zerschlagen den Teufel, daß er schrie und bat, man sollt ihn nur heraus lassen, in Ewigkeit wollt er mit dem Schmied nichts mehr zu schaffen haben.

Endlich kommet sein Schutzengel; da war es Ernst, er mußte fort. Der führte ihn zur Höll. Der Teufel, welchen er so jämmerlich zerschlagen, war eben Portner, gutzet bei einem Fensterlein heraus, schlägts zu, wollt mit ihm nichts zu tun haben. Darauf führt ihn der Engel vor den Himmel. Sankt Peter wollt ihn nit allein nit einlassen, sondern gab ihm noch einen Verweis, daß er die anerbotene Gnade Christi nit besser angewendet. Der Schmied sagt: »Laß mich gleichwohl hineinsehen, wie es zugehe!« Sobald er aber das Türlein eröffnet, warf der Schmied sein Häublein hinein, sagt darauf: »Du weißt, daß es mein Eigentum; dahero muß ichs holen.« Da er aber hineingelassen, setzt er sich auf das Häublein und sprach: »Jetzt sitz ich auf meinem Gut, will sehen, wer mich wird davon treiben.« Kam auf solche Weis in Himmel.

36. Hans Wohlgemut
Eine Erzählung aus dem Munde des Volkes

Hans Wohlgemut hatte bei seinem Herrn sieben Jahre gedient, und als er endlich nach Hause ziehen wollte, bekam er zum Lohne ein Stück Gold, so groß wie sein Kopf. Das trug er denn in ein Sacktuch eingewickelt auf der Schulter ohne sonderliche Beschwerde, denn es fehlte ihm eben nicht an Kräften.

Wie er nun des Weges dahinschlenderte und gedachte, wie er jetzt ein großer Herr sein würde, wonach immer sein Herz getrachtet, kommt ein Reiterknecht entgegengetrabt auf einem stattlichen Rosse. Hans blieb stehen und gaffte ihn an, der Reiter auch, und wechselseitig fragen sich beide, woher und wohin. »Ja, lieber Herr Reiter«, antwortet Hans, »unsereiner ist schlimmer daran als Ihr. Bei Euch geht es zu Rosse, bei uns zu Fuße. Hab ich doch mein Lebtage noch nicht auf einem Pferde gesessen; bei meiner Treu, das Reiten muß ein herrliches Ding sein!« – »Ja, lieber Sohn«, sprach der Reiter, wir können tauschen! Gib her das Stück Gold und nimm dafür das Pferd.« – »Ach, mit tausend Freuden«, rief der andre, sprang und klatschte in die Hände, und es fehlt nicht viel, so wäre er dem Pferde wie dem Reiter um den Hals gefallen. Seelenvergnügt trennten sich die Wandersleute; ja, aus bloßer Erkenntlichkeit half noch der Reiter unserem Hans auf den Braunen hinauf und gab ihm die Zügel fest in die Hände.

So ging es denn ein Weilchen recht bequem. Wie aber Hans zu schnalzen anfing und dabei »hopp, hopp« rief, setzte sich das Pferd in gehörigen Trab, und ehe sichs der kühne Reiter versah, lag er ziemlich unsanft in dem Graben, der die Äcker von der Landstraße trennte.

Ein Bauer, der eine Kuh vor sich her trieb, kam herbei, hielt das Roß an und wollte dem Gefallenen Beistand leisten. »Die verwetterte Mähre!« fluchte Hans und schnitt ein gar jämmerliches Gesicht, während er sich wieder auf die Beine brachte. »Gott seis gedankt, daß ich noch lebe und gesund bin! Reite in Zukunft, wer Lust hat, ich habe sie bei meiner armen Seele nun und nimmermehr. Da lobe ich mir Eure Kuh. Hinter der läßt es sich gemächlich ziehen und, was das Schönste ist, Milch, Käse und Butter hat man obenein vollauf alle Tage.« – »Ei, nun tauschen wir«, sprach der Bauer, »gebt mir das Pferd, ich gebe Euch die Kuh.« – »Bei allen Heiligen«, rief Hans, »das ist ein gefundener Handel. Ich will Euch alle Tage in mein Gebet einschließen. Topp, guter Alter!«

Hier griff er nach der Kuh, und der Bauer schwang sich auf das Pferd und ritt im Galopp nach Hause, aus Furcht, daß unsern Hans der Tausch noch gereuen könnte. Die Sache war anders. Hans freute sich innig, wie er fortan das Brot nicht mehr trocken verzehren, sondern Butter und Käse dazu haben würde. In der Freude ließ er sich im nächsten Wirtshause ein halbes Glas Bier einschenken und aß sein Mittags- und Abendbrot auf einmal auf.

Dann trieb er seine Kuh weiter, immer nach dem Dorfe seiner Mutter zu. Die Hitze wurde drückender, je näher der Mittag kam. Hans befand sich mitten in der Heide und hatte wohl noch ein Stündchen bis zum nächsten Dorfe. Die Zunge klebte ihm am Gaumen. ›Wie wärs‹, fiel ihm endlich ein, ›wenn du die Kuh melktest? Du bindest sie an einen Baum und läßt dir die Milch in deine Mütze laufen.‹ – Gesagt getan. Die Kuh wurde angebunden, aber kein Tropfen Milch kam zum Vorschein, und wie er sich ungeschickt anstellte, gab ihm das Tier mit einem der Hinterfüße einen solchen Schlag vor den Kopf, daß er taumelnd zu Boden stürzte.

Zum Glück zog ein Schlächter mit einer Karre vorbei, auf der ein junges Schwein lag. »Guter Freund, was macht Ihr denn für Dinge«, rief er ihm schon von weitem zu, und

Hans erzählte ihm die Geschichte. »Nun, da trinket einmal aus meiner Flasche und erholt Euch. Die Kuh, mit der ists vorbei, die wird in ihrem Leben keine Milch mehr geben, allenfalls taugt sie noch zum Ziehen.« – »So, so«, murmelte Hans und fuhr sich mit der Hand einigemal über den Kopf. »Wie wärs, lieber Meister, wenn Ihr mir Euer Schwein gäbet und nähmet meine Kuh. Kuhfleisch ist gewiß nicht nach meinem Geschmacke, aber Schweinebraten und Wurst esse ich für mein Leben gern.« – »Den Gefallen kann man Euch tun«, antwortete der Schlächter, »gebt mir Eure Kuh, ich gebe Euch mein Schwein.« – O, Ihr seid ein gar zu gefälliger Mann«, sprach Hans für sich. »Gehabt Euch wohl!« Der andere zog nun mit der Kuh links ab, und Hans rief einmal über das andere: »Ja, das muß man doch sagen, mir geht alles nach Wunsche!«

Er hatte eine halbe Meile zurückgelegt, das Schwein vor sich her treibend, als er einem Burschen begegnete, der eine Gans unter dem Arm hatte. »Gehen wir einen Weg«, fragte der Bursche. »Wer weiß«, sagte Hans. »Ich gehe zu meiner Mutter nach Susewedel.« Und zugleich ließ er sich über seinen Tausch vernehmen. »Da habt Ihr von Glück zu sagen«, antwortete der Bursche. »Ich trage die Gans zum Kindstaufschmause nach Gernefraß. Rund ist sie, wie eine Kugel, seht nur her. Wir haben sie aber auch an acht Wochen gemästet. Da wird es einmal Gänsefettschnitten geben, die sich zu essen verlohnen. Wenn man sie in Rauch aufhinge, müßte es eine pommersche Spickgans werden, trotz einer.« – »Pommersche Spickgans«, unterbrach ihn Hans. Der Mund blieb ihm vor Erstaunen offen. Gänsefettschnitten? Er leckte mit dem Zünglein.

Inzwischen sah sich der Bursche nach allen Seiten bedenklich um und schüttelte mitunter den Kopf. »Hört, hört«, fuhr er nach einem kurzen Verzuge fort, »mit Eurem Schweine mags nicht ganz richtig sein. In dem Dorfe, durch das ich eben gekommen bin, hat man dem

Schulzen eins aus dem Kosen gestohlen. Wenns das Eurige wäre und man träfe Euch!« – »Um Gottes willen«, schrie Hans, der sich schon im finstern Loche und alle Gänseherrlichkeiten vergangen sah, »macht mich nicht unglücklich. Ihr wißt hier herum besser Bescheid. Nehmt das Schwein und gebt mir die Gans.« – »Viel gewagt«, sprach der Bursche. »Wer möchte aber gern einen Menschen unglücklich machen? Da habt Ihr die Gans.«

›Wahrlich, man sieht‹, dachte Hans, als er den Weg fortsetzte, ‹meine Großmutter hat recht: Den Sonntagskindern geht immer alles nach Wunsche. Wie werden sie zu Hause schmunzeln, wenn sie meine Gans sehen. Was sie für schöne weiße Federn hat! Zu einem Kopfkissen reichen sie sicherlich. Auf dem will ich uneingewiegt schlafen, wie ein Prinz.‹

Hinter dem Dorfe stieß er auf einen Scherenschleifer. Er blieb abermals stehen und sah und hörte dem Manne zu, der zu seiner schnurrenden Arbeit sang:

»Ich schleife die Schere und drehe geschwind
Und hänge mein Mäntelchen nach dem Wind.«

Endlich wagte er ihn anzureden. »Noch so spät, lieber Mann? Ihr zieht wohl auch nach Gernefraß zum Kindstaufschmause?« – »Das sollte ich meinen«, versetzte der, »bei solchen Gelegenheiten gibts immer etwas für uns zu tun. Ein rechter Schleifer ist ein geborgener Mann. Geld hat er beständig in der Tasche, denn: Geschliffen muß heut alles sein und glänzen wie ein Karfunkelstein.« – »Immer Geld in der Tasche?« sagte Hans. »Das Ding lobe ich mir. Mein Lebtage hab ich es nicht anders gewünscht.« – »Ja, ja, mein Freund. Aber wohin mit der Gans?« – »Die hab ich für die Kuh eingetauscht.« – »Und die Kuh?« – »Die hab ich mir für den Braunen geben lassen.« – »Und den Braunen.« – »Ih, den nahm ich für ein Stück Gold, so groß wie mein Kopf, das mir mein Herr zum Lohne gegeben.« –

»Hm, hm! Wenn Ihr ein Scherenschleifer werden wolltet, so könntet Ihr, wie ich, das Geld immer in der Tasche springen hören.« – »Ach, gar zu gern, bester Herr. Wer so glücklich wäre!« – »Vor allem müßtet Ihr einen Wetzstein haben. Das Übrige findet sich schon von selbst.« – »Ich bitte Euch um die sieben Wunden Christi«, flehte Hans, »laßt mir einen von Euren Steinen ab, wenn er gleich etwas schadhaft sein sollte. Ich gebe Euch meine fette Gans.« Sie wurden einig. Der Schleifer suchte ihm unter den Wetzsteinen den untauglichsten aus und schenkte ihm als Zugabe einen großen Feldstein, auf dem sichs, wie er sagte, besonders gut klopfen lasse.

Hans war beinah außer sich. Er griff schon in die Tasche, als ob er das Geld hören wollte. »Wie hab ichs nur verdient, daß mir doch alle meine Wünsche in Erfüllung gehen?« wiederholte er sich oft. Indes war er seit Tagesanbruch auf den Beinen und hatte, wie man weiß, zum Frühstück seinen ganzen Mundvorrat aufgezehrt. Der Hunger fing ihn an zu plagen, und aus Müdigkeit mußte er jeden Augenblick haltmachen, obschon es nur noch eine Meile bis Susewedel war. Die Beine lasteten sehr. Er konnte sich des Gedankens nicht erwehren, wie glücklich er sein möchte, wenn er grade jetzt die Steine nicht hätte. Stärken müßte er sich wenigstens durch einen frischen Trunk, wenn er erst ein Weilchen geruht hätte, meinte er, als er zu einem Feldbrunnen wie eine Schnecke angeschlichen kam. Damit er aber nicht etwa die Steine zum Niedersetzen beschädigte,legte er sie bedächtig neben sich an den Rand des Brunnens. Auf einmal ging es ›plump, plump‹, und die Steine lagen im Wasser.

Und Hans, was tat er? Er kniete nieder, fast in Tränen schwimmend, und dankte Gott, daß er ihm das noch erwiesen hätte, was einzig zu seinem Glück gefehlt. »So wahr Gott über mir lebt, bis heute hat es wohl keinen glücklichern Menschen als ich bin gegeben!« So sprechend, trollte er ohne die Steinlast mit frohem Sinne neugestärkt nach Hause.

Es wird keiner arm, der nicht rechnen kann.

37. Von einem wahrhaftigen, doch betrieglichen Werber

Alle Freier reich und alle Gefangenen arm, sagt das Sprichwort: Es hatte Nachbar Stephan einen jüngern Vetter, dem er gerne zu einer reichen Heirat wollte geholfen haben und machte seinen Anschlag auf eines reichen Bauern Tochter im andern Dorf, welcher ihm auch listig gelang.

Er setzte seinen jungen Vetter hinter den Ofen und ließ einheizen, gab ihm einen neugemünzten Pfennig in die Hand, den sollte er fest halten, und dann stand vor seinen Füßen ein Topf Milch samt einer Anzahl Weißbrot, das sollte er nacheinander in die Milch brocken und in der Postur bleiben, bis er, der Werber, wieder käme.

Derselbe zog seine alte verplackte Hose an, machte sich auf die Fahrt und rühmete seinen jungen Herrn nach aller Art. Da aber jener fragte, wie es sonsten um sein Tun und Vermögen stünde, antwortete der Werber: »Lieber Freund, ich kann Euch versichern, daß mein junger Vetter warm sitzt, mit einem guten, schönen Pfennig in der Hand und hat wohl einzubrocken. Möchte auch nicht viel weniger Placken zählen als ich! Und wenn Ihr die Mühe wollt nehmen, mit mir hinzugehen, kann mans Euch auf der Stund zeigen, daß es nicht anderst ist.«

Wer wollte eine so gute Gelegenheit ausschlagen? Die Hochzeit ward gehalten, die neue Frau heimgeführt. Und als sie im Spazierengehen gehen wollte, die Placken oder Feldgüter sehen, zog Hans seine geplackete Hose an, damit er sein sonntägliches Kleid nicht verunehrte, ging auf dem Feld herum, zeigte mit dem Finger zu dem Berg, wo hie und da sich der Weinstock abzeichnete, griff dann an den Arm und sprach: »Dieser Placken ist mein und jener auch. Liebste, sehet nur wohl darnach!« Eben also machte er es mit Äckern und Wiesen, schlug jedes Mal auf einen kleinen oder großen Placken am Kleid, dahin das Fräulein sollte sehen und nicht in das weite Feld gaffen.

Andere Leute machten Herbst, Heu und Kornernte, aber hier erzeigten sich keine Hausmittel. Das Fräulein war verkauft und geliefert und der geizige Bauer betrogen. Wäre er auf den Augenschein gegangen, hätte er ohne Zweifel ein anders geantwortet, ganz vergessen, daß die Werber lügen müssen oder zum Werk nichts taugen. Es geschieht dennoch und alles guts Willen.

Qui facile credit, facile decipitur.
[Wer leicht glaubt, der wird leicht betrogen werden].

38. Von einem Hahnen und Fuchs

Vor Zeiten, da die Tier und Vögel noch reden konnten, schlich ein Fuchs hinter einem Dorf hin, sahe einen Hahnen auf einem Zaun sitzen, ging zu ihm und sprach: »Gott grüß Euch, lieber Herr! Verzeihet mirs, seid Ihr nit des roten Herrn Hahnen seliger Sohn? Ich hab mein Tag kein schöner, heller Stimm gehört, denn er hatt. Er war wahrlich dem ganzen Dorf ein Zier. Und möcht ich doch gern wissen, ob Ihr ihm in dem nachschlüget und auch so ein feine Stimm hättet.« Der Hahn erstolzt sich bei sich selber, er schwang sich mit beiden Flügeln hoch, bäumt sich auf, tat beide Augen zu und fing, so laut er vermocht, einen Schrei an. Indem erwischt ihn der Fuchs und lief zum Walde zu mit ihm.

Der Bauer mit seinem Gesind höreten dies Gestüber, liefen eilends dem Fuchs nach und schrien: »Au weh, unser Hahn! Au weh, unser Hahn!« Dem Hahnen war angst, er sprach zum Fuchs: »Hör doch, was sagen die tollen Bauren! Es ist nun um mich getan. Lieber, sprich doch zu ihnen: ›Ihr Baurenbengel, ich trage nit euren, sondern meinen Hahnen!«

Dem Fuchs, ein Spötter, wie er ist, gefiel die höfliche Antwort wohl. Er meint, er hätt gewonnen, wollts also dem Hahnen nachsagen. Und wie ers Maul auftat, entflohe ihm der Hahn auf einen Baum. »Ihr lügt, mein Herr Fuchs«, sprach er, »ich bin der Bauren, nicht Euer.« Der Fuchs ergrimmt, schlug sich selber ums Maul, daß er sich so einen guten Imbiß verschwätzt, hätt sich gern selber auch mit Füßen getreten. So wars vorbei.

Also bringt manchen sein eigen Maul in Schand und Schaden.

39. *Von drei Wünschen*

Zwei junge Eheleute wollten gerne mit Ehren durch die Welt und baten alle Zeit, daß ihnen drei Wünsche widerfahren möchten.

Es trug sich zu, daß der Frauen in der Kirchen eine Lust ankommt und spricht: »Ach, daß ich einen Kuhfuß hätte.« Und zur Stund kam ein Kuhfuß wohl gekocht, worüber die Frau sehr erschrak, daß sie nichts davon aß. Sie ging wieder nach Haus und sagts ihrem Mann. »Ich hab um einen Kuhfuß gebeten, der mir zur Stund geworden, also zweifel ich nicht, die andern zwei Wünsche werden uns auch geraten.«

Wie der Mann das hörte, sprach er: »Habt Ihr nichts anders gewünscht, so wollte ich, daß Euch der Kuhfuß im Leibe steckte.« Und zur Stund fuhr ihr der Kuhfuß in den

Leib. Da waren sie beide sehr erschrocken und sprachen: »Ach, wir wollten, daß der Kuhfuß aus dem Leibe wäre, wollten unser Lebtag nichts mehr wünschen.« Und so fuhr der Kuhfuß wieder aus dem Leib. Und waren sehr betrübt, daß ihr Wünschen auf den Kuhfuß geraten, wovon sie nichts denn Verdruß hatten.

40. *Von einer Mutter, die ihren Sohn ausgesandt hat, um einen guten Tag zu suchen*

Die Mutter eines gar trägen Jungen, der aus Faulheit stets in den hellen Tag hinein schlief, hatte den sehnlichen Wunsch, aus ihm einen fleißigen, muntern und verständigen Menschen zu machen; deshalb ließ sie es Tag für Tag nicht an Ermahnungen fehlen: »Mein Sohn, ein vorsorglicher Mann steht, wenn er einen guten Tag haben will, schon zeitlich des Morgens auf; denn nur dem Wachenden lächelt das Glück, nie dem Schlafenden.«

Der einfältige Knabe, der nur den Laut der Worte, nicht aber ihren Sinn erfaßte, stand denn einmal mitten in der Nacht aus dem besten Schlafe auf und legte sich unter freiem Himmel vor dem Stadttore nieder, und zwar so, daß er den freien Zugang verwehrte. In derselben Nacht waren nun zufällig drei Bürger hinausgegangen, um einen gefundenen Schatz auszugraben und heimzuholen; und als die gefiederte Schar das Morgenlied anstimmte, trafen sie auf der Rückkehr jenen Wachenden. Der erste sagte, als er über ihn sprang: »Freund, ich wünsche Dir einen guten Tag«, und der Knabe antwortete, einen habe er jetzt, meinte dabei einen guten Tag. Der aber, der über ihn gesprungen war, legte bei sich die Rede aus, wie es auch geschrieben steht:

Wer eine Schuld sich bewußt ist, bezieht jedes Wort auf sich selber.

Ebenso bot der zweite, der vorüber kam, dem Jungen einen guten Tag, und der gab zurück, nun habe er zwei, dachte dabei natürlich an gute Tage. Und als ihm auch der dritte einen guten Tag wünschte, meinte er, er habe jetzt alle, nämlich Tage, sprang freudigst auf und eilte hurtig von dannen. Die drei Gesellen aber, in der Angst, er wolle sie anzeigen, riefen ihn zurück und verhießen ihm ein Viertel des Schatzes; sie machten also vier Teile, und der Jüngling empfing sein Viertel. Er lief stracks nach Hause und übergab es der Mutter mit den Worten: »Mutter, ich glaube, das Glück war mit mir; denn ich habe, indem ich Deine Vorschriften befolgt habe, einen guten Tag gefunden. Nimm dieses Geld für den Haushalt.«

Die Novelle zeigt, daß den Wachsamen das Glück hold ist und daß die Schuldbewußten immer ängstlich sind.

41. Geschichte des Fischers mit dem Geiste

Man erzählte mir, daß es einmal einen Fischer gegeben hätte, der schon hochbejahrt war. Er hatte eine Frau und drei Töchter, war arm und besaß nicht einmal seine tägliche Nahrung. Er war gewohnt, sein Netz nur viermal am Tage auszuwerfen.

Einst ging er bei Mondschein zum Dorfe hinaus an das Ufer des Stroms, legte seinen Korb ab, schürzte sein Hemd auf, watete bis zur Mitte des Körpers ins Wasser, warf das Netz und wartete, bis es untersank. Dann zog er es an sich und wollte es langsam zusammenlegen, aber er fand es durch etwas zurückgehalten und zog daher mit größerer Gewalt daran. Weil er es dennoch nicht von der Stelle brachte, so ging er an Land, befestigte das Ende des Seils, an dem das Netz war, entkleidete sich, tauchte in der Nähe des Netzes unter und arbeitete sich so lange ab, bis er es endlich ans Ufer gezogen. Hier fand er einen toten Esel darin, der das Netz ganz zerrissen hatte. Als der Fischer dies sah, war er sehr betrübt und ganz niedergeschlagen und sprach: »Es gibt nur Schutz und Kraft beim erhabenen Gott. Mit dem Lebensunterhalt geht es wunderbar zu.« Hierauf sagte er folgende Verse:

»O Du, der Du untertauchst in das Dunkel der Nacht und der Gefahr, bemühe Dich nicht so sehr, denn der Lebensunterhalt kommt nicht durch die Anstrengung. Siehst Du das Meer mit dem Fischer, der darin steht, um seinen Lebensunterhalt zu suchen, während die Sterne der Nacht sich verbergen? Er taucht unter bis in die Mitte des Körpers und läßt sich von den Wellen schlagen: Sein Auge hört nicht auf, das Netz zu beobachten. Und wenn endlich die tödliche Angel einem Fisch die Kiemen spaltet, dann ist er mit seiner Nacht zufrieden. Den Fisch aber kauft ihm einer ab, der die Nacht im schönsten Wohlbehagen, nicht in der Kälte zugebracht. Gelobt sei mein Herr, er gibt dem einen und versagts dem andern. Der eine fängt Fisch, und der andere ißt sie.«

Als der Fischer seine Verse vollendet und den Esel aus seinem Netze befreit hatte, setzte er sich auf die Erde und besserte das Netz wieder aus. Als er damit fertig war, drückte er es tüchtig aus, ging wieder ins Wasser, rief den Namen Gottes an, warf das Netz aus und wartete, bis es untertauchte. Jetzt zog er die Schnur langsam an sich, fand sie aber wieder anhängend und zwar noch fester als zuvor. Er glaubte, es sei ein Fisch, und freute sich darüber, zog seine Kleider aus und tauchte unter, um es loszumachen. Langsam zog er es an Land und fand nun einen großen irdenen Topf voll Sand und Kot darin. Als er dies sah, weinte er und war sehr betrübt und sprach: »Dies ist ein wunderbarer Tag. Ich gehöre Gott und vertraue auf ihn.« Hierauf sagte er folgende Verse:

»O quälendes Schicksal, hör auf! Glaubst Du, mich noch nicht gehörig verfolgt zu haben? Verschone mich doch aus Gnade! Ich ging aus, meinen Lebensunterhalt zu suchen, und jetzt weiß ichs: er ist für mich dahin. Ich werde weder vom Glück begünstigt noch nützt mir meiner Hände Arbeit. Wie mancher Unwissende ist bei den Sternen, und mancher Gelehrte bleibt im Staub verborgen.«

Er warf den Topf weg, drückte das Wasser aus dem Netz, breitete es aus, bat Gott um Verzeihung und ging wieder ans Meer. Dann warf er das Netz zum dritten Male aus und wartete, bis es untertauchte. Jetzt zog er es wieder an sich und fand es voll Scherben, Steine, Knochen und anderen Unrat. Der Fischer weinte vor vieler Müdigkeit, Anstrengung und wegen seines Mißgeschicks. Auch dachte er an Frau und Kinder, die zuhause ohne Nahrung waren. Er schlug sich ins Gesicht und sprach folgende Verse:

»Der Lebensunterhalt ist so, daß Du ihn weder lösen noch aber binden kannst. Weder Bildung noch Kunst können Dir ihn verschaffen. Glück und Unterhalt sind nur Bestimmung. So herrscht Fruchtbarkeit in einem Lande und Mangel in einem andern. Die Wechsel des Schicksals erniedrigen jenen edlen Menschen und erheben den, der keinen Wert hat. Hole mich daher heim, o Tod, denn das Leben ist abscheulich, wenn Falken erniedrigt und Enten erhöht werden. Es ist kein Wunder, wenn Du einen Tugendhaften arm siehst und einen Lasterhaften mit reichen Gütern. Unser Lebensunterhalt ist uns vorausbestimmt, und im Schicksalsbuche sind wir wie Vögel, die bald hier, bald dort etwas aufzulesen finden. Ein Vogel umfliegt die Erde nach Osten und Westen, und ein anderer erhält das Wertvolle, ohne die Flügel zu bewegen.«

Der Fischer hob dann sein Auge zum Himmel, die Morgenröte war schon angebrochen, und der Tag fing an zu leuchten, da sprach er: »O Gott, Du weißt, daß ich mein Netz am Tage viermal auswerfe. Schon habe ich es dreimal getan. Mir bleibt also nur noch einmal es zu tun übrig. Laß ein Wunder geschehen, o Herr, wie Du Moses im Meere getan!« Hierauf flickte er das Netz wieder, warf es ins Meer und wartete, bis es untersank und hängenblieb, um es dann an sich zu ziehen. Allein, er konnte es nicht, denn es war ganz zerzaust und auf dem Grunde verwikkelt. »Es gibt keinen Schutz und keine Macht außer bei dem erhabenen Gott!« rief er aus. Dann entkleidete er sich, tauchte unter und gab sich alle Mühe, es wieder loszumachen.

Als er damit an Land gegangen, fand er etwas Schweres darin, und als er es nach vieler Mühe entwirrt hatte, fand er eine gefüllte Messingflasche, oben mit Blei geschlossen und mit unseres Herrn Salomons [der nach muhammedanischen Überlieferungen der Herr der ganzen Erde einschließlich aller irdischen und geistigen Wesen war] Siegel darauf eingegraben. Als der Fischer dies sah, freute er sich und dachte: ›Dies verkaufe ich dem Kupferschmied, es ist gewiß zwei Malter Weizen wert.‹ Er schüttelte nun die Flasche und bemerkte, daß sie mit etwas angefüllt war. Da dachte er: ›Ich will doch einmal sehen, was in dieser Flasche ist. Ich will sie erst öffnen und dann verkaufen.‹ Er zog ein Messer aus der Tasche, durchstach damit das Blei und arbeitete so lange, bis er die Flasche geöffnet. Hierauf nahm er sie, setzte sie an den Mund, aber es kam nichts heraus. Darüber war der Fischer sehr erstaunt.

Doch nach einer Weile stieg Rauch aus der Flasche empor, der sich rasch verbreitete und immer mehr zunahm, bis er das ganze Meer bedeckte, dann stieg er gegen die Wolken des Himmels. Der Fischer wunderte sich, als er dies sah. Als dann aller Rauch aus der Flasche war, verdichtete und vereinigte er sich und ward zu einem Geiste, dessen Füße auf der Erde waren und dessen Haupt bis in die Wolken ging. Er hatte einen Kopf wie ein Brunnenloch, die Vorderzähne waren wie eiserne Haken, einen Mund besaß er wie eine Höhle, Zähne wie Felsensteine,

Nasenlöcher wie Trompeten, Ohren wie Tartschen [mittelalterlicher Schild], einen Schlund wie eine Gasse, Augen wie Laternen, mit einem Worte: Er war abscheulich häßlich. Gott bewahre uns vor so etwas!

Als der Fischer ihn sah, zitterte er am ganzen Körper, seine Zähne klapperten, und sein Hals wurde trocken. Da sagte der Geist: »O Salomo, Prophet Gottes! Verzeih! Verzeih! Ich will Dir nie mehr ungehorsam sein und Deinen Befehlen nimmer zuwiderhandeln.«

Als der Geist dies gesagt, erwiderte ihm der Fischer: »O Geist, was sagst Du von unserem Herrn Salomo, dem Propheten Gottes, der vor achtzehnhundert und einigen Jahren gestorben ist, und wir leben jetzt in einer viel späteren Zeit? Was ist Dir widerfahren? Wie bist Du in diese Flasche hineingeraten?«

Als der Geist dies hörte, sagte er: »Vernimm eine gute Nachricht!« Da dachte der Fischer bei sich: ›O Tag der Glückseligkeit!‹ Der Geist aber fuhr fort: »Ich bringe Dir die Nachricht, daß Du sogleich umgebracht werden sollst.« Hierauf sprach der Fischer: »Du verdienst für die Botschaft, daß Dir der Schutz und die Gnade Gottes entzogen werden! Warum willst Du mich umbringen, da ich Dich doch befreit, aus der Tiefe des Meeres herausgezogen und auf die Erde versetzt habe?« Der Geist aber antwortete: »Bitte Dir etwas von mir aus.« Der Fischer fragte freudig: »Was sollte ich mir von Dir ausbitten?« – »Bitte Dir eine Todesart aus, an der Du sterben willst, damit ich Dich nach Deiner Wahl töte.« – »Was habe ich verbrochen«, wiederholte der Fischer, »ist das mein Lohn, daß ich Dich befreit habe?« Darauf sprach der Geist: »Höre meine Geschichte!« – »So erzähl«, erwiderte der Fischer, »aber machs kurz, denn ich gehöre zu den Heiligen.« Und der Geist sprach:

»Wisse, ich gehöre zu den widerspenstigen und abtrünnigen Geistern, ich war mit dem Geiste Sacher Salomo, dem Propheten Gottes, ungehorsam. Er sandte mir Asaf [Minister Salomos, Symbol der Weisheit], Sohn des Berachja, der gegen meinen Willen zu mir kam und das Urteil über mich aussprach und auch vollzog. Er fesselte mich auf eine demütigende Weise mit Gewalt und brachte mich zu Salomo, dem Propheten Gottes. Als dieser mich sah, nahm er zu Gott seine Zuflucht, sich vor mir und meiner Gewalt fürchtend. Er sagte mir, ich solle ihm gehorsam werden. Aber als ich mich weigerte, ließ er diese Messingflasche bringen, sperrte mich hinein, schloß sie mit Blei, drückte den Namen des erhabenen Gottes darauf und befahl dann einem Geiste, mich wegzutragen und in die Mitte des Meeres zu versenken. Nachdem ich zweihundert Jahre darin geblieben war, beschloß ich, den reich zu machen, der in den ersten zweihundert Jahren mich befreien würde.

Die zweihundert Jahre verflossen aber, ohne daß mich einer befreite. Es vergingen dann wiederum zweihundert Jahre, und ich beschloß nunmehr, dem, der mich befreien würde, alle Schätze der Erde zu öffnen – es vergingen vierhundert Jahre, und niemand befreite mich. In den folgenden zweihundert Jahren beschloß ich, meinen Befreier zum Sultan zu machen, selbst sein Diener zu werden und ihm täglich drei Wünsche zu gewähren. Aber auch in diesen zweihundert Jahren befreite mich niemand. Nun ward ich böse, stampfte, tobte, schnarchte und beschloß, den zu töten, der von nun an mich befreien würde, ihn entweder den schrecklichsten Tod sterben oder ihn selbst wählen zu lassen, wie er sterben wolle. Kurz, nach diesem Beschluß kamst Du, mich zu befreien. Sag mir nun, auf welche Weise ich Dich umbringen soll.«

Als der Fischer diese Worte des Geistes vernommen hatte, sprach er: »Ich gehöre Gott an und kehre zu ihm zurück. Mußte ich gerade in diesen unglücklichen Jahren Dich befreien, so ist mein Schicksal verflucht. Doch verzeih mir, Gott wird auch Dir verzeihen. Töte mich nicht, sonst wird Gott jemandem die Kraft verleihen, auch Dich zu töten.« – »Es hilft alles nichts«, erwiderte daraufhin der Geist. »Sag mir nur, wie Du sterben willst.« Als der Fischer sah, daß er wirklich umgebracht werden sollte, war er sehr betrübt und rief weinend aus: »O meine Kinder! Gott laß mir nicht das Herz weich um Euch werden!« Hierauf wandte er sich wieder zum Geiste und sagte: »Bei Gott, verzeih mir zum Lohne, daß ich Dich aus dieser Messingflasche befreit habe.« Da antwortete der Geist: »Gerade weil Du mich gerettet hast, will ich Dich umbringen.« – »Wie«, sagte der Fischer: »Ich habe Dir eine Wohltat erwiesen, und Du willst mir dafür Böses tun? Wahrlich, das Sprichwort lügt nicht, welches lautet:

›Wir haben ihm Gutes erwiesen, man hat mit Bösem uns vergolten. So, bei meinem Leben, handeln alle ruchlosen Menschen. Wer Gutes tut dem, der es nicht verdient, dem wird es gehen wie einem, der einer Hyäne Obdach gibt.«

Der Geist darauf: »Zögere nicht lang, Du wirst umgebracht, wie ich Dir gesagt habe.« Da dachte der Fischer bei sich: ›Dieser ist ein Geist, und ich bin ein Mensch. Gott hat mich durch Verstand über ihn erhoben, ich will mit meinem Verstande ihn überlisten.‹ Er überlegte eine Weile und sprach dann zu dem Geist: »Willst Du mich denn unbedingt töten?« Und als der Geist bejahte, sprach er weiter: »Bei der Wahrheit des höchsten Namens, der auf Salomons, Sohn Davids Siegel gestochen war. Wirst Du mir die Wahrheit sagen, wenn ich Dich frage?« Der Geist zitterte und bebte, als er den erhabenen Namen vernahm, und antwortete: »Frag ruhig, doch machs kurz!«

Da sagte der Fischer zu dem Geist: »Bei dem Namen des erhabenen Gottes frage ich Dich, warst Du in dieser Flasche eingesperrt?« – »Ja, ich war darin eingesperrt, beim erhabenen Gott«, antwortete der Geist. »Du lügst«, versetzte der Fischer, »diese Flasche kann nicht einmal Deine

Hand fassen und würde schon durch Deine Füße zersprengt werden, wie soll sie Dich ganz fassen können?« Da sagte der Geist wieder: »Bei Gott, ich war darin, willst Du es nicht glauben?« – »Nein«, antwortete der Fischer.

Da löste sich der Geist nach und nach auf, ward ganz Rauch, der in die Höhe stieg und sich über Land und Meer ausbreitete. Er zog sich dann wieder zusammen und nach und nach in die Flasche, bis er endlich ganz darin war. Da schrie er aus der Flasche heraus: »Siehst Du nun, Fischer, wie ich in der Flasche bin? Und glaubst Du mir jetzt?« Doch der Fischer nahm sogleich das Blei, mit dem die Flasche geschlossen war, und drückte es wieder darauf. Dann rief er: »O Geist! Wähle nun, wie Du sterben willst und wie ich Dich wieder ins Meer werfen soll. Dann werde ich hier ein Haus bauen lassen und alle Fischer warnen, die hier fischen wollen, und ihnen sagen: ›Hier liegt ein Geist, der den umbringt, der ihn heraufzieht und befreit und ihn nur wählen läßt, welchen Tod er sterben will.‹« Als der Geist dies vernahm und sich wieder eingesperrt sah und heraus wollte, aber nicht konnte, weil Salomos Siegel ihn zurückhielt, so merkte er wohl, daß der Fischer ihn überlistet hatte. Und er sprach zu ihm: »Guter Fischer, tu das doch nicht, ich habe mir nur einen Scherz mit Dir erlaubt.« – »Du lügst«, sagte der Fischer, »Du schändlicher und niedriger aller Geister!«

Der Fischer rollte dann die Flasche gegen das Meer, während der Geist schrie: »Nicht doch, nicht doch!« Aber der Fischer sagte: »Ja doch, ja doch.« Jetzt ward der Geist sehr demütig und sprach in bittendem Tone: »Was willst Du tun, guter Fischer?« – »Dich ins Meer werfen«, antwortete dieser, »und hast Du zum ersten Male achthundert Jahre im Meer bleiben müssen, so werde ich Dich dieses Mal bis zur letzten Stunde darin lassen. Habe ich Dir nicht gesagt, laß mich leben, Gott wird auch Dich erhalten, Du aber wolltest nicht und hattest vor, mich umzubringen. Nun werde ich ebenso gegen Dich verfahren.« Da sprach der Geist: »Öffne, o Fischer! Ich will Dich reich machen und Dir viel Gutes erweisen.« – »Du lügst«, sagte der Fischer.

(Und dann erzählte er dem gefangenen Geist die Geschichte des griechischen Königs und des Arztes Durban, die davon handelt, daß der ungerechte und undankbare Herrscher dem Heiler den Kopf abschlagen läßt, dann aber infolge einer List des Enthaupteten [vergiftetes Weissagungsbuch] selbst sterben muß.)

Der Fischer sagte hierauf zu dem Geist: »Hätte der König den Arzt leben lassen, so hätte Gott auch ihn erhalten. Weil er ihn aber umbringen ließ, hat Gott auch ihn getötet. Eben so Du, Geist, weil Du mich unbedingt töten wolltest, werde ich Dich wieder in diese Flasche sperren und in den Abgrund des Meeres werfen.« Der Geist schrie: »O Fischer, tu dies nicht! Befreie mich und bestrafe mich nicht. Des Menschen Handlungen müssen immer edler sein als die eines Geistes, habe ich auch schlecht gehandelt, so tu Du doch Gutes! Denn das Sprichwort sagt: ›Vergelte Böses mit Gutem, verfahre nicht, wie Imama mit Ateka verfuhr.‹« – »Was haben Imama und Ateka getan?« – »Jetzt«, sagte der Geist, »ist nicht Zeit davon zu reden, solange ich in diesem engen Gefängnis bin. Wenn Du mich freigelassen hast, werd ichs Dir erzählen.«

Aber der Fischer antwortete: »Ich lasse Dich nicht heraus, ich werfe Dich ins Meer, denn ich habe Dich lange gebeten, doch Du wolltest mich schuldlos umbringen, obwohl ich Dich aus Deinem Gefängnis befreite. Da Du dies getan, weiß ich, daß Du von schlechter Natur bist und von gemeinem Stoffe, Du vergiltst Gutes mit Bösem. Ich werde daher, wenn ich Dich ins Meer geworfen habe, hier ein Haus bauen und darauf schreiben: ›Hier haust ein Geist. Wer ihn heraufzieht, wird von ihm getötet.‹ Dann kannst Du lange da unten bleiben, Du verächtlichster aller Geister!«

Da sprach der Geist: »Laß mich diesmal wieder frei. Ich verspreche, Dir gar nichts zuleid zu tun, will vielmehr Dir nützlich sein. Du sollst reich werden.« Als er darauf einen Eid geleistet und bei jenem erhabenen Namen geschworen, der auf Salomos Siegel stand, da öffnete der Fischer die Flasche, aus der wieder Rauch in die Höhe stieg, und es bildete sich der Geist daraus. Er zertrat hierauf die Flasche mit den Füßen und flog gegen das Meer hin. Als der Fischer dies sah, fürchtete er etwas Schlimmes. Er besudelte seine Kleider und sah den Tod schon nahen, denn er hielt dieses Zertreten für ein böses Omen. Dann faßte er wieder Mut und sprach: »O Geist! Du hast einen Eid geschworen, darfst also nicht treulos gegen mich werden, sonst wird es auch Gott gegen Dich. Ich wiederhole Dir, was der Arzt Duban sagte: ›Laß mich leben, Gott wird auch Dich erhalten.‹«

Der Geist lachte und sagte: »Folge mir, Fischer!« Dieser folgte ihm nun erschrocken, denn er glaubte, nicht mit dem Leben davonzukommen. Sie gingen durch die Wüste bis zu einem Berge. Dort fanden sie mitten in einer großen Einöde vier kleine Hügel und zwischen diesen einen See. Dort blieb der Geist stehen und sagte dem Fischer, er solle sein Netz auswerfen. Dieser sah im See rote, weiße, blaue und gelbe Fische und war sehr erstaunt darüber. Dann warf er sein Netz aus, und als er es an sich zog, brachte er vier Fische heraus: einen roten, einen weißen, einen blauen und einen gelben. Als er dies sah, freute er sich sehr. Der Geist sagte ihm dann: »Damit geh zu Deinem Sultan, der wird Dich reichmachen. Aber fische nie mehr als einmal am Tage! Entschuldige mich, wenn ich Dich jetzt verlasse, ich weiß, nachdem ich so lange in der Tiefe des Meeres gelebt habe, auf der Erde nicht mehr ein noch aus. Allah steh Dir bei!«

Hierauf stampfte der Geist mit den Füßen. Die Erde öffnete sich und verschlang ihn, und der Fischer ging freudig in die Stadt zurück, verwundert über das, was ihm mit dem Geist widerfahren war, und über die farbigen Fische. Er begab sich in den Palast des Sultans und brachte sie ihm.

Als der Sultan die Fische sah, wunderte er sich sehr darüber und sagte zu seinem Wesir: »Bringe sie der Köchin, die uns der König der Neugriechen geschenkt.« Der Wesir brachte sie diesem Mädchen und sprach: »Backe sie recht gut, denn es hat sie jemand dem König zum Geschenk gemacht.« Auch ließ der Sultan dem Fischer 400 Dinare geben. Der lief damit nach Hause und fiel und stand auf und stolperte und glaubte, alles sei nur ein Traum. Er kaufte dann seiner Familie, was sie bedurfte.

42. Vom Ursprung des Namens Bärnhäuter

Die so den Ursprung des teutschgegebenen Schandnamens Bärnhäuter per Etymologiam ausecken wollen, haben vermeint, daß vor alten Zeiten, da die alten Teutschen noch auf allerhand Häuten geschlafen, diejenigen zum Spott mit diesem Namen genannt worden, die immerhin aus Faulheit auf ihrer Bärenhaut liegen blieben, und nie nichts Tapfers auszurichten begehrt. Es mag sein, mir gedenkt so weit hinaus nicht, daß ich Nachricht davon geben könnte. Aber auf dem Schloß Hohenrot hat sich ein uraltes Gemäld gefunden, davon auch beigefügtes Bildnis kopiert worden, mit nachfolgendem Bericht, woraus dieser Name entsprungen.

Im Jahr 1396, als Sigismundus, damaliger ungarischer König, von dem türkischen Kaiser Celapino geschlagen worden, ist ein deutscher Landsknecht aus der Schlacht in einen Wald entronnen und darin verirret. Weil er nun noch dazu keinen Herren, keinen Krieg, kein Geld und auch kein Hantierung oder sonst einig Mittel wußte, sich inskünftig zu ernähren, hatte er allerhand schwermütige Gedanken.

Da erschien ihm ohngefähr und ehe er sichs versah ein abscheuliches Gespenst oder Geist, weiß nicht, obs der böse Feind selber gewesen oder nicht, und sagte, wenn er ihm dienen wollte, so wollte er ihm Gelds genug geben, und ihn endlich gar zu einem Herrn machen. »O ja!« antwortet' der Landsknecht, »aber mit dem Geding, daß mir solche Dienste an meiner Seligkeit nicht schädlich seien.« – »Ich muß aber auch zuvor sehen«, sagte der Geist, »was Du kannst und was Du für eine Courage habest, damit ich mein Geld nicht umsonst ausgebe.« Indem er solches redet', kam ein großer ungeheurer Bär dahergelaufen. »Diesen«, sagte der Geist, »schieße vor den Kopf.« Der Landsknecht war nicht unbeherzt, sondern traf den Bären auf die Nase, daß er über und über purzelte.

Da solches gesehen war, fing das Gespenst oder der Geist an, mit ihm zu kapitulieren, und sagte: »Wenn Du mir dienen willst, so mußt Du mir sieben Jahr zu dienen versprechen und in denselbigen alle Nacht eine Stund Schildwacht um Mitternacht stehen; Deine Haar und Bart weder kämpeln noch selbige wie auch die Nägel abschneiden, die Nase nicht schneuzen, Deine Händ und das Angesicht nicht waschen, den Hintern nicht wischen, diese Bärnhaut anstatt Deines Mantels und Bettes brauchen und niemals kein Vaterunser beten. Hingegen will ich Dich mit Kommiß [Unterhalt für den Soldaten], Bier, Tabak und Branntwein versehen, daß du kein Mangel haben sollst, und nach den sieben Jahren einen solchen Kerl aus dir machen, daß Du Dich über Dich selbst verwundern wirst müssen.« Der Landsknecht ging alles ein und sagte zum Geist: »Alles, was Du mir zu unterlassen geboten hast, habe ich von Natur mein Tage niemals gern getan: Ich wasch mich nicht gern, ich bete nicht gern ...«

Nach geschlossenem Akkord begehrte der Geist seinen Namen zu wissen, um ihn in seine Roll, die er bei sich hatte, zu schreiben. Als er aber eines Heiligen Namens nannte, sprach der Geist: »Dieser taugt mir nicht; du sollst Bärnhäuter heißen wegen der Bärnhaut, damit Du heut begabt bist worden.« Darauf zog er dem Bärn die Haut ab und machte seinem Neugeworbenen einen Mantel daraus und führt' ihn mitsamt derselben Haut und aller seiner übrigen Bagage durch die Wolken auf sein Lusthaus dahin, welches öde Schloß von dieser wunderbaren Fahrt seinen Namen bekommen haben soll.

Daselbst versah der Landsknecht seine siebenjährigen Dienste und wurde in solcher Zeit von Haut, Haar, Bart und Nägeln ein solcher abscheulicher Unflat, daß er dem Geist selbst ähnlicher sah als einem vernünftigen Menschen, der nach Gottes herrlichem Ebenbild erschaffen worden, sonderlich wenn er anstatt eines ehrbarn Mantels seine liebliche Bärnhaut um sich hatte. Denn seine Haar wurden lauter Höllenzöpf, die ihm um die Achseln herum hingen wie indianische Schafschwänze; sein Bart war – mit Verlaub – von Rotz, Geifer und andrer Unlust ineinander gepicht wie ein grober Filzhut; seine Nägel hatten eine Gestalt wie Adlersklauen, und sein Angesicht lag so voller mistigem Unflat, daß man dem gemeinen Sprichwort nach gar wohl hätte Rübsamen hineinsäen können.

Nachdem er aber die sieben Jahr beinah überstanden hatte, kam der Geist von sich selbst und deutet' ihm an, daß es nunmehr Zeit wär', einmal mit ihm abzurechnen und ihn der Gebühr nach auszuzahlen. Doch steckte er ihm zuvor seine Hosensäcke voller Dukaten und Pistolen und befahl ihm, sich lustig zu machen und kein Geld zu sparen, sondern zu tun und zu lassen, was seinem Herzen beliebte und dem Geld wehe tät; aber dergestalt, daß er aus den

Schranken des getroffenen Akkords und seiner bisherigen Gewohnheit nicht schreiten sollte, weil seine sieben Jahr noch nicht vollkommen verflossen waren, in denen sie sich zusammen verbunden. Der Landsknecht gehorsamte. Da ihn aber wegen seiner greulichen Abscheulichkeit niemand aufnehmen wollte, wurde er traurig. Nachdem er aber auch von einem Wirt, deren Profession ist, dem Fremden um die Gebühr Kost und Herberg mitzuteilen, abgewiesen wurde, zeigte er ihm aus dem einen Hosensack eine Handvoll Dukaten und aus dem andern eine Handvoll Dublonen und wurde darauf dessen willkommener Gast.

Der Wirt logierte ihn in ein besonder Zimmer, in welchem er ihn auch absonderlich traktierte, damit andere Gäste ob seiner häßlichen Gestalt kein Abscheuens haben noch ihm seinetwegen die Herberg in kein bös Geschrei bringen sollten. In demselben mästete sich der Bärnhäuter von des Geistes Geldes aus, bis der Geist einen edlen Herren vom Lande auf der Reis begriffen zu sein wußte, der in selbiger Herberg einkehren würde. Da kam er bei Nacht und malete in selbigem Zimmer alle Contrafet [Konterfei, Bildnis] nach dem Leben der berühmtesten Personen, so seit Erschaffung der Welt gelebt hatten, als des Kains, Lamechs, Nimrods, Nini, Zoroastris, der Helenae, der trojanischen und griechischen Fürsten, nicht weniger Sesostris, Nabuchodonosoris, Cyri, Alexandri Magni, Julii Caesaris, Neronis, Caligulae, des Mahomets usw.; ja sogar auch deren Bildnis, so noch in die Welt kommen sollen, als der Widerchristen und anderer, worüber sich der Wirt nicht unbillig verwunderte, vornehmlich als der Bärnhäuter ausgab, er hätte diese Gemälde selbst verfertigt.

Als nun angeregter edle Herr gegen Abend seine Herberg dort nahm und seinen Wirt, der ihm bekannt war, fragte: »Was Neus?« erzählte er ihm alles, was er von seinem seltsamen Gast wußte und nicht wußte, als seinen wunderlichen Aufzug, seine große Kunst in der Malerei, und daß er Gelds vollauf hätte. Der Herr antwortet': »Ich muß dies ohngewöhnlich Wunder morgen auch sehen, sonst werde ich Euch, was Ihr mir gesagt, schwerlich glauben.«

Wie er des Morgens frühe selber sah, was er gehöret hatte, befand sich zwischen ihm und dem Wirt kein anderer Unterschied, als daß er die Kunst der Malerei besser als jener verstand,und sich dannenher auch beides über die kunstreiche Hand und die Arbeit selbst mehrers wunderte, denn ihre Perfektion war ohnvergleichlich, und indem er sah, daß sich viel Contrafet mit den künstlichen Antiquitäten verglichen, die er allbereits anderwärtlich gesehen, glaubt' er, daß die übrigen auch denjenigen gleichsahen, deren Bildnis sie repräsentieren und die er bisher noch nicht gesehen. Er fragte den Bärnhäuter, ob er solche Arbeit gemacht hätte? Derselbe aber fragte hinwiederum: »Wer sonst?« Der Herr sagte hierauf: »So mußt Du viel wissen, wenn Du auch die Gestalten der künftigen Menschen zu entwerfen weißt!« – »Allzeit!« antwortet' der Bärnhäuter, »weiß ich mehr weder [als] mancher vermeint.« Der Herr fragte: »Wer bist Du?« Jener antwortet': »Ich bin der Oberst Bärnhäuter, ein Soldat von Fortun, und hab mich neulich im Krieg wider den Türken brauchen lassen.«

Weil nun dieses ein neuer und noch kein schändlicher Namen war, fragte ihm der Herr auch nicht weiter nach, sondern sagte: »Ich hab drei Töchter von gleicher schöner Gestalt, welche auch ihre Mutter ihrer Ähnlichkeit wegen oft selbst voreinander nicht kennet; ich will Dich solche sehen lassen; wirst Du nun wissen, welches die älteste, die mittler und die jüngste sei, so will ich Dir eine davon zum Weib geben, welche Du unter ihnen haben willst, wo nicht, so sollst Du samt Deinem Vermögen mir zum Eigentum verfallen sein.« Da der Bärnhäuter dessen zufrieden, nahm ihn der edle Herr mit heim, ihn seine Töchter zu solchem Ende sehen zu lassen.

Der Geist aber erschien ihm wieder und sagte zum Bärnhäuter: »Wisse, dieser Herr pflegt auf solche Fäll die Jüngste in die Mitte und die Älteste auf der linken, die Mittlere aber auf ihre rechte Seite zu stellen.« Als er nun auf solchen Unterricht sagen konnte, welches die erst, die ander und dritte war, zumal die Jüngste zum Weib begehrt', schwor der Herr alsbald, er wollte seine Paroln halten, wie es einem ehrlichen Kavalier gebühre, Gott geb, was die Mutter dazu sagte und wie sich sein Kind dazu bequemte. Er wollte auch die Hochzeit gleich vor sich gehen lassen, ehe ein ander Gewirr dreinkäme; aber der Bärnhäuter wollte nicht, sondern wendet' andere Geschäfte vor, doch mit Versprechen, bald wiederzukommen; und da er einen kostbaren Ring, der hierzu gemacht war, voneinander geschraubt und ein Teil davon seiner Braut gegeben hatte, ging er seines Wegs. Die Jungfrau Hochzeiterin aber kleidet' sich vor Traurigkeit schwarz und wünschte vergeblich, lieber allein zu leben als sich mit dem abscheulichen Bärnhäuter zu verehelichen. Aber was halfs? Ihr Herr Vater wollts also haben. Ihre Schwestern gönneten ihr diese Heirat; sie vexierten sie täglich mit ihrem schönen Hochzeiter und erneuerten damit stündlich und täglich die Wunden ihres ohnedas traurigen Herzens, welches sie doch alles mit Geduld überwand.

Der Geist kam hingegen wieder und führte den Bärnhäuter in den Rhein ins Bad; er richtet' ihm seine Haar und beschor selbige samt dem garstigen Bart auf die neue Mode, und zieret' ihn dergestalt auf durch besondern Anstrich, daß er dem schönsten Kavalier verglich. »Jetzt gehe hin nach N. (sagte er zu ihm) und montiere Dich wie ein rechter ehrlicher Obrister und lebe wie ein Herr. Ich will meine Schätze auftun, die ich hierum vergraben habe, und Dir Geld genug hierzu geben.«

Weil nun dem Bärnhäuter kein erwünschterer Befehl hätt kommen können, war er desto gehorsamer. Er hielt sich mit schönen Pferden, herrlichen Kutschen, köstlichen Kleidern und vielen Dienern Livree wie ein Großwesir, und da es dem Geist Zeit sein deuchte, stellte er sich wieder ein und sagte zu ihm: »Jetzt fahr hin und vollführe Deine Heirat!« und damit er desto reicher erscheinen konnte, füllete er ihm beide Kutschenkisten voller Geld, welches er ihm beides zur Beschuldigung und zum Heiratgut mitgab.

Also machte er sich auf die Reis und schickte einen Trompeter voran, seinem zukünftigen Schwäher neben Vermeldung seines Diensts und Grußes anzuzeigen, daß ein stattlicher Kavalier auf dem Weg begriffen wäre, ihm zuzusprechen und seinem Frauenzimmer gebührend aufzuwarten, mit einem Wort, eine aus seinen Töchtern zum Gemahl zu begehren, wofern er anders gelitten werden möchte und keine Ungelegenheit machte. Als er nun die höfliche Antwort bekam, daß er ein lieber Gast sein würde, ist er mit seiner Suite prächtig eingezogen und wohl empfangen, auch zu Bezeugung mehrerer Willfährigkeit oben an die Tafel zwischen die beiden ältesten Töchter gesetzt worden, welche sich auch ihm zu gefallen, weil ihn jede zu bekommen verhofft', trefflich geschmückt hatten. Die Jüngste aber behalf sich unten an der Tafel wie ein Turteltäublein, das seinen Gemahl verlorn, sintemal sie als eine Versprochene keine Hoffnung schöpfen durfte, diesen ansehnlichen Herrn zu bekommen, wessentwegen ihr die Schwestern mit den Augen manchen höhnischen Blick und mit Worten manchen empfindlichen und verächtlichen Stich gaben, welches ihr tief ins Herz geschnitten.

Als nun der Bärnhäuter nach Vorweisung seines vielen Golds das Jawort und unter den Töchtern von Vater und Mutter die Wahl bekam, zumal noch jede von den ältesten

Schwestern ihn zu bekommen festiglich verhoffte, offenbarte er sich der jüngsten durch ein Stück des voneinander geschraubten Rings, davon er ihr hiebevor ein Teil zugestellt. So hoch nun diese hierdurch erfreuet wurde, so sehr erschraken hingegen jene beiden, als sie sich ihrer Hoffnung so jähling beraubt sahen; sie wurden so bestürzt, daß sie nicht mehr wußten, was sie taten, und ihre Eltern wurden so erfreut über der einen Tochter Glück, daß sie der andern beiden Anliegen nicht wahrnahmen, welche zugleich von Schamhaftigkeit und dem Neid gegen ihre Schwester angefochten wurden, also daß sich die eine selbst erhängt', die ander aber in einen Brunnen stürzte. »Also«, sagte der Geist, der dem Bärnhäuter ganz fröhlich erschien, »nun haben wir miteinander ausgefischt. Du hast eine und ich zwo von den Töchtern bekommen, die hiebevor ihr Vater manchem ehrlichen Kavalier versagt.«

Mein Hochgeehrter und respektive großgünstiger lieber Leser nehme für diesmal hiemit vorlieb und urteile aus dieser Erzählung, was er will. Alsdann werde ich verhoffentlich mit der Erläuterung hernach kommen.

43. *Der Fremde aus dem Paradies*

Einer Bauersfrauen war ihr erster Mann gestorben. Sie hatte zum andermal wieder gefreiet, derselbe ander Mann war im Felde beim Pfluge. Unterdessen kam ein Pädagogus oder Schüler, bat um ein Bissen Brot. Die Frau fragte, wo er her käme? Er sagte: »Von Paris.« Sie meinte: »Paradies?« – »Ja.« – »Wat maket min erste Mann? Kenne Je en?« – »Jawohl, er ist noch wohlauf, aber er hat nichts zu verzehren und ist übel bekleidet.« – »O, kamt rin, gy gode Fründ, kenne gy minen Mann.« Und sie gab diesem Essen und Trinken und Zehrgeld und Kleider, vor ihren Mann aber viel Geld und ließ ihn gehen.

Der ander Mann kam zu Hause. Die Frau lief ihm mit Freuden entgegen, sagte: »Mann, ick hebbe Post gehabt van minen ersten Mann.« – »Du hest dick dem Düfel!« – »Ja, Mann, hier was ein Gadeskind, de kam utn Paradies, de kende en wohl, de säde, he hadde nichts to vertähren. Ick hebbe em wat mede schicket.« – »Du hest dick den Düfel schicket, wo ging de Kerl hen?« – »Da, na dem Holte.«

Der Mann nahm ein Pferd und ritte ihm nach. Der Schüler sah, daß ihm einer mit dem Pferd nacheilete, warf den Bündel übern Zaun und satzte sich von ferne nieder. Der Mann kam geritten, fragte diesen, ob nicht einer mit einem Pack dahin gangen wäre? Dieser sagte: Ja, er wäre allererst da übern Zaun gestiegen, würde nicht weit sein. Nun kunte der Mann mit dem Pferde nicht übern Zaun kommen, bat derowegen diesen, daß er ihm das Pferd ein wenig halten möchte. Das geschah.

Wie nun der Mann über den Zaun gestiegen war und ins Holz ging, unter solchem suchte der Schüler seinen Beutel wieder, satzte sich aufs Pferd und ritte also nachm Paradies zu. Der Mann kam wieder, war sein Pferd auch losgeworden. Die Frau sprach: »Wo het je Ju Pferd laten?« – »Ei, ick sach, det de Gades-Mann mit dem Pack nich fortkamen kunte, drüm gaff ick em det Pferd mit« (durfte nicht sagen, daß er auch betrogen worden war).

44. Wie man klugen Rat immer anhören, andern aber verwerfen muß

Einst lebte ein König Fulgentius, in dessen Reiche ein gewisser Ritter namens Zedechias sich befand, der eine schöne Frau nahm, die aber nicht sehr klug war. Es wohnte auch in seinem Hause in einem Gemache eine Schlange. Der Ritter nun besuchte Turniere und Lanzenrennen so lange, bis er in die äußerste Dürftigkeit geriet: nunmehro aber weinte er bitterlich und lief wie verzweifelt bald hier bald dort hin, indem er nicht wußte, was er anfangen sollte.

Wie aber die Schlange seinen Schmerz gewahr wurde, da bekam sie das Vermögen zu reden, wie einst die Eselin Bileams, und sprach: »Warum weinest Du? Tue nach meinem Rat, und Du wirst es nachher nicht bereuen: gib mir jeden Tag süße Milch, und ich will Dich reich machen.« Wie das der Ritter hörte, freute er sich sehr und versprach, dieses getreulich erfüllen zu wollen. Alsbald ward er in kurzer Zeit sehr reich und bekam schöne Kinder und großen Reichtum.

Nun begab es sich aber eines Tages, daß seine Frau zu ihm, ihrem Manne, sprach: »Herr, ich glaube, daß jene Schlange in dem Gemach, worin sie liegt, viele Güter besitzt: ich rate, sie zu töten, und wir werden ihre Schätze bekommen.« Er aber brachte auf Antrieb seiner Frau einen Hammer herzugeschleppt, um die Schlange bei ihrem Milchtopfe zu erschlagen. Wie nun die Schlange den Milchtopf sah, steckte sie ihren Kopf aus einem Loche des Gemaches heraus, um nach ihrer Gewohnheit die Milch zu lecken. Als aber der Ritter dieses bemerkte, hob er den Hammer auf und wollte damit die Schlange erschlagen, allein diese sah es auf einmal, zog den Kopf zurück, und der Hieb traf den Milchtopf. Sogleich nachher verlor der Ritter alles, was er besessen hatte, und seine Frau sprach zu ihm: »O weh, ich habe Dir einen schlimmen Rat gegeben, geh also zu dem Loch der Schlange und demütige Dich in allem vor ihr, ob Du nicht vielleicht bei ihr Gnade finden kannst.

Der Ritter machte sich also nach dem Gemach der Schlange auf und weinte bitterlich und bat sie um Gnade, damit er durch sie, wie früher, reich werden könne. Die Schlange aber sprach zu ihm: »Jetzt sehe ich, wie dumm Du bist und daß Du auch dumm bleiben wirst, denn es ist unmöglich, daß nicht jener Hammerschlag mir öfters ins Gedächtnis kommt und es Dir einfällt, wie ich Deine Kinder getötet und deinen Reichtum genommen habe: darum kann kein wahrhafter Friede zwischen uns bestehen«.

Hierüber ward der Ritter sehr traurig und sprach: »Ich verspreche Dir auf mein Wort, daß ich nie etwas gegen Dich verüben will, wenn ich nur Deine Gunst wieder erhalten kann.« Hierauf antwortete ihm die Schlange: »Mein Lieber, die Natur der Schlange ist Verschlagenheit, und meine Worte voll von Gift müssen Dir genug sein, denn eben fällt mir der Schlag mit dem Hammer und Deine Nichtswürdigkeit ein. Mach, daß Du fortkommst, damit Dir nicht noch ein größeres Unglück widerfährt.« Der Ritter aber entfernte sich mit großen Schmerzen von ihr und sprach zu seiner Frau: »Weh mir, daß ich Deinen Rat ausgeführt habe.« Und hinfort brachten sie ihr Leben beständig in Dürftigkeit hin.

45. Die Wette um die Augen

Es war einmal ein reicher, aber ungerechter Mann, und er hatte einen Knecht, der war treu und gerecht. Und es geschah einmal, daß der Knecht vor dem Herrn sagte, die Gerechtigkeit habe noch in dieser Welt den Vorzug vor der Ungerechtigkeit, und der Herr sagte: »Das ist nicht wahr, denn der Mensch gedeiht besser durch die Ungerechtigkeit als durch die Gerechtigkeit.« Und als sie so eine Weile gestritten hatten, kamen sie überein, daß der Knecht, wenn er seinen Satz bewähre, so daß er obsiege, von dem Herrn zweihundert Gulden erhalten solle, daß aber der Herr, wenn er das Gegenteil bewähre, dem Knecht beide Augen ausreißen dürfe.

Und sie gingen miteinander, um darüber ein Urteil zu erlangen. Zuerst kamen sie zu einem großen Kaufherrn, und sie befragten ihn; der antwortete, die Ungerechtigkeit sei besser; »denn«, sagte er, »wenn ich alles recht kaufte und recht verkaufte, so würde ich verarmen«. Da sagte der Herr zu dem Knechte: »Sieh, jetzt hättest Du die Augen verloren, aber noch verschone ich Dich. Wir wollen noch andere befragen.« Also gingen sie zu den Richtern, und deren Bescheid lautete ebenso gegen die Gerechtigkeit, und dann gingen sie zu einem Bischof, und auch der gab seinen Spruch für die Ungerechtigkeit ab, und schließlich gingen sie zu dem König, und der antwortete gleichermaßen. Und nun durchbohrte der Herr dem Knecht beide Augen mit einem spitzigen Messer, aber nach Gottes Ratschluß blieb die Sehkraft der Augäpfel unversehrt.

Wie nun der arme Blinde ohne eine andere Stütze als einen Stock außerhalb der Stadt umherirrte, gelangte er zu einem Baum, und unter dem legte er sich gar traurig zur Ruhe. Um Mitternacht aber kam eine Schar von Teufeln, und sie saßen auf dem Baume auf und hielten Rat, und jeder erzählte, was er in der Welt Böses getan hatte. Und einer sagte: »Ich habe es bewirkt, daß die Ungerechtigkeit den Vorzug vor der Gerechtigkeit erhalten hat«, und er erzählte die ganze Geschichte von dem ungerechten Herrn und dem gerechten Knecht. Und der Oberste der Teufel reichte ihm eine Krone und ließ ihn an seiner Seite auf dem Throne sitzen. Aber neidisch sagte ein anderer Teufel: »Wahrhaftig, um eines geringen Verdienstes willen wird dieser so geehrt. Unter diesem Baume, das weiß ich, wächst ein Kräutlein, das würde, wenn es der Blinde seinen Augen auflegte, alles Blut herausziehen und die Wunden heilen, und er würde wieder sehen.« Und damit fuhren die Teufel von hinnen. Der Blinde, der alles gehört hatte, rief den Herrgott an, und dann begann er die Kräutlein, die unter dem Baume wuchsen, eines nach dem andern zu pflücken und den Augen aufzulegen, und durch Gottes Willen fand er das richtige, und das machte ihn, als er es auflegte, wieder heil.

Nun hatte der König eine Tochter, der die Augen so mit Blut unterlaufen waren, daß sie schier erblindete, und niemand vermochte ihr zu helfen. Und der Knecht ging zu dem König und versprach, sie zu heilen, und der König versprach, er werde sie ihm, wenn er sie heile, zur Frau geben. Und er heilte sie mit jenem Kräutlein vollkommen, und er erhielt sie zur Frau und wurde von dem König reich mit Gold und Gut begabt und erhöht.

Endlich erfuhr davon auch sein ehemaliger Herr, und der ging zu ihm und befragte ihn, wie er geheilt worden sei, und er erzählte ihm, daß unter jenem Baum ein Kräutlein mit derundder Kraft wachse, aber zeigen tat er es ihm nicht. Und aus Habsucht, um durch das Kräutlein noch reicher zu werden, ging der Herr dorthin und begann ein Kräutlein nach dem andern zu pflücken und zu versuchen. Und es geschah, daß die Teufel wie das andere Mal kamen, und sie sagten: »Laßt uns nachsehen, ob nicht jemand unten lauscht; neulich haben wir nicht nachgesehen, und so hat uns jener Blinde betrogen.« Und als sie solchermaßen den Mann unter dem Baum fanden, griffen sie ihn und rissen ihm beide Augen ganz und gar aus.

Und so wurde offenbar, daß die Gerechtigkeit, mag sie auch zeitweise unterdrückt sein, endlich doch erhöht wird und daß die Ungerechtigkeit den Menschen ins Verderben führt.

46. Exempel von einer Frau und ihrem Sohn

Als wir lesen ein Exempel von einer Frauen, die het einen jungen gar hübschen, vernünftigen und zu allen Dingen geschickten Sun. Der starb gar bald. Deshalb die

Mutter in groß Traurigkeit und Angst fiel, weinet denn ohn Unterlaß Tag und Nacht.

Es gab sich auf einen Tag, daß die guot Frau ein Gesicht sach, darin erschein ein groß Gesellschaft viel hübscher Jüngling, die miteinander fröhlichen eileten an ein Ort oder Stadt. Sie sach aber ihren Sun nit do. Deshalb sie mehr betrübet war, und als sie um sich luogt, ob sie jenen ihren Sun sech, do sach sie, daß er von ferne hernach ginge gemach und schwerlich als einer, der do fast müd ist. Do fraget sie ihn, warum er nit wär bei der hübschen Gesellschaft. Do antwurtet er bald, und mit Trauren zeigt er ihr das Hinderteil an seinem Rock ganz naß, von welchem Wasser er also beladen und beschwert was, daß er seinen Gesellen nit gefolgen mocht, und sprach: »Liebe Muotter, ich bitt dich, hör auf zu weinen als Du bisher geweinet hast, sunder richt süßiglich Dein Weinen und Trauren zuo Gott mit einem heiligen Gebet, und so wird ich über ein kleine Zeit zuo ganzer vollkommener Behaltung kommen.«

Das thet sie, und also ward der Sun erlöst.

47. Münchhausen und die Mondleiter

Trotz aller meiner Tapferkeit und Klugheit, trotz meiner und meines Pferdes Schnelligkeit, Gewandtheit und Stärke, ging's mir in dem Türkenkriege doch nicht immer nach Wunsche. Ich hatte sogar das Unglück, durch die Menge übermannt und zum Kriegsgefangenen gemacht zu werden. Ja, was noch schlimmer war, aber doch immer unter den Türken gewöhnlich ist, ich wurde zum Sklaven verkauft. In diesem Stande der Demütigung war mein Tagewerk nicht sowohl hart und sauer, als vielmehr seltsam und verdrießlich. Ich mußte nämlich des Sultans

Bienen alle Morgen auf die Weide treiben, sie daselbst den ganzen Tag lang hüten und dann gegen Abend wieder zurück in ihre Stöcke treiben.

Eines Abends vermißte ich eine Biene, wurde aber sogleich gewahr, daß zwei Bären sie angefallen hatten und ihres Honigs wegen zerreißen wollten. Da ich nun nichts anderes Waffenähnliches in Händen hatte als die silberne Axt, welche das Kennzeichen der Gärtner und Landarbeiter des Sultans ist, so warf ich diese nach den beiden Räubern, bloß in der Absicht, sie damit wegzuscheuchen. Die arme Biene setzte ich auch wirklich dadurch in Freiheit; allein durch einen unglücklichen, allzu starken Schwung meines Armes flog die Axt in die Höhe und hörte nicht auf zu steigen, bis sie im Monde niederfiel.

Wie sollte ich sie nun wiederkriegen? Mit welcher Leiter auf Erden sie herunterholen? Da fiel mir ein, daß die türkischen Bohnen sehr geschwind und zu einer erstaunlichen Höhe emporwüchsen. Augenblicklich pflanzte ich also eine solche Bohne, welche wirklich emporwuchs und sich an eines von des Mondes Hörnern von selbst anrankte. Nun kletterte ich getrost nach dem Monde empor, wo ich auch glücklich anlangte. Es war ein ziemlich mühseliges Stückchen Arbeit, meine silberne Axt an einem Orte wiederzufinden, wo alle andere Dinge gleichfalls wie Silber glänzten. Endlich aber fand ich sie doch auf einem Haufen Spreu und Häckerling. Nun wollte ich wieder zurückkehren, aber ach! die Sonnenhitze hatte indessen meine Bohne aufgetrocknet, so daß daran schlechterdings nicht wieder hinabzusteigen war. Was war nun zu tun?

Ich flocht mir einen Strick von dem Häckerling, so lang ich ihn nur immer machen konnte. Diesen befestigte ich an eines von des Mondes Hörnern und ließ mich daran herunter. Mit der rechten Hand hielt ich mich fest, und in der linken führte ich meine Axt. Sowie ich nun eine Strecke hinuntergeglitten war, so hieb ich immer das überflüssige

Stück über mir ab und knüpfte dasselbe unten wieder an, wodurch ich denn ziemlich weit herunter gelangte. Dieses wiederholte Abhauen und Anknüpfen machte nun freilich den Strick ebensowenig besser, als es mich völlig herab auf des Sultans Landgut brachte. Ich mochte wohl noch ein paar Meilen weit droben in den Wolken sein, als mein Strick auf einmal zerriß und ich mit solcher Heftigkeit herab zu Gottes Erdboden fiel, daß ich ganz betäubt davon wurde. Durch die Schwere meines von einer solchen Höhe herabfallenden Körpers fiel ich in ein Loch, wenigstens neun Klafter tief, in die Erde hinein. Ich erholte mich zwar endlich wieder, wußte aber nun nicht, wie ich wieder herauskommen sollte. Allein was tut nicht die Not? Ich grub mir mit meinen Nägeln, deren Wuchs damals vierzigjährig war, eine Art von Treppe und förderte mich dadurch glücklich zutage.

48. Hund verrät etliche Mörder

Als der König einsmals reisete, sahe er einen Hund, welcher bei eines ermordeten Menschen Körper lag und ihn bewachete. Wie nun der König vernahm, daß selbiger Hund schon drei Tage ungessen daselbsten gelegen und noch nicht vom Körper weggehen wollte, ließ er zwar den Körper begraben, den Hund aber mit Fuge mit sich nehmen.

Etliche Tage darnach hielt er Musterung unter seinen Soldaten, da denn ein jedweder vor dem König, der zugegen saß, vorbeigehen mußte. Und siehe, der Hund, welcher da zugegen war und bishero stille gelegen hatte, sobald er die Mörder seines ertöteten Herren im Fürübergehen ansichtig ward, sprang er wütend auf, bellete dieselben an und kehrete sich bald wieder zum Pyrrho, also zwar, daß nicht allein der König, sondern auch alle andere Anwesende daraus mutmaßten, daß solche die Täter sein müßten.

Wurden derentwegen gegriffen und examinieret, welche – nach dem auch andere Merkzeichen darzu kamen – solchen ihren Mord und Todschlag bekannten und darauf ihren gebührlichen Lohn empfingen.

49. Von der Eintracht

Es begab sich einstens in einer Stadt, daß darin zwei ausgezeichnete Ärzte lebten, in jeglicher Wissenschaft und Kunst wohl unterrichtet, welche alle, die zu ihnen kamen, von ihren Krankheiten heilten, so daß das Volk nicht zu urteilen vermochte, welcher der bessere sei.

Nun erhob sich aber mittlerweile zwischen ihnen selbst ein Streit, wer von ihnen größer und vollkommener sei. Da sprach der eine zum andern: »Mein Lieber, zwischen uns sollte nicht Zwietracht, Neid oder Streit darüber herrschen, wer von uns der vollkommenere ist, sondern wir wollen etwas gemeinsam durchführen. Und wer von uns dabei einen Fehler macht, der möge der Diener des andern sein.« Darauf sprach der andere: »Sag mir, was ist denn das?« Und jener sprach: »Ich will Deine zwei Augen, ohne daß es Dir wehtut, aus Deinem Kopfe nehmen und auf Deinen Tisch legen. Und wenn Du willst, werde ich sie, ohne Dich zu verletzen, wieder in den Kopf einsetzen. Wenn auch Du dasselbe an mir vollbringst, dann sind wir beide einander gleich, und jeder soll den andern wie seinen Bruder ernähren. So aber jemand hierbei einen Fehler macht, soll er des andern Diener sein.« Der andere entgegnete: »Das ist ein guter Vorschlag und gefällt mir in allem sehr wohl.«

Der aber, der diese Untersuchung vorgeschlagen hatte, nahm seine Instrumente und bestrich mit einer edlen

Salbe die äußeren und inneren Teile unter den Augen des anderen, zog dann mit seinem Instrument beide Augen seines Gesellen heraus und legte sie auf den Tisch. Hierauf sprach er zu seinem Gesellen: »Mein Lieber, wie fühlst Du Dich jetzt?« Und der antwortete: »Eins weiß ich, daß ich nichts sehe und keine Augen mehr habe, aber keine Verletzung empfinde. Indessen wünschte ich wohl, daß Du mir meine Augen, wie Du versprochen hast, wieder einsetztest.« Und jener gab zur Antwort: »Das will ich sehr gerne tun.«

Hierauf nahm er seine Salbe, bestrich wie zuvor die inneren und äußeren Teile der Augen und setzte sie wieder ein.

Und dann sprach er: »Mein Lieber, wie gehts Dir jetzt?« – »Sehr gut, denn ich habe beim Herausnehmen keine Verletzung gefühlt.« Darauf sprach jener: »Nun bleibt nur noch, daß Du mir denselben Dienst erweist.« – »Ich bin bereit«, entgegnete der andere. Er nahm seine Instrumente und Salben und bestrich damit, wie jener es getan hatte, die inneren und äußeren Teile der Augen, nahm sie dann heraus, legte sie auf den Tisch und sprach: »Mein Lieber, was meinst Du dazu?« Und jener antwortete: »Es kommt mir so vor, als hätte ich meine Augen verloren und keinen Schmerz empfunden, nun möchte ich meine Augen gern wiederhaben.«

Während der andere nun seine Instrumente zurechtlegte, um die Augen wieder einzusetzen, war ein Fenster des Raumes geöffnet worden und ein Rabe hereingeflogen. Als der Vogel die Augen auf dem Tisch sah, raubte er plötzlich eins und flog damit davon. Als der Arzt das merkte, ward er ganz traurig und sprach bei sich: ›Wenn ich meinem Gesellen die Augen nicht wiederbeschaffen kann, muß ich sein Knecht sein.‹ Er sah sich also um und erblickte von weitem eine Ziege. Gleich nahm er ihr ein Auge heraus und setzt es ihm an der Stelle des geraubten ein. Nachdem er das getan hatte, sprach er zu seinem Gesellen: »Na, wie fühlst Du Dich jetzt?« Der aber sprach: »Weder beim Herausziehen noch beim Wiedereinsetzen habe ich irgendeine Verletzung gefühlt, eins von meinen Augen aber schaut immer aufwärts nach den Bäumen.« Und jener entgegnete: »Darum daß ich ein ebenso großes Kunststück an Dir vollbracht habe wie Du an mir, so sind wir beide einander gleich, und es soll künftig kein Streit mehr zwischen uns sein.«

Und also lebten beide nachher ohne Zwietracht miteinander.

50. *Von drei Brüdern, die glaubten, wegen ihres Lateins aufgehängt zu werden*

Drei Brüder aus gutem Hause hatten sich lange in Paris aufgehalten, ihre Zeit aber mit Rennen, Spielen und Tollen verschwendet. Nun geschah es, daß ihr Vater sie alle drei heimberief. Sie waren darob in größter Verlegenheit, denn sie wußten noch kein Wort Lateinisch. Sie beschlossen aber untereinander, für ihren Bedarf jeder ein Wort zu lernen. So taten sie: der Älteste lernte *»Nos tres clerici«* [Wir drei Gelehrten] zu sagen; der zweite wählte sein Thema aus dem Gebiet des Münzwesens und lernte: *»Pro bursa et pecunia«* [Wegen der Börse und des Geldes], und der dritte behielt, als er durch die Kirche ging, das Wort der großen Messe: *»Dignum et justum est«* [Es ist würdig und gerecht].

Auf diese Weise trefflich versehen, nahmen sie dann Abschied von Paris, um ihren Vater aufzusuchen. Sie beschlossen, unterwegs überall und zu allen Leuten nur in ihrem Latein zu reden: sie wollten sich dadurch als die größten Gelehrten des ganzen Landes betrachten lassen. Als sie nun durch einen Wald kamen, begab es sich, daß

Räuber einem Mann die Gurgel abgeschnitten und ihn ausgeplündert dort liegen gelassen hatten.

Der Gerichtsverwalter war mit seinen Leuten an Ort und Stelle und traf die drei Gesellen in der Nähe des Platzes, wo der Mord begangen worden war und wo der Leichnam lag. »Kommt her!« sagte er zu ihnen. »Wer hat diesen Mann getötet?« Sofort antwortete der Älteste, dem die Ehre zukam, als erster zu sprechen: *»Nos tres clerici.«* – »Oh!« rief der Gerichtsverwalter, »und warum habt Ihr das getan?« – *»Pro bursa et pecunia«*, antwortet der zweite. »Gut«, bemerkte der Gerichtsverwalter, »Ihr werdet dafür aufgeknüpft werden.« – *»Dignum et justum est«*, ließ sich da der dritte vernehmen.

So wären die armen Burschen auf Kredit gehängt worden, hätten sie nicht, als sie sahen, daß es doch geraten war, angefangen, das Latein ihrer Mutter zu reden, und gesagt, wer sie waren. Der Gerichtsverwalter, welcher sah, daß sie jung und töricht waren, erkannte wohl, daß sie nicht die Mörder gewesen, ließ sie laufen und nahm die Verfolgung der Diebe auf, die den Mord begangen hatten. Ob er sie aber fand? Was weiß ich! Ich war nicht dabei, lieber Freund!

51. Der in einen Esel verwandelte Bräutigam

Zwei Meilen von Görlitz liegt ein Städtlein, Brück genannt. Eines Bürgers Sohn aus diesem Ort hatte unter der schwedischen Armee Dienst genommen, als diese damals in Deutschland lag.

Anno 1645 lag er in Schlesien in einer Stadt bei einer Witwe in Quartier und verlobte sich mit ihrer Tochter, also daß er bei ihr, ohne daß er mit ihr getraut war, bereits wie ein Mann mit seiner Frau lebte. Als er sie aber geschwängert hatte, da mußte die Besatzung und er natürlich mit ihr ausziehen. Gleichwohl gab er beiden, der Mutter wie der Tochter, gute Worte und beteuerte, daß er wiederkommen und seine Verlobte abholen werde. Die alte Frau vermutete aber Betrug und sagte zu ihrer Tochter, ihr vermeinter Bräutigam werde sie gewiß sitzen lassen: sie wolle ihn dafür zum Esel machen. Auch die Tochter war der Ansicht, daß er, wenn er so handeln würde, seiner Strafe nicht entgehen würde.

Der Ritter ritt weg, kam zu einem kleinen Busch, und fühlte ein Drängen, so als wenn er seine Notdurft verrichten müßte. Er stieg ab und ward zum Esel und blieb in solcher Gestalt bei seinem Pferde stehen. Andere ihm nachfolgende Reiter fanden das ledige Pferd und dessen Gesellen dabei, und weil sie nun nicht wußten, wem diese Tiere gehörten, so nahmen sie sich ihrer aus Barmherzigkeit an. Das Pferd behielten sie, um damit bei nächstbester Gelegenheit Kapital daraus zu schlagen, den Esel aber verkauften sie an einen Müller, daß er bei diesem den Lastträger machte. Als der Müller ihm nun einen Sack auf den Rücken legte, wurde er störrisch. Dies nahm der Müller zum Anlaß, ihm noch einen zweiten aufzubürden, doch der Esel warf beide Säcke ab. Weil der Müller nun befand, daß ihm das Tier nicht diente, verkaufte er es an einen seiner Zunftbrüder. Aber auch dort verhielt sich das Grautier nicht anders.

Es trug sich zu, daß dieser Müller seiner Magd im Stall näherkommen wollte. Das gefiel dem Esel überhaupt nicht, und er fing nach Esels Art laut an zu schreien und schlug auch mit seinen Hinterfüßen nach den beiden, die da im Stall zugange waren. Weil nun der Müller diese und andere Händel nicht vertragen konnte, so verkaufte er den Esel in derselben Stadt, in der der Reiter die Wirtstochter betrogen hatte.

Nun ging er einmal mit einem Sacke beladen vor dem Hause der Zauberin vorbei, als gleich die Mutter mit ihrer

Tochter vor der Tür stand. Sobald die Tochter das Tier erblickte, sagte sie: »Ei, Mutter, seht da unser Eselchen, sollte er nicht wieder ein Mensch werden können?« – »Ja«, antwortete die Alte, »es kann geschehen, wenn die Lilien blühen und wenn er davon ißt.« Dies hörte der Eselmensch und behielt es für sich. Als nun die Blütezeit der Lilien gekommen war, sah er auf eines Apothekers Fenster einen Teil dieser Blumen in Töpfen stehen. Alsbald warf er seinen Sack ab und sprang mit den Vorderfüßen auf das Fenster, schnappte nach den Lilien und aß davon. Zwar wurde er durch den Genuß der Blumen sofort wieder zu einem Mensch, doch stand er splitternackt da auf der Straße.

Als nun die Angelegenheit vor die Obrigkeit des Ortes kam, ward er befragt. Diese nahmen beide, Mutter und Tochter, in Haft. Nachdem sie gestanden hatten und der Zauberei für schuldig befunden worden waren, wurden beide zum Tode verurteilt. Der Reiter bekannte, daß ihm in den zwei Jahren das Tragen der Säcke nicht sauer geworden sei, auch hätte er die Peitsche auf dem Rücken wenig gespürt. Nur wenn man ihn unter dem Bauch getroffen hätte und der Scham nahe gekommen sei, dann hätte er den Schlag nicht ausstehen können. Das ihm vorgelegte Heu oder Hafer, diese trockene Kost, hätte er nicht durch die Kehle bringen können noch Kleie, Treber und Mehl durchwürgen können. Oftmals sei er darum zur Mühle gelaufen, um an den Mehlsäcken zu lecken.

Nachdem er nun wieder zum Menschen geworden war, begab er sich zu dem unzüchtigen Müller, seinem zweiten Meister, und drohte ihm, falls er nicht Bares herausrückte, wollte er ihn bei Gericht wegen seines Händels mit der Magd anzeigen. Darauf bekam er eine stattliche Summe Geldes, so daß er sich wieder ein Pferd und ein Gewehr kaufen konnte, und hielt sich hernach so tapfer, daß er bei der schwedischen Armee eine Leutnantsstelle bekam.

52. *Die wunderschöne Psyche*

Folgendes anmuthiges Kinder-Mährlein oder Gedichte wird von einem alten Mütterlein erzehlet, und aufgezeichnet gefunden bey Apulejo, im 4. und 5. Buche des güldenen Esels, dessen Inhalt dieser:

Es wohnete in einer Stadt ein König und eine Königin, die hatten drey Töchter, unter welchen die zwo ältesten zwar trefflich schöne, und von zween Königen geliebet, auch endlich zur Ehe genommen worden: Die Jüngste aber, Psyche genannt, mit so ausbündiger und unaussprechlicher Schönheit begabet, daß jedermänniglich vermeynete, die Göttin Venus wäre von den Göttern gewichen und unter die Menschen getreten. Niemand betete mehr die Venus an, niemand opfferte ihr, aller Welt Augen und Zungen und Ohren waren nur auf Psychen gerichtet. Diß verdroß die Göttin Venus. Bate darum ihren kleinen Sohn Cupido, er solte diese Schmach rächen. Unterdessen war niemand, der um Psychen freyen durffte: Also blieb sie sitzen. Hierüber wurde so wohl diese neue Göttin als ihre Eltern bestürtzet, fragten das Oraculum, ob Psyche sich nicht endlich verheyrathen und was sie für einen Ehemann bekommen würde? Der Abgott hat dem Vater geantwortet:

»Thu Deine Tochter nach einem hohen Felsen weisen:
Und hoffe kein Eidam vom Menschlichen Geblüt,
Sondern ein Ungeheur, wütend mit Feur und Eisen,
So der Gott Jupiter auch selber fürchten thut.«

Also ward Psyche von ihren Eltern in Trauer-Kleider angethan, auf einen hohen Felsen gebracht, und allda von jedermänniglich verlassen.

Alsbald erhebet sich ein sanffter, lieblicher Westwind, welcher die Psyche allmählich auffhebet, und sie durch die Lufft hinweg führet, und niedersetzet in eine schöne lustige Aue. Nicht lange war Psyche hie gewesen, da wird sie nechst bey sich ansichtig einen ausdermassen schönen Königlichen Pallast, von eiteln Marmor, Gold, Silber und Edelsteinen auffgebauet und auffs köstlichste gezieret. Sie gehet da hinein, siehet zwar keinen Menschen, höret aber unterschiedliche Stimmen, sagend: »Willkommen, Psyche, alles, was Du hier siehest und findest, das gehöret Dir zu und ist Dein: Wir Unsichtbaren seynd auch bereit Dir auffzuwarten: Setze Dich nieder, iß und erquicke Dich.« Alsbald wird da ein Tisch gedecket mit Königlichen Gerichten und Trachten versehen: Psyche siehet zwar niemand, höret aber eine sehr liebliche Music, mit allerley Instrumenten und Stimmen, und wird ihr da überflüßig zu Tische gedienet.

Gegen den Abend legte sie sich zu ruhen auf ein sanfftes schönes Bette: Siehe alsbald kommt zu ihr der ihr von den Göttern versprochene Mann, für dem sie sich zwar anfänglich fürchtet (dann sie sahe seine Gestalt nicht im Finstern), dannoch ward sie sein Eheweib. In währender dieser Freude und Glückseeligkeit, die Psyche in ihrem göttlichen Pallast, und mit ihrem unbekannten Ehemann hatte, geschichts auf eine Nacht, daß er zu seiner liebsten Psyche sagte: »Meine Auserwehlte, es ist vorhanden, daß Deine zwo Schwestern Dich suchen werden: So siehe Dich ja für, daß Du Dich mit ihnen nicht besprechest: Thustu daß, so wirst Du ins äusserste Verderben und Elend gestürtzet werden.« Psyche gelobt ihm, sie wolte es nicht thun: Damit schied ihr Ehemann gegen der Morgenröthe wieder von ihr seinem Gebrauch nach.

Des andern Tags gedachte Psyche, wie sie so gantz von allen Menschen abgewandt wäre, auch nicht ihre eigene Schwestern besprechen dürffte: Fänget an zu weinen und sich zu ängsten: Darauff zu Nacht ihr der Ehemann vergönnet, die Schwestern zu sprechen, mit dem Beding, daß sie bey Leibe ihrem Rath und Angeben nicht folgen solte.

Psyche wohl zu frieden, gebeut dem Wind Zephyro, daß er ihre zwo Schwestern dahin zu ihr bringe, welches auch geschicht:

Die Schwestern fragten sie, was ihr Mann vor einer sey? Psyche erzehlet ihnen alles, und nach langem Gespräch giebet sie einer jeglichen so viel Gold und Edelgesteine, als sie fassen können, und lässet sie durch einen sanfften Wind wieder hinfahren. Aber die beyden Schwestern sahen alsbald an der Psyche diese grosse Glückseeligkeit zu mißgönnen, gedencken auf Wege, wie sie sie davon bringen, und sich selbsten an ihre Stelle setzen könten: Kommen durch Hülffe des Zephyri etliche mal zur Psyche: Aufs letzte geben sie ihr diesen Rath, sie solte nicht länger also bey einem greulichen Wurm leben, sich von Menschen und ihren Verwandten abhalten, sondern endlich gewiß erfahren und erforschen, was ihr Mann für eine Gestalt hätte? Gaben ihr auch ein, sie solte zu Mitternacht, wenn er schlaffe, aufstehen, eine Lampe anstecken, ein scharff Messer zu sich nehmen, ans Bette zu ihrem Manne gehen und schauen, wer er wäre: Befinde sie nun, daß er ein solcher Unhold wäre, solte sie ihm das Messer ins Hertz stechen, allen Schatz des Pallasts nehmen und wieder zu ihren Eltern kehren.

Psyche aller treuen Vermahnung ihres Ehegatten und ihm getahner Zusage vergessend, folget ihrer Schwester Rath und gehet zu der Nacht mit der Lampen und blossem Messer an ihr Bette: Siehe, da wird sie gewahr nicht ein greulich scheußlich Monstrum, sondern den kleinen Gott Cupido oder Amor, welcher seinen Köcher, Pfeile und Bogen fürs Bette hatte niedergeleget. Dadurch wird sie so bestürtzet und wird ihr die Liebe dermassen gegen ihren Mann vermehret, daß sie für Zittern die Lampe nicht mehr halten können, sondern von dem heissen, brennenden Oel etliche Tropffen auf Cupido blossen Leib fallen lässet, welcher dann davon erwachet, und seine lieben

Psychen (welche nunmehr von ihm hoch schwanger war) mit einem blossen Messer in der Hand bey sich stehende siehet. Cupido hierdurch bewogen, beklaget seiner Liebsten Elend, nimmt sein gewöhnliches Gewehr, fleugt davon und läst Psychen allein; welche dann nun für Schmertzen und Traurigkeit gedachte zu sterben, stürtzet sie sich in einem Fluß: Aber des Flusses Gott zeucht sie dem Cupido zu Ehren bald wieder heraus.

Die schöne, nunmehr gantz verzweiffelte Psyche gieng in der Welt hin und wieder in der Irre: Suchte ihren hertzliebsten Ehemann Cupidinem, den sie doch nicht zu finden vermochte. Sie kam in die Stadt, da ihre älteste Schwester wohnete, gedachte dieselbe ebener massen zu betriegen, als sie von ihr betrogen war: Gehet zu ihr, erzehlet, wie es ihr ergangen, nemlich daß ihr Ehemann nicht ein Monstrum, sonder der Gott Cupido, welchen alle Götter und Menschen fürchten müssen, wäre: Derselbe, wie er hätte gesehen, daß sie zu Nacht mit Feuer und Eisen wäre zu ihm kommen (aus Angeben der Schwester) sey er ihr gehäßig worden und gesagt: Er wolte sie abschaffen und ihre älteste Schwester zur Ehefrauen nehmen, auch alsbald durch den Wind wegführen lassen.

Diese Schwester erfüllet mit Begierde des Reichthums und Haß gegen ihre Schwester, gehet hin nach dem Felsen: Ruffet dem Winde, daß er sie hintrage, wie zuvor geschehen: Damit stürtzet sie die hinab in die Tieffe und wird zerschmettert. Psyche gehet fort, nach der andern Schwester: Machts derselben eben also, und bekommen also diese verrätherischen Schwestern ihren Lohn.

Aber hierdurch ward Psyche ihres Unglücks nicht entfreyet. Sondern die Venus, Cupidinis Mutter, bekam zu wissen, daß ihr Sohn schwerlich verwundet wäre: Daß er eine Concubine hätte, weil sie nunmehr bald solte zu Kindbette kommen, und sie (noch eine schöne junge Göttin) solte in ihren blühenden Jahren mit Schande Großmutter werden: Ja über diß alles, daß ihres Sohnes Weib wäre dieselbe, welcher wegen sie wäre verachtet, ihr Gottesdienst nachgeblieben und die gantze Welt nur auf Psyche allein gesehen: Hierdurch bewogen, hat sie erstlich ihren Sohn Cupido fürgenommen, denselben hart gestraffet, ausgehöhnet, und ihm grausamlich gedräuet, welcher sich dann muste in die gute Gedult geben und seine Wunden heilen lassen. Die elende Psyche aber hat die Venus auffs äusserste verfolget und sie ums Leben zu bringen sich beflissen. Was sie ihr für unmögliche Dinge zu verrichten auffgeleget, welche sie doch alle durch Gehülffe anderer Götter und durch Mittleiden unvernünfftiger Thiere ins Werck gerichtet, ist weitläufftig beym Apulejo zu lesen.

Endlich nach vielem Unglück und Widerwärtigkeit ist Psyche zu Gnaden auf- und angenommen, durch Intercessionen des Jupiters und anderer Götter, ist sie mit der Veneris Bewilligung unsterblich worden und des Cupidinis Ehegemahl hernacher geblieben.

53. Die drei Brüder

Ein armer Mann, Vater dreier Söhne, konnte ob seiner Dürftigkeit nicht für deren Unterhalt sorgen. Um ihm deshalb die Last von den Schultern zu nehmen, beschlossen die hungrigen Knaben, die die Armut und Ohnmacht ihres Vaters berücksichtigten, wie die Philosophen mit Stock und Ranzen in die Welt hinaus und dem Glück nach zu ziehen. Sie beugten vor dem Alten die Knie und baten ihn um Urlaub mit dem Versprechen, binnen zehn Jahren wieder heimzukehren.

Der älteste von ihnen geriet zufällig in das Lager von Soldaten, die auf einem Feldzuge begriffen waren; er trat bei einem Kapitän in Dienste. Auf diese Art wurde er in kurzer Zeit ein so braver und tapferer Soldat, daß er wegen seiner Tüchtigkeit und Tapferkeit bald den ersten Rang unter seinen Gesellen einnahm; und er erlernte die Kunst, eine senkrechte Wand mit zwei Dolchen in den Händen zu erklettern. Der zweite Bruder kam in einen Hafen, wo man Schiffe baute; er trat bei einem Meister, der alle andern im Schiffsbau übertraf, in die Lehre und brachte es nach kurzer Zeit so weit, daß sein Name in dieser Gegend in aller Munde war. Der jüngste endlich entzückte sich so an dem schmelzenden Liede der Nachtigall, daß er ihren Spuren und ihrem Gesange überall hinfolgte, durch dunkle Täler und schattige Haine, durch tiefe Forste und stille, widerhallende Wälder in die Einsamkeit der Vögel; er vergaß die Rückkehr, hauste im Walde wie ein Waldmensch und brachte so volle zehn Jahre hin. Durch den steten Umgang mit den Vögeln erlernte er ihre Sprache, bis er sie meisterlich verstand und unter den Faunen geehrt wurde, als ob er Feronia oder Pan wäre.

An dem für ihre Heimkehr festgesetzten Tage trafen die zwei älteren Brüder an dem seinerzeit bestimmten Orte ein und warteten dort auf den jüngsten. Als sie ihn also verwahrlost und nackt daherkommen sahen, gingen sie ihm liebevoll entgegen, umarmten ihn unter Tränen und teilten ihre Kleider mit ihm. Während sie später in einer Herberge aßen, hüpfte eine Elster auf einen Zweig und sprach mit ihrem heisern Gekrächze: »Wisset, ihr Zecher, an dieser Ecke des Wirtshauses liegt ein ungeheurer Schatz verborgen, der Euch schon seit langer Zeit bestimmt ist.« Mit diesen Worten entflog sie. Der jüngste verdolmetschte seinen Brüdern die Rede des Vogels; sie gruben nach und fanden den Schatz.

Darob glückselig, kamen sie nun als reiche Leute zu ihrem Vater zurück, der sie mit offenen Armen empfing und ihre Ankunft durch herrliche Mähler feierte. Da hörte der jüngste eines Tages wieder einen Vogel sprechen: »Im ägäischen Meer liegt die Insel Chios, deren Umfang neunhundert Stadien mißt; auf dieser Insel Chios hat die Tochter Apollos ein festes Schloß aus parischem Marmor erbaut, dessen Zugang eine feuerspeiende und geiferspritzende Schlange bewacht, während ein Basilisk die Schwelle hütet. Hier ist Agläa mit allen angehäuften Schätzen – ihr Wert ist so groß, daß es keine Zahl gibt, die ihn ausdrücken könnte – eingeschlossen. Wer sich nun daran wagt und den Turm ersteigt, der gewinnt den Schatz und Agläa.« Nach diesen Worten entflog der Vogel.

Der jüngste erkärte den andern, was er gesprochen hatte, und sie beschlossen, das Wagnis zu unternehmen, indem der eine versprach, den Turm mit seinen Dolchen zu erklettern, der andere, ein pfeilschnelles Schiff zu erbauen. Das Schiff war rasch fertig. Als ein günstiger Wind die Segel schwellte und ein glückverheißendes Lüftchen das Meer kräuselte, bestiegen sie es und steuerten nach Chios. Dort landeten sie bei grauendem Morgen. Sofort nahm der Soldat die zwei Dolche zur Hand, erkletterte den Turm, bemächtigte sich Agläas und ließ sie an einem Seile zu den Brüdern herunter. Dann raffte er alles zusammen, Karfunkel, Edelgestein und Gold, verließ den leeren Turm und stieg wieder herab. Wohlbehalten gelangten sie in ihre Heimat. Des Mädchens halber aber brach zwischen den Brüdern Zwietracht aus, und nach langem Streite steht die Entscheidung, wer von den dreien billigerweise Agläa ungeteilt besitzen soll, beim Schiedsrichter. Ich überlasse dir, lieber Leser, die Frage zu lösen.

Die Novelle zeigt, daß der Geist mehr vermag als rohe Kraft und daß die Eltern alle Mühe daransetzen sollen, ihre Kinder mit Wissen zu zieren.

54. Goldener

Es sind wohl zweitausend Jahre oder noch länger, da hat in einem dichten Walde ein armer Hirt gelebt, der hatte sich ein bretternes Haus mitten im Walde erbaut, darin wohnte er mit seinem Weib und sechs Kindern; die waren alle Knaben. An dem Hause war ein Ziehbrunnen und ein Gärtlein, und wenn der Vater das Vieh hütete, so gingen die Kinder hinaus und brachten ihm zu Mittag oder zu Abend einen kühlen Trunk aus dem Brunnen oder ein Gericht aus dem Gärtlein.

Den jüngsten der Knaben riefen die Eltern nur Goldener; denn seine Haare waren wie Gold, und obgleich der jüngste, so war er doch der stärkste von allen und der größte. So oft die Kinder hinausgingen, so ging Goldener mit einem Baumzweige voran, anders wollte keines gehen, denn jedes fürchtete sich, zuerst auf ein Abenteuer zu stoßen; ging aber Goldener voran, so folgten sie freudig eins hinter dem andern nach, durch das dunkelste Dikkicht, und wenn auch schon der Mond über dem Gebirge stand.

Eines Abends ergötzten sich die Knaben auf dem Rückweg vom Vater mit Spielen im Walde und hatte sich Goldener vor allen so sehr im Spiele ereifert, daß er so hell aussah, wie das Abendrot. »Laßt uns zurückgehen!« sprach der älteste, es scheint dunkel zu werden. »Seht da, der Mond!« sprach der zweite. Da kam es licht zwischen den dunkeln Tannen hervor, und eine Frauengestalt wie der Mond setzte sich auf einen der moosigen Steine, spann mit einer kristallenen Spindel einen lichten Faden in die Nacht hinaus, nickte mit dem Haupte gegen Goldener und sang:

»Der weiße Fink, die goldene Ros,
Die Königskron im Meeresschoß.«

Sie hätte wohl noch weiter gesungen, da brach ihr der Faden, und sie erlosch wie ein Licht. Nun war es ganz Nacht, die Kinder faßte das Grausen, sie sprangen mit kläglichem Geschrei das eine dahin, das andere dorthin, über Felsen und Klüfte, und verlor eins das andere.

Wohl viele Tage und Nächte irrte Goldener in dem dicken Wald umher, fand auch weder einen seiner Brüder noch die Hütte seines Vaters noch sonst die Spur eines Menschen; denn es war der Wald gar dicht verwachsen, ein Berg über den andern gestellt und eine Kluft unter die andere. Die Braunbeeren, welche überall herum rankten, stillten seinen Hunger und löschten seinen Durst, sonst wär er gar jämmerlich gestorben. Endlich am dritten Tage, andere sagen gar erst am sechsten, wurde der Wald hell und immer heller, und da kam er zuletzt hinaus auf eine schöne grüne Wiese. Da war es ihm so leicht um das Herz, und er atmete mit vollen Zügen die freie Luft ein.

Auf derselben Wiese waren Garne ausgelegt, denn da wohnte ein Vogelsteller, der fing die Vögel, die aus dem Wald flogen, und trug sie in die Stadt zu Kaufe.

›Solch ein Bursch ist mir gerade vonnöten‹, dachte der Vogelsteller, als er Goldener erblickte, der auf der grünen Wiese nah den Garnen stand und in den weiten blauen Himmel hineinsah und sich nicht satt sehen konnte. Der Vogelsteller wollte sich einen Spaß machen: er zog seine Garne, und husch! war Goldener gefangen und lag unter dem Garne gar erstaunt, denn er wußte nicht, wie das geschehen war. »So fängt man die Vögel, die aus dem Walde kommen«, sprach der Vogelsteller, laut lachend. »Deine roten Federn sind mir eben recht. Du bist wohl ein verschlagener Fuchs; bleibe bei mir, ich lehre Dich auch die Vögel fangen.«

Goldener war gleich dabei; ihm schien unter den Vögeln ein gar lustig Leben, zumal er ganz die Hoffnung aufgegeben hatte, die Hütte seines Vaters wieder zu finden. »Laß erproben, was Du gelernt hast«, sprach der Vogelsteller nach einigen Tagen zu ihm. Goldener zog die Garne, und bei dem ersten Zuge fing er einen schneeweißen Finken. »Pack Dich mit diesem weißen Finken!« schrie der Vogelsteller, »Du hast es mit dem Bösen zu tun!« Und so stieß er ihn gar unsanft von der Wiese, indem er den weißen Finken, den ihm Goldener gereicht hatte, unter vielen Verwünschungen mit den Füßen zertrat.

Goldener konnte die Worte des Vogelstellers nicht begreifen; er ging getrost wieder in den Wald zurück und nahm sich noch einmal vor, die Hütte seines Vaters zu suchen. Er lief Tag und Nacht über Felsensteine und alte gefallene Baumstämme, fiel auch gar oft über die schwarzen Wurzeln, die aus dem Boden überall hervorragten.

Am dritten Tage aber wurde der Wald heller und immer heller, und da kam er endlich hinaus und in einen schönen lichten Garten, der war voll der lieblichsten Blumen, und weil Goldener so was noch nie gesehen, blieb er voll Verwunderung stehen. Der Gärtner im Garten bemerkte ihn nicht so bald, denn Goldener stand unter den Sonnenblumen, und seine Haare glänzten im Sonnenschein nicht anders als so eine Blume.

»Ha!« sprach der Gärtner, »solch einen Burschen hab ich gerade vonnöten«, und schloß das Tor des Gartens. Goldener ließ es sich gefallen, denn ihm schien unter den Blumen ein gar buntes Leben, zumal er die Hoffnung aufgegeben hatte, die Hütte seines Vaters wieder zu finden.

»Fort in den Wald!« sprach der Gärtner eines Morgens zu Goldener, »hol mir einen wilden Rosenstock, damit ich zahme Rosen darauf pflanze!« Goldener ging und kam mit einem Stock der schönsten goldfarbenen Rosen zurück, die waren auch nicht anders, als hätte sie der geschickteste Goldschmied für die Tafel eines Königs geschmiedet. »Packe Dich mit diesen goldenen Rosen!« schrie der Gärtner, »Du hast es mit dem Bösen zu tun!« Und so stieß er ihn gar unsanft aus dem Garten, indem er die goldenen Rosen unter vielen Verwünschungen in die Erde trat. Goldener konnte die Worte des Gärtners nicht begreifen; er ging getrost wieder in den Wald zurück und nahm sich nochmals vor, die Hütte des Vaters zu suchen.

Er lief Tag und Nacht, von Baum zu Baum, von Fels zu Fels. Am dritten Tage endlich wurde der Wald hell und immer heller, und da kam Goldener hinaus und an das blaue Meer, das lag in einer unermeßlichen Weite vor ihm. Die Sonne spiegelte sich eben in der kristallhellen Fläche, da war es wie fließendes Gold, darauf schwammen schöngeschmückte Schiffe mit langen, fliegenden Wimpeln. Eine zierliche Fischerbarke stand am Ufer, in die trat Goldener und sah mit Erstaunen in die Helle hinaus.

»Ein solcher Bursch ist uns gerade vonnöten«, sprachen die Fischer, und husch! stießen sie vom Lande! Goldener ließ es sich gefallen, denn ihm schien bei den Wellen ein goldenes Leben, zumal er ganz die Hoffnung aufgegeben hatte, seines Vaters Hütte wieder zu finden. Die Fischer warfen ihre Netze aus und fingen nichts. »Laß sehen, ob Du glücklicher bist!« sprach ein alter Fischer mit silbernen Haaren zu Goldener. Mit ungeschickten Händen senkte Goldener das Netz in die Tiefe, zog und fischte eine Krone von hellem Golde.

»Triumph!« rief der alte Fischer und fiel Goldener zu Füßen, »ich begrüße Dich als unsern König!« Vor hundert Jahren versenkte der alte König, welcher keinen Erben hatte, sterbend seine Krone im Meer, und so lange, bis irgendeinen Glücklichen das Schicksal bestimmt hätte, die Krone aus der Tiefe zu ziehen, sollte der Thron ohne Nachfolger in Trauer gehüllt bleiben.

»Heil unserem König!« riefen die Fischer und setzten Goldener die Krone auf. Die Kunde von Goldener und der wiedergefundenen Königskrone erscholl bald von Schiff zu Schiff und über das Meer weit in das Land hinein. Da war die goldene Fläche bald mit bunten Nachen bedeckt und mit Schiffen, die mit Blumen und Laubwerk geziert waren, diese begrüßten alle mit lautem Jubel das Schiff, auf dem König Goldener stand. Er stand, die helle Krone auf dem Haupte, am Vorderteil des Schiffes und sah ruhig der Sonne zu, wie sie im Meere erlosch.

55. Ein Weib bekommt einen guten Rath, den bösen Mann gut zu machen

So ein Weib über den Mann herrschen will, solle sie seinem billichen Befehl nur gutwillig Gehorsamb leisten, so wird sie ihn bald überwinden und gut und freundlich machen.

Welches hat erfahren jenes Weib, von welcher ich in einer kurtzweiligen Hauß-Postill gelesen, daß sie lange Zeit bey ihrem Mann ein üble Ehe gehabt, vil Schmach und Schläg einnehmen hat müssen. Sie aber ware meistens selbsten daran schuldig, indem sie vermeinte, der Mann solle nach ihrem Humor leben und thun, was sie wolle haben, welches sie mit Trutzen und Pochen erzwingen wollte. Erzeigte sich derohalben gegen dem Mann so freundlich wie ein bißige Meer-Katz, sagt auch dem Mann keck in das Angesicht, daß die Haußwürthschafft und alles nach ihrem Kopff gehen müsse. »Gar recht, mein Weib«, spricht der Mann, »weil alles muß nach deinem Kopff gehen, so sollen auch die Theller nach deinem Kopff gehen«, warffe ihr also einen großen Büschel Theller eines nach dem andern an ihren Stütz-Gründ. Dieses hat auch so vil gefruchtet, daß es ein Gelegenheit gegeben hat zu besseren Verständnuß, Liebe und Hauß-Frieden.

Sintemahlen das mit Thellern also abgespeißte Weib ihr Noth geklagt hat einem alten Mütterle, welches vilen

Leuthen an gewissen Zuständen mit gutem Rath und That geholffen hat. Dises Mütterle hatte das betrangte Ehe-Weib, ob sie ihr doch, gegen einer guten Verehrung, ein Mittel oder guten Rath hätte ertheilet, dardurch ihr Mann frömmer und geschlachter werden möchte. Die Alte sprach: »Mein Frau, in disem euch zu helffen kan ich kein Mittel, wohl aber einen guten Rath, wann ihr folgen wollet, geben:

Es ist ein gewisse Göttin, die heißt Allrauna, diser muß man Speck opfferen, alsdann wird sie einem sagen, was in solcher Sach zu thun seye. Wäre derohalben mein Rath, ihr, mein liebe Frau, gienget am Sonntag in aller Frühe, gleich bey Thor auffmachen hinauß für die Stadt, zu dem Hanff-Acker, wo der Apffel-Baum stehet, und nehmet zu euch drey Stück Speck, jedes wohl ein Pfund schwär, alsdann stellet euch von dem Baum so weith, daß ihr gleichwohl mit einem Stuck Speck darzu werffen möget; müßt also dreymahl werffen, ein Stuck nach dem andern, und allzeit mit lauther Stimm ruffen:

›O Allrauna, Allrauna, ich ruff dich an,
mach mir liebreich und tugendsamb meinen Mann.‹

Wann hernach die Göttin nach dem dritten Wurff wird Antwort geben, so mercket wohl, was sie euch wird sagen, und diesem kommet alsdann fleißig nach, so wird euer Mann gewißlich gantz verändert werden.«

Die gute Frau bedanckte sich deß guten Raths und gibt der Alten ein gutes Trinck-Gelt. Sie aber am nächsten Sonntag begibt sich in aller Frühe hinauß zu dem Hanff-Acker, versehen mit drey Stücken frischen Specks. Das alte Mütterle aber (so die Göttin Allrauna selbst ist gewesen und gern Speck auf dem Krauth fressen thäte) dise war schon vorhero darauß und sitzte nahe bey dem Baum in dem langen Hanff verborgen. Wie und auf was Weiß diese so frühe muß vor dem Thor aufsperren hinauß kommen seyn, ob sie über die Stadtmaur hinauß auf der Post geritten oder gefahren, weiß ich nicht zu berichten. Die Frau aber hat gethan, wie sie unterrichtet ware.

Sie warffe ein, zwey, dreymahl, allezeit ein Stuck Speck und ruffte:

»O Allrauna, Allrauna, ich ruff dich an,
Mach mir liebreich und tugendhafft meinen Mann.«

Das drittemahl spitzte sie die Ohren zu hören, was die Göttin ihr für eine Antwort geben werde; welche dann auch mit einer ernsthafften und mehr Mannlichen als Weiblichen Stimm hat geantwortet, sprechend:

»Sey ghorsamb deinem Mann im Hauß,
Wann du außgehst, bleib nit lang auß,
Sorg für Kuchel, Vieh und Gsind,
Nicht widerhelle, sey sanft und lind,
Gegen deinem Mann bey Nacht und Tag,
So wird es besser, ich dir sag.«

Dises ware eine treffliche Lehr, diser ist sie nachkommen und hat es gut befunden. Sie hat sich verhalten als ein gehorsamer Simon, und der Mann hat sich erzeiget als ein Judas. Dann wie er gesehen, daß sein Weib seinem Befelch also unterthänig gehorsamet, hat er vor allen Leuthen ihr Tugend bekannt und sie darumb gelobt. Auch das Weib lobte hernach ihren Mann, daß er gegen ihr so liebreich und freundlich sich verhalten thäte.

56. Von wegen des Undancks gegen den Elteren

Von einem gar trefflichen reichen wolhabenden Mann wird diß erzellet: Daß er habe gehabet ein armen alten verlebten Vatter, der sein täglich Brott nicht mehr mit

Arbeiten hat verdienen mögen. Dieweil aber von wegen der Schand der Son nicht wolte haben, das solcher sein armer verlebter Vatter, der sein täglich Brott nicht mehr gewinnen möchte, solte betteln gehn, welches im sonst von jedermann vor gerücket werden möchte, hat er solchen seinen Vatter zu im nemen müssen unnd ihn daheim neren.

Seydemal er solchen seinen Vatter nit gern bey sich hette und in speissete, so hat sich diß eins Tags zugetragen, das sich der Son bald unberuffen seines Vatters zu dem Mittagmal nidergesetzet und alda ist ein herrlich Gericht oder köstliches Essen im fürgesetzt. In dem da ersicht er den alten frommen Mann, seinen Vatter, auch zu dem Mittagmal kommen. Da befilhet er als baldt, man solte solches Essen hin weg setzen unnd verbergen, biß der Vatter wider von dem Disch gieng. Da nu der Vatter zu Mittag gessen hette, stundt er nach gemeinem Brauch bald auff vom Disch und gieng in sein Gemach und Wohnunge.

Da befalch der Son alsbald dem Diener, er sol das verborgen Essen widerumb herfür bringen. Wie der Diener solches Essen wider wolt zu dem Disch tragen, da sicht er, daß die Schüssel voller Schlangen kreucht, welches er dem Herrn alsbald kundt und offenbar machet. Solches da der Herr sehen wolte, so hat sie sich von Stunden mit einem Sprung auß der Schüssel ein grosse unflettige heßliche grewliche Schlang umb seinen Hals verwickelet, also das sie ir Maul bey des Sons Mundt hette. Das demnach, wann er essen wollte, muste auch die Schlangen mit essen unnd drincken Speissen. Dieses hat Gott also verordnet zu einem ewigen Exempel des Undancks der Kinder gegen den Elteren als zu einer weltlichen Schmach und Straffe.

Derhalben hat dieser undanckbarer Son die Zeit seines Lebens müssen solche Schlangen, wenn er essen oder drincken hat wöllen, zuvor ehe er gessen unnd druncken hat, mit Narung versorgen auch die Zeit seines gantzen

Lebens mäniglich zu einem Exempel und Abschewe des Undancks gegen den Elteren hat er dise Schlangen umb seinen Hals verwückelt müssen herumb tragen, biß er gestorben ist, da sie aller erst von im ist komen.

In disem ist diß zu lernen, dz Gott gewiß den Undanck und Ungehorsam der Kinder gegen den Eltern wölle straffen, wie erzeltes Exempel ein Schawbildt ist göttlicher Straff wider den Undanck des Sons gegen dem Vatter. Disem und andere Exempeln wölle die Jugent ferner nachdencken und derhalben danckbar und gehorsam gegen den Elteren sich beweissen, darmit sie deßhalben vonn Gott nit gestrafft werden.

57. Ursprung der Affen

Ein Doktor fraget ich der Mär,
Von wann die Affen kämen her,
Weil sie ohn Vernunft Tierlein wild
Sind, tragen doch samt menschlich Bild;
Obs auch im Anfang wärn erschaffen?
Er antwort mir her: »Von den Affen
Hab ich von eim Zigeuner ghort
Gar wunder- und seltsame Wort,
Wie sie haben ihre Ursprüng.«
Sagt: »Weil Christus auf Erden ging,
Kehrt er eins Tags mit Petro ein,
Wolltn bei eim Schmied zu Herberg sein,
Der nahms willig zu Herberg an.
Nun kam ein armer Bettelmann
Hinein gangen an zwei Krucken
Mit grauem Haar und bogem Rucken
Und mit dem Alter hart beschwert,
Das Almosn von dem Schmied begehrt.
Dess erbarmet sich Petrus sein

Und sprach: ›O Herr und Meister mein,
Erbarm Dich des uralten Mann,
Heil ihm sein Plag, daß er mög gahn
Und sein Brot selber mög gewinnen!‹
Der Herr mit sanftmütigen Sinnen
Durch sein Bitt erbarmet sich dess
Und sprach zum Schmied: ›Leih mir Dein Ess
Und leg mir Deiner Kohlen an,
Daß ich den alten kranken Mann
Verjüngen mög zu dieser Zeit!‹
Der Schmied ganz willig war bereit
Und Kohlen in die Esse trug,
Und Sankt Petrus die Blasbälg zug.
Als nun auffunket das Kohlfeur
In der Ess groß und ungeheuer,
Da nahm der Herr das Männlein alt
Und schob es in die Ess gar bald
Hinein das flammend Feuer rot.
Drin saß das Männlein, lobet Gott
Und glühet wie ein Rosenstock.
Nach dem der Herr zu dem Löschtrog
Das glühend Männlein hineinzog,
Daß das Wasser ob ihm zsammschlug
Und kühlet es fein sittlich ab.
Nach dem ihm seinen Segen gab.
Zuhand das Männlein heraussprung
Schön, zart, gerad, gesund und jung,
Ein Jüngeling bei zwanzig Jahrn.
Dess sie alle verwundern warn.
Der Schmied die Ding gar eben sach
Und lud sie zum Nachtmahl darnach.
Als man zu Tisch nun sitzen tät,
Der Schmied eine alte Schwieger hätt,
Bogrucket, hinket und halbblind,
Die setzt sich zum Jüngling geschwind,

Welchen der Herr verjunget hätt,
Und ihn gar fleißig fragen tät,
Ob ihn das Feuer hart hätt brennet.
Er aber ihr wahrhaft bekennet,
Nie besser ihm gewesen wär,
Denn in dem Feuer, da wär er
Gesessen wie in einem kühlen Tau.
Das faßt zu Ohren die alt Frau
Und gar durchaus die ganze Nacht
An das Verjungen stets gedacht.
Früh zog der Herr wieder seine Straß,
Dem Schmied der Herberg danken was.
Der Schmied dacht: ›Die Kunst ist nit schwer,
Ich kann sie gleich als wohl als er,
Ich will mein Schwieger auch verjüngen,
Daß sie auch geht daher in Sprüngen,
Wie ein Maidlein bei achtzehn Jarn.‹
Nun wollt ers auch an ihr erfahrn,
Sprach: ›Schwieger, ich hab in der Nähen
Die Kunst gelernet von dem Gsehen,
Wie er mit dem Kohlfeur geschlacht
Das alte Männlein hat jung gemacht.
Sag mir, ob Du nit gern auf Erden
Wollest auch also verjunget werden,
Wollest auch in die Ess hinein?‹
Sie sprach: ›Von ganzem Herzen mein.‹
Wann sie hätt vom Jüngling vernommen,
Wie es ihn wär so sanft ankommen,
Samb wär er in eim Tau gesessen.
Bald sie nun Suppen hätten gessen,
Der Schmied ein große Glut aufblies,
Sein alte Schwieger darein stieß.
Der Schmied gar schwind die Blasbälg zog,
Die Alt sich hin und wider bog
Und schrie das Mord sehr grausamlich

Und walzet aus dem Feuer sich.
Der Schmied, der schrei: ›Sitz darin still;
Erst ich weidlich zublasen will.
Was schreist und tust hupfen und gumpen?‹
Da brannten all ihr Haderlumpen,
Erst schrie das Weib ohn alle Ruh.
Der Schmied dacht: ›Kunst geht nit recht zu‹,
Und sie heraus der Esse zog
Und warf sie nein in den Löschtrog.
Noch schrie und kars laut überaus.
Das erhörten droben im Haus
Die Schmiedin und ihr Schnur /Schwiegertochter/ zanger
Die waren beide sehr groß schwanger
Und laufen beid herab die Stiegen
Sahen die Alten im Löschtrog liegen,
Die noch tät klagen, wein und heuln,
Zsamgeschnurt, gerumpfen, tät sich mäuln.
Ihr Angsicht gleich sah einem Affen,
Gerunzelt, gfalten und ungschaffen.
Darob die zwo entsetzet warn,
Und beid dieselbig Nacht gebarn
Zwei junge, das waren zwen Affen,
Auch also murret und ungschaffen,
Die bald naus in die Wildnis loffen;
Von den ander Affen ausschlossen.
Von den kommt her der Affen Gschlecht.
Weiß doch nicht, ob mir wahr und recht
Der Zigeuner hat zugesagt,
Weil jedermann sonst ob ihn klagt,
Wie all Zigeuner lügen gern.
Jedoch sollst Dus annehmen wärn
Allein für einen guten Schwank.«
Ich sagt dem Doktor Lob und Dank.
Aus diesem Schwank finden sich sehr
Zwo gar getreuer, nutzer Lehr.

Die erst Lehr, daß ein schwanger Weib
Hab fleißig acht auf ihren Leib,
Daß sie nicht so fürwitz und gech
Ein jeglich Ding lauf und besech,
Voraus was greulich schröcklich ist,
Darfür enthalt sich alle Frist,
Daß nicht im Leib die Frucht hernach
Schaden oder Ungstalt entfach.
Wie denn täglich dergleich geschicht.
Zum andren nehm darbei Bericht
Ein Mann, der lehren will ein Kunst,
Daß ers nicht fass mit blauen Dunst,
Von Hören, Sagen oder Zusehen,
Wie das sei von eim Künstner geschehen,
Doch ohn allen Grund und Verstand,
Sonder mit Herzen, Mund und Hand
Erforsch den Grund und all Umständ
Von Anfang zu Mittel und End,
Versuch die Kunst auch wohl mit Prob,
Als denn ihm Ruhm, Ehr, Preis und Lob
Von seiner Kunste auferwachs,
Weil er den Grund hat, spricht Hans Sachs.

Anno Salutis 1562, am 4. Tag Augusti

58. Der Teufel ist unsers Herrgots Affe

Denn was der Teuffel sihet von unserm Herr Gott, das wil er bald nachthun, wie ein Affe auch pfleget, und kan doch, das er sihet, nicht der Gestalt nachthun, wie ers gesehen hat.

Es sagen etliche, das die München aus solchem Affenspiel des Teuffels ihren Ursprung haben. Und also Gott nam einen roten Erden Kloß, wie Moses schreibt, und richtet yhn zu, es solt ein lebendiger Mensch darauß werden. Stellt yhn an ein Wandt und sprach: ›Fiat.‹ Also ward ein lebendiger Mensch darauß und lebte.

Über etliche Zeyt hernach wolt der Teuffel diß unserm Herr Gott nachthun, nimpt auch einen Erden Klump, richtet yhn zu, es solt ein Mensch darauß werden, und hette nicht fleissig Achtung gehabt auff Gottis Wort, das er nu zu mal vergessen hette, und stellet es an einen Zaun und spricht: ›Pfuat.‹ Da geriedt es ubel und ward ein Münch darauß. Und da der Teuffel diß heßlich Bild sahe, sprach er: »Pfu Dich an alle Deine Tage, wie übel hab ich mein Arbeit an gelegt. Gehe hyn ynn alle Welt und betreug Land und Leutte etc.«

Und wie wol diß schimpfflich geredet wirt, so ists doch leider allzu war. Denn ynn Egypten nach der Prophecey Jacob sind vil frommer Leute gewesen, die sich mit yhrer Hende Arbeyt erneeret haben. Macharius, Abraham, Anthonius und andere fleißig Antwort und Gebette, wie das Buch Vitas patrum sagt und die Historien melden. Von diesen fromen Vätern und yhrem Leben, welchs da frey war, hat man einen Standt gemacht, nicht Leder, sonder Holtz zu Schuhen zu tragen, nicht Fleysch, sonder Fisch zu essen wullen und hären Hembd zu tragen etc.

Biß daß soliches Affenspiel geradten ist zu einer Faulheyt, Geytz, Hoffart, Pracht, Reichthumb und grossen Schlung, der hellische Verfürung, des Teuffels Sewstellen und Hurenheusern. Man sagt schertzweise, aber es ist im Grunde die lautter Warheyt, daß in Aegypten zur Zeyt der frommen Vetter der Teuffel sie hefftig anfochten habe, und in dem hat er in der Wuesten antroffen eynen faulen, teygen, losen Bruder und gefraget: »wer bistu unn was thust Du hie?« Da hatt der Bruder geantwort, er sey eyn Christen und sey darumb in die Wuesten gewichen, daß er der christlichen Lere neben seyner Arbeyt dester besser gewartten muoge.

Da hatt der Teuffel widder gesagt: »Wolan, weyl Du von

Leutten gewichen bist, so wirt folgen, daß Du heyliger unnd frommer seyest denn andere Leute, darumb wil Dir gebueren, daß Du und yhr alle auch eynandere Kleydung tragent, dadurch yhr von anderen gemeynen Leutten für heylig und from mögent erkandt werden und dafür gehalten.« Der Bruder sihet an seine Kleider, die nun fast zerrissen und dünne waren, so ist er faul, und die Arbeyt thut yhm weh und sprach: Er wolt wol eyn ander Kleydt tragen, wenn ers hette.

Der Teuffel sprach: »Ich wil Dir eyns bringen.« Auf den andern Morgen bracht er dem Bruder eyn gantz Grawtuch, schneyd mitten eyn Loch hyndurch und hieng es yhm also gantz an den Halß. Der Bruder gehet unnd tregt vornen das Tuch undter den Armen, hynden blib es yhm an den Büschen und Dornen hangen und machet yhm also vil zuschaffen, daß er der Arbeyt gar entwonete, zu welcher er auch zuvor keynen Lust hatte.

Uber etliche Tage kumpt der Teuffel widder, und da yhm der Bruder klagte, wie yhm das Tuch so vil Mühe mache, nimpt er eyn Wide von eynem Bawm und schürtzet yhn darein wie mit eynem Gürtel und macht grosse Schosse geren unn weitte Ermel. Do her es auch noch kompt, daß sie Gürttel mit Knoten tragen unn die Kutte so weit ist worden, daß sie noch heuttiges Tages niemand erfüllen kan. Danach machet er yhm ein Krantz. Denn es zymt eynem heyligen Manne nicht, Har zutragen wie die Leyen und Unheiligen thun.

Endtlich, do sich der Bruder beklagte, es sey yhm nicht müglich, daß er sich nun fürthyn mit Arbeyt solt erneren, das Kleyd sey zu weyt unnd zu groß, gibt yhm der Teuffel eynen solchen Radt, er soll gehen inn den nechsten Flekken unn bitten umb Gottes Willen und schreyen: ›Eyn Brodt durch Gott.‹ Und daß es yhm ja nicht mocht mangeln an etwas, darein er das Brodt samlen mochte, so nimpt der Teuffel des Bruders Hembde, nehet es undten unnd oben zu und schneidet mitten eyn Loch darein und macht eyn Gardian drauß.

Der Bruder geet hyn und will Brot bitten umb Gottes Willen, und do er ins Dorff kompt und den Leutten eyn solches wunderlichs Thier noch new und unbekandt was, lieffen die Kinder, so bey den Pferden und Gensen auff dem Felde waren, heym und schreyen und wusten nicht, was das für eyn ungehewer Thier sey. Es was aber eben umb die Zeit, daß der Hirt pflegt zu Mittag das Vihe einzutreiben. Da schrey der Dorffochse: »Mo, Mo, Mo, Mo, Mönch.« Heben die Kinder an: »Sihe, sihe, unser Dorffochse kennet yhn. Es ist eyn Münch.«

Der Teuffel machte den ersten Münch, der Dorffochse aber hat yhn getauffet und den Namen geben. Diß schreib ich darumb gern, daß man sehe, wie der Teuffel alle Ding verkeret und auß dem gutten freyen Leben der Vätter, die trewlich am Wort Gottes unnd der Lere angehalten haben, eynen gezwungen genötigten Stand, Mastsew und Hurheuser hatt zugerichtet, davon wir weitter wöllen sagen, wenn ich schreiben wird von des Clösters Heymlichkeyt.

59. Von drei faulen Söhnen

Es war ein Künig, der het drei Sün. Und da er sterben wolt, da berufft er sie zusamen und sprach zu inen: »Wer under Euch der allerfulest ist, dem wil ich das Regiment, mein Künigreich, geben.« Da sprach der ein: »Her Vatter, so gehöret es mir zu. Wan ich bin so ful, wan ich lig und wil schlaffen, so tropfft es mir in meine Augen, so bin ich so ful, das ich die Augen nit zuthun mag, das ich entschlaff.«

Der ander sprach: »Es gehört mir zu. Wan ich by dem Feuer leg mit den Füssen, so ließ ich lieber die Versen verbrennen, dan das ich sie zu mir zuch.« Der drit sprach:

»Es gehört mir zu. Ich bin so ful, wan ich ein Strick an dem Hals het und man wolt mich hencken und ich het ein Messer in der Hand, den Strick abzuschneiden, so ließ ich mich ee hencken, dan das ich den Strick abschnit.« Disen dreien reden wir übel und sein wir fuler und treger, dan sie sein gewesen.

Manchem Menschen tropfft es in sein leibliche Augen, lüstlich Gesichten, davon er sich versündet und in die Augen seines Hertzens böß gedenckt, noch so thut er seine Augen zu, das er im selber vor dem Schaden wer.

Zu dem andern. Wie vil sein deren, dy da haben die Füß der Begird zu böser Geselschafft, darumb sie ewiglich werden brennen, noch so ziehen sie ire Begird selber nit hinder sich.

Die dritten, die fürt der Tuffel an dem Strick der Scham, zu beichten an den helschen Galgen, und sie haben das Messer der Beicht in der Hand und mochten beichten und mochten sich selber erlösen, aber sie wollen es nit thun. Darumb von Recht so gehört inen allen dreien das Reich der Hellen zu. Hüt Du Dich darvor!

60. *Wie Eulenspiegel in Prag zu Böhmen auf der hohen Schule mit den Studenten konversierte und wohl bestand*

Eulenspiegel zog gen Prag in Böhmen, als er von Marburg geschieden war. Zu der Zeit wohnten dort noch gute Christen, bevor Wiclif aus England die Ketzerei in Bömen bewirkte, die durch Jan Hus verbreitet ward. Er gab sich dort für einen großen Meister in der Beantwortung schwerer Fragen aus, für die andere Meister keine Auslegung und keinen Bescheid geben könnten. Das ließ er auf Zettel schreiben und schlug es an die Kirchtüren und an die Kollegien.

Den Rektor verdroß das. Die Kollegiaten, Doktores und Magister waren samt der ganzen Universität in einer üblen Lage. Sie kamen zusammen, um zu beratschlagen, wie sie Eulenspiegel quaestiones aufgäben, die er nicht beantworten könnte; so er dann übel bestünde, könnten sie mit Glimpf an ihn herankommen und ihn beschämen. Und das ward unter ihnen ausgemacht und beschlossen, und sie konkordierten und ordinierten, daß der Rektor die Fragen stellen sollte. Sie ließen Eulenspiegel durch ihren Pedellen auffordern, des anderen Tages zu erscheinen und die quaestiones und Fragen, die man ihm schriftlich gab, vor der ganzen Universität zu beantworten, auf daß er also geprüft und seine Kunst für recht befunden würde. Sonst sollte er nicht zugelassen werden. Eulenspiegel gab dem Pedellen zur Antwort: »Sage Deinen Herren, ich wollte das so tun und hoffte, als ein tüchtiger Mann zu bestehen, wie ich es bisher getan habe.« Des anderen Tags versammelten sich alle Doktores und Gelehrten. Da kam auch Eulenspiegel und brachte seinen Wirt mit sich und etliche andere Bürger und gute Gesellen, um etwa einem Überfalle zu begegnen, der ihm von den Studenten geschehen möchte.

Und als er nun in ihre Versammlung kam, hießen sie ihn auf den Stuhl steigen und hießen ihn die Fragen beantworten, die ihm vorgelegt würden. Und die erste Frage, die der Rektor an ihn tat, war, daß er sagen und als wahr beweisen sollte, wieviel Ohm Wasser im Meer wären. So er die Frage nicht lösen und beantworten könnte, so wollten sie ihn als einen ungelehrten Anfechter der Kunst verdammen und strafen. Auf diese Frage antwortete er behend: »Würdiger Herr Rektor, heißet die anderen Wasser stillestehn, die an allen Enden in das Meer laufen, so will ich Euch messen, beweisen und genauen Bescheid davon geben, und das ist leicht zu tun.« Dem Rektor war unmöglich, die Wasser aufzuhalten, und er nahm also davon Abstand und erließ ihm das Messen.

Und der Rektor stand beschämt und tat eine andere Frage und sprach: »Sag mir, wieviel Tage sind vergangen von Adams Zeiten bis auf diesen Tag?« Eulenspiegel antwortete kurz: »Nur sieben Tage, und so die herum sind, heben sieben andere Tage an; das währt bis zum Ende der Welt.«

Der Rektor stellte ihm die dritte Frage und sprach: »Sag mir sogleich, wie oder woran ist die Mitte der Welt?« Eulenspiegel antwortete: »Das ist hier. Ich stehe genau mitten in der Welt. Und daß Ihr seht, daß es wahr ist: Laßt es mit einer Schnur messen, und wenn nur ein Strohhalm daran fehlt, so will ich unrecht haben.« Der Rektor, eh ers messen wollte, ließ er lieber Eulenspiegels Antwort gelten.

Da stellte er die vierte Frage an Eulenspiegel ganz im Zorn und sprach: »Sag an, wie weit ist es von der Erden bis an den Himmel?« Eulenspiegel antwortete: »Es ist ganz nahe: Wenn man im Himmel redet oder ruft, das kann man hienieden wohl hören. Steigt Ihr hinauf, so will ich hienieden sanft rufen, das sollt Ihr im Himmel hören. Und hört Ihr das nicht, so will ich unrecht haben.«

Der Rektor war mit ihm einverstanden und stellte die fünfte Frage: Wie groß der Himmel wäre. Eulenspiegel antwortete ihm alsbald und sprach: »Er ist tausend Klafter breit und tausend Ellenbogen hoch; es kann nichts daran fehlen. Wollt Ihr das nicht glauben, so nehmt Sonne, Mond und alles Gestirn von dem Himmel und meßt es gut nach; so werdet Ihr finden, daß ich recht habe, wiewohl Ihr das nicht gern zugebt.«

Was sollten sie sagen? Eulenspiegel war ihnen allen zu gescheit, und sie mußten ihm alle recht geben. Er wartete nicht lange. Als er die Gelehrten überwunden hatte mit Schalkheit, befürchtete er, sie könnten ihm das eintränken, so daß er zuschanden gemacht würde. Deshalb zog er sich den langen Rock aus, wanderte weiter und kam gen Erfurt.

61. *Der undankbare Zwerg*

Ein paar sehr arme Leute hatten viele, viele Kinder, welche sie nur mit Mühe ernähren konnten. Einst gingen einige dieser Kinder in den Wald, um Reisig zusammenzusuchen.

Eines der Mädchen, mit Namen Schneeweißchen, verlor sich zufällig von den andern und fand mit Erstaunen einen häßlichen Zwerg, der kaum eine Elle lang sein mochte, in der größten Not. Er hatte einen Baum, welcher gefällt war, spalten wollen und auch wirklich eine tiefe Spalte hineingehauen, in welche er einen Pflock getan. Dieser Pflock war, ich weiß nicht wie, wieder herausgekommen, und indem sich die Spalte schnell schloß, hatte sie ein ziemliches Stück von seinem unermeßlich langen Barte erwischt und eingeklemmt, so daß der Zwerg gefangen dastand. Er rief das Kind um Hilfe an, und Schneeweißchen war auch gleich bereit, ihm zu helfen. Aber sie mochte es anfangen, wie sie wollte, der Bart war nicht herauszubringen.

Da erbot sich Schneeweißchen, schnell nach Hause zu laufen und ihren Vater zu rufen. Das verbot ihr aber der Zwerg und befahl ihr, eine Schere zu holen, um den Bart abzuschneiden. Sie gehorchte und lief fort. Bald kam sie wieder und befreite ihn durch das Abschneiden des gefangenen Stückes vom Barte. Hierauf zog der Zwerg einen großen Sack mit Geld unter dem Baume hervor, und ob es wohl schicklich gewesen, daß er seiner Befreierin höflich gedankt und ihr von seinem vielen Gelde auch reichlich mitgeteilt hätte, so tat er doch weder das eine noch das andere, sondern schlich, murrend über seinen Unfall, ohne Gruß noch Dank davon. – Schneeweißchen sah ihm nach, dann hüpfte sie wieder fort.

Nicht lange nachher ging Schneeweißchen mit ihrer Schwester Rosenrot an den Fluß, um zu angeln und zu krebsen. Siehe, da war der Zwerg wieder, und diesmal hatte sich der Faden der Angelrute in seinem Bart ganz verwickelt. Ein Fisch hatte unten angebissen und zog so mit der Angel das quäkende Zwerglein in das Wasser hinein. Die Mädchen ergriffen das Männchen, um es festzuhalten, aber es war unmöglich, Schnur und Bart voneinander zu wirren, und der große Fisch, viel größer als der Angler, zog immer fort. Da sprach Schneeweißchen zu ihrer Schwester, sie solle stehenbleiben und den Zwerg festhalten, indes wolle sie nach Hause laufen und eine Schere holen.

Wie der Blitz lief sie hin und her und zerschnitt die Angelrute, wobei aber auch ein Teil des Bartes verlorenging. Darüber murrte das Zwerglein sehr, ergriff einen Sack mit den schönsten Perlen und machte sich, wie das erstemal, undankbar und unhöflich davon. – Die Kinder aber angelten und krebsten und dachten nicht mehr an das grobe Männlein.

Da geschah es abermals, daß die Kinder weggeschickt wurden, um etwas aus der Stadt zu holen. Als die Mädchen über das Feld gingen, erblickten sie einen Adler, welcher das bekannte Zwerglein anpackte und mit sich fortnehmen wollte. Die beiden, Rosenrot und Schneeweißchen, warfen den Vogel mit Steinen, und da das nichts half, faßten sie das Männchen an und zerreten sich mit dem Adler herum, und keins wollte die Beute lassen. Da schrie der böse Zwerg so jämmerlich, daß der Adler erschrak und ihn im Stiche ließ. Diesmal hatte er einen Sack mit Edelsteinen bei sich, und er ging wie das erstemal davon, ohne Sang und Klang.

Wiederum nach einiger Zeit fanden die beiden Kinder den Zwerg unter den Tatzen eines Bären, der im Begriff stand, ihn zu kämmen. Sie schrien laut auf vor Schrecken, und der Bär stutzte und sah nach ihnen hin. Da bat das Zwerglein: »Ach lieber, gnädiger Herr Bär, friß mich nicht! Ich will Dir auch meine Säcke mit Gold, Perlen und Edelsteinen geben. Sieh die beiden Kinder da! Die sind jung und fett und zart, an ihnen wirst Du einen bessern Bissen finden als an mir. Nimm und friß sie!« Die Mädchen waren starr vor Schrecken über den undankbaren Bösewicht. Der Bär aber kehrte sich an sein Gerede nicht, sondern fraß ihn brummend mit Haut und Haar und ging dann seiner Wege.

Die Mädchen fanden nun die Säcke mit Perlen, Gold und Edelsteinen, welche sie mühsam genug – denn sie waren sehr schwer – den Eltern hinschleppten. Da waren sie nun mit einem Male so reich wie die reichsten Fürsten und kauften sich schöne Schlösser und Landgüter, und Schneeweißchen und Rosenrot sowie ihre Geschwister konnten nun recht viel lernen und bekamen schöne Kleider und Sachen. Das garstige Zwerglein aber bedauerte niemand, denn es hatte sein Schicksal gar zu wohl verdient.

62. Pferd, Stier und Hund beim Menschen

Das Pferd, der Stier, der Hund, die unter Kälte litten,
Die kamen einst zum Haus des Menschen.
Der hielt die Türen ihnen offen,
Führt' sie herein, erwärmte sie am Feuer
Des Herdes und trug reichlich ihnen auf:
Dem Pferde Gerste, Erbsen für den Arbeitsstier,
Indes der Hund bei ihm am Tische stand.
Zum Dank für diese Freundschaft gaben sie
Dem Menschen das, was ihnen selbst die Jahre brachten.
Zuerst das Pferd, denn in den ersten Jahren
Ist jeder von uns hochgemut in seinem Sinn,
Darauf der Stier, denn wenn man in des Lebens Mitte kommt,

Dann müht man sich, ist fleißig, sammelt Geld.
Der Hund, so heißt es, gab ihm seine letzten Jahre,
Denn jeder, lieber Branchos, ist im Alter grämlich,
Ist freundlich nur zu dem, der ihm das Essen bringt,
Wenn sonst er bellt und sich an den Gästen nicht mehr freut.

63. Von deß Todts Botten

Man sagt, daß auf ein Zeit ein großer, starcker Ries den Tod hab im Kampff bestanden, darnider geschlagen, gantz onmechtig und krafftloß ligen lassen, welchen, als in ein Jüngling, der daselbst fürgieng, sahe, hat er auß Erbarmnuß in gelabt, also daß er seine vorige Sterck und Gesundheit widerumb bekame.

Derhalben zu einer Widergeltung dieser Gutthat versprach der Tod dem Jüngling, sintemal es von Gott und der Natur also versehen, daß alle Menschen sterben müßten und er seiner deswegen nicht verschonen köndte, wolte er im doch sein End zeitlich gnug zuvor durch Bottschaft verkündigen lassen. Solcher Zusag halber war das Gemüt deß Jünglings in Sicherheit stoltz erhaben, fraß, soff und schlemmet ein und alle Tag, daß in ietzt dieser, denn jener Gebrechen plagte.

Bald do er nach vilen Siechtagen wider in Freuden lebte, kam der Tod, sagende, wie die Stund seines Abschieds von diser Erden nun vorhanden. Jener war solcher Sachen nicht zufriden, den Tod deß Betrugs, Hinderlist und unwahrhafftiges Versprechens beschuldigende, sintemal er keinen Anzeiger von im vernommen. »Ho, schweig still«, antwortete der Tod, »sein das nicht Botten genug? Vor etlichen Jaren plagte dich ein hartes Fieber, bald darnach ein schwereres, ietzt hastu am Kopff mit Schwindeln, an der Brust mit Husten und Keichen, im Magen und Gederm großen Schmerzen erlitten, Deine Kreffte an Armen und Beinen haben abgenommen, die Haut ist dürr und runtzelicht worden. Über das alles solte Dich erinnert haben mein leiblicher Bruder, der Schlaff, in welches Banden Du etliche Zeit, nicht anders als gestorben, hast gelegen. Deshalben sein Deine Entschuldigung nichtig und wil ich Dich mit mir nemmen.«

Dise Fabel gibt zu verstehn,
Daß uns der Tod kompt unversehn,
Darumb ein Christ sich darauff schick,
Als solts geschehn all Augenblick.

Also, geliebter wolgünnender Leser, weil aller Ding auff Erden ein Vergang und der Lebendigen Ende pflegt der Todt zu sein, soll auch dise Fabel mein Buch diß mal beschließen. Gott geb, daß wir solchs zu Hertzen fassen, im Glauben gerüst für des Tods Stündlein nicht erschrekken, dem Herren Christo unsere Seelen befelhen und nach disem Leben bey im ewigklich uns frewen! Amen.

64. Hans Pfriem

Hans Pfriem, der Fuhrmann, hatte die böse Gewohnheit an sich, daß er alles an andern beschnarchte und daß ihm niemand etwas recht tun konnte. Wenn er die Straße fuhr und ihm ein Wagen begegnete, so blieb er jederzeit stehen und musterte die Pferde, das Fuhrwerk, den Mann und hatte immer etwas auszustellen. Bald waren ihm die Pferde zu kurz angespannt, bald schien ihm der Wagen nicht gut beladen zu sein. Und er schüttelte dabei den Kopf, aber sagte es laut, so daß der andere den Tadel wohl merken oder hören mocht. So machte ers in allen Sachen, auch in denen, die nicht zu seinem Gewerbe gehörten. Und die Wirtsleute, bei denen er einkehrte, hatten schwere Not mit ihm, und sie sagten oft: Dem Hans Pfriem könnte es nicht einmal ein Engel im Himmel recht machen.

Einstmals träumte ihm, er sei gestorben. Er kommt vor die Himmelstür, und St. Peter läßt ihn hinein, jedoch mit Verwarnung, daß er zu allem stillschweigen und ja nichts beschnarchen und tadeln solle, was er auch sehen möge. Hans Pfriem versprichts.

Wie er nun so im Himmel sich befand unter den lieben Engeln und Heiligen und vor sich hinschaute, da sah er zwei Engel vorbeigehen, welche einen Balken in der Quere trugen, daß sie allenthalben damit anstießen. Hans Pfriem war schon willens zu tadeln. Doch besann er sich noch und dachte: ›Wenn man nur durchkomme, so ists zuletzt gleichviel, ob man den Balken so oder so trägt.‹ Nach einer Weile, als er wieder aufschaute, bemerkte er zwei Engel, welche aus einem Brunnen Wasser schöpften in ein durchlöchertes Faß. Hans Pfriem dachte bei sich, der Wirkung eingedenk: ›Hm, wer eben nichts Besseres zu schaffen hat, der mag so etwas auch tun, wenns ihm Pläsier [Spaß] macht.‹

Bald darauf, als er sich umsah, gewahrte er einen Wagen, der in einem tiefen Loche steckengeblieben war. Und es kam ein Engel herbei und spannte zwei Pferde vorn und zwei hinten an. Da das Hans Pfriem sah, kam er ganz außer sich und sagte: »Talk! Was machst Du denn?« Und er wollte den Engel zurechtweisen. Es hatte ihn aber schon ein anderer gepackt, der ihn nun zur Himmelstür hinaustrillte. Unter der Tür blickte Hans Pfriem nochmals hinein, zu sehen, was aus dem Wagen geworden. Und sieh da! Der Wagen ging in die Höhe, von den vier geflügelten Pferden getragen. Hiermit erwachte Hans Pfriem.

Und nun, was glaubt Ihr, liebe Zuhörer, was zu lernen sei aus der Geschichte von Hans Pfriem?

65. *Scherzrede von Verordnung der Personen, so zum Regiment gehören*

Es sagen etliche schertzweise, daß unser Herr Gott auff eine Zeit Evam habe besuchen wollen und sehen, wie sie Hauß hielte.

Nun habe Eva eben dazumal ihre Kinder alle bey einander gehabt, sie gewaschen und geschmückt, und weil sie nicht mit allen fertig, habe sie etliche ins Stroh, etliche ins Häw, etliche ins Ofenloch versteckt und die allerhübschesten bey sich behalten. Da hab unser Herr Gott die geputzten Kinder angesehen und gesprochen zu einem: »Du solt ein König seyn.« Zum andern: »Du solt ein Fürst seyn.« Zum dritten: »Du solt ein Edelmann seyn.« Zum vierdten: »Du solt ein Bürgermeister seyn.« Zum fünfften: »Du solt ein Schultheiß, Voigt oder Amptmann seyn.« Und habe also nach der Ordnung die Ehren Stände und Empter unter sie außgetheilet.

Da nun Eva diß gesehen, daß ihre Kinder so reichlich begabet worden, habe sie dem Herrn von den andern Kindern auch gesagt und sie herzu gebracht. Sie sind ungeputzt, schwartz und ungestalt gewesen und haben ihnen die Haar voller Strohes und Häw gehangen. Da hab sie unser Herr Gott angesehen und zu ihnen gesagt: »Ihr solt Bawern bleiben, Kühe- und Säwhirten und Ackerleute. Etliche von Euch sollen in Städten Handwerge treiben, bräwen, backen und den Ersten als Herren dienen und unterthan seyn.«

66. *Ein Fabel von einem Löwen und Esel*

Under den vierfüßigen Thieren mit eyntrechtiger Wahl ist der Löwen Geschlecht vor langest zum König erwelt. Nachdem aber ein Löw sein Reich gewaltiglich und wol lang Zeit regiert und Alters halb dem Reich lenger nit obsein mocht, hat er eynen Tag allen Thiern zu im zu kommen beschrieben, da er sein Unvermüglichkeit angezeygt und seinem jungen Sün die Kron also vor in allen übergeben und zugestelt hat, welchs von allen Stenden angenommen ward.

Wie nun der alt Künig Löw abgangen, erregten sich etlich untreu Rath wider den jungen Löwen auß Eygennutz und Frevel, wolten in keynen Weg die Wahl und Krönung bewilligen, zeygten an, wie das Löwengeschlecht ye und ye tyrannisch haußgehalten und keyn armes Thierlin vor irer Tyrannei sicher were, und dergleichen vil bildeten sie dem gemeynen Man ein, man müste ye eyn Einsehens haben, solte das Reich lenger bestehen.

Der Fuchs insonderheyt ließ im hart angelegen sein, vermeynt, es solt ihm auch zum Besten geraten, solte eyn ander Regiment besetzt werden. Nachdem er eyn lange Rede widder den Löwen vor den Stenden gethan hette, zeyget er den Esel an, den er für tüglich, weiß und edel achtet, dem billich hinfür das Regiment über alle Thier solte bevolhen werden, denn er gar nit tyrannisch, keyn Thier ye beleydiget hab, zudem so sei er treu, arbeytsam und nicht stoltz, der yederman werde on Beschwernuß sein unnd from, das sehe man inn eyner sonderlichen Geheymnuß, daß er eyn Creutz uff seinem Rucken trage. Auch sei er so wol gelert, daß er eygener Person das geystlich und weltlich Schwerdt wol werde wissen zu füren. Lobt insonderheyt seine herrliche prelatische Stimm. Der jung Löw musts geschehen lassen, hett wenig Freunde auff seiner Seitten.

Yedoch trat der Hundt herfür, bat die Stende des Reichs, sie wolten sich nicht übereilen und wol bedencken, was sie theten, es weren alte Erbherren nicht wol zu verkiesen, man wiste ye nichts dann ritterliche fürstliche Tugenten vom Löwen und all seim Geschlecht zu sagen. Ob er aber die Laster ye zu Zeiten uffs höchst zu straffen getrungen wurde, das thet er von wegen Ampts und der Oberkeyt, on welche die Welt nit bestehen mocht, das solt im zu keyner Tyrannei gerechnet werden. Und wann gleich der fromm Man Fuchs lang und vil vom Esel plaudert, so sey er doch eyn Tölpel, des gröste Kunst sei Fartzen und Seck tragen, daß könne eyn yeder Bawr im Schwartzwald, und solle er, der Esel, König werden, werde man dem Reich bald Feierabent geben.

Es bedauchte yederman gleichwol die Warheyt sein, weren doch gern etwas freier gewesen dann underm Löwen. Aber der Hundt trange hefftig darauff, man solte keynen Esel zum König machen. Schwebt also der Handel eyn Weil, biß der mehrer Theyl bewilliget, man solte sie beyde, den Löwen und Esel, umbs Reich kunstiren lassen, welchers dem andern vorthet. Dem Fuchs gefiel die Sach nicht wol, dachte: ›Jy, wenn es mit Distelfressen oder Fartzen zugehn solte, möchten wir wol eyn Gab gewinnen.‹ Dargegen der Löw war wolgemeynt. Und wie man der Sach eyns, war nit weit eyn Bach darvon. Sprach der Löwe: »Wolan, Herr Esel, hie gelts Euch. Welcher über diesen Bach springt, der sei König.« Dem Esel war bang, es war eyn weiter Sprung, yedoch must ers annemen, gedacht, verlür ers gleich, so were er vor auch keyn König gewesen.

Der Löw sprang behende in eynem Lauff gewaltig hinüber. Der Esel hinach, platscht mit allen Viern mitten ins Wasser biß über die Ohrn. Yederman lachet überlaut, der Löw sprang herumb vor Freuden. Wie nun der Esel auß dem Treck klatert, schütt er den Kopff und Haut, war aller naß, daß er troff. Da war im ungefahr eyn kleynes Fischlein ins linck Ohr kommen, das schüttelt er herauß. Bald ergriffs der Fuchs: »Sehet, lieben Herrn«, sprach er, »es ist eyn schlechte Kunst, übern Graben zu springen, daß aber einer im Sprung eynen Fisch mit dem Ohr fahet, das thu uns der Löw nach, ist er geschickt! Es wirt sich recht finden.«

Auß disem Geschicht kundt man nicht schliessen, dieweil man nit wist, obs auß Kunst oder ungefahr geschehen were. Der Bescheyd ward, sie solten noch eynes versuchen. Der Löw sprach: »Wolan, es gelt, welcher das schnellest Thier erlaufft.« Springt zum Wald hinein, ergreyfft baldt eynen Hasen. Der Esel gedacht: ›Hat mich der Ritten zum König gemacht, es solt mich wol zu tewer kosten und doch weder Ruw oder Fried dabei haben. Es würde mich doch eyn yeder vexiren wöllen.‹ Zohe also hin biß an Waldt, war müdt, denn er het erst gesprungen, leget sich an eyn Heck ins Graß, streckt alle Viere von sich, war ihm so warm, daß er das Maul weit aufsperret. Eyn Rabe kompt darbei auff eynen Baum fliehen, sihet den Esel darniden liegen, meynet, er wer todt, fleucht herab, sitzt im auffs Maul, wil im die Augen außpicken. Der Esel gedacht seins Gücks, schnapt das Maul zu, erwischet den Raben.

Indem kompt der Löwe auß dem Walde mit dem Hasen, gedacht wol, es gieng nit recht zu, wolt im derhalben noch nit gewonnen geben, sprach: »Wolan, ich sihe wol, der Unfall ist gar auff mich gesessen. Aller guten Dinge sindt drei. Dort über jenem Berge ligt eyn Mül. Es gelt gleich noch eyns, welcher der erst bey der Mül sei.« Leufft dahin mit großer Eyl. Der Esel sprach: ›Ich ließ wol den Ritten haben. Mir nit, ich wil meine Beyn nicht so vermüden.‹ Leget sich nieder und ruwet. Da nun der Löwe zu der Mülen kame, sahe er eynen Esel darfür stehen, sprach: »Hat Dich der Varritten vor mir daher getragen, das hette ich verschworen. Du must baß daran. Hui baldt, welcher ist der erste uff unserm Ziel!« Lieff also wider hinder sich mit schneller Eil. Wie er schier biß zum Ziel kompt, sihet er den Esel widder da liegen, ergrimmet vor großem Zorn. »Pfu Dich«, sprach er, »das thut gewißlich der Teuffel.

Hab Dir gleich die Kron unnd biß König, Esel, Dein Leben lang!«

Also kompt mancher durchs Glück, Untreu und List zu Sachen, der er nie werdt war.

67. *Die Ernteteilung*

Ein Bauer und der Teufel hatten ein Stück Landes beisammen, welches der Bauer besäen mußte. Auf eine Zeit kam der Bauer zum Teufel und sagte, sie wollten würfeln, wer die meisten Augen hätte, der sollte von dem, was gesät würde, wählen zu nehmen, was über oder in der Erde wäre.

Sie warfen, und der Teufel warf zwölf Augen. Also gewann er und forderte, was über der Erde war. Der Bauer säte – und zwar lauter gelbe Rüben. Er gab dem Teufel das Kraut und behielt das Beste. Des folgenden Jahres spielten sie wieder, und der Teufel gewann wieder und forderte, was unter der Erden war. Da säte der Bauer Korn, und der Teufel ward wieder betrogen. Dieser wurde böse und sagte zum Bauern, er müßte sich mit ihm kratzen, und da wurde der arme Bauer betrübt. Seine Frau merkte es und fragte, was ihm wäre. »Ach!« sagte der Bauer, »was sollte mir sein. Ich muß mich mit dem Teufel kratzen, und deswegen ist mir angst.« – »Ho! Ho!« sagte die Frau, »welche Zeit?« – »Nachmittags, um zwei Uhr«, sagte der Bauer. »Geh nur hin«, antwortete die Frau, »ich will es für Euch tun.«

Wie es Zwei schlug, ging sie an den Ort, da das Kratzen angehen sollte, hob sich ringsherum auf und legte sich nieder auf die Erde. Da kam der Teufel und rief: »Heraus, Bauer, heraus.« – »Ja«, antwortete die Frau, »der Schelm ist wieder nach der Schmiede und läßt sich die Nägel schärfen. Er hat mir mit seinem kleinen Finger zwei solche Ritzen gemacht, die nimmer zu heilen sind.« – »So hab ich mit ihm nichts zu tun«, antwortete der Teufel und ging davon.

68. *Von der Königstochter, die aus ihrem Schlosse alles in ihrem Reiche sah*

Eine schöne Königstochter wohnte in einem Schlosse; das hatte ein Zimmer hoch in der Spitze mit zwölf Fenstern. Aus jedem Fenster sah sie ihr ganzes Reich; aus dem ersten jedoch nur so und so, nicht auch alle Winkel; aus dem zweiten mehr, aus dem dritten noch mehr und so fort, bis sie zuletzt im zwölften alles ganz deutlich wahrnahm, so daß über und unter der Erde in ihrem Reiche nichts verborgen blieb. Sie hatte aber ausschreiben lassen, sie wolle den zum Gemahl nehmen, der sich so verbergen könne, daß sie ihn nicht finde; wers aber einmal versuche, der verliere, wenn sie ihn finde, sein Leben. Schon siebenundneunzig hatten ihr Leben gewagt, aber die Königstochter hatte alle gefunden und ihre Häupter auf Pfähle stecken lassen.

Da meldete sich lange niemand mehr, und die Königstochter war dessen froh, denn sie wollte ohne Mann bleiben; endlich kamen wieder einmal drei Brüder. Der Älteste versuchte zuerst und kroch in ein Loch, wo Kalk war; aber schon im ersten Fenster sah ihn die Königstochter, rief ihn hervor, und das Haupt wurde ihm abgeschlagen. Der zweite verkroch sich in den Keller des Schlosses; auch ihn sah die Königstochter aus dem ersten Fenster, rief ihn hervor, ließ ihn enthaupten und sein Haupt zu den andern auf den Pfahl stecken. Als nun der Jüngste sich meldete und vortrat, bat er zunächst um einen Tag Bedenkzeit und dazu um die Gnade: sie sollte ihms zweimal schenken, wenn sie ihn fände; wenn sie ihn aber zum drittenmal sehe, so mache er sich dann nichts aus seinem Leben. Die

Königstochter bewilligte ihm das gern, denn sie dachte nicht daran, daß es ihm gelingen könne.

Nun hatte er den Tag Bedenkzeit. Als er sich den ganzen Kopf umsonst zerdacht hatte, wohin er sich verstecken sollte, nahm er seine Büchse und ging auf die Jagd, um sich zu zerstreuen. Zuerst kam ihm ein Rabe aufs Korn; als er eben losdrücken wollte, rief ihm der Rabe zu: »Nicht schieße, ich will Dirs vergelten!« Da setzte er ab und ging weiter; er kam bald an einen See und überraschte hier einen großen Fisch; er wollte eben losdrücken, als der Fisch ihm zurief: »Nicht schieße, ich will Dirs vergelten!« Er setzte wieder ab und ging weiter. Da sah er nur einmal einen hinkenden Fuchs; er setzte an und schoß, ehe der Fuchs sichs versah; doch da er ihn nicht getroffen hatte, rief ihm der Fuchs zu: »Komm lieber her und ziehe mir den Dorn aus dem Fuße!« Der Junge eilte hin und tat es; aber nun wollte er den Fuchs umbringen und den Balg nehmen. »Lasse das gut sein!« sprach der Fuchs, »ich will Dirs vergelten!« Der Junge hörte darauf und ließ ihn laufen. Also hatte er nichts geschossen und nichts zum Mitnehmen, da er abends heimkehrte.

Den andern Tag nun wollte er sich verkriechen; weil er aber noch immer nicht recht wußte, wohin, so ging er in den Wald zum Raben und sprach: »Ich habe Dich leben lassen; jetzt rate mir, wohin ich mich verkriechen soll, daß mich die Königstochter nicht sieht!« Der Rabe dachte lange, lange. Endlich sprach er: »Ich habs!« Er brachte ein Ei aus seinem Nest, zerlegte es auf zwei Teile, schloß den Jungen hinein, machte das Ei wieder ganz, legte es in sein Nest und setzte sich darauf.

Als nun die Königstochter ihn suchte, konnte sie im ersten, zweiten, dritten und vierten Fenster nichts entdekken; da erschrak sie nicht wenig, sie ging weiter; auch im fünften, sechsten, siebenten, achten, neunten und zehnten Fenster sah sie nichts; endlich im elften erblickte sie ihn.

Sie ließ den Raben sogleich schießen, das Ei holen und zerbrechen, und der Junge mußte herauskommen. »Also einmal ist es Dir geschenkt!« sprach sie.

Nun sollte er sich zum zweiten Male verstecken; er wußte aber nicht, wohin; da ging er an den See und rief dem Fisch und sprach: »Ich habe Dich leben lassen, sage Du mir jetzt, wohin ich mich verbergen soll, daß die Königstochter mich nicht sieht!« Der Fisch sann lange nach; endlich sprach er: »Ich habs! Du bist am sichersten in meinem Bauche verborgen«, verschluckte ihn sogleich und senkte sich ganz auf den tiefsten Boden des Sees. Die Königstochter sah aber wieder durch alle Fenster bis zum elften umsonst; als sie ihn auch in dem nicht fand, da hielt sie ein wenig inne, und es war ihr nicht ganz recht; endlich ging sie auch ans zwölfte, und jetzt sah sie ihn. Sie ließ den Fisch gleich fangen und töten, und der Junge mußte hervorkommen. »Nun habe ich Dirs zweimal geschenkt; jetzt kommt Dein Haupt auf die Stange!«

Da war der Junge ganz traurig; denn er wußte bei seinem Leben nicht, wohin er sich noch verbergen könne, daß ihn die Königstochter nicht finden solle. Wie er so in schwermütigen Gedanken herumging, sah er den Fuchs. »Aha, wohin Du Schlupfwinkelfinder? Ich habe Dich leben lassen; jetzt rate mir, wohin ich mich verstecken soll, daß die Königstochter mich nicht findet.« Der Fuchs schüttelte bedenklich das Haupt und sprach: »Hm, das ist ein schweres Stück; doch halt, ich habs! Folge mir!« Sie gingen nun zu einer Quelle; da tauchte der Fuchs zuerst ein und wurde alsbald ein Marktkrämer und Tierhändler: »Jetzt tauche Du ein.« Der Junge tats und wurde sogleich ein niedliches kleines Meerhäschen. Der Kaufmann zog in die Stadt, und bald kam alles Volk zusammen, um das schöne Meerhäschen zu sehen, und so auch die Königstochter; es gefiel ihr aber so sehr, daß sie es kaufte. Der Kaufmann hatte aber dem Meerhäschen schon gesagt, es solle, wenn die Königstochter zum Fenster gehe, ihr unter den Zopf kriechen.

Endlich war es Zeit, daß sie den Jungen suchen sollte; sie war aber voll Angst und Zorn. Sie trat zum ersten Fenster und sah nichts, da warf sie es zu, daß es zerschmetterte; sie trat ans zweite und sah nichts; da schlug sie es auch zu, daß die Scherben weithin flogen, und so machte sie es beim dritten, vierten, fünften und elften Fenster; ihre Angst und ihr Zorn stiegen aber immer höher, und als sie das zwölfte Fenster zuschlug, erschütterte das ganze Schloß, und das Glas zersprang auf tausend Stücke.

Sie trat vom Fenster; in ihrem Unmut fühlte sie nur einmal das Meerhäschen unter ihrem Zopf; sie packte es und warf es gleich zu Boden und rief: »Fort, mir aus den Augen!« Da lief das Häschen zum Kaufmann, und beide eilten zur Quelle und tauchten wieder ein und wurden zurückverwandelt, der Kaufmann in den Fuchs, das Häschen in den Jungen. Dieser dankte dem Fuchs und sprach: »Der Rabe und Fisch sind blitzdumm gegen Dich; Du hast Pfiff, das soll man Dir lassen.« Der Fuchs freute sich dieses Lobes und lief fröhlich in den Wald. Der Junge aber ging nun geradezu in das Schloß, und hier wartete schon die Königstochter, da sie sich in ihr Schicksal fügen mußte.

Es wurde nun die Hochzeit gefeiert, und der Junge war jetzt König. Seiner Frau aber erzählte er nie davon, wo er sich zuletzt versteckt und wer ihm geholfen hatte, und so glaubte sie, er habe alles aus eigener Kunst getan und hatte Achtung vor ihm, denn sie dachte bei sich: ›Der kann doch mehr als Du!‹

69. *Jungfer Maleen*

Es waren einmal zwei Könige, der eine hatte einen Sohn, der andere hatte eine Tochter, die hieß Jungfer Maleen. Die beiden jungen Leute hatten sich einander so recht von Herzen lieb und hätten auch sich herzlich gern geheiratet, aber Jungfer Maleens Vater wollte es nicht zugeben. Jungfer Maleen aber wollte nicht von dem Königssohn lassen, den sie so lieb hatte, und hörte nicht auf den Befehl ihres Vaters, so daß dieser darüber endlich so böse ward und sie verurteilte, sieben Jahre lang eingemauert in einem hohen Turm zu sitzen. So geschah es denn auch.

Jungfer Maleen ward mit einer Kammerfrau in den Turm geführt, und auf sieben Jahre ward ihnen Speise und Trank mitgegeben; dann wurden die Eingänge des Turms ohne Erbarmen zugemauert. Da saßen sie nun in dem finstern Gefängnis, keine Sonne und kein Mond schien herein, kein Laut von außen konnte zu ihnen dringen. Tag für Tag und Jahr für Jahr ging ihnen unter Jammern und Klagen in ewiger Dunkelheit und Einsamkeit vorüber, ohne daß sie wußten, wie weit es an der Zeit sei. Endlich aber merkten sie, als ihr Speisevorrat aufgezehrt war, daß die sieben Jahre um sein müßten. Aber niemand kam, der sie aus dem Gefängnis befreite, und keine Hand ward angelegt, den Turm zu zerbrechen. Da trieb sie die Not, sich selber zu helfen und zu versuchen, ein Loch durch die dicken Mauern zu bohren. Drei Tage lang bohrten sie unablässig, da drang der erste Lichtstrahl in ihre Finsternis. Eifrig setzten sie ihre Arbeit fort, bis sie ins Freie schauen konnten. Da sah Jungfer Maleen nun ihres Vaters Reich wieder, aber sein Schloß war zerstört, die Städte und Dörfer waren verbrannt, die Felder weit und breit umher verheert und alles war ganz wüste und öde; keine Menschenseele ließ sich blicken. So mußten sie sich denn selber helfen.

Sie vergrößerten allmählich das Loch, bis sie hindurchkriechen konnten, dann schlüpfte die Kammerfrau zuerst hinaus, und Jungfer Maleen folgte ihr; es gelang ihnen, sich auf den Boden hinab zu lassen. Aber da fanden sie alles ganz menschenleer, denn die Feinde, die das Reich überfallen, hatten die Einwohner erschlagen und den König verjagt. Die Mädchen irrten umher und suchten ihn, aber wo sollten sie ihn finden, da niemand ihnen sagen konnte, wo er geblieben sei? So wanderten sie durch des Königs Reich; Herberge und Speise waren nirgend zu finden: Nachts mußten sie auf dem Felde bleiben, und Tags mußten sie ihren Hunger an einem Brennesselbusch stillen. So groß war ihre Not. Endlich kamen sie in ein fremdes Land; da erboten sie sich zu jedem Dienste, aber niemand wollte sich ihrer erbarmen, und alle Leute wiesen sie fort, bis sie an den Hof des Reiches kamen. Da wollte man sie freilich im ersten Augenblick auch nicht behalten, nachher aber besannen sie sich, daß sie die beiden Mädchen als Aschenpüster wohl in der Küche brauchen könnten.

Nun war aber gerade der Königssohn, dem das Reich gehörte, eben derselbe, der früher nach Jungfer Maleen gefreit und sich mit ihr verlobt hatte. Es war schon eine andre Prinzessin an dem Hofe, die er heiraten sollte, sie war aber garstig und so häßlich, daß sie sich scheute, sich vor den Leuten sehen zu lassen, Jungfer Maleen aber war so schön wie der Tag. Als nun die Hochzeit sein sollte und die Prinzessin mit ihrem Bräutigam zur Kirche gehen sollte, da schämte sie sich, daß sie so häßlich war, und rief Jungfer Maleen herein und sprach: »Willst Du nicht meine Kleider anziehen und für mich zur Kirche gehen?« Jungfer Maleen wollte das nicht und sagte nein; aber die Prinzessin sprach: »Dann soll es Dich Dein Leben kosten.« Da mußte sie nachgeben, legte der Prinzessin ihre prächtigen Kleider an, hing ihren Schmuck um, und alle Leute erstaunten, als sie in den Saal trat, über ihre Schönheit, und der Königssohn ging stolz an ihrer Seite. Denn alle meinten, es sei die alte Prinzessin, und wußten nicht, daß es Jungfer Maleen war.

Als sie nun auf dem Wege nach der Kirche waren, stand da ein Brennesselbusch. Da sprach Jungfer Maleen zu ihm:

»Brennettelbusch,
Brennettelbusch so klene
Wat steist du hier allene?
Ik heff de Tied gewęten,
Da hef ik di
Ungesaden,
Ungebraden ęten.«

Da sprach der Königssohn: »Was sprichst Du da, mein Kind?« – »Nichts«, antwortete sie, »ich sprach nur von Jungfer Maleen.« Der Königssohn wunderte sich, daß sie von Jungfer Maleen wüßte, aber er sagte nichts. Als sie nun an den Steg vor dem Kirchhof kamen, da sprach Jungfer Maleen zu ihm:

»Karkstęgels, brick nich,
Bün de rechte Bruut nich.«

»Kind«, sagte wieder der Königssohn, »was sprichst Du da?« Sie aber sagte: »Nichts, ich dachte nur an Jungfer Maleen.« Da sprach er: »Kennst Du denn Jungfer Maleen? Die sitzt ja im Turm gefangen.« – »Nein«, antwortete sie, »ich kenne sie nicht, ich habe nur von ihr gehört.« So waren sie an die Kirchentür gekommen. Da sprach Jungfer Maleen zu der Kirchentür:

»Karkendœr, brick nich,
Bün de rechte Bruut nich.«

Da fragte der Bräutigam zum dritten Male: »Was redest Du denn da für Dich?« und sie antwortete ihm wieder: »Ich habe nur an Jungfer Maleen gedacht.« Da zog der

Königssohn ein köstliches Geschmeide hervor, schlang es um ihren Hals und befestigte es. Dann traten sie in die Kirche und ließen sich trauen. Als sie nun aber wieder nach Hause kamen, da mußte die arme Jungfer Maleen all ihre schönen Kleider ausziehen und sie alle der Prinzessin wieder geben, aber das Geschmeide, das ihr der Königssohn um den Hals gelegt hatte, das behielt sie doch für sich.

Als nun der Königssohn abends mit der Prinzessin zu Bette sollte und mit ihr allein in der Kammer war, da fragte er sie: »Mein Kind, was sagtest Du doch auf dem Kirchwege zu dem Brennesselbusch?« Da antwortete sie: »Zu welchem Brennesselbusch? Ich habe zu keinem Brennesselbusch gesprochen.« – »Freilich hast Du zu ihm gesprochen«, sagte der Königssohn, »und ich will wissen, was Du gesagt hast.« Da kam die Prinzessin etwas in Not, aber sie half sich und sagte:

»Mutt herut na mine Maagt,
De mi mien Gedanken draagt.«

So lief sie hinaus und fuhr Jungfer Maleen an: »Dirne, was hast Du zu dem Brennesselbusch gesagt?« Jungfer Maleen antwortete: »Ich sagte weiter nichts, als:

›Brennettelbusch,
Brennettelbusch so klene,
Wat steist du hier allene?
Ik heff de Tied gewęten,

Da heff ik di
Ungesaden,
Ungebraden ęten.‹«

Da lief die Prinzessin wieder in die Kammer und sagte es ihrem Mann. Aber dem kam es so wunderlich vor, daß sie hinausgelaufen war, und er fragte weiter: »Und was sagtest du denn zu dem Kirchensteg?« Die Prinzessin aber antwortete: »Ich hätte zum Kirchensteg gesprochen?« – »Ja freilich«, sagte der Prinz, »hast Du zum Kirchensteg gesprochen.« Da kam die Prinzessin noch mehr in Not und sie sagte wieder:

»Mutt herut na mine Maagt,
De mi mein Gedanken draagt.«

Sie eilte hinaus und fragte Jungfer Maleen: »Dirne, was hast Du zu dem Kirchensteg gesagt?« Jungfer Maleen antwortete: »Ich habe weiter nichts gesagt, als:

›Karkstęgels, brick nich,
Bün de rechte Bruut nich.‹«

»Das soll Dich doch das Leben kosten«, rief da die Prinzessin zornig, aber sie mußte schnell wieder in die Kammer und dem Königssohn sagen, was sie zu dem Kirchensteg gesprochen haben wollte. Dann fragte er sie wieder: »Und was sagtest Du zur Kirchentür?« Die Prinzessin wollte es wieder leugnen, aber der Prinz bestand darauf, und so mußte sie wieder hinaus und Jungfer Maleen fragen. Jungfer Maleen aber antwortete wieder: »Ich sagte weiter nichts, als:

›Karkendoer, brick nich,
Bün de rechte Bruut nich‹.«

Da ward die Prinzessin noch viel zorniger und schwur, daß es ihr gewißlich ans Leben gehen sollte. Als sie es aber zu dem Prinzen in der Kammer gesagt hatte, da sprach er: »Wenn Du das gesagt hast, so laß mich auch einmal das Geschmeide sehen, das ich Dir an der Kirchentür gegeben habe.« – »Was für ein Geschmeide?« fragte die Prinzessin, und sie war in großer Angst, »Du hast mir kein Geschmeide gegeben.« Nun sagte der Königssohn: »Dann bist Du auch die rechte nicht, mit der ich getraut ward; die sollst Du mir sogleich zur Stelle schaffen.«

Da mußte sie eingestehen, daß ihr Aschenpüster statt ihrer mit ihm zur Kirche gegangen sei, die habe ihre Kleider angehabt und sei mit ihm getraut worden, weil sie, die Prinzessin, so häßlich sei, daß sie sich vor den Leuten schämen müsse. Der Königssohn befahl ihr nun sogleich, ihm das schöne Mädchen hereinzuholen. Da ging sie hinaus, als wollte sie Jungfer Maleen rufen; aber sie befahl den Dienern, Jungfer Maleen sogleich umzubringen. Und die griffen sie und schleppten sie schon fort und wollten ihr den Kopf abhauen, da trat noch eben zur rechten Zeit der Königssohn aus der Kammer und erkannte das Geschmeide an ihrem Halse, und daß sie seine rechtmäßig angetraute Frau wäre. Und als er sie nun einmal recht ansah, da gingen ihm erst die Augen auf, und er sah, daß sie auch keine andre sei als seine ehemalige Braut, die er ganz vergessen hatte, daß sie Jungfer Maleen selber sei, von der sie immer auf dem Kirchwege gesprochen. Nun befahl er den Dienern, sie in sein Zimmer zu führen; der alten Prinzessin aber ließ er an ihrer Stelle den Kopf abschlagen.

70. Vom Bruder Stiefelschmeer

Ein verabschiedeter Soldat wanderte umher betteln. Eines Tages traf er in einem Busche auf einem abgesägten Baumstamm einen Mann sitzen, der als Jäger gekleidet war. Er grüßte ihn freundlich, setzte sich neben ihn und fragte: »Bruder Stiefelschmeer, wo gehst Du zu?« Der Fremde konnte sich das Lachen kaum verbeißen, er antwortete: »Ich weiß selbst nicht, wohin, denn ich habe mich verirrt.« – »Nun komm, da wollen wir zusammengehen; ich weiß auch nicht, wo ich bin.«

Als es nun Abend wurde, sahen sie in einiger Entfernung ein Licht, wobei der Soldat freudig ausrief: »Komm, Bruder Stiefelschmeer, dort wird es was zu essen setzen.«

Als sie dort ankamen, klopften sie an. Ein altes Weib kam heraus und machte ihnen auf. »Können wir nicht bei Euch ein Nachtquartier und etwas zu essen bekommen?« fragte der Soldat. »Ach nein«, spricht das Weib: »Ihr kommt hier zu Räubern.« – »Schad nichts; rum wie rum, sterben müßt ich doch vor Hunger oder durch Räuber; ich wags.« Bruder Stiefelschmeer wollte nicht mit rein. Allein er zog ihn mit sich fort und sagte: »Komm, komm, Bruder. Es wird so schlimm nicht sein!« Als sie rein kamen, sagte das alte Weib: »Kriecht nur hinter den Ofen. Wenn sie was übrig lassen, ich will es Euch zustecken.«

Sie waren kaum dahinter, so kamen zwölf Männer zur Türe herein, setzten sich an den schon gedeckten Tisch und verlangten mit Ungestüm ihr Essen. Als der Soldat das gute Essen sah, fing er an zu husten, wobei ihn Bruder Stiefelschmeer tüchtig rüttelte und sagte: »Potz tausend, was machst Du? Du bringst uns ums Leben.« Die Räuber schmissen ihr Messer und Gabel weg, gingen hinter den Ofen und holten sie hervor und frugen sie: »Ihr Vögel, was wollt Ihr denn hier machen?« – »Ich kann nichts weiter sagen«, sprach der Soldat. »Mich hungert so sehr; gebt mir was zu essen und dann macht mit mir, was Ihr wollt.« – Nun, eine Mahlzeit wollen wir Euch vorher wohl geben; nachher aber müßt Ihr sterben.« Der Soldat setzte sich hin und ließ sichs wohl schmecken.

Bruder Stiefelschmeer aber saß da, zitterte am ganzen Leibe und aß nicht. Als jener sich recht satt gegessen hatte, sprach er: »Nun wollt ich aber auch trinken.« Der Oberste der Räuber, der sich über dessen Mut freute, befahl dem alten Weibe, sie sollte eine Flasche Wein des besten holen, welche er ihm gab. Der Soldat, als er die Flasche Wein hatte, klopfte seinem Kameraden auf die Schulter und sagte: »Nun, Bruder Stiefelschmeer, wollen wir die Gesundheit der ganzen Companie trinken.« Er trank einen Schluck aus der Flasche, schwenkte sie um die ganze Tafelrunde und sprach: »Lebt alle mit offenem Maule und den rechten Arm in die Höhe.« In dem Augenblick saßen sie bewegungslos, hatten die Augen und den Mund ganz offen stehen, den rechten Arm in die Höhe und den linken unten und konnten sich nicht vom Fleck rühren. »Nun, Bruder Stiefelschmeer, ist Dir jetzt noch so angst?« fragte er ihn. »Ach nein«, antwortete der Kamerad: »aber mach nur, daß wir fortkommen.«

»Oh so, jetzt hats noch gute Weile. Du alte Hexe, gehe und hole zu trinken für meinen Bruder Stiefelschmeer. Laß Dir nicht angst sein, iß und trink und sei guter Dinge. Diese Vögel dürfen sich nicht eher rühren, bis ich es wieder haben will.« Nun kam wieder neues Leben in den Bruder Stiefelschmeer. Als sie sich recht satt gegessen und getrunken hatten, wollten sie sich auf den Weg machen. Das alte Weib mußte ihnen den Weg aus dem Walde zeigen, wo sie gerade auf die Residenzstadt zukämen.

Der Soldat zeigte an, was er gefangen habe, und ging unter Begleitung von Leuten, die die Räuber binden sollten, wieder zurück, wobei ihn Bruder Stiefelschmeer wieder begleiten mußte. Als sie in dem Hause ankamen, befahl er, die Räuber fest zu binden, ließ sich wieder eine Flasche von dem Wein geben, trank einmal daraus, schwenkte sie wieder um die Tafel und sprach: »Es lebe die ganze Companie!« wobei sie ihre Bewegung augenblicklich wiederbekamen. Sie wunderten sich sehr, so fest gefangen zu sein, und verwünschten sehr, daß sie die beiden nicht gleich getötet hatten.

Unterdessen daß die Räuber auf einen Wagen geladen wurden, schickte Bruder Stiefelschmeer einen heraus mit der Meldung, daß der König käme, daß seine Leibwache ihm sollte entgegenkommen. Die Wagen mit den Räubern fuhren voraus, und der Soldat mit dem Bruder Stiefelschmeer gingen langsam nach. Da sie näher zur Stadt kamen, sahen sie, daß die Leibwache und viele ihnen entgegenkamen. Der Soldat wunderte sich, wollte ausweichen und sagte: »Was soll das heißen?« Bruder Stiefelschmeer sagte: »Weißt Du nicht, daß der König so lange nicht dagewesen ist? Jetzt kommt er, und alles geht ihm entgegen!« – »Wo ist er?« frug der Soldat. Da wirft Bruder Stiefelschmeer seinen Oberrock herunter und spricht: »Ich bins.« Der Soldat, als er ihn sah, wirft sich vor Schrecken vor ihm auf die Knie und bittet ihn besonders um Vergebung wegen des Namens, den er ihm gegeben hat. Der König schließt ihn aber freudig in die Arme und sagte, daß er nie wieder von ihm fort solle.

NACHWORT

Die »Kinder- und Hausmärchen« der Brüder Jacob (1785–1863) und Wilhelm (1786–1859) Grimm gehören zu den bekanntesten Büchern deutscher Sprache. Schon zu ihren Lebzeiten waren sieben Auflagen der »Großen Ausgabe« und zehn der »Kleinen Ausgabe« herausgekommen. Aus über hundert Sprachen und noch so entlegenen Dialekten liegen Gesamt- und Teilausgaben vor. Einzelne Märchen wie »Hänsel und Gretel«, »Rumpelstilzchen« oder »Hans im Glück» sind in weiten Teilen der Welt als »Grimm Märchen« bekannt, während zeitlich davor liegende Fassungen vergessen sind oder nur eine marginale Rolle in der Überlieferung und Nachwirkung spielen. Dies gilt etwa für die Märchensammlungen von Johann Carl August Musäus (1735–1787), Christoph Wilhelm Günther (1755–1826) oder Caroline Stahl (1776–1837). Doch auch die im 19. Jahrhundert zunächst wesentlich stärker beachteten Märchen des Meininger Bibliothekars Ludwig Bechstein (1801–1860), die 1853 unter dem Titel »Ludwig Bechstein's Märchenbuch« bereits als 12. Auflage mit 80 Märchen und 174 Holzschnitten von Ludwig Richter erschienen waren, haben in den letzten Jahrzehnten nicht mehr so nachgewirkt wie die Sammlung der Brüder Grimm. Ebenso wie die Brüder Grimm hatte Bechstein aus den »Altertümern« geschöpft und zahlreiche Märchen trotz des zeitüblichen Zusatzes »mündlich« offenbar von den Brüdern Grimm und aus anderen Quellen übernommen, aber sprachlich anders gestaltet. Sein didaktisches Ziel sah er ebenfalls in der »Belehrung und Sittigung der Kinderwelt«. Während im deutschsprachigen Gebiet Literaturkritiker wie Johann Christoph Gottsched dem Märchen im Zeitalter der Aufklärung mit seiner Neigung zum Wunderbaren unter dieser Prämisse eine Daseinsberechtigung zusprachen, gab es viele andere, insbesondere die Zunft der Theologen, welche die »Altweibermärlein« ablehnten: Sie würden nur zur Unterhaltung der Neugierde dienen, und dies sei eines Dichters unwürdig, stellte Christian Friedrich Blankenburg in seinem »Versuch über den Roman« (1774) über die Märchen fest. Berühmt geworden ist Christoph Martin Wielands in der Vorrede zum »Dschinnistan« (1786) geäußerte, den Zeitgeist trefflich chrakterisierende Meinung: »Ammenmärchen, im Ammen-Ton erzählt, mögen sich durch mündliche Überlieferung fortpflanzen; aber gedruckt müssen sie nicht werden.« Gleichwohl gibt es viele Äußerungen von Schriftstellern und anderen namhaften Leuten der damaligen Zeit, die sich in ihren Jugenderinnerungen gern des Erzählens in der Kinderstube erinnern: Goethe etwa betrachtete Märchen als Urform dichterischen Erlebens (schon als Kind wollte er den Ausgang des »Tapferen Schneiderleins« abändern). Ohne Zweifel begannen sich die Märchen trotz einer nicht immer ungeteilten Zustimmung intellektueller Kreise insbesondere im letzten Viertel des 18. Jahrhunderts als Gattung in Deutschland zu etablieren. Der Einfluß der vom französischen Vorbild (Contes des fées) geprägten Sammlungen war nicht zu übersehen, zudem kam eine nicht unbeträchtliche Zahl von Übersetzungen heraus, und die Sammlungen waren ja auch im Original zugänglich. Einen späten Höhepunkt des französischen Einflusses (»Bibliothèque Bleue«) stellte die seit 1790 in Gotha erscheinende »Blaue Bibliothek aller Nationen« dar, die, herausgegeben vom Weimarer Schriftsteller und Verleger Friedrich Justin Bertuch (1747–1822), die Märchen Charles Perraults und andere Feenmärchen darbot sowie auch »arabische« und »persische« Märchen. Gerade in den Nachbarländern des deutschsprachigen Gebiets hatte sich schon wesentlich früher eine Märchentradition ausgebildet. Gab es doch in Italien die Märchen eines Gianfrancesco Straparola (um 1480–nach 1557), Giambattista Basile (1575–1632) oder in Frankreich die bereits genannten Feenmärchen Charles Perraults (1628–1703) und der vielen sich in diesem Genre tummelnden Märchendamen – gar nicht zu reden von den arabischen Erzählungen aus »Tausendundeinenacht«, die in Europa durch Antoine Galland im 18. Jahrhundert bekannt gemacht wurden, oder von den großen indischen Sammlungen wie »Pañcatantra« mit vielen Übersetzungen und Bearbeitungen oder »Kathāsagitsāgara« des Somadeva aus Kaschmir.

In der Anlage und thematischen Begrenzung jedoch haben die Brüder Grimm, anders als z. B. Bechstein, neue Maßstäbe gesetzt und viele Sammlungen in der ganzen Welt beeinflußt. Dabei faßten sie den Begriff Märchen gar nicht so eng, als daß sie darunter nur Zaubermärchen verstanden hätten: Märchen bedeutete für sie auch Beispielgeschichte, Tiermärchen, Fabel, Schwank, Novelle, gar Legende. Ein »Erziehungsbuch« wollten sie schaffen, schrieben sie in der Vorrede seit der zweiten Auflage von 1819, und schon 1812 hieß es leitmotivisch über die Sammlung, daß sich »aus diesen Märchen eine gute Lehre, eine Anwendung für die Gegenwart ergibt«. Mit dieser Zielsetzung bewegten sich die Brüder ganz auf der Linie ihrer Vorgänger und nahmen mit dieser Legitimation potentiellen Kritikern zugleich den Wind aus den Segeln.

Wir kennen zumeist nur die in unzähligen Auflagen verbreiteten Märchen der »Ausgabe letzter Hand« von 1856. Für viele sind diese Texte zum Inbegriff ihres Märchenbildes geworden. Eine ganze Anzahl von Interpreten des Märchens stützt sich, wie der Psychologe C. G. Jung (1875–1961) oder der amerikanische Kinderpsychologe und überzeugte Freudianer Bruno Bettelheim (1903–1990), im wesentlichen auf diese Texte und leitet tiefschürfende Erkenntnisse über das Wesen des »deutschen« Märchens und dessen Weltbild daraus ab. Außerdem wird ohne nähere Beweisführung schlichtweg unterstellt, Märchen seien uralt und ihre Formung sei ein sich über Jahrhunderte hinziehender Prozeß gewesen. Bezeichnend dafür sind die Ausführungen Bettelheims aus seiner berühmten Studie »Kinder brauchen Märchen« (1976 u. ö.): »Im Laufe der Jahrhunderte, wenn nicht gar Jahrtausende, in denen die Märchen immer wieder neu erzählt und schließlich immer stärker durchgeformt wurden, nahmen sie allmählich einen offenen und einen versteckten Sinn an. In ihrer jetzigen Gestalt sprechen sie alle Ebenen der menschlichen Persönlichkeit gleichzeitig an. Sie erreichen den noch unentwickelten Geist des Kindes genauso wie den differenzierten Erwachsenen. Mit den Begriffen des psychoanalytischen Persönlichkeitsmodells ausgedrückt: Die Märchen vermitteln wichtige Botschaften auf bewußter, vorbewußter und unbewußter Ebene entsprechend ihrer jeweiligen Entwicklungsstufe« (Bettelheim, S. 11–12).

Auch wer die globale Alterszuweisung nicht teilt, wird Bettelheim zustimmen, daß Märchen wie jede Dichtung oder mündlich überlieferte Aussagen Botschaften vermitteln, die wichtige Einsichten in Verhaltensweisen, Normen, soziale Kontrollen und Moralvorstellungen erlauben. Daher propagierte Bettelheim den Wert von Märchen insbesondere für die Entwicklung der Persönlichkeit und brachte alle Kritiker, die sich gegen die Grausamkeit von Märchen gewandt und den Märchen patriarchalische Weltsicht und Indoktrination vorgeworfen hatten, zum Schweigen. Andererseits erhöhte Bettelheim die Märchen, indem er ihnen »ewige Werte« zumaß, was einer Mythologisierung gleichkam und eine notwendige historische Betrachtung erschwerte. Auch knüpfte er seine Deutungen an eine gedruckte Fassung eines Märchens, ohne die sich ständig ändernden Märchentexte und -funktionen zu beachten. Die Botschaften des Märchens mögen aber nur dann verständlich erscheinen, wenn sie im historischen und kulturellen Kontext der jeweiligen Zeit betrachtet und auf ihre Aussage hin überprüft werden.

Doch was stand vor den Grimm-Märchen? Welche Texte kannten die Brüder Grimm und fügten sie behutsam mit ihrer Bearbeitungsmethode zu einem neuen Ganzen zusammen? In welchem Kontext standen die Märchen? Stammten sie aus dem Volke, wie die Brüder Grimm glauben machen wollten, und waren sie »fast nur in Hessen und den Main- und Kinziggegenden in der Grafschaft Hanau, wo wir her sind, gesammelt«, wie die Brüder 1812 stolz über ihre Heimat in der Vorrede zum ersten Band schrieben?... Fragen über Fragen, auf die unsere erstmals zusammengestellte Auswahl von Texten besonders des 16.–18. Jahrhunderts Auskunft geben möchte. Denn in den Jahrhunderten zuvor waren zum Teil ganz andere Fassungen mit ganz anderen Inhalten und Funktionszusammenhängen erschienen und den meisten ist nicht mehr erinnerlich, daß erst die ständige Arbeit der Brüder am Text, seit der zweiten Auflage von 1819 allein Wilhelm Grimms, die kunstvollen Grimm-Märchen hervorbrachte.

Doch sollte man das Verdienst der Brüder Grimm nicht schmälern. Schließlich haben sie entscheidend dazu beigetragen, daß sich im Sinne der von Herder angeregten Beschäftigung mit der Volkspoesie ganze Generationen bemühten, mündliche Überlieferungen als Zeugnisse »lebendiger Gedächtnißkunst« zu sammeln, um aus diesen authentischen Quellen Vorstellungen und Sehweisen der verschiedensten Völker und Zeiten ablesen zu können. Während aber Herders Absicht darauf gerichtet war, für die Gegenwart neue Einsichten zu gewinnen, waren die Brüder Grimm primär daran interessiert, anhand der aus dem späten Mittelalter und der frühen Neuzeit stammenden Texte Erkenntnisse über die »Vorzeit« zu gewinnen.

Aber die neue Bearbeitung der Texte und die Herauslösung aus Quellen unterschiedlichster Herkunft wie Predigt- und Exempelsammlungen, Schwankbüchern, Unterhaltungsbüchlein, Fabelsammlungen, Kuriositätenliteratur usw. barg auch den Nachteil, daß uns der Blick auf frühere Funktionszusammenhänge verstellt wurde: Alle Texte erscheinen in der Sammlung der Brüder Grimm in einer nahezu homogenen Bearbeitung, losgelöst von Zeit und Raum. In den Worten der Brüder: »So erscheint uns das Wesen dieser Dichtungen; in ihrer äußeren Natur gleichen sie aller volks- und sagenmäßigen: nirgends feststehend, in jeder Gegend, fast in jedem Munde, sich umwandelnd, bewahren sie treu denselben Grund.« Und: »Mehrere Äußerungen einer und derselben Sage wegen ihrer angenehmen und eigenthümlichen Abweichungen haben wir einigemal mitgetheilt, das minder bedeutende in dem Anhang, überhaupt aber so genau gesammelt, als uns möglich war.« Dichtungen also wollten sie schaffen und suggerierten den Lesern, sie hätten sich bemüht, »diese Märchen so rein als möglich war aufzufassen«. Die Bearbeitungstechnik bleibt im Dunkeln, und die dann folgenden Ausführungen lassen den Leser in dem Glauben, die Märchen seien unbearbeitet wiedergegeben worden: »Kein Umstand ist hinzugedichtet oder verschönert und abgeändert worden, denn wir hätten uns gescheut, in sich selbst so reiche Sagen mit ihrer eigenen Analogie oder Reminiscenz zu vergrößern, sie sind unerfindlich.«

Wir wissen heute, daß diese von den Brüdern Grimm immer wieder betonte Haltung zur Volksüberlieferung eine Fiktion ist. Vielmehr waren sie auf die Einhaltung klarer Strukturen bedacht und schliffen die Texte so zurecht, daß die Exposition die jeweiligen Handlungsträger vorstellte und die für den Helden vorgesehene Mangelsituation aufzeigte. Der Handlungsablauf selbst wurde zügig gestaltet, ohne Nebenschauplätze und zielorientiert auf den glücklichen Ausgang. Zur Auflockerung der Texte finden sich vermehrt direkte Rede, eingestreute populäre Redewendungen, Sprichwörter und Verse.

Da nahezu alle Texte aus den Quellen vor der Zeit der Brüder sowohl unterhalten als auch nutzen wollten, im Sinne des Horazschen ›prodesse et delectare‹, reduzierten die Brüder Grimm in der Regel die vorgefundenen Moralisationen zugunsten des Unterhaltungswertes oder ließen sie in den meisten Fällen ganz weg. Beispiele sind etwa unsere Nr. 6: »Die drei Spinnerinnen«, Nr. 13: »Rotkäppchen« mit der Mahnung, die Lehre der Mutter zu beachten, oder die Beispielgeschichte von der um ihren verstorbenen Sohn weinenden Mutter (Nr. 46) aus dem »Trostspiegel« des berühmten Predigers Johann Geiler von Kaysersberg, der damit vor übermäßiger und nutzloser Traurigkeit warnen will.

Wie das Bearbeitungsverfahren sich stilistisch in der Praxis auswirkte, macht etwa ein Vergleich der KHM-Fassung von »Einäuglein, Zweiäuglein, Dreiäuglein« (KHM 130) und der von T. Peschek mitgeteilten Vorlage deutlich, die Johann Gottlieb Gustav Büsching (1783–1829) in seiner 1812 veröffentlichten Märchensammlung abdruckte. Sehr aufschlußreich ist auch der erste schriftlich vorliegende Text des Spontantauschers und Antihelden Hans im Glück (KHM 83, seit 1819), den August Wernicke (1794–1819) als »Hans Wohlgemut« (Nr. 35) in der Zeitschrift »Wünschelruthe« (1818) vorstellte. Die Brüder Grimm lösten die bei Wernicke manchmal unbeholfen und hölzern klingenden Partizipialkonstruktionen und Nebensätze auf. Noch märcheneigentümlicher wird der Text durch Archaisierungen, die Anschaulichkeit durch Selbstgespräche und Dialoge gesteigert. Auch finden sich zahlreiche volkstümliche Redewendungen, alle bereits in der Erstauflage: »wie der Dienst war, so soll der Lohn sein«, »frank und frei«, »Herz, was verlangst du mehr«, »das Handwerk hat güldenen Boden« und die Redensart »Ich hänge mein Mäntelchen nach dem Wind«, was damals allerdings nicht so abschätzig gemeint war wie heute, sondern zu verstehen war als bloßes Abwarten, »sich in die Zeit schicken«. Die Änderungen, bis hin zur Ausgabe letzter Hand, waren so gravierend, daß praktisch kaum ein Satz in der Diktion Wernickes bestehen blieb.

Aber es gab wiederum auch Beispiele dafür, daß die vorgefundenen Märchen inhaltlich und sprachlich kaum verändert wurden. Dies gilt etwa für das von Heinrich Jung-Stilling (1740–1817) übernommene Märchen »Jorinde und Joringel« (Nr. 29) oder das seit 1850 als KHM 198 aufgenommene Märchen Karl Müllenhoffs (1818–1884) von der »Jungfrau Maleen« (Nr. 69). Auf diese Weise entstand eine Sammlung, die Erzählgut unterschiedlichsten Herkommens aus den vergangenen Jahrhunderten in nahezu genialer Weise bündelte, kollektive Bedürfnisse wie die Überwindung von Schwierigkeiten und die Beseitigung von Mängeln befriedigte (z. B. Nr. 14, 20, 23, 26, 28, 54), aber auch falsche Wünsche und Bedürfnisse entsprechend scheitern ließ (Nr. 9, 39): Dazu beigetragen haben die ungeheure Belesenheit der Brüder – allein ihre im wahrsten Sinne des Wortes Universalbibliothek umfaßte über 7000 Titel, ihre Kombinationsgabe und wohl auch die Erzähler/innen aus dem nahen und weiteren Verwandten- und Bekanntenkreis.

Wer aufmerksam unsere Erzählungen mit denen der Brüder Grimm vergleicht, mag daran zweifeln, ob ihre Märchen wirklich auf mündlicher Überlieferung beruht haben: Waren es nicht vielmehr kunstvolle Bearbeitungen von Texten unterschiedlichster Provenienz, oftmals aus mehreren Fragmenten zusammengesetzt, wobei sich die Brüder zu dieser Rekonstruktionsmethode auch bekannten. Für diese Annahme sprechen sowohl die mehr durch einen Zufall handschriftlich erhalten gebliebene Grimmsche Märchensammlung aus dem Nachlaß Clemens Brentanos (1810) als auch die im Nachlaß der Brüder Grimm befindlichen reichlich bruchstückhaften Fassungen unveröffentlichter Märchen. Wie berechtigt oder unberechtigt eine solche Vermutung sein mag, wird sich wohl nie ganz klären lassen – doch welchen Märchenfreund würde dies schon stören? Auch die immer noch zu hörende Vorstellung, die Brüder Grimm hätten ausschließlich »deutsche« Märchen gesammelt, sollte der Vergangenheit angehören, wenn wir an »Rotkäppchen« (Nr. 13), »Rapunzel« (Nr. 5) oder an die »Geschichte des Fischers mit dem Geiste« (Nr. 42) denken. Es war gemeineuropäisches Kulturgut, das die Brüder Grimm in ihrer Sammlung vereinigten, es bis zur Auflage letzter Hand immer wieder in Kleinigkeiten verbesserten und – vor allem durch zeitgenössische Texte aus anderen Sammlungen (z. B. Nr. 61, 64, 68–70) – vermehrten.

Unsere Auswahl vereinigt 73 Texte des 16.–18. Jahrhunderts, aber auch aus früherer Zeit, und ermöglicht Einblicke in die Entstehungsgeschichte der »Kinder- und Hausmärchen«, indem die direkte Vorlage (z. B. Nr. 11, 32, 34, 68–69), die erste bekannte Fassung (z. B. Nr. 3, 6, 10, 13) oder bedeutende Variationen eines Märchens (z. B. Nr. 16, 20, 23, 60, 62) wiedergegeben werden. Die Anordnung der Texte folgt dem durch die Brüder Grimm vorgegebenen Schema. Die Kommentare erschließen den Zusammenhang zu den Quellen, stellen eine Verbindung zu der Märchensammlung der Brüder Grimm her und geben Auskunft über Stoffe und Motive und Interpretationen. Auf diese Weise soll zugleich ein Beitrag zu der Frage geleistet werden, warum und weshalb »Märchen« unseren Vorfahren wichtig waren, in welchen Funktionszusammenhängen sie uns begegneten und wie wir ihre Botschaft heute aufnehmen können.

»Märchen vor Grimm« – dieser Titel wurde bewußt in Anlehnung an einen früheren Titel des Prager Journalisten und Erzählforschers Albert Wesselski (1871–1939) gewählt, der in seinen Veröffentlichungen als einer der wenigen immer wieder vehement dafür eingetreten war, nicht unbesehen eine Mündlichkeit von Märchen oder ein hohes Alter zu postulieren, sondern davon ausging, daß es bei den europäischen »Volkserzählungen« durchaus eine wechselseitige Abhängigkeit zwischen Mündlichkeit und Schriftlichkeit oder gar eine reine Schriftlichkeit gibt. Dies hat er an vielen Beispielen unter Beweis gestellt, nicht zuletzt in seinem späten Werk über die Herkunft einiger deutscher Märchen, »Deutsche Märchen vor Grimm« (1938). Ihm sei daher posthum diese Ausgabe zugeeignet.

Göttingen, *Hans-Jörg Uther*
im Juli 1990

ANMERKUNGEN

1. Die Königstochter und der verzauberte Prinz Froschkönig. Qu.: Hs. Wilhelm Grimm, 1810 (= Grimm/Rölleke, 144, 146; vgl. Kommentar 365–367). KHM 1, AaTh 440. – Das Märchen vom »Froschkönig« setzten die Brüder Grimm seit der 1. Aufl. 1812 an den Anfang ihrer KHM, hielten sie es doch für »eins der alleraltesten und schönsten Märchen« (KHM 3, 1822). Für diese Annahme gibt es jedoch keinen Grund, da eine vollständige Bezeugung erst Anfang des 19. Jahrhunderts einsetzt. Unsere Fassung (vermutlich über die Familie Wild, Kassel, an die Brüder Grimm gekommen) betont die patriarchalische Rolle des Vaters gegenüber dem zunächst ungehorsamen Kind, das sein Versprechen nicht einhalten will, weit mehr als das Zusammentreffen mit dem häßlichen Frosch. Die Begegnung zwischen Tierbräutigam und Königstochter scheint bei den Brüdern Grimm sehr enterotisiert, während spätere Fassungen die sexuelle Komponente (Angst vor der intimen Begegnung) stärker herausarbeiten und die Kindlichkeit der Königstochter weniger betonen. Heute stellt das »Froschkönigmärchen« eines der sogenannten Lieblingsmärchen dar. Es begegnet häufig auch in der Werbung, im Comic und in Cartoons (Mieder 1980; Röhrich 1987, 1990). In psychologischer Sicht (u. a. Bettelheim, Reg.; Wittgenstein, 83–95) wird es gern als Beispiel der Schilderung von Reifungsvorgängen herangezogen, die Figur des Vaters psychoanalytisch aus den verdrängten Wunschvorstellungen der Königstochter als deren Über-Ich gesehen. Lit.: BP 1, 1–9; Ranke 2, 54–57; Grimm/Rölleke, 144–153, 365–367; Scherf, Zaubermärchen, 133–138; EM 4 (1984) 410–424 (L. Röhrich); Röhrich 1987.

2. Das Mädchen im Schrein. Qu.: Straparola 1, 4. KHM 3, AaTh 710: Marienkind. – Die Geschichte von der Flucht Doralices vor ihrem Vater Theobaldo gehört zu dem seit dem 12. Jahrhundert bekannten und ungemein verbreiteten Komplex »Die unschuldig verfolgte Frau«. Mit einer Person wie Genovefa, Crescentia, Constanze, Hildegardis usw. verbun-

den oder namenlos durch Volksbüchlein und Märchen (s. Nr. 16) verbreitet, ist das Thema der ausgesetzten und manchmal auch verstümmelten Frau und der Aufdeckung des Verleumders und seiner Bestrafung (hier mit der grausamen Strafe der Vierteilung durch Pferde) zum festen Bestandteil nahezu jeder Märchensammlung geworden (EM 5, 1987, 113–115; Uther 1981, 118–119). Giovanni Francesco Straparola (um 1480–1557) und seine Sammlung »Le tredici piacevoli notti« (Venedig 1550/54 u. ö.) besaßen die Brüder Grimm in mehreren Ausgaben (Denecke/Teitge, Nr. 1122–1125), viele seiner Märchen (zu Konzeption und Tradierung vgl. Klöne, 29–32, 52–81; Squarotti) weisen Parallelen zu den KHM auf (vgl. BP 4, 180–184). Doch fand die Sammlung bei den Brüdern Grimm nicht nur Zustimmung: »manches ist angenehm, natürlich und nicht ohne Zierlichkeit erzählt, anderes dagegen nicht bloß unanständig sondern bis zum schamlosen unzüchtig, so daß es sich mit den natürlichen und freien Sitten Italiens und jener Zeit überhaupt nicht entschuldigen läßt« (Grimm 3, ^{3}1856, 285–290, hier 285–286).

Lit.: BP 1, 13–21; Seifert 1953; Ranke 3, 68–76; Schmitz 1972; Scherf, Zaubermärchen, 273–276; Bottigheimer 1987, Reg.

3. Die Fabel von dem Wolf und dem Kitz. Qu.: Steinhöwel, num. 92. KHM 5, AaTh 123: Wolf und Geißlein. – Zu den vielen Beispielen, wie Kinder im Märchen erzogen werden, gehört das Tiermärchen vom Wolf und den Geißlein. Während die recht knappe äsopische Fabel Heinrich Steinhöwels (um 1476/77) ebenso wie andere Fassungen des 15./16. Jahrhunderts den Sachverhalt der Gehorsamspflicht der Kinder gegenüber dem Vater ganz im Sinn des klassischen Exempels aufzeigen (illustrare), diese Aussage durch das achtsame Verhalten des Kitzes beweisen (demonstrare) und mit einer Moral zur Erbauung und Belehrung des Lesers beschließen (prodesse et delectare), erkennen wir in KHM 5 eine wesentlich erweiterte Fassung: Statt eines Kitzes, das die Ratschläge der Mutter befolgt (Steinhöwel spricht patriarchalisch von »vä-

terlichen Geboten« und »Lehren ihrer Eltern«), zeigen die Brüder Grimm zunächst wirkungsvoll das Versagen der unerfahrenen Kinder gegenüber dem Fremden und lassen die heimkehrende Mutter als Retterin erscheinen. Der Logik des Märchens entsprechend bringt sie dann den Schädiger durch die List des mit Steinen gefüllten Bauchs zu Tode.
Lit.: BP 1, 37–42; Grimm/Rölleke, 46–51, 352; Schwarzbaum, Fox Fables, 119–122; Fabula docet, 21, 89–91, 110–111; Scherf 1987, 83–89; Brüggemann, 1194–1198; Dicke/Grubmüller, Nr. 650.

4. Vardiello. Qu.: Basile 1, 4. KHM 7, AaTh 1408+AaTh 1218+AaTh 1387: vgl. Kluge Else+AaTh 1313: Mann glaubt sich tot + AaTh 1643 + AaTh 1381. – Das typische Beispiel eines Dummenschwanks begegnet hier in der Fassung des Giambattista Basile (um 1575–1632), dessen »Pentamerone« (entstanden zwischen 1620 und 1630) gemeinhin als das schönste italienische Buch des Barock angesehen wird. Der Mann als Haushälter ist so einfältig, führt alle Hausarbeiten in der Abwesenheit seiner Mutter verkehrt aus und erweist sich überdies als tölpelhafter Handelsmann, so daß Hörer oder Leser schmunzelnd ihre eigene Überlegenheit genießen. Basile hat den Dummenschwank vermutlich von Girolamo Morlini (Nr. 49) übernommen. Einzelne Episoden sind aus arabischem (Wesselski 1929, 545–546) und griechisch-römischem Erzählgut (EM 5, 1987, 961) bekannt. Basiles Innovationen sind beachtlich und zeugen von so manchem erzählerischen Kunstgriff: das schon länger bekannte Motiv vom zufälligen Reichtum (Babrios, Nr. 119) kombiniert er mit dem merkwürdigen Handel des Dummkopfs. Die Klugheit der Mutter ist gewissermaßen antithetisch der Dummheit des Sohnes gegenübergestellt.
Zu Basile und Grimm vgl. Grimm 3 ([3] 1856, 290–294) und BP 4, 184–189; J. Grimm verfaßte die Vorrede zur deutschen Übersetzung von F. Liebrecht (1846); in der Grimm-Bibliothek befanden sich vier Ausgaben (Denecke/Teitge, Nr. 1128–1131). Zu Basile vgl. den EM-Artikel von R. Schenda (EM 1, 1977, 1296–1308). Zu einzelnen Episoden

vgl. BP 1, 59–67 sowie die EM-Artikel Hausarbeit getauscht in EM 6, 2–3 (1989) 599–604 (F. Wedler), Eierbrüter in EM 3 (1981) 1162–1169 (H.-J. Uther), Geld im Kruzifix in EM 5 (1987) 958–963 (H.-J. Uther), Die geschwätzige Frau (I. Köhler) in EM 5 (1987) 148–159 (hier mit männlichem Protagonisten); zum Hypochonder, der sich einbildet, tot zu sein, vgl. Raas, 229–233.

5. Rapunzel. Qu.: Schulz 5, 269–288 (Petersilchen). KHM 12, AaTh 310: Jungfrau im Turm. – Die von dem Unterhaltungsschriftsteller (Joachim Christian) Friedrich Schulz (1762–1798) dargebotene Erzählung (Grätz 1988, 79–80) ist eine nahezu wortwörtliche Übersetzung der »Persinette« aus den 1697 (Druckdatum 1698) in der Blütezeit der Feenmärchen (vgl. EM 3, 131–149) anonym erschienenen »Les Contes des contes« der Charlotte-Rose de Caumont de la Force (um 1646–1724); die erste deutsche Übersetzung war im »Cabinet der Feen« (Teil 8. Nürnberg 1765, Nr. 58) abgedruckt (Übersetzer F. Bierling). Unter den acht Erzählungen bietet einzig »Persinette« (übernommen von Basile 2, 1) »ein weitgehend intakt belassenes Märchen« (EM 4, 1984, 1414). Das von Schulz übernommene und zunächst in sehr verkürzter Form in den KHM veröffentlichte Märchen (Bearbeitung J. Grimm) wird später von W. Grimm mehrfach stilistisch ausgeschmückt. Aus der exotischen Persil-Pflanze wird schon bei Schulz ›Rapunzelsallat‹, aus der ›Fee‹ machen die Brüder Grimm eine ›Hexe‹ und fügen wirksam als Bestrafungsmoment ein, daß dem Königssohn die Augen durch Dornen ausgestochen werden.
Lit. BP 1, 97–99; Ranke 1, 149; Lüthi 1960 (erweitert [2] 1966, 62–96), 1962, 79–89; Scherf, Zaubermärchen, 305–309. Zu C.-R. de la Force vgl. den Artikel von G. Dammann in EM 4 (1984) 1413–1416.

6. Die drei Spinnerinnen. Qu.: Praetorius, Glücks-Topf, 403–406 (Kap. 86). KHM 14, AaTh 501: Spinnfrauen: Die drei S. – Johann Praetorius (d. i. H. Schultze, 1630–1680) kompilierte in diversen Sammlungen ganz im Sinne polyhi-

storischer Gelehrsamkeit nicht nur zeitgenössische Materialien (Kulturgeschichtliches, Aberglauben), sondern auch das Wissen früherer Jahrhunderte (Waibler 9, 62, 72, 74). Seine Sammlungen (vgl. Nr. 21, 37) erfuhren eine breite Rezeption (gerade auch durch die Brüder Grimm: wichtigste Quelle für die »Deutschen Sagen«). In seiner Wunder-Erzählung (Kapitelüberschrift: »Wenn eine Kindbetterin in ihren Wochen spinnet, es sei Wolle oder Flachs, so sollen ihre Kinder gehenkt werden und also groß Unglück haben«) vermittelt er mehrere Botschaften und zeitgenössische Einstellungen – aus der Sicht der Frauen: (1) Das Spinnen als Festigkeit hat jede Frau zu beherrschen; (2) Wer sich aufs Spinnen von Flachs nicht versteht, wird nicht geachtet und bleibt eine alte Jungfer; (3) Spinnen ist eine schwere körperliche Arbeit; (4) Weniger bzw. kein Spinnen würde jede Frau begrüßen. Im Unterschied zu den zahlreichen Märchenfassungen in der Nachfolge der Brüder Grimm, in denen eine Königin die vermeintlich ›fleißige‹ Spinnerin für ihren Sohn als Braut aussucht und ihren Fleiß testet, fehlt dieser Zug bei Praetorius ebenso wie der Dialog des Königssohns mit den drei deformierten ›Verwandten‹. Der Typus wird oft in Verbindung mit KHM 55, AaTh 500: »Rumpelstilzchen« gesehen (Lüthi 1971, 425–428).
Lit.: BP 1, 109–115; HDM 2 (1934/40) 66, 132–155; Ranke 2, 102–105; Scherf, Zaubermärchen, 80–81; Bottigheimer 1987, 112–122; Köhler-Zülch/Shojaei, 67.

7. Treue und Untreue. Qu.: nach einer Würzburger Handschrift (Versfassung) aus dem 14. Jahrhundert (gekürzt), vgl. Keller, 372–382. KHM 16, AaTh 612: Schlangenblätter: Die drei S. – Die auch unter dem Titel »Die verschenkten Lebensjahre« in frühen indischen und chinesischen Quellen bekannte didaktische Erzählung von der wiederbelebten Frau, die die aufopferungsvolle Haltung des Ehemanns mißachtet und wegen ihrer Zuwendung zu einem Jüngeren von Gott für ihre Untreue bestraft oder von ihrem Vater dem Tode preisgegeben wird (KHM 16), hat in der europäischen Überlieferung eine breite Nachwirkung gehabt. Zur Rolle der untreuen Frau vgl. von Franz, 195–202; Kast, 57–76.

Lit.: BP 1, 126–131; Wesselski, MMA, 188–192; HDM 2 (1934/40) 317–318; Wesselski 1938; Ranke 2, 347.

8. Von einer Bohne. KHM 18, AaTh 295: Strohhalm, Bohne und Kohle. Qu.: Waldis 3, 97. – Auf dieser Versfassung des Fabeldichters Burkard Waldis (um 1490–1556/57), der mit seinem »Esopus« (1548) die umfangreichste Fabelsammlung des 16. Jahrhunderts vorlegte, basiert im wesentlichen seit der dritten Auflage von 1837 die Prosaparaphrase von KHM 18 (in der Grimm-Bibliothek befand sich die Ausgabe Frankfurt 1565, vgl. Denecke/Teitge, Nr. 666). Der Stoff von den Tieren auf Wanderschaft (s. Nr. 14) – getrieben dazu häufig aus Furcht vor ungerechter Behandlung durch die Dienstherren wie die »Bremer Stadtmusikanten« (KHM 27) – gehört zu den beliebten Themen der Fabel.
Lit.: Dähnhardt, 129–133; BP 1, 135–137; Wesselski 1933, 1–3; Grimm/Rölleke, 44–45, 351–352; Dicke/Grubmüller, Nr. 66.

9. Von dem Fischer und siene Fru. Qu.: nach einer Abschrift F. von der Hagens (1780–1856) aus dem Jahre 1808 (vgl. Rölleke 1973, 120–123). KHM 19, AaTh 555. – Eines der wenigen Dialektmärchen, das zudem zu den ältesten dieser Art zählt. Der Maler Philipp Otto Runge (1777–1810) hatte es zusammen mit »Van den Machandel-Boom« (KHM 47) in pommerscher Mundart aufgezeichnet und 1806 an J. G. Zimmer, den Heidelberger Verleger des Wunderhorns, geschickt; die Originalniederschriften sind nicht mehr auffindbar. Die Rungesche Fassung besticht »durch lebendige, zuweilen derb realistische Sprache (wörtliche Reden!), märchengerechte Wiederholungen (Verseinlagen) und besonders durch kunstvolle Steigerungen« (EM 4, 1984, 1234), während es sich bei unserer Fassung mehr um eine stark moralisch gefärbte Warnerzählung als um ein Märchen handelt. Die Hybris der Frau und die fatale Ausnutzung von Wünschen sind öfter thematisiert (vgl. Nr. 35, 39).
Lit.: BP1, 138–148; Rommel; Wesselski, Märchen, 55–60; Ranke 2, 217–228; Rölleke 1973; Rölleke 1978; Scherf, Zau-

bermärchen, 409–414; Art. Fischer und seine Frau in EM 4 (1984) 1232–1240 (H. Rölleke).

10. Von einem König, Riesen, Einhorn und wilden Schwein. Qu.: Jan Tambaur, 151–158. KHM 20, AaTh 1640: Tapferes Schneiderlein. – Dies ist, mit dem umständlichen Titel, eine Bearbeitung der ältesten Version (1557) von dem großsprecherischen Helden, der sich mit List übermächtiger Gegner erwehrt: Der sozial Niedrigstehende siegt über den sozial Höhergestellten, der Schwache über den Starken. Nicht das eigentlich Wunderbare dominiert in diesem Schwankmärchen, sondern es ist die Freude des Lesers/Zuhörers an der Mobilität des Geistes, ein intellektuelles Vergnügen, den Schwachen über den Starken siegen zu sehen. Im »Wegkürtzer« des Straßburger Schwankbuchverfassers Martin Montanus (1530–nach 1560) findet sich das breit ausgemalte Heldenstück zum ersten Male mit den einzelnen Schwankepisoden, schon damals mit der sprichwörtlichen Redensart »Syben auff ein streich zu todt geschlagen«. Montanus' Version wurde nicht nur in den KHM (1812, KHM 20 I) unverändert abgedruckt (seit der 2. Aufl. von 1819 modifiziert), sondern entwickelte sich darüber hinaus zu einem der beliebtesten Schwankmärchen.
Lit.: BP 1, 148–165; Grimm/Rölleke 22–31, 349.

11. Eine schöne Historie von einer Frau mit zwei Kindlein. Qu.: Montanus, Gartengesellschaft, Kap. 5. KHM 21, AaTh 510 A. – Die alemannische Fassung des Martin Montanus (1530 – bis nach 1560) stellt die älteste Fassung (um 1560) des dort als »Erdkühlein« bezeichneten Mädchens dar, das später, verändert und mit neuen Zügen (Schuhprobe u. a.) in der Fassung Basiles (1,6) 1634 als »Die Aschenkatze« und in Charles Perraults »Contes« (1697) als 6. Märchen (»Aschenbrödel oder das kleine Glaspantöffelchen«) begegnet. Dieses »Aschenputtel«-Märchen von Montanus hat vieles mit KHM 130: »Einäuglein, Zweiäuglein und Dreiäuglein« gemeinsam und ist nahe verwandt mit »Allerleirauh« (KHM 65) und mit KHM 179: »Die Gänsehirtin am Brunnen«. Es »gehört unter

die bekanntesten und wird aller Enden erzählt«, notierten die Brüder Grimm 1812 zu ihrer Nr. 21. Noch heute steht das Märchen von der sozial Verachteten und späteren Königin bei vielen Völkern in der Beliebtheitsskala weit oben – ein typisches Beispiel für den Optimismus des Märchens, dessen Heldinnen mit Hilfe übernatürlicher Wesen soziale Schranken überwinden.

Lit.: BP 1, 165–188; Wesselski, Märchen, 32–37 (Ausg. 1942); Hagen 1, 54–85 und 2, 60–94; Bausinger; Ranke 2, 121–127; Lüthi 1962, 42–53; Grimm/Rölleke, 298–317, 387–388; R. Wehse in EM 3 (1981) 39–57; Scherf, Zaubermärchen, 9–13; Dundes (mit Forschungsbeiträgen verschiedener Autoren); Stone; Köhler-Zülch/Shojaei, 42–43.

12. Der Rätselkampf. Qu.: Compilatio singularis exemplorum, Nr. 8 (Textabdruck bei Hilka 1913; Übers. bei Wesselski, MMA, Nr. 25). KHM 22, AaTh 851: Rätselprinzessin. – Die im Orient mit der Figur der Turandot verbundene, in fast ganz Europa verbreitete und oft dramatisierte Erzählung von der klugen Prinzessin, die entweder als Rätselstellerin oder wie hier als Rätsellöserin auftritt, begegnet uns in der Exempelsammlung »Compilatio singularis exemplorum« eines unbekanntes Dominikaners aus der 2. Hälfte des 13. Jahrhunderts in einer dramatisch zugespitzten Fassung: Gleich das erste Rätsel weiß die Prinzessin zu lösen, die Antwort für das zweite Rätsel erhält sie vom Ritter selbst, bricht aber das Versprechen, die Lösung für sich zu behalten. Dennoch siegt der Ritter, da er das dritte Rätsel so formuliert, daß die Prinzessin mit ihrer Antwort zugleich zugeben müßte, die Nacht mit ihm verbracht zu haben. Dieser Zug mit der verfänglichen Frage ist in den Märchen des 19./20. Jahrhunderts abgemildert: Für die Ablistung des Geheimnisses, das dort als drittes Rätsel erscheint, weist der Ritter zum Zeichen seiner Glaubwürdigkeit Schmuck oder Mantel der Prinzessin vor. Die sogenannten Rätselmärchen sind in der ganzen Welt beliebt als Spiel mit Klugheit und Weisheit, die Rätsellöser und damit die eigentlichen Helden auf das weibliche und männliche Geschlecht (vgl. Nr. 62) gleichermaßen verteilt.

Lit.: BP 1, 188–202; Ranke 3, 158–170; Lüthi 1962, 90–102; Scherf, Zaubermärchen, 298–302.

13. Das kleine Rotkäppchen. Qu.: Perrault, Nr. 2. KHM 26, AaTh 333: Rotkäppchen. – Unser Text ist eine Übersetzung der ältesten bekannten Fassung aus Charles Perraults (1628–1703) berühmter Feenmärchensammlung« Histoires ou contes du temps passé« (1697), die er unter dem Namen seines Sohns Pierre Perrault Darmancour herausgab. Die Feenmärchensammlung mit dem bekannten Stoff u. a. vom »Däumling«, »Gestiefelten Kater«, »Blaubart« und »Dornröschen« erlebte eine Vielzahl von Auflagen; erste Perrault-Märchen in deutscher Übersetzung erschienen jedoch erst in den letzten Dezennien des 18. Jahrhunderts. Die Unterschiede zu deutschen Fassungen, die auf Grimm oder Bechstein (66–72) zurückgehen, treten klar zutage: Bei Perrault ist der Wolf stärker in der Rolle eines männlichen Verführers herausgestellt. Seine Aufforderung, Rotkäppchen möge zu ihm ins Bett steigen, läßt an Deutlichkeit nichts zu wünschen übrig. Wer an dieser Interpretation noch Zweifel hegt, wird durch die angehängte Moralisation, die uns heute ein wenig abgestanden klingt und aus diesem Grunde wohl meistens in den Übersetzungen weggelassen wird, vollends überzeugt. Sonst auch vorkommende Züge eines Fressermärchens (Wolf als Verschlinger) enthält Perraults Fassung im Unterschied zu späteren französischen Bearbeitungen nicht, ebensowenig wie den versöhnlichen Schluß von der Rettung des Rotkäppchens durch den Jäger, der es aus dem Bauch des Wolfes befreit (zur Gastrotomie siehe auch die Befreiung der sieben Geißlein, vgl. KHM 5). Die späteren deutschen Versionen tragen eindeutig Züge eines Warn- und Schreckmärchens für unartige Kinder, nach dem Vorbild Grimm: »Du willst Dein Lebtag nicht wieder allein vom Weg ab in den Wald laufen, wenn Dir's die Mutter verboten hat« (KHM 26). Dieser pädagogische Aspekt dürfte nicht unwesentlich zu der hohen Verbreitung dieses Lieblingsmärchens beigetragen haben, das bis heute in Märchenanthologien, im Schulbuch, als Theaterstück und vor allem im Comic und Cartoon (beson-

ders unter dem Aspekt: Wolf in der Rolle des politischen Gegners) unangefochten die Spitze der Beliebtheitsskala bildet.
Lit.: BP 1, 234–237; Rumpf; Hagen 1, 86–96 und Bd. 2, 95–97; Ranke 1, 270–273; Scherf, Zaubermärchen, 313–316; Zipes 1982; Ritz; Scherf 1987, 156–162; Waldmann; Röhrich 1990; Verweyen 1990.

14. Die Tiere auf Wanderschaft. Qu.: Ruckard, Nr. 116. KHM 27, AaTh 130: Tiere auf Wanderschaft. – Die Geschichte von den alten und unbrauchbaren Haustieren, denen ihre Besitzer das Gnadenbrot verweigern und die deshalb das Weite suchen, ist eins der beliebtesten Tiermärchen. Unsere Fassung aus dem relativ unbekannten Schwankbuch von 1736 (mit nur wenigen Fabeln) erzählt lediglich von zwei Haustieren, die gemeinsam einen Fuchs überlisten, den der Haushund dann zu Tode beißt. Die beiden Kontrahenten Hahn und Fuchs treten oft in Fabeln auf, wobei das Haustier meistens die geplante Schädigung des Fuchses rechtzeitig durchschaut (z. B. AaTh 62: Friedensfabel, vgl. EM 4, 1984, 341–346; Dicke/Grubmüller, Nr. 170, 187). Das Tiermärchen lehrt, daß gemeinsames Handeln Vorteile schafft und daß man auch im Alter nicht klein beigeben soll.
Lit.: BP 1, 237–259; HDM 2 (1934/40) 380 sq.; Scherf, Zaubermärchen, 37–42; Richter 1990, 27–38.

15. Das Märchen vom Popanz. Qu.: Büsching, Nr. 59. KHM 29, AaTh 461. – Dieses von dem Germanisten und Breslauer Professor für Altertumswissenschaften Johann Gustav Büsching (1783–1829) drei Monate vor Erscheinen der ersten Auflage der KHM veröffentlichte Märchen enthält die erste deutschsprachige Darstellung eines Handlungablaufs, in dem ein nicht standesgemäßer Freier als eine von mehreren unlösbaren Aufgaben einem dämonischen Wesen Haare (Sitz der Stärke) ausreißen muß und auf der Reise von anderen verschiedene Aufträge (AaTh 460 A–B: Reise zu Gott) entgegennimmt, ausführt und auf dem Rückweg von den Fragestellern dafür reich belohnt wird. In vielen Varianten ist diese

Thematik noch mit dem Motiv des Uriasbriefs (AaTh 930) verbunden: Der Brautvater schickt den Nichtsahnenden mit einem Brief auf die Reise, der sein eigenes Todesurteil enthält, doch wird der Brief ohne Wissen des Überbringers vertauscht: Der neue Briefinhalt befiehlt die sofortige Heirat des Armen mit der Königstochter.
Lit.: BP 1, 276–293; Aarne 1916; Wesselski, Märchen, 79–87; Ranke 2, 75–84; Art. Drei Haare vom Bart des Teufels in EM 6 (1990) 343–348 (U. Marzolph).

16. Dionigia und der König von England. Qu.: Ser Giovanni (Fiorentino), Pecorone 10,1. KHM 31, AaTh 706: Mädchen ohne Hände. – Der italienische Novellist Ser Giovanni (aus Florenz?) schrieb seine Sammlung zwischen 1378 und 1385 in Anlehnung an die Novellensammlung des Boccaccio (1313–75) nieder. In Fassungen aus dem Spätmittelalter beginnt der Zyklus »Unschuldig verfolgte Frau« (siehe Nr. 2) häufig wie hier mit der Inzestthematik (Rank, 360–367), daß ein Vater seine Tochter zur Frau begehrt, diese daraufhin die Flucht ergreift, zunächst in einem Kloster unterkommt (vgl. AaTh 706 B: Nonne: Die keusche N.), einen König heiratet und nach mancherlei Verfolgungen (Verleumdung durch die Schwiegermutter mit dem Vorwurf der Geburt von Wechselbälgern, Briefvertauschung, erneute Flucht) ihren Mann wiedertrifft und sich ihm zu erkennen gibt.
Lit.: Däumling; BP 1, 295–311; Ranke 3, 53–54; Bernier; Uther 1981, 117–119; Scherf, Zaubermärchen, 260–267.

17. Ein schöne Fabel von ein törichtem Bauern. Qu.: Bebel/Wesselski 1, 26. KHM 32, AaTh 1685. – Ein weiteres Beispiel eines Dummenschwanks (vgl. Nr. 4), das zugleich die Variationsbreite einzelner Versatzstücke zeigt. In der im 16./17. Jahrhundert ungemein populären deftigen Fazetiensammlung des Humanisten Heinrich Bebel (1472–1518; vgl. EM 2, 1979, 6–15) agiert ein reicher Bauernsohn in der Rolle des Dummkopfs, der trotz seiner absurden Handlungen wie Eierbrüten (AaTh 1281; EM 3, 1981, 1162–1169) oder das Mißverstehen der sprichwörtlichen Redensart, einem ande-

ren freundliche Augen zuzuwerfen (AaTh 1006; EM 1, 1977, 1006–1010), ›seine‹ Braut findet. Denn auch Bebel war die Vorstellung geläufig: »dann so einer Reichtum hat, kann er überkommen Adel, Schöne, Verstand und alles, was er will«. Zu weiteren Narrenstücken vgl. auch KHM 34, 59, 104. Die Brüder Grimm besaßen zwei spätere Ausgaben der »Facetiae« (Denecke/Teitge, Nr. 957, 967), ihre stark dialogisierte Fassung – sie endet mit der Flucht der Braut – ist jedoch nicht direkt von Bebel abhängig, hat aber mehrere Episoden mit ihm und der Bearbeitung des Jakob Frey (vgl. auch KHM 32, II der Ausg. 1812) gemein.
Lit.: BP 1, 311–322; Bräutigam: Der dumme B. in: EM 2 (1979) 738–745 (R. Wehse).

18. Die Prophezeiung erfüllt sich. Qu.: Johannes Gobius (Junior), Scala celi, 95b–96a (Testabdruck bei Hilka 1913, 79–80; Übers. bei Wesselski, MMA, Nr. 35). KHM 33, AaTh 517, 725: Prophezeiung künftiger Hoheit + AaTh 671: Tiersprachenkundiger Mensch. – Die aus dem Orient stammende (»Sieben weise Meister«), vermutlich älteste und in zahlreichen Übersetzungen auch in Europa verbreitete Erzählung, hier in der Version des Dominikaners Johannes Gobius (frühes 14. Jh.), vereinigt mehrere bekannte Motive: Verstehen der Vogelsprache (HDM 2 [1934/40] 364–367, 429–432), Weissagung künftiger Herrlichkeit, Vertreibung eines Familienmitglieds aus Eifersucht (EM 3, 1981, 1170–1174: Eifersucht), Unerkannte Wiederkehr des vertriebenen Sohnes, Sich selbst das Urteil sprechen (Lüthi 1972), Gnade aus Verzeihung.
Lit.: BP 1, 322–325; Wesselski, MMA, 221–222; Ranke 2, 146 und Bd. 3, 81.

19. Ein Fabel von einem Schneider. Qu.: nach Bebel/Wesselski 1, 19. KHM 35, AaTh 800: Schneider im Himmel. – Der nach der Vorlage Bebels (1508) in viele Schwankbücher des 16. Jahrhunderts übernommene Schwank mit dem Thema des stetig sündigen Menschen findet sich in den KHM als Kontamination der Fassung Jakob Freys und Hans Wilhelm

Kirchhofs, seit der 4. Aufl. auch noch Georg Wickrams (vgl. Grimm/Rölleke 3, 457). Hier begegnet das Klischee des diebischen Schneiders, der wie auch der Müller in Volkserzählungen oftmals als unredlich geschildert wird (EM 6, 1990, 478); die negative Assoziation wird durch die Charakterisierung des Schneiders als eines Deformierten (vgl. Art. Hinken in EM 6, 1990, 1047–1053) noch verstärkt. Die abschließende Sentenz stammt aus den zwischen 8 und 12 p. Chr. n. entstandenen Elegien Ovids (Tristia 2, 33).
Lit.: BP 1, 342–346; Bebel/Wesselski 1, 126; Ranke 3, 130–131.

20. Der wilde Mann. Qu.: Basile 1,1. KHM 36, AaTh 563: Tischleindeckdich. – Der italienische Märchendichter Basile beginnt seinen »Pentamerone« mit dieser Erzählung vom Erhalt von Gaben, des wichtigsten Märchenrequisits (Lüthi 1943), und deren zeitweiligem Verlust (Aarne 1909). Schon hier begegnen der Goldesel, eine Serviette (die Reichtümer produziert) und der Zauberknüppel. Basile will die Gültigkeit der sprichwörtlichen Redensart demonstrieren, daß Narren und Kinder unter dem besonderen Schutz Gottes stehen. Sein Held ist daher auch ein rechter Dummkopf und nicht ein Pfiffikus wie bei den Brüdern Grimm sowie in den meisten Fassungen dieses beliebten Schwankmärchens aus dem 19./20. Jahrhundert. In den KHM ist noch die Geschichte von der lügnerischen Ziege (AaTh 212: Ziege: Die boshafte Z.) vorgeschaltet. Außerdem handelt es sich um drei ausziehende Brüder, von denen einzig der Jüngste Erfolg hat und alle Zaubergaben heimbringt.
Lit.: BP 1, 346–361; Ranke 2, 245–257; Scherf, Zaubermärchen, 375–379.

21. Das Paten-Geld machet reich. Qu.: Praetorius, Glücks-Topf, 147–148. KHM 44, AaTh 332. – Die Geschichte vom gerechten Tod (statt Gott und Teufel) als Gevatter, in späteren Fassungen mit dem Zug des geprellten Todes in die Nähe des Schwanks gerückt, endet hier mit der Weissagung, daß der Patensohn (weit häufiger: der Vater) es zu einem berühmten

Arzt bringen werde. Zwar sind einzelne Motive wie das Motiv vom Erscheinen des Todes zu Füßen bzw. zu den Häuptern der Kranken älter (Babylonischer Talmud, Aboda Sara), aber in dieser Struktur scheint die Erzählung erst seit dem 16. Jahrhundert bezeugt. Im Kontext beklagt Praetorius die verbreitete Unsitte einiger Zeitgenossen, möglichst viele aus materiellen Gründen zur Übernahme einer Patenschaft zu bewegen und vergleicht diese Haltung – die antisemitische Tendenz ist unverkennbar – mit der Einstellung von Juden, die vorgegeben hätten, sich bekehren lassen zu wollen, um dafür lange Zeit ohne Gegenleistung Gastfreundschaft in Anspruch zu nehmen.
Lit.: BP 1, 377–388; Wesselski, MMA, 211–213; Ranke 1, 265–270; Scherf, Zaubermärchen, 165–168; Gevatter Tod in EM 5 (1987) 1224–1233 (E. Moser-Rath).

22. Vergleichung des Hoflebens. Qu.: Kirchhof, Wendunmuth 1, Nr. 60. KHM 48, vgl. AaTh 101. – Das ›Gleichnis‹ vom alten und verstoßenen Jagdhund exemplifiziert einmal mehr die offenkundig verbreitete (Angst)Vorstellung vor den Beschwerden des Alters und der Undankbarkeit der Herrschaft (s. Nr. 14, 33). Der süddeutsche Schwankbuchkompilator (um 1525–1605) hat ganz im Sinne der Fürstenspiegel sein Beispiel den »Tyrannen« zugeordnet, warnt vor der Unbeständigkeit der Gunst der Herrschenden und erinnert an den gerechten und barmherzigen Herrscher, der seine Untergebenen auch im Alter »in Gnade« erkennt.
Lit.: BP 1, 424–427; Sahr 1980; Dicke/Grubmüller, Nr. 290; Art. Der alte Hund in EM 6 (1990) (im Druck) (I. Köhler-Zülch).

23. Bestrafter Hochmut. Qu.: Basile 4,10 (ohne Rahmenerzählung). KHM 52, AaTh 900: König Drosselbart. – Das Märchen lehrt Bescheidenheit und Demut, hochmütige Prinzessinnen wie die schöne Cintiella oder die stolze Königstochter im »Meerhäschen« (Nr. 68) müssen scheitern und gelangen erst nach einer Demütigung wieder zu Ansehen. Basile läßt diese Moral immer wieder anklingen und stellt somit die

didaktische Funktion eindeutig heraus. Die Beschämung der Königstochter durch den verkleideten Gärtner hat thematisch Vorbilder etwa in der isländischen »Clárus saga« aus dem 14. (?) Jahrhundert oder in dem mittelhochdeutschen Märe »Diu halbe bir«. Die Diffamierung des Liebhabers und die Rache des Abgewiesenen waren als Themengruppe im Fabliau, Märe und in der Novelle üblich. Basile greift vermutlich auf eine Novelle von Luigi Alamanni (1495–1556) zurück (BP 1, 445–446).
Lit.: BP 1, 443–449; Schmidt 1932, 141–152; Ranke 3, 238–252; Grimm/Rölleke, 360; Bottigheimer 1987, 117, 119, 121–122, 168, 184; Bluhm 1989, 187–192; vgl. die EM-Artikel Die halbe Birne (2, 1979, 421–425) (K. Ranke), Clárus saga (3, 1981, 64–66) (K. Düwel), Demut und Hochmut (3, 1981, 411–420) (M. Lüthi).

24. Warum die Landsknechte der Trommel zulaufen. Qu.: Sachs, Fabeln Nr. 251. KHM 54, AaTh 569: Ranzen, Hütlein und Hörnlein. – Der Nürnberger Poet Hans Sachs (1494–1576) gilt mit seinen in Knittelversen verfaßten Fabeln, Schwänken und besonders den Fastnachtspielen als eine wahre Fundgrube für die Aufnahme volkstümlicher Stoffe und wirkte stark nach. Die hübsche Geschichte aus dem Jahre 1559 von den Zaubergaben des Landsknechts erinnert an das »Tischleindeckdich«-Märchen (Nr. 20). In der Schilderung des armseligen Landsknechtslebens, das Hans Sachs in seinen Dichtungen mehrfach anspricht und das gar nicht so rosig aussieht, wie »der Trommel Kraft« verspricht, lassen sich durchaus sozialhistorische Bezüge entdecken. Gerade das 16. Jahrhundert zeichnete sich durch eine große Zahl vagierender Bettler und abgedankter Soldaten aus, die hungernd und bettelnd durch die Lande zogen. Nicht ohne Grund gedeihen in einem solchen Klima, das zudem durch soziale Umwälzungen gekennzeichnet ist, Erzählungen über ein »Schlaraffenland« oder ein »Tischleindeckdich« am ehesten, worin sich Wünsche nach einem materiell abgesicherten Leben widerspiegeln.
Lit.: BP 1, 464–485; Ranke 2, 263–264; Stolleis 1980.

25. Der Orangenbaum und die Biene. Qu.: Aulnoy, Contes (= Cabinet des fées 2, 304ff., erheblich gekürzt; Übers. E. Tegethoff). KHM 56, AaTH 313: Magische Flucht. – Das Märchen von der Flucht der Liebenden vor den mit den typischen Häßlichkeitsstereotypen gezeichneten Menschenfressern ist nur ein Beispiel für Verwandlungs- und Entzauberungskunststücke mit Hilfe magischer Gegenstände, wie sie in Volkserzählungen häufig vorkommen (vgl. auch KHM 51, 76, 79, 113, 136, 160, 186, 193). Abweichende Züge: Der listige Bettplatztausch (vgl. EM 2, 1979, 268–270) endet nicht mit der ungewollten Tötung der Kinder des Menschenfressers wie in KHM 56: »Der Liebste Roland« oder z. B. im Perraultschen Märchen vom »Däumling und Menschenfresser« AaTh 327 B; EM 3, 1981, 360–365), auch gelingt die Rückverwandlung des Liebespaares im Aulnoy-Märchen nur mit Hilfe einer Fee. Dieses geradezu typische Feenmärchen der phantasievollen und literarisch produktiven Madame d'Aulnoy (um 1650–1705; sie verfaßte 28 Werke in 13 Jahren), veröffentlicht in der Blütezeit der Gattung 1697 und innerhalb einer vierbändigen Sammlung von Feenmärchen, fand rasch Aufnahme in den »Cabinet des fées (Ausgaben seit 1717) und in der massenhaft vertriebenen Kolportageliteratur (Bibliothèque Bleue), die unter dem Titel »Blaue Bibliothek aller Nationen« (Bd. 1–12. 1790–1800), betreut von F. J. Bertuch u. a., auch im deutschen Sprachgebiet Eingang fand (Bd. 3, 1790, Nr. 8); das Aulnoy-Märchen ist erstmals in Friedrich Immanuel Bierlings »Das Cabinett der Feen« (Nürnberg 1762, 3. Theil, Nr. 19) in deutscher Sprache veröffentlicht worden. Die Brüder Grimm hatten in der Erstauflage der KHM (1812) ein von Jeanette Hassenpflug erzähltes Märchen abgedruckt (»Der Okerlo«, Nr. 70), schieden es jedoch wieder aus, weil ihnen die Ähnlichkeit zum Aulnoy-Märchen »L'Orange et l'abeille« und einer davon beeinflußten Fassung (»Der Riesenwald«) in der 1801 anonym erschienenen Sammlung »Feen-Märchen« zu offensichtlich schien. Im Anmerkungsband charakterisierten sie das Aulnoy-Märchen als »echt und schön«.

Lit.: Ranke 1, 150–169; siehe die Art. Aulnoy in EM 1 (1977)

1020–1024 (M. Soriano), Bibliothèque bleue (EM 2, 1979, 283–287) von M.-L. Tenèze, Cabinet des fées (EM 2, 1979, 1123–1130) von F. Wolfzettel, Conte de(s) fées (EM 3, 1981, 131–49) von G. Dammann, Flucht (EM 4, 1984, 1328–1339) von M.-L. von Franz; KHM³ 1856, 302–396; BP 2, 77–79; BP 4, 269–273; (Magische Flucht); Wesselski, Märchen, 49–55; Delarue/Tenèze, 199–241 (conte type 313: La Fille de diable); Röhrich, MuW, Reg.; Grätz 1988, 19 sq., 62, 337, 364.

26. Der treue Fuchs. Qu.: Günther, Kindermährchen, 94–108. KHM 57, AaTh 550: Vogel, Pferd und Königstochter. – Zu Beginn vieler Märchen wird öfters von einem kranken, manchmal blinden König erzählt, der für seine Gesundung (Motiv vom Traum als Prophezeiung) ein besonders schwer zu erlangendes Heilmittel (Lebenskraut, Lebenswasser) benötigt oder den Gesang eines bestimmten Vogels hören muß. Mit KHM 97, AaTh 551: »Wasser des Lebens« und KHM 57, AaTh 550 haben wir zwei charakteristische Vertreter dieses Erlösungsmärchens vor uns. Der Hofprediger Christoph Wilhelm Günther (1755–1826) legte seine zunächst anonym erschienene Sammlung ein Jahr nach Erscheinen des letzten Musäus-Bandes der »Volksmärchen« vor; sie stellt also auch ein frühes Zeugnis deutschsprachiger Märchenbearbeitungen dar. Die Brüder Grimm übernahmen von dem ihnen bekannten Märchen (Denecke/Teitge, Nr. 2207) nur einige wenige Wendungen. Es endet mit der Entzauberung des dankbaren Fuchses (seine Enthauptung durch den Helden bewirkt die Erlösung), der in dieser Funktion als Aufgabenlöser und Ratgeber häufig auftritt (EM 5, 1987, 468–470). Die Heilung durch den Gesang des Vogels begegnet nur noch am Rande, wichtiger ist die märchentypische Heirat des Jüngsten mit der Königstochter. Die von Günther fast am Ende des Märchens als Verursacherin allen Übels eingeführte Fee erscheint wenig plausibel. Ohne diesen Zug, aber mit wesentlichen Handlungselementen gelten als Vorläufer der niederländische »Roman van Walewein« aus der Artussagentradition und ein Predigtexempel von Johannes Gobius (Junior) aus dem frühen 14. Jahrhundert.

Lit.: BP 1, 503–515; vgl. auch BP 2, 394–401; HDM 2 (1934/40) 6–8; Draak 1936; Wesselski 1938/39; Ranke 2, 191–194; Grimm/Rölleke, 318–333, 357–358, 388–389; Uther 1981, 106–108; Scherf, Zaubermärchen, 173–177; Grätz 1988, 202–205, 315, 368; Bausinger 1990, 246–247.

27. Kilian Brustfleck als Katzenverkäufer. Qu.: Ruckard, Nr. 51. vgl. KHM 61, AaTh 1651: Katze als unbekanntes Tier. – Ein weiteres Stück aus Ruckards »Lachender Schule« (Nr. 14), der mehrere solcher Betrügereien seinem Schelm Kilian Brustfleck zuordnet. Der gelungene Verkauf des falschen Hasen (sonst auch Wolf als Schafsbock) erinnert an ähnlich listenreiche Handelsgeschäfte zum Nachteil dummer Bauern (KHM 70, s. unsere Nr. 30).
Lit.: BP 2, 1–18, 69–76.

28. Die drei Königssöhne. Qu.: Grimm, Kindermährchen, Nr. 5. KHM 62, AaTh 554. – Dankbare Tiere als Helfer sind ein häufiges Thema des Märchens (s. Nr. 9, 26, 68); auch drei Brüder als Handlungsträger finden sich oft (s. Nr. 30, 51), die zur Bewährung von ihrem Vater in die weite Welt geschickt werden und von denen nur der Jüngste alle Abenteuer übersteht und nicht selten seine Brüder aus drohenden Gefahren errettet – hier mit dem Motiv des Traums als Künder künftigen Geschehens (vgl. unsere Nr. 26). Der Stoff stammt wahrscheinlich aus dem Orient; ähnliche Mären berichten das persische und türkische »Papageienbuch«. Die 1808 erschienene Sammlung wurde von den Brüdern Grimm als »nicht eben wohl gerathen« abqualifiziert und hinzugefügt, daß sie »mit uns und der unsrigen gar nichts gemein hat«. Doch erweist sich diese Behauptung bei näherer Betrachtung als bloße Irreführung: Die Fassung des mit den Brüdern nicht verwandten Pädagogen und späteren erfolgreichen Jugendschriftstellers kann nach den Forschungen A. Wesselskis gar als Quelle der Grimmschen »Bienenkönigin« (ohne den Eingang von der Ausfahrt der beiden Brüder und der Weigerung des Jüngsten) angesehen werden.
Lit.: BP 1, 19–29; Wesselski, Märchen, 99–103; Röhrich,

MuW, Reg.: Dankbare Tiere; Ranke 2, 216–217; Scherf, Zaubermärchen, 18–21; Horn 1983, 99–103; s. die EM-Artikel Dankbare (hilfreiche) Tiere (EM 3, 1981, 287–289) von C. Lindahl und A. L. Grimm (EM 6, 1990, 167–169) von H. Rölleke.

29. Historie von Jorinde und Joringel. Qu.: Jung-Stilling 1777, 104–108. KHM 69, AaTh 405: Jorinde und Joringel. – Eine von drei Erzählungen aus den ersten beiden autobiographischen Romanen (1777, 1778; vgl. Hahn 1988) Heinrich Jung-Stillings (1740–1817), welche die Brüder Grimm nahezu unverändert in die KHM übernahmen (vgl. auch KHM 78, 150), auf die ähnliche Erzählung »Die Alte im Wald« (KHM 123) hinwiesen und, selten genug, die ›mündliche‹ Überlieferung gar nicht erst bemühten. Der aus dem Sauerland stammende Schneiderssohn und spätere Augenarzt läßt das offenkundig von ihm erfundene, merkwürdigerweise Historie (im Anklang an Volksbuch-Titel?) genannte Märchen von seiner Base erzählen. Es enthält alle Zutaten einer Schauergeschichte: einsames Schloß im Wald, Zauberin mit der Gabe der Selbstverwandlung in Tiere und dämonischer Ausstrahlungskraft auf alle ›keuschen Jungfern‹, die in ihre Nähe geraten, magische Blume usw. und stilistische Merkmale wie eingestreute Verse, straffe Handlungsführung, die zu dieser Zeit keineswegs selbstverständlich waren. »Eine fromme romantische Empfindung« bewegt Heinrich, heißt es zuvor von dem Träumer, und in dieser Gemütslage will er die ›Historie‹ »noch einmal« hören, deren Geschehen er voller Angst empfindet. Jung-Stilling hat die Geschichte vermutlich benutzt, um die folgende Vision des Vaters über seinen bevorstehenden Tod – aus einem herrlichen Schloß tritt seine gestorbene Frau als Engel – psychologisch vorzubereiten. Die anrührende Liebesgeschichte ist in mündlicher Überlieferung kaum belegt. Moderne literarische Parodien (Mieder 1986, 18, 231–239) machen aus der Zauberin eine Joringel erotisch anziehende Frau (Bernhard Kaczmarek) oder sehen Jorinde und Joringel als durch Magie in Vögel verwandelte Menschen – ohne Entzauberung und ohne die Zauberin selbst (Janosch).

Lit.: BP 2, 69; Ranke 2, 18; Scherf, Zaubermärchen, 218–219; Grätz 1988, 179–181, 310.

30. Von den Bauern in einem Dorf, das heißt Ganslosen, und ihrer Einfalt. Qu.: nach Schumann, Nr. 1. KHM 70, AaTh 1281, 1651 II: Katze als unbekanntes Tier. – Eine ältere Version unserer Nr. 27, hier mit der erstmals im »Nachtbüchlein« (1559) Valentin Schumanns (um 1520 – nach 1559) bezeugten grotesken Schlußepisode, wonach die düpierten Bauern in typischer Handlungsweise von Gruppennarren aus Angst vor dem ihnen unbekannten Tier am Aufenthaltsort des ›Mäusehundes‹ Feuer legen – nicht ohne den Besitzer vorher für sein Haus entschädigt zu haben – und schließlich durch diesen blinden Aktionismus ihr ganzes Dorf einäschern, ohne den ›Mäushund‹ gefangen zu haben. Bei Nicolas de Troyes (1535) und in vielen Schwankbuchfassungen (u. a. »Lalebuch«, »Schildbürger«) sind es zumeist drei Brüder, die ihre Tiere in Ländern, in denen die Tiere unbekannt sind, gewinnbringend veräußern.
Lit.: BP 2, 69–76. HDM 2, 640–642 (J. Honti).

31. Friß all, bezahl! Qu.: nach Kirchhof, Wendunmuth 7, Nr. 44. KHM 73, AaTh 41: Wolf im Keller. – Schon eine äsopische Fabel erzählt von einem gefräßigen Fuchs, der sich so vollgefressen hat, daß er nicht mehr durch das Eingangsloch paßt. Ein anderes Tier (Wiesel) rät ihm zu fasten. Moral: Die Zeit heilt alle Schwierigkeiten. Unser Beispiel von der gemeinsamen Jagd des Wolfs und des Fuchses begegnet häufig als Fabel, aber auch im Exempel und in mittelalterlichen Tierepen. Wie meistens in den Begegnungen dieser beiden Tiere vermag der schlaue Fuchs jedoch hier die Gefahren zu übersehen, während der Wolf in seiner Freßgier und übergroßen Sorglosigkeit unbedacht handelt (s. auch KHM 5). Hans Wilhelm Kirchhof hat noch eine weitere Moralisation nachgestellt, die erneut die Thematik vom Undank der Herrscher gegenüber ihren alten, nicht mehr einsatzbaren Dienstboten aufgreift (s. Nr. 14, 22): »doch zahln wohltätig Herrn mit Dank«.

Lit.: BP 2, 108–110; Schwarzbaum, Fox Fables, 210–218; Dicke/Grubmüller, Nr. 216, 222.

32. Der entlaufene Hasenbraten. Qu.: Strobl 1700, 23–26. KHM 77, AaTh 1741: Priesters Gäste. – Die 1694/98 erstmals aufgelegte Sammlung von Predigtmärlein des literarisch höchst produktiven Landgeistlichen Andreas Strobl (1641–1706) enthält die seit dem 13. Jahrhundert belegte und nun barock ausgestaltete Mär von der naschhaften Köchin, welche die Brüder Grimm mit einer Fassung von Hans Sachs (1559) kombinierten und unter dem Titel »Das kluge Gretel« seit der 2. Auflage in die KHM aufnahmen: KHM 77 ist unverkennbar ein Schwank, der mit dem Sieg der betrügerischen Köchin über ihren Dienstherrn endet, während Strobl in seinem ›Oster Märe‹ den Erfolg der Magd nicht ohne didaktischen Kommentar stehen lassen kann: Der Herr entzog seiner Magd »all Hülf und Gnad«, so daß sie in Armut und Not ihr Leben fristen muß.
Lit.: BP 2, 129–131; Moser-Rath 1958, 21 ff. (mit Strobl- und Grimm-Text); Röhrich, Erzählungen 1, 192–203 (Texte), 291–294 (Kommentar); Frosch-Freiburg 1971, 69–75; Moser-Rath 1984, 288, 291, 380, 426.

33. Historia von einem Sohn, deß Weib ihren Schwäher nicht mit übern Tische essen lassen wollte. Qu.: Mathesius 1586, Bd. 1, 13 a. KHM 78, AaTh 980 A. – Das Exempel vom ungeratenen Sohn, das die Brüder Grimm mit einigen Änderungen und Kürzungen in der Trog-/Schüsselvariante (AaTh 980 B) von Heinrich Jung-Stilling übernahmen, gehört zu den zahlreichen literarisch fixierten Beispielgeschichten, die die Prediger in didaktisch-moralisierender Absicht zur Illustrierung des 4. Gebots verwendeten. Der Joachimsthaler Pfarrer Johannes Mathesius (1504–1565) verbindet eingangs das seit dem 13. Jahrhundert aus mittellateinischen Quellen bekannte Exemplum mit dem Topos der bösen Schwiegertochter, die den Schwiegervater aus der Familiengemeinschaft ausgrenzt. Die Tradierung der Beispielgeschichte (auch als Lied, Novelle, Fabliau) über mehrere Jahrhunderte mit dem Appell

zur Fürsorge für die Alten (man denke auch an die römische pietas) dürfte darauf zurückzuführen sein, daß die dort angesprochenen Spannungen zwischen den Generationen und innerhalb der oftmals auf engstem Raum lebenden Familien einen durchaus realen Hintergrund hatten – und z.T. noch haben.
Lit.: BP 2, 135–140; Röhrich, Erzählungen 1, 91–112 (Texte), 262–267 (Kommentar); Moser-Rath 1964, 122–123, 439–440; Brückner 1974, 741–742, 684; Strasser 1986, 115–118, 359, Anm. 525; zusammenfassend vgl. den Artikel Großvater und Enkel (AaTh 980 A–B) in EM 6 (1990) 252–256 (H. Rölleke).

34. Erschreckliche Geschichte vom Hühnchen und Hähnchen.
Qu.: Arnim/Brentano, Wunderhorn, Bd. 3, 23–26. KHM 80, AaTh 2021 A: Tod des Hühnchens. – Das offenbar von Clemens Brentano (1778–1842) erfundene (Schluß: »wer sie [solche Geschichten] nicht weiß, der muß sie erdichten«) und im Anhang zum »Wunderhorn« abgedruckte ›Kinderlied‹ dürfte auch die Vorlage für KHM 80 (seit 1812) abgegeben haben, das im zweiten Teil durch Wilhelm Grimm mit Motiven aus der Waldis-Fabel »Von einer Bohne« (s. unsere Nr. 8) kombiniert wurde. Solche Ketten-, Häufungs- oder Formelmärchen haben strukturell (Prinzip der Wiederholung, Reihung bestimmter Formeln, Austauschbarkeit einzelner Elemente, Verkettung) eine große Affinität zu Kinderspiel und Kinderreim. Sie beginnen oftmals mit der gezielten, unbeabsichtigten oder zufälligen Schädigung eines Tieres, die dann behoben wird – oder mißlingt (vgl. auch AaTh 2032, 2033: Heilung des Hähnchens). Die zumeist kurzen und häufig gereimten Erzählungen stärken die Memorierfähigkeit des Kindes, das durch die kettenartige Verknüpfung spielerisch Wörter, Sachen, Gebrauchsgegenstände und ihre Zusammenhänge kennenlernt – häufig, wie hier, durch Scherz und Übertreibung.
Lit.: BP 2, 146–149; Wesselski 1933; Wesselski, Märchen, Nr. 16 (Text), 108–110 (Kommentar).

35. Der listige Schmied. Qu.: nach Athanasius v. Dillingen, 253 f. (vgl. Vulpius 1813, Bd. 3, 422–425). KHM 82, AaTh 330 A, D: Schmied und Teufel. – Unser Schwankmärchen über den geprellten Tod/Teufel aus dem Jahr 1700 beginnt bei dem Kapuzinerpater Athanasius von Dillingen (um 1633–1714) mit dem üblichen Topos der Frauenfeindlichkeit und behandelt dann das Thema von den scheinbar vertanen Wünschen (s. auch Nr. 9). Vor dem Günzburger Hofprediger hatte schon Andreas Strobl (s. Nr. 32) diese Motivgruppe (mit Tod, seinem Knecht und Luzifer) 1698 unter dem Titel »Oster-Märl« vereint (Moser-Rath 1964, Nr. 120) und kommentiert, daß der Schmied hier zwar den Tod dreimal besiegt habe, dann aber infolge eines ›hitzigen Fiebers‹ gestorben sei, denn: »weilen kein Mensch ewig zu leben hat auff diser Welt«. Ähnliche Überlistungsgeschichten sind seit 1525 aus Italien (eine Frau bittet Jupiter um einen Diebe festhaltenden Wunderbaum) und Deutschland (Meisterlied von Hans Sachs, 1551: Schmied äußert drei Wünsche) belegt, finden außerhalb des Predigtliteratur-Ablegers eine Erweiterung im französischen Volksbuch »Bonhome Misère« mit 27 Auflagen aus dem 18./19. Jahrhundert (Schenda 1989, 327) – die Brüder Grimm besaßen den ersten nachweisbaren Druck von 1719 (Denecke/Teitge, Nr. 1380) – und lassen sich in den mündlichen Überlieferungen zahlreicher Länder nachweisen, mitunter mit anderen Episoden (s. auch KHM 81). In Deutschland ist der pfiffige Überlebenskünstler seit 1731 ›regionalisiert‹ worden: nach Jüterbog, Apolda und anderswo.
Lit.: BP 2, 163–189; Wesselski, Schmied; Ranke 1, 245–264.

36. Hans Wohlgemut. Qu.: Wernicke 1818, 129–131. KHM 83, AaTh 1415. – Enden Zaubermärchen für Held/Heldin gewöhnlich mit sozialem Aufstieg, Reichtum und Glück, so verkörpert unser Hans Wohlgemut das Gegenteil. An materiellem Besitz scheint Hans weniger interessiert, er lebt spontan seinen Empfindungen und stellt sein persönliches Glück und Wohlbefinden höher als das Materielle. Dahinter steckt die Zeiten überdauernde Vorstellung, daß der Besitz mate-

rieller Werte eine Wende zum Unglück bedeute und ›Glückliche Armut‹ besser sei als Unglücklichsein im Reichtum. Dennoch hat man es auch irgendwie mit einem einfältigen Menschen zu tun. Gerade diese Ambivalenz der Figur macht nach Meinung vieler den Reiz dieses bis heute äußerst populären Schwankmärchens aus. Vom ökonomischen Standpunkt her erscheinen die Tauschgeschäfte ungünstig und widersprechen den bürgerlichen Vorstellungen des durch harte Arbeit erworbenen und bewahrenswerten Geldes und Gutes. Mit seiner Spontaneität erweist sich der unbekümmerte Hans als ein Gegenbild des Bürgers: Viele Illustratoren der letzten Jahrzehnte haben die Figur gerade auch so zu deuten gesucht. Unsere Fassung (mit dem zeitgemäßen Zusatz: »Aus dem Munde des Volkes«) sandte der jung verstorbene Altphilologe und Sprachwissenschaftler Friedrich August Eduard Wernicke (1794–1819) der Zeitschrift »Wünschelruthe« ein. Die Brüder Grimm nahmen seine mit großer Wahrscheinlichkeit erfundene Erzählung als KHM 83 in die 2. Auflage von 1819 auf (mit wesentlichen stilistischen Änderungen, kleinere Verbesserungen sind bis zur Ausgabe von 1857 feststellbar). Lit.: BP 2, 199–203; Art. Hans im Glück in EM 6 (1990) 487–494 (H.-J. Uther); Uther, Hans im Glück.

37. Von einem wahrhaftigen, doch betrieglichen Werber. Qu.: Wolgemuth 1669, 2. Centurie, 51, Nr. 22. KHM 84, AaTh 859, A, B: Prahlereien des Freiers. – Die doppeldeutigen Prahlereien des Brautwerbers bzw. des Bräutigams über vorgetäuschten Reichtum waren in den Unterhaltungsbüchlein des 17./18. Jahrhunderts sehr beliebt und hatten nicht immer den ersehnten Erfolg einer Geldheirat (vgl. z. B. AaTh 1688: Brautwerber: Der übertreibende B., EM 2, 1979, 762–764). Unsere Fassung des Ernst Wolgemuth aus Warhausen im Warnethal, der die Absichten seiner »500 Haupt-Pillen« hinter diesem scherzhaft gemeinten Pseudonym verbirgt und vor der sprichwörtlichen Leichtgläubigkeit warnt, diente Johann Praetorius als Vorlage, den die Brüder Grimm sehr schätzten (vgl. Nr. 6, 21) und als ihre Quelle für KHM 84 anführen. Lit.: BP 2, 203–204.

38. Von einem Hahnen und Fuchs. Qu.: Pauli/Bolte, Nr. 743. KHM 86, AaTh 61 + AaTh 6, 227, 227*, 122 A: Überreden zum Sprechen (Singen). – Die bekannte Fabel (ältester Beleg mit Hahn und Wolf bei Alkuin, gest. 804) zeigt den schlau agierenden Fuchs, den der Hahn mit einer Gegenlist täuschen kann und so seine Freiheit wiedererlangt. Durch Überreden beim Sprechen oder Singen vermag sich in Fabeln das kleine und eigentlich unterlegene Tier öfter aus der Gewalt des Stärkeren befreien. Die Fabel ist einer späteren Ausgabe (1545) des vielgelesenen Schwank- und Exempelbuchs »Schimpff und Ernst« (zuerst 1522) entnommen, das der Franziskaner Johannes Pauli (um 1450/54–nach 1520) zusammenstellte: Sie ist hier mit der auch sprichwörtlichen Warnung vor allzu vielem Reden verbunden.
Lit.: BP 2, 207–208; Art. Fuchs und Hahn in EM 5 (1987) 494–498 (K. Reichl); Dicke/Grubmüller, Nr. 187.

39. Von drei Wünschen. Qu.: Jan Tambaur, 161–162. KHM 87, AaTh 750 A II: Wünsche: Die drei W. – Eine weitere Version von den drei unüberlegten Wünschen (s. Nr. 9), diesmal aus dem ursprünglich niederländischen Schwankbuch »Jan Tambaur« von 1660. Der Zusammenhang mit den Wünschen, die eine Gottheit gewährt (Motiv der Erdenwanderung von Göttern) und die dem Bescheidenen zum Glück, dem Unbescheidenen bzw. Habgierigen jedoch zum Unsegen geraten, ist im Vergleich zum Legendenmärchen KHM 87 (göttliche Strafe für törichte Wünsche) und zu vielen international verbreiteten Fassungen nicht erkennbar. Die Thematik wird heute gern im Witz und Cartoon aufgegriffen.
Lit.: BP 2, 210–229; HDM 2, 652–655; Ranke 3, 85–95; Röhrich, Erzählungen 1, 62–79 (Texte), 253–258 (Kommentar); EM 3 (1981) 348 (K. Ranke).

40. Von einer Mutter, die ihren Sohn ausgesandt hat, um einen guten Tag zu suchen. Qu.: Morlini/Wesselski, Nr. 29. KHM 98, AaTh 1641. – Durch Sprachmißverständnisse kommt ein Einfältiger zu Reichtum. Dies ist auf einen Nenner gebracht der Inhalt der kleinen Novelle. Doch der italienische Novel-

list aus dem 16. Jahrhundert (Erstausgabe der in lateinischer Sprache verfaßten »Novellae«: Neapel 1520) will auch zugleich ein Beispiel für das bekannte Sprichwort geben, wenn er abschließend daran erinnert, daß Schuldbewußte stets furchtsam seien. Das Schwankmärchen von dem dummschlauen Tropf, der durch List oder, wie hier, durch Zufall zu Reichtum kommt, ist in ganz Eurasien verbreitet. Das Motiv von der Entdeckung des gestohlenen Geldes kennt schon Heinrich Bebel (Bebel/Wesselski 2, Nr. 112).
Lit.: BP 2, 409; Art. Doktor Allwissend in EM 3 (1981) 734–742 (Á. Dömötör).

41. Geschichte des Fischers mit dem Geiste. Qu.: Tausendundeinenacht 1, 26–30, 39–40. KHM 99, AaTh 331. – Die Fähigkeit, sich Geister nutzbar zu machen, wurde schon dem sagenumwobenen Salomo zugeschrieben. So heißt es etwa im apokryphen »Testamentum Salomonis« (1. Jh.), Salomo habe den gefesselten Dämon Ornias beim Tempelbau und anderswo eingesetzt. Zahlreiche Berichte aus dem Mittelalter und der frühen Neuzeit haben solche Motive von der Dienstbarkeit zaubrischer Wesen zumeist mit berühmten Magiern wie z. B. Paracelsus oder Virgil als Kristallisationsgestalten verbunden. Die Gabe des Festbannens von Geistern wird in späteren Fassungen nicht nur Zauberern oder Heiligen zugestanden, sondern Vertretern aller möglichen Berufe: Der Mensch stellt sich auf eine Stufe mit den Geistwesen und vermag sie sogar zu überlisten, suggerieren diese Märchen, während er in Sagen den dämonischen Wesen oftmals hilflos ausgesetzt ist. Die Thematik ist bei Erzählern und Hörern sehr beliebt, wie die Märchen »Aladin und die Wunderlampe«, »Der Geist im blauen Licht« (KHM 116) oder »Der Fischer und seine Frau« (s. Nr. 9) zeigen. Außerdem existieren zahlreiche literarische Bearbeitungen wie der Roman »Le Diable boiteux« (1707) von Alain-René Lesage oder Robert L. Stevensons »The Bottle Imp« (1891). Einzig bei den Brüdern Grimm heißt der Geist Merkurius, sicher nicht zufällig, denn Merkurius bzw. Hermes galt nicht nur als Götterbote und Gott des Handels, sondern stand in dienender Funktion

zu den Göttern und wurde auch mit dem glücklichen Fund und dessen Aneignung in Verbindung gebracht. Der Stoff stammt mit Sicherheit aus jüdisch-orientalischen Quellen und gelangte vermutlich über Byzanz nach Europa. Unsere Fassung ist der Sammlung »Tausendundeinenacht« entnommen, die in Europa durch die Übersetzung des französischen Orientalisten A. Galland (1646–1715) bekannt wurde.
Lit.: BP 2, 414–422; Ranke 1, 264–265; Art. Geist im Glas in EM 5 (1987) 922–928 (K. Horálek); Uther 1987, bes. 228–237.

42. Vom Ursprung des Namens Bärnhäuter. Qu.: Grimmelshausen 1670 (ed. Kelletat, 581–589). KHM 101, AaTh 361. – Der von den Brüdern Grimm geschätzte Johann Jakob Christoph von Grimmelshausen (1621/22–1676) hat zahlreiche Erzählstoffe und -motive aus der spätmittelalterlichen und frühneuzeitlichen Literatur aufgegriffen und bearbeitet (EM 6,1, 1988, 195–205). Seine unter Pseudonym erschienenen Werke, geschrieben für eine breite Leserschaft und von den Zeitgenossen zu Unrecht nicht gebührend gewürdigt, dienten als Vorlage für verschiedene Sagen der Brüder Grimm. In der 1666 entstandenen und zuerst 1670 veröffentlichten Erzählung »Der erste Bärnhäuter« entwickelt der sehr belesene und ungemein produktive Barockdichter an der Figur des Bärenhäuters das bekannte Thema vom Teufelspakt, in dem der Mensch im Dienst des Dämons Reichtümer erwirbt, ohne daß der Teufelsbündner, wie sonst häufig, dadurch Nachteile erleidet. Im Unterschied zu der seit dem 16. Jahrhundert gängigen Bezeichnung Bärenhäuter für faule Menschen (»auf der Bärenhaut liegen«, nach Tacitus' »Germania«) will Grimmelshausen, wie er auch einleitend formuliert, mit seiner Geschichte eher das Gegenteil beweisen und unternimmt in der Gestalt des abgedankten Landsknechts – die damals nach ihrer Entlassung in Scharen mittellos und plündernd durch die Lande zogen – »eine burlesk-derbe Ehrenrettung des Bärenhäuters« (EM 1, 1977, 1226). Der mehrfach gerade von Romantikern bearbeitete Stoff (vor allem Clemens von Brentano, 1808; Achim von Arnim, 1812)

gehörte bereits zu den Texten der Erstauflage der KHM (1815, Nr. 15) und wurde für die 5. Auflage von 1843 im wesentlichen nach der Grimmelshausen-Vorlage umgestaltet. Eine verwandte Erzählung von einem ebensolchen hilfreichen Teufel, »Des Teufels rußiger Bruder«, geht KHM 101 voran.
Lit.: BP 2, 423–426; HDM 1, 169–172; Ranke 1, 364–365; EM-Art. Bärenhäuter von H. Rölleke (1, 1225–1232).

43. Der Schüler aus Paris. Qu.: Memel 1656, Nr. 50. KHM 104, AaTh 1540: Student aus dem Paradies. – Der in der Erzählungsliteratur des 16. Jahrhunderts reich bezeugte Schwank (H. Bebel, J. Pauli, H. Sachs u. a.) über das einfältige Ehepaar (vgl. Nr. 4) zeigt den besserwisserischen Mann, der zunächst seine Frau wegen ihrer Dummheit gegenüber einem ihr Unbekannten tadelt, dann aber selbst bei demselben Schelm den Kürzeren zieht. Bei den Brüdern Grimm (erst seit 1857) und in anderen neueren Fassungen stellt der Schwank nur eine Episode innerhalb von Dummengeschichten dar. Damit verbunden ist eine Funktionsänderung: Der Ehemann nimmt das tölpelhafte Abenteuer seiner Frau zum Anlaß, sich auf die Suche nach noch Dümmeren zu begeben, und kehrt in dieser Meinung bestätigt und zudem mit reichen Gütern beladen nach Haus zurück. Unser Text stammt aus der »Lustigen Gesellschaft« (1656), einer oft aufgelegten und ausgeschriebenen Schwanksammlung, die unter dem Pseudonym Johann Peter de Memel mit dem fingierten Druckort Zippelzerbst im Drömbling Schwänke und Witze in großer Zahl enthielt und bis ins 18. Jahrhundert hinein »innovativ« nachwirkte (Moser-Rath 1984, 19–22).
Lit.: BP 2, 440–451.

44. Wie man klugen Rat immer anhören, andern aber verwerfen muß. Qu.: Gesta Romanorum, Nr. 141. KHM 105 I, AaTh 285 A: vgl. Kind und Schlange. – Die im Spätmittelalter weitverbreitete Exempelsammlung »Gesta Romanorum« (älteste Handschrift, 1342) mit ihren den einzelnen Erzählungen beigegebenen geistlichen Auslegungen übte nachhaltigen

Einfuß auf spätere Sammlungen aus (zahlreiche lateinische und volkssprachige Drucke seit der 2. Hälfte des 15. Jh.s). Die Tendenz der Beispielgeschichte mit dem typischen Thema der Frauenfeindlichkeit ist unverkennbar und wird auch in der hier nicht mitabgedruckten Moralisation noch einmal angesprochen: Der Ritter sei mit Adam vergleichbar, der den (törichten) Ratschlag seiner Frau befolgt und dadurch das Paradies verloren habe. Zu dem Komplex »Dankbare, hilfreiche Tiere und undankbarer Mensch« existieren neben dieser auch innerhalb von Fabelsammlungen weitverbreiteten Geschichte – öfter wird die Schlange auch nur verwundet – viele thematisch verwandte Erzählungen aus Europa und Asien.
Lit.: BP 2, 459–465; Schwarzbaum, Fox Fables, 123–137; Dicke/Grubmüller, Nr. 410.

45. Die Wette um die Augen. Qu.: Pelbárt v. Temesvár/Katona, 35–36. KHM 107, AaTh 613: Wanderer: Die beiden W. – Dieses alte in unzähligen Varianten vorliegende Märchen ist in Form eines Rechtsstreits bereits auf einem altägyptischen Papyrus dargestellt, in buddhistischen Schriften des 8. Jahrhunderts als Erzählung zweier Brüder (Gut-Tat und Schlecht-Tat) und besonders seit dem Mittelalter als Wettstreit zwischen Wahrheit und Gerechtigkeit einerseits und Untreue und Falschheit andererseits (oder als Streit um die rechte Religion). Die Beispielgeschichte demonstriert die Gerechtigkeit Gottes als ein planvolles, manchmal zunächst für den Menschen nicht zu durchschauendes Handeln, das aber letztlich zu seinem Wohl gerät, und gibt mit der Bestrafung des Ungläubigen zu erkennen, daß ein Abweichen von dieser ethischen Grundhaltung Schaden nach sich zieht. Das Ausstechen der Augen als Preis für eine verlorene Wette findet sich zumeist in Fassungen aus dem Mittelalter wie hier in der Exempelsammlung »Sermones Pomerii de tempore« (entstanden zwischen 1483 und 1498) des ungarischen Franziskaners Pelbárt von Temesvár, die auch Johannes Pauli (Pauli/Bolte, Nr. 489–490) als Vorlage diente. In neueren Varianten ist das Wettmotiv entfallen, und die Blendung

erscheint als Schädigung eines Böswilligen.

Lit.: BP 2, 468–472; Wesselski, MMA, 202–208, Nr. 14; Ranke 2, 347–361; Uther 1981, 116–117.

46. Exempel von einer Frau und einem Sohn. Qu.: Geiler von Kaysersberg, Trostspiegel (1507; zuerst 1503), 7. Glas (vgl. BP 2, 485). KHM 109, AaTh 769: Tränenkrüglein. – Die von den Brüdern Grimm stark verkindlichte Trostgeschichte erinnert deutlich an das von Johannes Geiler von Kaysersberg (1445–1510) dargebotene Exemplum aus dem Traktat »Trostspiegel«. Der bedeutende Prediger und Vermittler populärer Erzählstoffe übernahm die rührselige Beispielgeschichte aus dem um 1260 entstandenen »Bienenbuch« (2, 53, 17) des Dominikaners Thomas Cantipratanus und ordnete sie seinem Abschnitt über die tristicie damnositas (Mißbilligung der Taurigkeit) zu. Im hier nicht mitabgedruckten Schlußteil heißt es: »Darum spricht der weise Mann: ›Viele sind tot von Traurigkeit und ist kein Nutz an ihr.‹ Item an einem anderen Ort spricht der Weise: ›Wie die Schab zerstört das Kleid und der Wurm zernagt das Holz, also schadet Traurigkeit dem Herzen des Menschen.‹« Daß Tränen die Ruhe der Toten stören, ist eine weithin verbreitete Vorstellung und findet sich bereits in Quellen aus der Antike. Statt des naß geweinten Rockes begegnet in neueren Sagen und Märchen oftmals auch ein Krüglein, in dem der Tote die Tränen der Mutter oder anderer Nahestehender gesammelt hat.

Lit.: BP 2, 485–490; Meuli 1943.

47. Münchhausen und die Mondleiter. Qu.: Münchhausen, Kap. 5. KHM 112, AaTh 1960 G + AaTh 1174, 1889 E, K: Seil aus Sand + AaTh 1882. – Mit dem Namen des Freiherrn von Münchhausen (1720–1797) ist bei uns eine ganze Kette von Lügenmärlein verbunden: Der Aufschneider erzählt innerhalb einer Lügenwette von seinen Reise- und Kriegsabenteuern und setzt seine Umwelt durch List, aber vor allem durch sein aufschneiderisches Wesen in Erstaunen. Die Stoffe solcher Lügengeschichten werden oft in Reiseberichten geschil-

dert und sind auch schon in der antiken Literatur zu finden. Diese Münchhausiaden sind eine bearbeitende und erweiterte Übersetzung von R. E. Raspes »Baron Munchhausen's Narrative« (1785), die ihrerseits auf deutsche Quellen (Vade mecum für lustige Leute, 1781/83) zurückgeht. Die in vielen Mythen als Erklärung für die Entstehung des Lebens auf der Erde dienende Vorstellung von einer direkten Verbindung der Irdischen zum Himmel, den Gestirnen und den dort wohnenden Jenseitigen hat im Lügenmärchen die Funktion, auf groteske Weise denkwürdige Erlebnisse auszumalen.
Lit.: BP 2, 506–516; s. die Art. Sich selbst ausgraben (EM 1, 1977, 1032–1033) von E. Moser-Rath, Der himmelhohe Baum (EM 1, 1977, 1381–1386 (Á. Kovács), Bohnenranke (EM 2, 1979, 586–592) von I. Köhler, Die ungewöhnliche Größe (EM 6,1, 1988, 239–249) von P.-L. Rausmaa; Schweizer 1969.

48. Hund verrät etliche Mörder. Qu.: Moller 1655, Nr. 40 (Abdruck bei Rehermann 1977, 299, Nr. 40). KHM 115, vgl. AaTh 960 A: Sonne bringt es an den Tag. – In der Fassung der Brüder Grimm benennt der Sterbende die Sonne als Zeugin der Untat, und man könnte denken, daß die Erzählung lediglich eine narrative Umsetzung des Sprichworts »Es wird nichts so fein gesponnen, es kommt endlich an die Sonnen« darstellt. Doch ist der Stoff noch wesentlich älter. Schon Plutarch gibt in seinen Ausführungen zur Tierpsychologie (De sollertia animalium 13, 969 d) Kunde davon: ein Beispiel für den außerordentlichen Geruchssinn von Hunden und deren Treue über den Tod hinaus. Das klassische Beispiel zur Entdeckung von Mordtaten verwendeten die Prediger gern zur Illustrierung von Gottes Gerechtigkeit, wie auch in unserem Fall an dem Text aus der Exempelsammlung des aus Schlesien stammenden protestantischen Pfarrers Johannes Moller (um 1610–um 1651) deutlich wird. Moller nennt als einer der wenigen Exempelkompilatoren auch seine Quellen (hier: Philipp Camerarius, Horae succisivae 2, 1599, 94 aus Plutarch).
Lit.: BP 2, 531–535. Zu J. Moller s. Rehermann 1977, Reg.

49. Von der Eintracht. Qu.: Gesta Romanorum, Nr. 76, KHM 118, AaTh 660. – Das Beispiel einer weiteren Wette um die Augen (s. Nr. 45) erscheint bei den Brüdern Grimm als typisches Schwankmärchen, in dem sich vermeintliche Ärzte als Scharlatane durch Beispiele der sogenannten fatalen Anatomie (s. EM 1, 1977, 489–490) entlarven und als Ergebnis ihrer ärztlichen Kunst Verstümmelungen und Selbstschädigungen davontragen. Im Zeitalter zunehmender Organverpflanzungen mehren sich solche Erzählungen, nicht selten in Form von Parodien (z. B. kann der Empfänger der Hornhaut einer Eule seine Augen nicht schließen) oder Horrorgeschichten (Magen durch Kalbsmagen ersetzt; Empfänger hat Hunger auf Stroh). Die Fassung aus den »Gesta Romanorum« (s. Nr. 44) kennt nur zwei Ärzte, die trotz mangelhafter Kunstfertigkeit keinen Streit vom Zaun brechen: Die (hier nicht abgedruckte) Moralisation plädiert für eine Tolerierung von Christen und Juden – trotz unterschiedlicher Glaubensvorstellungen.
Lit.: BP 2, 552–555; Ranke 2, 387; Art. Die drei Doktoren in EM 3 (1981) 742–747 (L. S. Thompson).

50. Von drei Brüdern, die glaubten, wegen ihres Lateins aufgehängt zu werden. Qu.: Des Périers 1558, 20. Novelle. KHM 120, AaTh 1697. – Unsere Erzählung aus der Novellensammlung »Les nouvelles Récréations et joyeux devis« (1558; allein 10 Auflagen im 16. Jh.) des Humanisten Bonaventure Des Périers (um 1510–um 1543/44) behandelt die in zahlreichen Variationen bekannte Thematik vorgetäuschten Wissens und nutzt hierzu das gängige Vorurteil, Studenten seien faul, und die Neigung von Akademikern zum Gebrauch unverständlicher lateinischer Redewendungen. Während die drei faulen Studenten trotz der falschen Anwendung ihrer auswendig gelernten Lateinbrocken der Todesstrafe dank des gütigen Gerichtsverwalters gerade noch entrinnen können (so auch die »Cent nouvelles Nouvelles« des Philippe de Vigneulles, entstanden um 1505/15), führt der Dominikaner John Bromyard (14. Jh.) in seiner Exempelsammlung »Summa predicantium« (S 4,18) sein Beispiel konsequent

zu Ende. Als der Richter auf Todesstrafe erkennt, bestätigt der Dritte das Urteil mit den Worten: »Recht ist's.« Bromyard warnt mit seinem Beispiel vor den Folgen, die sich aus einer ohne Nutzanwendung (und ohne an Gott zu denken) betriebenen Wissenschaft ergäben: Der Mensch verdumme und sei zum Scheitern verurteilt. Die seit dem 16. Jahrhundert vermehrt zu registrierenden Fassungen lassen diese, eigentlich sehr modern anmutende Einstellung nicht mehr erkennen. Die Brüder Grimm haben in ihrer Fassung als Einleitung das Motiv des Teufelspakts gewählt: Die Brüder behalten die Oberhand und müssen ihre Seelen als Ergebnis ihres Handels nicht abtreten.
Lit.: BP 2, 561–566; Art. Handel mit dem Teufel in EM 6, 2–3 (1989) 453–459 (I. Tomkowiak).

51. Der in einen Esel verwandelte Bräutigam. Qu.: Remigius 1598, 2, 95 (= Grässe 1871, Nr. 331). KHM 122, vgl. AaTh 567: Vogelherz: Das wunderbare V. – Die Vorstellung, daß Hexen sich und andere in Tiere verwandeln können, war weit verbreitet. Schon in den Wundergeschichten des Pseudo-Lukian und in den »Metamorphosen« des Apuleius begegnet uns ein solcher Eselmensch, der nach dem Genuß von Rosenblättern (Apuleius) seine menschliche Gestalt wiedererlangt. In Hexen- und Zauberbüchern des 16./17. Jahrhunderts werden solche Erzählungen Hexen öfter zugeschrieben, wobei unsere aus der »Daemonolatria« (lat. Ausg. 1595; dt. 1598) des Nicolaus Remigius (1530–1612) stammende Eselmenschfassung die Handlung nach Brück bei Görlitz verlegt, um den Anspruch auf Glaubwürdigkeit zu untermauern. M. Zeiller und J. Praetorius haben u. a. Remigius, der wiederum auf William of Malmesbury (12. Jh.), Vincent de Beauvais (13. Jh.) u. a. basiert, weiter ausgeschrieben. Die Brüder Grimm besaßen die erste Übersetzung ins Deutsche von J. A. Lonicer (Denecke/Teitge, Nr. 5270).
Lit.: BP 3, 3–9; Ranke 2, 261; Hoevels 1979; Art. Eselmensch in EM 3 (1981) 445–452 (A. Scobie); Scherf, Zaubermärchen, 250–253; Scobie 1983.

52. Die wunderschöne Psyche. Qu.: Plener 1687, 457–460. KHM 127, AaTh 425. – Ebenfalls auf Apuleius (*um 125) gründet das »von einem alten Mütterlein erzehlte Mährlein«, wie es einleitend heißt. Der Erzähler strafft aber die bei Apuleius mehr als zwei Bücher umfassende Handlung, die ihm zu »weitläufftig« erscheint. Die Geschichte einer Liebesverbindung zwischen Gott und Mensch zählt zu den bekanntesten Märchen, die über französische Feenmärchen in mannigfachen Bearbeitungen in Deutschland populär wurden.
Lit.: BP 3, 37–43; Ranke 2, 19–52; Fehling 1977, bes. 60–72; Hearne 1989.

53. Die drei Brüder. Qu.: Morlini/Wesselski, Nr. 80. KHM 129, AaTh 653. – Drei oder mehr Brüder mit wunderbaren Fähigkeiten (vgl. EM 3, 1174–1179) sind die Helden vieler Märchen (vgl. KHM 71, AaTh 654, 655). Hier setzen sie die erlernten Künste ein, um eine Prinzessin aus der Gewalt einer Schlange zu befreien. Der Schluß ist sehr originell: Die Entscheidung, wem von den Dreien die Prinzessin zusteht, bleibt dem Leser überlassen. Der Stoff ist bereits in Grundzügen in der indischen »Vetālapañcaviṃśatika« (25 Erzählungen eines Leichendämons; Nr. 5) belegt und seit dem 14. Jahrhundert aus der italienischen Novellistik bekannt. Mit dem ungewöhnlichen Märchenschluß (auch Straparola 7,5) gaben sich nachfolgende Bearbeiter nicht zufrieden. Basile (5,7) spricht die befreite Königstochter dem Vater zu, der habe schließlich seine Söhne erzogen und ihnen mit seinem Geld die Ausbildung ermöglicht, während die Brüder Grimm den Vater als Schiedsrichter urteilen lassen: Keiner seiner Söhne solle die befreite Prinzessin erhalten.
Lit.: BP 3, 45–58; Art. Die vier kunstreichen Brüder in EM 2 (1979) 903–912 (K. Ranke).

54. Goldener. Qu.: Kerner 1813, 27–28. KHM 136, AaTh 502: Mann: Der wilde M. – Das Märchen veröffentlichte der schwäbische Romantiker Andreas Justinus Kerner (1786–1862) im zusammen mit seinen Freunden Fouqué, Uhland und Schwab herausgegebenen »Deutschen Dichter-

wald«. Bis auf die Goldhaare des Helden als markantem Signum des Auserwählten hat es nichts mit dem Märchentyp »Goldener« (AaTh 314) gemeinsam. Das Märchen war in Grundzügen bereits 1811 entstanden, wie ein Brief vom 29. August 1811 an den befreundeten Uhland deutlich macht: »Ein simpelhafter Baurenjunge auf einem Hof im Wald kam auf den Gedanken, in seiner Langweile Vögel im Netze zu fangen. Der erste Vogel, den er fing, war ein weißer Distelfink, der in Calw zu sehen ist. Man könnte das Ding noch weiter spinnen, er suchte Blumen im Walde, und die erste Blume, die er fand, war eine Kaiserkrone usw. usw. Oder so: – ich habe dir ein Kindermärchen daraus gedichtet, damit du siehst, wie wenig mir eine solche Dichtungsart gelingt.« Schon aus diesen Sätzen (mit der üblichen Untertreibung, von Märchen nichts zu verstehen) geht hervor, daß es mit dem von vielen Interpreten beschworenen uralten Märchen gar nicht so weit her sein kann. Bereits 1814 nimmt es F. Gottschalck in seine »Sagen und Volksmärchen der Deutschen« auf, dem wiederum Bechstein in seinem »Deutschen Märchenbuch« (1845) folgte. Der Wald als vorübergehender unfreiwilliger Aufenthaltsort des Helden spielte in den Märchen der Romantiker eine große Rolle.
Lit.: BP 3, 94–114, Wesselski, Märchen (1942), 121–122.

55. Ein Weib bekommt einen guten Rath, den bösen Mann gut zu machen. Qu.: Wolff 1705, 489. KHM 139, AaTh –. – Viele Fabeln, Schwänke und Exempel aus den Unterhaltungsbüchlein des 16. Jahrhunderts hat der Franziskaner Leo Wolff (*1640) in seinem zweiteiligen »Festivale« zusammengetragen und didaktisch aufbereitet. Die Vorstellung von der Macht heiligmäßiger Personen, die in ihren hölzernen, steinernen oder gemalten Abbildern lebe, dient dem Exempelsammler gleich zu zweierlei Funktion: Einmal kann er anhand der Geschichte aufzeigen, wie naiv Aberglauben doch sein kann, zum andern sein Verständnis vom richtigen Verhalten der Ehefrau gegenüber ihrem Mann darlegen. Und daß dies primär die Unterordnung der Frau sein mußte (»Sey ghorsam deinem Mann im Hauß«), liegt bei dem patriarcha-

lisch orientierten Weltbild des Franziskaners und seiner Zeitgenossen auf der Hand. Schwanktypisch erscheint die von M. Lüthi betonte »Paradoxie des Geschehens« (Lüthi 1971, 51), d. h. die Inszenierung schalkhafter Handlungen an heiligem Ort, wie sie im international verbreiteten Motivkomplex »Der gefoppte Beter« häufig anzutreffen ist. Den Stoff mit dem vermeintlichen Wunderkraut und der Anrufung der Göttin kennt bereits der französische Dominikaner Étienne de Bourbon (um 1190/95–um 1261).
Lit.: BP 3, 120–128; Moser-Rath 1964, Nr. 58; Röhrich, Erzählungen 2, 488–497 (Kommentar); Art. Der gefoppte Beter in EM 2 (1979) 226–230 (J. T. Bratcher); Uther 1989.

56. Von wegen des Undancks gegen den Elteren. Qu.: Manlius 1565, 127–129. KHM 145, AaTh 980 D: Sohn: Der undankbare S. – Alltagskonflikte, verbunden mit Auseinandersetzungen zwischen den Generationen, waren auch in vergangener Zeit so selten offenbar nicht, wenn man die Vielzahl solcher und ähnlicher Beispielgeschichten zum 4. Gebot bedenkt. Hier nimmt zwar der Sohn seinen alten und gebrechlichen Vater zur Alterspflege auf, verweigert ihm dann aber das gemeinsame Essen und muß zur Strafe bis zum Tode eine Schlange um den Hals tragen: Schon die Kinder sollten zum Gehorsam gegenüber den Eltern erzogen werden, sonst werde sie eine solche Strafe treffen. Im Unterschied zu unserer Nr. 33 taucht der Topos der bösen Schwiegertochter nicht auf. Für die Belehrung des Lesers verwendet der protestantische Kompilator Johannes Manlius allein ein Drittel seines Textes. Die Brüder Grimm berufen sich bei ihrem Text auf Johannes Pauli (Pauli/Bolte, Nr. 437). Den Stoff von der Schlange (oft auch Kröte) als eines lebenslangen unfreiwilligen Begleittiers kennt auch schon Étienne de Bourbon: Er lokalisiert die Geschichte in Chinon und berichtet, erst nach einer Pilgerfahrt ins heilige Land sei die Kröte von dem unbotmäßigen Sohn abgefallen.
Lit.: BP 3, 167–169.

57. Ursprung der Affen. Qu.: Sachs, Fabeln 2, Nr. 290. KHM 147, AaTh 753. – Der 1562 verfaßte Versschwank (Meisterlied 1536) des Nürnberger Poeten (vgl. auch Nr. 24, 32, 35, 44) diente den Brüdern Grimm zur Vorlage von KHM 147: Das junggeglühte Männlein. Nicht zufällig folgt eine weitere Erzählung aus dem Kreis dualistischer Schöpfungsgeschichten als KHM 148 (s. Nr. 58). Christus und Petrus auf Erdenwanderung – dies ist eine der beliebtesten Oppositionen für die Darstellung fiktiver Ereignisse. Besonders oft wird durch das Gegensatzpaar eine Belustigung bei Lesern und Hörern hervorgerufen. Während Christus die Verjüngung eines Menschen über dem Schmiedefeuer gelingt, schafft es der Schmied nicht. Im Gegenteil: Er verunstaltet seine Schwiegermutter so sehr, daß sich seine Frau und die Schwiegertochter, beide schwanger, über den Anblick dermaßen entsetzen, daß sie Affen zur Welt bringen. Daß Affen und Teufel identisch seien, der Affe die Sünde symbolisiere und die Frau mit dem Schwanz des Affen erschaffen sei (der Affe hatte zuvor die Rippe gestohlen), waren zu Zeiten des Hans Sachs traditionelle Charakteristika des Buchtieres, die der Reflexion auf den Menschen nutzbar gemacht werden konnten. Doch der Nürnberger Poet fügt noch eine doppelte Moralisation hinzu (die dann in KHM 147 wieder wegfällt): (1) Schwangere sollten auf ihren Körper und ihre Verfassung Rücksicht nehmen, (2) jede Kunst will erlernt sein, darum kann nicht jeder jedes versuchen. Die Verjüngung des Menschen als ein uralter Menschheitstraum ist in Schwänken und anderen lustigen Erzählungen oft genug Gegenstand des Spotts, wenn wir an die Altweibermühle denken oder an die geschundene Alte (AaTh 877), die der neugierigen Schwester aus Angst vor Hinterlist erzählt, ihre Schönheit habe sie dadurch gewonnen, daß sie sich ihre alte Haut hätte abziehen lassen.
Lit. BP 3, 193–199; Lixfeld 1971, bes. 100–101; Art. Christus und der Schmied in EM 2 (1979) 1440–1444 (H. Lixfeld).

58. Der Teufel ist unsers Herrgots Affe. Qu.: Agricola 1534, 20–23, Nr. 24. KHM 148, AaTh –. – Für KHM 148 schöpf-

ten die Brüder Grimm erneut aus dem ungeheuren Fundus von Hans Sachs (1556) und nutzten seine Dichtung »Der dewffel hat die gais erschaffen, hat in dewffel-augen eingeseczt«, um mit den beliebten Motiven des Schöpfungswettstreits und der mißglückten Nachahmung die Vorstellung vom Teufel in Gestalt einer Ziege zu erklären. In unserem Beispiel aus der Sprichwortsammlung des Eislebener Schulrektors und späteren Sekretärs Luthers Johann Agricola (1494?–1566) wird der Teufel als Antipode des Herrgotts dargestellt, der wie der Affe mit seinem Imitationstrieb nur zu mißglückten Nachahmungen in der Lage sei. Agricola nutzt die Thematik, um Mönchtum und Klerus in ihren Auswüchsen zu kritisieren, und ruft zu einem heiligmäßigen Leben auf, wie es die frühchristlichen Eremiten vorgelebt hätten. Auch die Aufwertung der Arbeit, vor dem Hintergrund der umwälzenden historischen, ökonomischen und sozialen Neuordnung des 15./16. Jahrhunderts, ist nicht zu übersehen, wenn Agricola die Abkehr von Müßiggang und Schmarotzertum fordert und den Klerus zur Arbeit für seinen Lebensunterhalt auffordert.
Lit.: BP 3, 199–200; Lixfeld 1971, bes. 101–133, 167–172.

59. Von drei faulen Söhnen. Qu.: Pauli/Bolte, Nr. 261. KHM 151, AaTh 1950. – Die grotesken Faulheitsproben, die an Lügengeschichten erinnern, dienen Johannes Pauli (s. Nr. 38) zur Verurteilung des Müßiggangs. Die angesprochenen Organe und Gliedmaßen (Augen, Füße, Hals) nutzt er zur Auslegung negativer Charaktereigenschaften und wünscht Menschen mit derlei Eigenschaften in die Hölle. Die Brüder Grimm haben den Text des Franziskaners in der üblichen Reduktionstechnik bearbeitet und den Schluß märcheneigentümlich gestaltet: Der Vater spricht dem dritten Sohn die Königswürde zu, er habe es am weitesten gebracht. Solche Geschichten über Faulheit sind schon in den »Gesta Romanorum« zu lesen und haben eine reiche literarische Tradition bis hin zu Erzählungen aus mündlicher Überlieferung entwickelt.
Lit.: BP 3, 207–213; Art. Faulheitswettbewerb in EM 5 (1987) 900–905 (E. Moser-Rath).

60. Wie Eulenspiegel in Prag zu Böhmen auf der hohen Schule mit den Studenten konversierte und wohl bestand. Qu.: nach Eulenspiegel 1515, 28. Historie. KHM 152, AaTh 922: Kaiser und Abt. – Mehr Schein als Sein ist das Motto des schalkhaften Eulenspiegels, wenn der gleichnamige berühmte Held seine Dienste für komplizierte Probleme jeglicher Art anbietet. Der bis heute in vielen Teilen der Welt äußerst beliebte Stoff vom schlagfertigen/listigen Antwortgeber bzw. Rätsellöser ist schon im arabischen Erzählgut des 9. Jahrhunderts nachweisbar und gelangte vermutlich durch die Übermittlung von Kreuzfahrern nach Europa, wo er zuerst im »Pfaffe Amis« (Mitte 13. Jh.) des rheinfränkischen Fahrenden Stricker nachweisbar ist. Typisch für die älteren Fassungen ist die Austragung des Disputs zwischen einem Vertreter des Adels (der Geistlichkeit) und einem Angehörigen aus einer sozial niedrigen Schicht.
Lit.: BP 3, 214–223; Anderson 1923; Röhrich, Erzählungen 1, 146–172 (Texte), 281–288 (Kommentar.)

61. Der undankbare Zwerg. Qu.: nach Stahl 1821, 206–208. KHM 161, AaTh 426: Mädchen und Bär. – 1837 fand das Märchen von Caroline Stahl (1776–1837) aus ihrer erstmals 1818 veröffentlichten Märchensammlung (2. Aufl. 1821) Aufnahme in die 3. Aufl. der KHM, von Wilhelm Grimm kräftig umgearbeitet und ausgeweitet. 1829 hatte der Prediger Johann Heinrich Lehnert eine Fassung von »Schneeweißchen und Rosenroth« in seinem den Brüdern Grimm verpflichteten »Mährchenkranz für Kinder« (S. 18–25) abgedruckt, die sich eng an eine Vorlage aus Wilhelm Hauffs »Mährchen-Almanach« von 1826 anlehnte – und gerade diesen Text hatte Wilhelm Grimm beigesteuert. Schon 1822 hatte er in dem damals getrennt erschienenen und wenig beachteten KHM-Anmerkungsband eine Zusammenfassung der für ihn »ächten, alten Zwergensage« gegeben. Diese Einschätzung ist im Anmerkungsband von 1856 nicht mehr enthalten, wohl weil auch Wilhelm sich erinnerte, daß es sich um eine Neuschöpfung der Verfasserin gehandelt haben mußte, die er selbst in einer nach eigener Ansicht als Kunstmärchendichtung be-

zeichneten Fassung überarbeitet und Hauff gegen nicht weniges Honorar für dessen »Mährchen-Almanach« überlassen hatte. Das Märchen vom idealisierten Geschwisterpaar tangiert »hart die Grenze zum Kitsch« (H. Rölleke). Die Erlebnisse der beiden Schwestern mit dem undankbaren Zwerg und dem Bären, der sich als verzauberter Prinz herausstellt, gehören zu den Lieblingsmärchen heutiger Tage. Das Märchen wird oft auch als Einzelausgabe für Kinder, hübsch illustriert, angeboten.
Lit.: BP 3, 259–260; Ranke 2, 52–55; Rölleke 1983; Rölleke 1986; Bausinger 1990, 247–251.

62. Pferd, Stier und Hund beim Menschen. Qu.: Babrios, Nr. 74. KHM 176, AaTh 173, 828: Lebenszeiten des Menschen. – Die älteste Quelle für den beliebten Vergleich menschlicher Charaktere und Altersstufen mit Tieren stellt unsere Fassung aus dem Fabelcorpus des hellenisierten Römers Babrios dar, der vermutlich im 2. Jahrhundert nach Christi Geburt lebte: Aus Dankbarkeit geben die Tiere dem Menschen für die gewährte Gastfreundschaft einen Teil ihrer Lebensjahre. Dies ist zugleich eine Erklärung für den Umstand, warum Menschen eine zumeist höhere Lebensdauer haben als Tiere und wie Verhalten und Schaffenskraft von der jeweiligen Altersstufe abhängen. Anstelle von Pferd, Stier und Hund sind es auch Esel, Hund und Affe (wie in KHM 176; seit 1840), die nicht selbst ihre Jahre abtreten, sondern von Gott, Jupiter oder anderen Gottheiten ihre Lebenszeit bestimmen lassen. Als der Mensch erscheint, fordert er statt der ihm zugedachten 30 Jahre immer mehr, und die Gottheit gibt ihm die Lebensjahre der Tiere noch dazu, aber auch, was der Unzufriedene nicht ahnt, die Beschwerden. Die Thematik ist häufig in Form von Alterspyramiden bildlich dargestellt worden. Auch rabbinische und islamische Legenden kennen den Stoff.
Lit.: BP 3, 290–293; Wesselski, Lebensjahre; Schwarzbaum 1972.

63. Von deß Todts Botten. Qu.: Kirchhof, Wendunmuth 1,2, Nr. 124. KHM 177, AaTh 335. – Nach christlicher Auffassung kann der Mensch im Wissen um die Vergänglichkeit seines Lebens seine Seele nur dann retten, wenn er jederzeit auf den Tod vorbereitet ist und die Zeichen des nahenden Todes wie schwere Krankheiten und Altersgebrechen beachtet. Dann braucht er »im Glauben gerüst für des Todts Stündlein nicht [zu] erschrecken«. Diese Vorstellung macht die Erzählung exemplarisch deutlich. Sie eignete sich deshalb auch besonders für die Verwendung in Predigt- und Exempelsammlungen. Erneut zogen die Brüder Grimm die umfangreiche Sammlung des Hans Wilhelm Kirchhof (s. auch Nr. 22, 31) für ihr KHM 177 (seit 1840) heran, fabulierten die knappe Einleitungsepisode vom Kampf des Riesen mit dem Tod aus, führten direkte Rede ein, ergänzten Detailbeschreibungen und verzichteten auf die zweifache Moralisation, um den christlichen Grundgedanken nicht überzubetonen.
Lit.: BP 3, 293–297; Wesselski, Funktion; Röhrich, Erzählungen 1, 80–92 (Texte), 258–262 (Kommentar); Art. Boten des Todes in EM 2 (1979) 636–639 (D.-R. Moser).

64. Hans Pfriem. Qu.: Aurbacher 1827, Nr. 13. KHM 178, AaTh 801: Meister Pfriem. – Selbst aus dem Himmel wird der Besserwisser und Nörgler wieder verjagt, weil er das Herummäkeln nicht sein lassen kann. Die Figur eines Hans oder Niclas Pfriem als eines Mannes, der allen Menschen über den Mund fährt und selbst im Himmel den Jenseitigen noch Vorhaltungen macht, kannte schon das 16./17. Jahrhundert, wie aus Flugschrift, Satire, Gedicht oder einer Predigtaufzeichnung Martin Luthers aus dem Jahre 1544 hervorgeht. Noch älter sind die im Traum erlebten Begebenheiten, die der Neunmalkluge nicht zu enträtseln weiß. Die Vita des heiligen Arsenius (verfaßt um 800) berichtet von einer Vision des Einsiedlers, dem die Verkehrtheit des menschlichen Treibens offenbart worden sei (vgl. EM 1, 1977, 827–828). Auf seine Frage nach dem für ihn unverständlichen Tun soll er als Antwort erhalten haben, der Mensch mit der schweren Holzlast symbolisiere die unbußfertigen Sünder, die Wasser in ein

durchlöchertes Sieb Schüttenden seien Bekehrte, die aber durch neue Sünden das Verdienst ihrer Läuterung wieder zunichte machen, und die den Balken verkehrt tragenden Menschen seien die Hoffärtigen. Ludwig Aurbacher (1774–1847), dem die Brüder Grimm so manche Idee für ihre KHM verdanken (s. EM 1, 1977, 1026–1030), ohne ihn allerdings namentlich zu nennen, faßt im 19. Jahrhundert als erster die mit Hans Pfriem verbundenen Motive zusammen, spätere Bearbeitungen sind alle von seiner Bearbeitung abhängig. Der legendarische Charakter – einzelne Motive erinnern auch an den Sisyphosstoff oder an die Danaidensage – ist jedoch nicht mehr vorhanden, sondern die Motive sind, ihrer ursprünglichen Funktion entleert, in den Bereich des Schwanks übergeführt.
Lit.: BP 3, 297–305; Ranke 3, 131.

65. Scherzrede von Verordnung der Personen, so zum Regiment gehören. Qu.: Strigenitz 1613, Bl. 155a (= Rehermann 1977, 495–496). KHM 180, AaTh 758. – Die ursprünglich aus italienischen Quellen des 15. Jahrhunderts stammende Erzählung mit Bezug zur römischen Götterwelt wurde 1529 durch Johann Agricola ›christianisiert‹ und ins Deutsche übertragen. Er benutzt sie zur Illustrierung der Reime »Da Adam reutte und Eva spann, wer was do ein edelman?« und verteidigt zugleich die Ständeordnung als gottgewollte Einrichtung. Zugleich stellt die Geschichte eine Erweiterung des Berichts über die Vertreibung aus dem Paradies dar, wenn Gott als Herrscher über die Welt seine Gläubigen in der Familie visitiert und über deren soziale Zukunft entscheidet. Die patriarchalische Weltsicht erhellt daraus, daß die Stände und Berufe ausschließlich dem männlichen Geschlecht vorbehalten sind. Auch der Hang zu frauenfeindlicher Einstellung schimmert durch: Zwar wird die Ständeordnung gerechtfertigt, aber Eva wird durch das Verbergen ihrer häßlichen Kinder die Schuld in die Schuhe geschoben: Deshalb könnten diese Kinder nicht an der Spitze der Gesellschaft stehen, sondern müßten »den Ersten als Herren dienen und unterthan seyn«. Innerhalb der protestantischen Predigt-

und Exempelliteratur erlangte die Beispielgeschichte nach Veröffentlichung durch Philipp Melanchthon (1539) weite Verbreitung. Der reformatorische Theologe und engste Mitarbeiter Luthers (1497–1560) hat noch eine Begründung ganz im Sinne der Rechtfertigungslehre nachgeschoben, die in unserem Text aus der Predigtsammlung des Hofpredigers und späteren Superintendenten von Meißen Gregor Strigenitz (1548–1603) nicht enthalten ist: Die häßlichen Kinder können die Frage nach dem Glaubensbekenntnis nicht beantworten und erhalten daher die unterprivilegierten Positionen im sozialen Gefüge zugewiesen. Die seit der 5. Auflage (1843) in den KHM vertretene Geschichte übernahmen die Brüder Grimm von Hans Sachs (1558), der diesen Stoff viermal Mitte des 16. Jahrhunderts bearbeitet hatte (mit unterschiedlichem Schluß).
Lit.: BP 3, 308–321; Art. Die ungleichen Kinder Evas in EM 3 (1981) 569–577 (L. Röhrich); Geddes 1986.

66. Ein Fabel von einem Löwen und Esel. Qu.: Pauli/Bolte, Nr. 744. KHM 187, AaTh 275 A, 1074: Wettlauf der Tiere. – Schon im antiken Erzählgut sind Fabeln vom Wettlauf zwischen einem langsamen und einem schnellen Tier (Schildkröte und Hase) bekannt: Geistige Gaben, suggeriert die Fabel, sind wichtiger als Körperkräfte, zumindest gleichen sie fehlende Kräfte aus. Diese didaktische Einstellung geht auch aus dem seit 1843 in den KHM befindlichen niederdeutschen Tiermärchen »Der Hase und der Igel« hervor. Eine andere Aussage liegt jedoch unserer Fassung (auch bei Martin Luther, 1528) aus einer späteren Ausgabe (vermutlich durch C. Egenolff bearbeitet) des »Schimpff und Ernst« von 1545 zugrunde: Hier geht es nicht um die geistige Überlegenheit unscheinbarer Tiere, sondern, übertragen auf die Tierwelt, um Kritik an Ämterpatronage, um die Rangelei sozial einflußreicher Gruppen (Fuchs, Löwe, Hund), das Vorschieben schwacher Kandidaten (Esel) und um offene und erfolgreiche Einflußnahme auf demokratische Entscheidungsprozesse (Wettlauf). Der Bearbeiter läßt an seiner Haltung keinen Zweifel aufkommen: Auf diese Weise an die Spitze des Staa-

tes (Regiment) gelangte Amtsträger sind nicht die besten und fähigsten Köpfe, sondern bloße Kompromißkandidaten für eine Sache, »der er nie werdt war«.
Lit.: BP 3, 339–355; Dicke/Grubmüller, Nr. 197, 256; Elschenbroich 1990, Bd. 1, 71–75 (Text), Bd. 2, 188–189 (Kommentar).

67. Die Ernteteilung. Qu.: Bienenkorb 1768, 26–27, Nr. 36. KHM 189, AaTh 1030+AaTh 1095: Wettstreit mit dem Unhold + AaTh 1091. – Der in Schwank- und Unterhaltungsbüchlein des 17./18. Jahrhunderts beliebte Stoff von der Düpierung des Unholds (einzelne Motive wie die Teilung der Ernte bereits aus dem 14. Jahrhundert bekannt) ist seit 1843 in den KHM vertreten, nach einer Vorlage Ludwig Aurbachers (s. Nr. 64) aus seinem 1834 erschienenen »Büchlein für die Jugend«. Das Motiv von der Frau als listiger und ideenreicher Stellvertreterin ihres Mannes beim Teufel kennt bereits Hans Sachs, allerdings mit zeitgenössisch deftigen Zügen, die spätere Bearbeiter aus Gründen eines gewandelten Publikumsgeschmacks zumeist wegließen.
Lit.: BP 3, 355–364; Art. Ernteteilung in EM 4 (1984) 225–234 (I. Köhler) und Frau als unbekanntes Tier in EM 5 (1987) 192–199 (R. Wehse).

68. Von der Königstochter, die aus ihrem Schlosse alles in ihrem Reiche sah. Qu.: Haltrich 1856, Nr. 38. KHM 191, AaTh 329: Versteckwette. – Wie im Märchen vom treuen Fuchs (Nr. 26) und von den drei Königssöhnen (Nr. 28) helfen dankbare Tiere dem Helden. Hier muß er schier unüberwindliche Freierproben bestehen. Dank Verwandlungszauber kann er dem durchdringenden magischen Blick der stolzen Prinzessin entgehen und sich so verstecken, daß sie ihn nicht findet. Dem angedrohten Tod durch Enthauptung entgeht er auf diese Weise, die scheinbar männerfeindliche Prinzessin muß ihn heiraten. Schon diese knappen Angaben machen deutlich, daß das Märchen auf Motiven basiert, die wir auch häufig bei anderen Freierproben (vgl. EM 5, 1987, 227–236) und in Rätselmärchen (unsere Nr. 12) finden. Das

in Südosteuropa entstandene Märchen aus der Sammlung des Schuldirektors und späteren Gemeindepfarrers im siebenbürgischen Schaas Joseph Haltrich (1822–1886) wurde von Wilhelm Grimm als KHM 191 in die 7. Auflage von 1857 integriert und läßt sich seither auch in anderen Versionen in Mitteleuropa nachweisen. Wilhelm Grimm führte auch hier Textänderungen durch, setzte stärker die direkte Rede ein und fügte kleinere Motive hinzu. Die etwas umständliche Überschrift benannte er nach dem dritten Helfertier um: Mit dem Meerhäschen ist nicht etwa der gleichnamige Fisch, sondern ein Kaninchen (sächsisch: Mierhäsken) gemeint.
Lit.: BP 3, 365–369; Hartmann 1953; Röhrich, MuW, 81, 87, 111, 124, 140–143, 230, 234; Scherf, Zaubermärchen, 282–286.

69. Jungfer Maleen. Qu.: Müllenhoff 1845, 391, Nr. 5 (= Neuausgabe 1921, Nr. 597). KHM 198, AaTh 870: Prinzessin in der Erdhöhle. – Aus der bedeutenden, Mitte des 19. Jahrhunderts mehrfach aufgelegten Sammlung schleswig-holsteinische Märchen von Karl Müllenhoff (1818–1884) stammt unser Märchen, das der ganz im Banne der Brüder Grimm stehende Germanist aus Dithmarschen über den Konrektor Kolster aus Dithmarschen erhalten hatte. Wie viele seiner Zeitgenossen faßte Müllenhoff die Zeugnisse der Volkspoesie als letzte Spuren einer Jahrhunderte langen Tradition auf, die als Quelle für die Erforschung der Altertümer (Recht, Brauchtum, Weltbild) zu nutzen und vor allem zu bewahren seien. Das Märchen von der vergessenen, gedemütigten und verkannten Braut, die selbst der Freier nicht erkennt, als sie, gezwungen von ihrer Gegenspielerin, an deren Stelle stellvertretend die Brautrolle übernimmt, hat einige Ähnlichkeit mit dem »Gänsemagd«-Märchen (KHM 89, AaTh 533) und mit Basiles Novelle »Lo viso« (dort begeht die vergessene Braut allerdings Selbstmord). Es ist vor allem in Nordeuropa verbreitet: Dort muß die von ihrem Vater verbannte Prinzessin jedoch statt in einem Turm in einer Erdhöhle hausen; von einer dort verborgenen Prinzessin berichtet bereits Saxo Grammaticus. Das Märchen scheint trotz einiger älterer

Züge (z. B. die Thematik von der unterschobenen Braut) erst im 19. Jahrhundert entstanden zu sein. Der Name Maleen ist eine Kurzform aus Maria Magdalena. Müllenhoffs Version diente als Vorlage für KHM 198 (seit 1850).

Lit.: BP 3, 443–450; HDM 1 (1930/34) 307–311; Ranke 3, 192–202; Scherf, Zaubermärchen, 220–224; Rusch-Feja 1986, 223–263.

70. Vom Bruder Stiefelschmeer. Qu.: Arnim 1844, Nr. 4. KHM 199, AaTh 952: König und Soldat. – Das Märchen vom armen abgedankten Soldaten, der mit einem ihm Unbekannten unter Räuber gerät, sie durch Zauberei außer Gefecht setzt und hernach die Freundschaft eines Fremden gewinnt, der sich als König zu erkennen gibt, veröffentlichte Friedmund von Arnim (1815–1883) in seiner schlesischen Märchensammlung, aus der die Brüder Grimm für die 6. Auflage 1850 auch den »Eisenhans« (KHM 136; teilweise) und »Die Kristallkugel« (KHM 197) übernahmen. Räuberische, diebische, brandschatzende, fluchende, schwörende Landsknechte und Soldaten kennen Sagen und Historien zuhauf, und in diesen Erzählungen dürften sich Erinnerungen und Lebenserfahrungen ganzer Generationen mit den Söldnern widerspiegeln. Das Märchen romantisiert den Soldaten aber auch in der Gestalt des mittellosen abgedankten Mannes ohne Zukunftsaussichten (s. auch Nr. 42), der dennoch sein Glück macht. Dazu beigetragen haben könnte auch, daß den Sammlern häufig Märchen von Soldaten erzählt worden sind, die ihren Berufsstand schon allein aus Gründen der Identifikation nicht verunglimpfen mochten (s. auch KHM 100, 101, 116, 133, 193).

Lit.: BP 3, 450–455; Hamann 1906, 104–105; Ranke 3, 324–340.

QUELLEN- UND LITERATURVERZEICHNIS

Aarne 1909 = Aarne, A.: Die Zaubergaben. In: Journal de la société finno-ougrienne 27 (1909) 1–96.
Aarne 1916 = Aarne, A.: Der reiche Mann und sein Schwiegersohn (FFC 23). Hamina 1916.
AaTh = Aarne, A./Thompson, S.: The Types of the Folktale. A Classification and Bibliography. Second Revision (FFC 184). Helsinki 1961 (u. ö.).
Agricola 1534 = Agricola, J.: Sybenhundert und Fünfftzig Teutscher Sprichwörter, verneuwert und gebessert. Hagenau 1534.
Anderson 1923 = Anderson, W.: Kaiser und Abt. Die Geschichte eines Schwanks (FFC 42). Helsinki 1923.
Arnim/Brentano = Des Knaben Wunderhorn. Alte deutsche Lieder ges. von L. A. von Arnim/C. Brentano. ed. H. Rölleke. Stuttgart u. a. 1979.
Athanasius v. Dillingen = Attanasy von Dilling: Sittliche und der Seelen nutzliche Reiß nach Betlehem. Sulzbach 1700.
Aulnoy, Contes = Les Contes de fées. Bd. 1–4. Paris 1697/98 (= Cabinet des fées 2–4. Genève 1785).
Aurbacher 1827 = [Aurbacher, L.:] Ein Volksbüchlein. Probeblätter für Volksfreunde [Bd. 1]. München 1827.
Babrios = Babrii Fabulae Aesopeae. ed. O. Crusius. Leipzig 1897.
Basile = Basile, G.: Der Pentamerone oder: Das Märchen aller Märchen. Übertr. von F. Liebrecht. Breslau 1846 (maßgebliche italienische Ausgabe von B. Croce: Il Pentamerone [...]. Bd. 1–2. Bari 1925; Neuausgabe Roma 1982).
Bausinger 1990 = Bausinger, H.: Die moralischen Tiere. In: Universitas 45,3 (1990) 241–251.
Bebel/Wesselski = Heinrich Bebels Schwänke. Bd. 1–2. ed. A. Wesselski. Leipzig/München 1907.
Bechstein = Bechstein, L.: Sämtliche Märchen. ed. W. Scherf. München 1988 (erw. Ausgabe).
Bernier = Bernier, H.: La Fille aux mains coupées (conte-type 706). Quebec 1971.
Bettelheim = Bettelheim, B.: Kinder brauchen Märchen. München 1980.

Bienenkorb 1768 = Neuer Bienenkorb voller ernsthaften und lächerlichen Erzählungen. Bd. 1. Cöln 1768.
Bluhm 1989 = Bluhm, L.: Prolegomena zu einer Historisch-kritischen Ausgabe der »Kinder- und Hausmärchen« der Brüder Grimm. Mit einer textgenetischen Betrachtung des »König Drosselbart«. In: editio 3 (1989) 177–192.
Bottigheimer = Bottigheimer, R. B.: Grimm's Bad Girls and Bold Boys. The Moral and Social Vision of the Tales. New Haven/London 1987.
BP = Bolte, J./Polívka, G.: Anmerkungen zu den Kinder- u. Hausmärchen der Brüder Grimm. Bd. 1–5. Leipzig 1913–32.
Brückner 1974 = Brückner, W. (ed.): Volkserzählung und Reformation. Ein Handbuch zur Tradierung und Funktion von Erzählstoffen und Erzählliteratur im Protestantismus. Berlin 1974.
Brüggemann = Brüggemann, T.: Handbuch zur Kinder- und Jugendliteratur. Vom Beginn des Buchdrucks bis 1570. Stuttgart 1987.
Büsching 1816 = Büschings Wöchentliche Nachrichten für Freunde des Mittelalters 2 (1816).
Büsching = Büsching, J. G.: Volks-Sagen, Märchen und Legenden. Leipzig 1812.
Compilatio sing. ex. = Hilka, A.: Neue Beiträge zur Erzählungsliteratur des Mittelalters (die Compilatio singularis Exemplorum [...]). In: 90. Jahresbericht der Schlesischen Gesellschaft für vaterländische Cultur (1913) 1–25.
Dähnhardt = Dähnhardt, O.: Beiträge zur vergleichenden Sagenforschung 2. In: Zeitschrift für Volkskunde 17 (1907) 129–143.
Däumling = Däumling, H.: Studie über den Typus des Mädchens ohne Hände innerhalb des Konstanze-Zyklus. Diss. München 1912.
Delarue/Tenèze = Delarue, P./Tenèze, M.-L.: Le Conte populaire français. Bd. 1 ff. Paris 1956ff.
Denecke/Teitge = Denecke, L./Teitge, I.: Die Bibliothek der Brüder Grimm. ed. F. Krause. Stuttgart 1989.
Des Périers = Œuvres françoises de Bonaventure Des Périers. Bd. 1–2. ed. L. Lacour. Paris 1856.

Dicke/Grubmüller = Dicke, G./Grubmüller, K.: Die Fabeln des Mittelalters und der frühen Neuzeit. Ein Katalog der deutschen Versionen und ihrer lateinischen Entsprechungen. München 1987.
Draak 1936 = Draak, A. M. E.: Onderzoekingen over de roman van Walewein. Haarlem 1936 (Groningen/Amsterdam [2]1975).
Dundes = Cinderella. A Casebook. ed. A. Dundes. New York/London 1982.
Elschenbroich 1990 = Elschenbroich, A.: Die deutsche und lateinische Fabel in der Frühen Neuzeit. Bd. 1–2. Tübingen 1990.
EM = Enzyklopädie des Märchens. Handwörterbuch zur historischen und vergleichenden Erzählforschung. Begründet von K. Ranke. ed. R. W. Brednich u. a. Berlin/New York 1977ff.
Eulenspiegel 1515 = Dyl Ulenspiegel in Abb. des Drucks von 1515 (S 1515). ed. W. Wunderlich. Göppingen 1982.
Fabula docet = Fabula docet. Illustrierte Fabelbücher aus sechs Jahrhunderten. [Ausstellungskatalog] Wolfenbüttel 1983.
Fehling 1977 = Fehling, D.: Amor und Psyche. Die Schöpfung des Apuleius und ihre Einwirkung auf das Märchen, eine Kritik der romantischen Märchentheorie. Mainz 1977.
Franz = Franz, M.-L. von: Das Weibliche im Märchen. Stgt. 1977.
Frosch-Freiburg 1972 = Frosch-Freiburg, F.: Schwankmären und Fabliaux. Ein Stoff- und Motivvergleich. Göppingen 1971 (Diss. Tübingen 1972).
Geddes 1986 = Geddes, V. G.: »Various Children of Eve« (AT 758). Cultural Variants and Antifeminine Images. Uppsala 1986.
Geiler v. Kaysersberg = Doctor Keyserspergs Trostspiegel so dir Vatter, Mutter, Kind oder Freund gestorben sind. Augsburg 1507.
Gesta Romanorum = Gesta Romanorum. ed. H. Oesterley. Berlin 1872.
Graesse 1871 = Graesse, J. G. T.: Sagenbuch des preußischen Staates. Bd. 1–2. Glogau 1868/71.
Grätz 1988 = Grätz, M.: Das Märchen in der deutschen Aufklärung. Vom Feenmärchen zum Volksmärchen. Stuttgart 1988.
Grimm, Kindermährchen = Grimm, A. L.: Kindermährchen. Heidelberg 1808.

Grimm/Rölleke = Die älteste Märchensammlung der Brüder Grimm. Synopse der handschriftlichen Urfassung von 1810 und der Erstdrucke von 1812. Cologny-Genève 1975.
Grimmelshausen 1670 = Der erste Bärnhäuter, nicht ohne sonderbares darunter verborgenes lehrreiches Geheimnis [...] samt Simplicissimi Gaukeltasche von Illiterato Ignorantio, zugenannt Idiota. s.l. 1670 (vgl. Grimmelshausen Simplicianische Schriften. ed. A. Kelletat. München 1960, 581–589).
Günther, Kindermährchen = [Günther, C. W.:] Kindermährchen aus mündlichen Erzählungen gesammlet. Erfurt 1787 (Jena [2]1857).
Hagen = Hagen, R.: Der Einfluß der Perraultschen Contes auf das volkstümliche deutsche Erzählgut und besonders auf die KHM der Brüder Grimm. Bd. 1–2. Diss. masch. Göttingen 1954.
Hahn 1988 = Hahn, O. M.: Jung-Stilling zwischen Pietismus und Aufklärung. Sein Leben und sein literarisches Werk 1778–1787. Frankfurt a. M. u. a. 1988.
Haltrich 1856 = Haltrich, J.: Deutsche Volksmärchen aus dem Sachsenlande in Siebenbürgen. Berlin 1856.
Hamann 1906 = Hamann, H.: Die literarischen Vorlagen der Kinder- und Hausmärchen und ihre Bearbeitung durch die Brüder Grimm. Berlin 1906.
Hartmann 1953 = Hartmann, I.: »Das Meerhäschen«. Eine vergleichende Märchenuntersuchung. Diss. masch. Göttingen 1953.
HDM = Handwörterbuch des deutschen Märchens. Bd. 1–2. ed. L. Mackensen. Berlin 1930–1940 (mehr nicht erschienen).
Hilka = Hilka, A.: Historia septem sapientum. Die Fassung der Scala celi des Johannes Gobii iunior [...]. In: Beiträge zur Sprach- und Völkerkunde. Festschr. A. Hillebrandt. Halle 1913, 54–80.
Hoevels 1979 = Hoevels, F. E.: Märchen und Magie in den Metamorphosen des Apuleius von Madaura. Amsterdam 1979.
Horn 1983 = Horn, K.: Der aktive und der passive Märchenheld. Basel 1983.
Jan Tambaur = Der Geist von Jan Tambaur [...]. Aus dem Holländischen ins Deutsche übers. s. l. [um 1660].

Johannes Gobius = Johannes Gobius (Junior): Scala celi. Ulm 1480.
Jung-Stilling 1777 = [Jung-Stilling, J. H.:] Henrich Stillings Jugend. Eine wahrhafte Geschichte. Berlin/Leipzig 1777.
Kast = Kast, V.: Mann und Frau im Märchen. Eine psychologische Deutung. Olten/Freiburg 1983.
Keller = Keller, A. von: Erzählungen aus altdeutschen Handschriften. Stuttgart 1855.
Kerner 1813 = Deutscher Dichterwald. Stuttgart 1813.
KHM = Kinder- und Hausmärchen gesammelt durch die Brüder Grimm. Bd. 1–2. Göttingen [7]1857; Bd. 3. Göttingen [3]1856 (= Ausg. letzer Hand). Benutzt wurde die Edition H. Röllekes Stuttgart 1980 u. ö.; abweichende Ausgaben sind in Kurzzitierweise mit den jeweiligen Herausgebern zitiert.
Kirchhof, Wendunmuth = Kirchhof, H. W.: Wendunmuth. Buch 1–7. ed. H. Oesterley. Bd. 1–5. Tübingen 1869.
Klöne = Klöne, U.: Die Aufnahme des Märchens in der italienischen Kunstprosa von Straparola bis Basile. Diss. Marburg 1961.
Köhler-Zülch/Shojaei = Köhler-Zülch, I./Shojaei Kawan, C.: Schneewittchen hat viele Schwestern. Frauengestalten in europäischen Märchen. Gütersloh 1988.
Lixfeld 1971 = Lixfeld, H.: Gott und Teufel als Weltschöpfer. München 1971.
Lüthi 1943 = Lüthi, M.: Die Gabe im Märchen und in der Sage. Diss. Bern 1943.
Lüthi 1960 = Lüthi, M.: Die Herkunft des Grimmschen Rapunzelmärchens (AaTh 310). In: Fabula 3 (1960) 95–118 (erw. in: Volksmärchen und Volkssage. Bern/München [2]1966, 62–96).
Lüthi 1962 = Lüthi, M.: Es war einmal... Vom Wesen des Volksmärchens. Göttingen (1962) [5]1977.
Lüthi 1971 = Lüthi, M.: Rumpelstilzchen. In: Antaios 12 (1971) 419–436.
Lüthi 1971 = Lüthi, M.: Von der Freiheit der Erzähler. In: Neue Zürcher Zeitung (6. 6. 1971) 51–52.
Lüthi 1972 = Lüthi, M.: Zur Präsenz des Themas Selbstschädigung in Volkserzählungen. In: Festschr. L. Schmidt. Wien 1972, 485–495.

Manlius 1565 = Manlius, J.: Locorum Communium. Der Ander Theil. Frankfurt a. M. 1565.
Mathesius 1586 = Mathesius, J.: Syrach Mathesij Das ist Christliche Lehrhaffte Trostreiche und lustige Erklerung und Außlegung des schönen Haußbuchs so der weyse mann Syrach zusammen gebracht und geschrieben [...]. Bd. 1–3. Leipzig 1586.
Memel 1656 = Lustige Gesellschaft [...] von Joanne Petro de Memel. Zippelzerbst im Drömbling 1656.
Meuli 1943 = Meuli, K.: Vom Tränenkrüglein, von Predigerbrüdern und vom Trösten [1943]. In: ders.: Gesammelte Schriften 1. Basel/Stuttgart 1975, 387–435.
Mieder 1986 = Mieder, W. (ed.): Grimmige Märchen. Prosatexte von Ilse Aichinger bis Martin Walser. Frankfurt a. M. 1986.
Mieder = Mieder, W.: Modern Anglo-American Variants of the Frog Prince (AaTh 440). In: New York Folklore 6 (1980) 111–135.
Moller 1655 = Moller, J.: Allegoriae Profano-Sacrae [...]. Jena ³1655.
Montanus = Montanus, M.: Das Ander Theyl der Garten Gesellschafft. Straßburg [um 1560] (= Martin Montanus: Schwankbücher [1557–1566]. ed. J. Bolte. Tübingen 1899, 253–434).
Morlini/Wesselski = Die Novellen Girolamo Morlinis. ed. A. Wesselski. München [1908].
Moser-Rath 1958 = Moser-Rath, E.: Erzähler auf der Kanzel. Zu Form und Funktion des barocken Predigtmärleins. In: Fabula 2 (1958) 1–26.
Moser-Rath 1964 = Moser-Rath, E.: Predigtmärlein der Barockzeit. Exempel, Sage, Schwank und Fabel in geistlichen Quellen des oberdeutschen Raumes. Berlin 1964.
Moser-Rath 1984 = Moser-Rath, E.: »Lustige Gesellschaft«. Schwank und Witz des 17. und 18. Jahrhunderts in kultur- und sozialgeschichtlichem Kontext. Stuttgart 1984.
Münchhausen = [Bürger, G. A.:] Wunderbare Reisen zu Wasser und zu Lande, Feldzüge und lustige Abenteuer des Freyherrn von Münchhausen [...]. London [= Göttingen] 1786.
Pauli/Bolte = Pauli, Johannes: Schimpff und Ernst. Bd. 1–2. ed. J. Bolte. Berlin 1924.

Pelbárt von Temesvár = Katona, L.: Temesvári Pelbárt példái (Die Exempel des Pelbárt von Temesvár). Budapest 1902.
Perrault = Perrault, C.: Histoires ou contes du temps passé [1697]. In: Contes de Perrault. Genève 1980.
Plener 1687 = Neue und Vermehrte Acerra philologica, Das ist: Sieben Hundert Auserlesene, Nützliche, lustige und denckwürdige Historien und Discursen [...]. Frankfurt/Leipzig 1708 (die Vorrede von 1687 zeichnete Plener).
Praetorius, Glücks-Topf = Praetorius, J.: Der Abentheuerliche Glücks-Topf [...]. s.l. 1669.
Raas = Raas, F.: Die Wette der drei Frauen. Beiträge zur Motivgeschichte und zur literarischen Interpretation der Schwankdichtung. Bern 1983.
Rank = Rank, O.: Das Inzest-Motiv in Dichtung und Sage. Leipzig/Wien ²1926.
Ranke = Ranke, K.: Schleswig-holsteinische Volksmärchen. Bd. 1–3. Kiel 1955/58/62.
Rehermann 1977 = Rehermann, E. H.: Das Predigtexempel bei protestantischen Theologen des 16. und 17. Jahrhunderts. Göttingen 1977.
Remigius 1598 = Daemonolatria, Das ist, von Unholden und Zauber Geistern des [...] Nicolaii Remigii [...]. Frankfurt 1598.
Richter = Richter, D.: Die »Bremer Stadtmusikanten« in Bremen. Zum Weiterleben eines Grimmschen Märchens. In: Uther 1990, 27–38.
Ritz = Ritz, H. (d. i. H. Erckenbrecht): Die Geschichte vom Rotkäppchen. Ursprünge, Analysen, Parodien eines Märchens. Göttingen 1981 (⁸1984).
Röhrich 1987 = Röhrich, L.: Wage es, den Frosch zu küssen! Das Grimmsche Märchen Nummer Eins in seinen Wandlungen. Köln 1987.
Röhrich 1990 = Röhrich, L.: Wandlungen des Märchens in den modernen Bildmedien. Comic und Cartoons. In: Uther 1990, 11–26.
Röhrich, MuW = Röhrich, L.: Märchen und Wirklichkeit. Wiesbaden ⁴1979.
Rölleke 1973 = Rölleke, H.: Von dem Fischer un syner Fru. Die

älteste schriftliche Überlieferung. In: Fabula 14 (1973) 112–123.
Rölleke 1978 = Rölleke, H.: Der wahre Butt. Die wundersamen Wandlungen des Märchens vom Fischer und seiner Frau. Düsseldorf/Köln 1978.
Rölleke 1983 = Rölleke, H.: Schneeweißchen und Rosenrot. In: Wirkendes Wort 33 (1983) 152–163.
Rölleke 1986 = Rölleke, H.: Schneeweißchen und Rosenroth. KHM 161 in der Grimmschen ›Urfassung‹. In: Fabula 27 (1986) 265–287.
Rommel = Rommel, M.: Von dem Fischer un syner Fru. Eine vergleichende Märchenuntersuchung. Diss. Heidelberg 1935.
Ruckard = Ruckard, G.: Die Lachende Schule. Hall 1736.
Rumpf = Rumpf, M.: Rotkäppchen. Diss. masch. Göttingen 1951. (Bern/Frankfurt/New York/Paris 1989).
Rusch-Feja 1986 = Rusch-Feja, D. D.: The Portrayal of the Maturation Process of Girl Figures in Selected Tales of the Brothers Grimm. Diss. Buffalo 1986.
Sachs, Fabeln = Sämtliche Fabeln und Schwänke von Hans Sachs. Bd. 1–6. edd. E. Goetze/C. Drescher. Halle 1893–1913.
Sahr 1980 = Sahr, M.: Zur Wirkung von Märchen. In: Kinderliteratur und Rezeption. ed. B. Hurrelmann. Battmannsweiler 1980, 335–365.
Schenda 1989 = Schenda, R.: Volk ohne Buch. Frankfurt a. M. ^{3}1989.
Scherf 1987 = Scherf, W.: Die Herausforderung des Dämons. Form und Funktion grausiger Kindermärchen. München u. a. 1987.
Scherf, Zaubermärchen = Scherf, W.: Lexikon der Zaubermärchen. Stuttgart 1982.
Schmidt 1932 = Schmidt, K.: Die Entwicklung der KHM der Brüder Grimm seit der Urhandschrift. Halle 1932.
Schmitz = Schmitz, N.: La Mensongère. T. 710 dans la tradition orale du Canada français et de l'Irlande. Quebec 1972.
Schulz = Schulz, F.: Kleine Romane. Bd. 1–5. Leipzig 1788–1790.
Schumann = Valentin Schumanns Nachtbüchlein (1559). ed. J. Bolte. Tübingen 1893.

Schwarzbaum 1972 = Schwarzbaum, H.: The Zoologically Tinged Stages of Man's Existence (Aa-Th 173 and 828). In: Folklore Research Center Studies 3 (1972) 267–290.
Schwarzbaum, Fox Fables = Schwarzbaum, H.: The Mishle Shu'alim (Fox Fables) of Rabbi Berechiah ha-Nakdan. Kiron (bei Tel-Aviv) 1979.
Schweizer 1969 = Schweizer, W. R.: Münchhausen und Münchhausiaden. Werden und Schicksale einer deutsch-englischen Burleske. Bern/München 1969.
Scobie 1983 = Scobie, A.: Apuleius and Folklore. London 1983.
Seifert = Seifert, E.: Untersuchung zu Grimms Märchen »Das Marienkind«. Diss. masch. München 1953.
Ser Giovanni = Die fünfzig Novellen des Pecorone von Ser Giovanni Fiorentino [Übers. M. Gagliardi]. Bd. 1. München 1921.
Squarotti = Squarotti, G. B.: Probleme der Erzähltechnik im 16. Jahrhundert: Lo Straparola [1965]. In: Die romanische Novelle. ed. W. Eitel. Darmstadt 1977, 143–174.
Steinhöwel = Steinhöwel Äsop. ed. H. Oesterley. Tüb. 1873.
Stolleis 1980 = Stolleis, M.: Der Ranzen, das Hütlein und das Hörnlein. In: Brackert, H. (ed.): Und wenn sie nicht gestorben sind... Perspektiven auf das Märchen. Frankfurt a. M. 1980, 153–164.
Stone = Stone, K. F.: Mißbrauchte Verzauberung. Aschenputtel als Weiblichkeitsideal in Nordamerika. In: Über Märchen für Kinder von heute. ed. K. Doderer. Weinheim/Basel 1983, 78–93.
Straparola = Straparola, Giovanni Francesco: Die Nächte. Bd. 1–2. Wien 1791.
Strasser 1986 = Strasser, I.: Vornovellistisches Erzählen. Habil. Wien 1986.
Strigenitz 1613 = Strigenitz, G.: Diluvium. Das ist Außlegung der schrecklichen und doch auch zugleich tröstlichen Historien der Sündflut [...] Leipzig 1613.
Strobl 1700 = Strobl, A.: Ovum Paschale Novum Oder Neugefärbte Oster-Ayr [...]. Salzburg 1700.
Tausendundeinenacht = Tausend und eine Nacht. Arabische Erzählungen. [...] übers. G. Weil. Stuttgart u. a. 1838 (u. ö.).

Uther 1981 = Uther, H.-J.: Behinderte in populären Erzählungen. Studien zur historischen und vergleichenden Erzählforschung. Berlin/New York 1981.

Uther 1987 = Uther, H.-J.: Zur Bedeutung und Funktion dienstbarer Geister in Märchen und Sage. In: Fabula 29 (1987) 227–244.

Uther 1989 = Uther, H.-J.: Das sprechende und handelnde Heiligenbild. Ein Beitrag zum genrespezifischen Funktionswandel von Motiven. In: Der Dämon und sein Bild. ed. L. Petzoldt/S. de Rachewiltz. Frankfurt a. M./Bern/New York/Paris 1989, 187–201.

Uther 1990 = Märchen in unserer Zeit. ed. H.-J. Uther. München 1990.

Uther, Hans im Glück = Uther, H.-J.: Hans im Glück (KHM 83). Zur Entstehung, Verbreitung und bildlichen Darstellung eines populären Märchens. In: The Telling of Stories. Approaches to a Traditional Craft. ed. F. G. Andersen/I. Piø. Odense 1990, 1–31.

Verweyen = Verweyen, A.: Vom Bilderbogen zum Comic: Rotkäppchen und seine Illustratoren. In: Uther 1990, 56–74.

Vulpius 1814 = [Vulpius, C. A.:] Curiositäten. Bd. 3. Weimar 1813.

Waibler = Waibler, H.: M. Johannes Praetorius, P. L. C. Biobibliographische Studien zu einem Kompilator curieuser Materien im 17. Jahrhundert. Frankfurt u. a. 1979.

Waldis = Waldis, B.: Esopus. Bd. 1–2. ed. H. Kurz. Leipzig 1862.

Waldmann = Wo hinaus so früh, Rotkäppchen? Veränderungen eines europäischen Volksmärchens, dargestellt mit Bildern und Büchern aus der Sammlung Elisabeth und Richard Waldmann. Zürich 1985.

Wesselski 1929 = Wesselski, A.: Ein amerikanisches Motiv in einem Grimmschen Märchen. In: Euphorion 39 (1929) 545–551.

Wesselski 1933 = Das Märlein vom Tode des Hühnchens und andere Kettenmärlein. In: Hessische Blätter für Volkskunde 32 (1933) 1–51.

Wesselski 1938 = Wesselski, A.: Das Geschenk der Lebensjahre. In: Archiv Orientální 10 (1938) 79–114.

Wesselski 1938/39 = Wesselski, A.: Ein deutsches Märchen des 18. Jahrhunderts und die Historie om Kong Edvard af Engelland. In: Acta Philologica Scandinavica 13 (1938/39) 129–200.
Wesselski, Funktion = Wesselski, A.: Der Gott außer Funktion. In: Archiv Orientální 1 (1929) 300–311.
Wesselski, Lebensjahre = Wesselski, A.: Das Geschenk der Lebensjahre. In: Archiv Orientální 10 (1938) 79–114.
Wesselski, Märchen = Wesselski, A.: Deutsche Märchen vor Grimm. Brünn/Leipzig 1938 (benutzte Ausg. Brünn/Leipzig/Wien 1942).
Wesselski, MMA = Wesselski, A.: Märchen des Mittelalters. Berlin 1925.
Wesselski, Schmied = Wesselski, A.: Der Schmied von Jüterbog im Kiffhäuser. In: Zeitschrift für Volkskunde 46 (1938) 198–218.
Wittgenstein = Wittgenstein, O. Graf von: Märchen, Träume, Schicksale. München 1973.
Wolff 1705 = Wolff, L.: Rugitus Leonis, Geistliches Löwen-Brüllen [...]. Augsburg 1705.
Wolgemuth 1669 = 500 Frische und vergüldete Haupt-Pillen Oder Neugeflochtener Melancholie-Besem [...] von Ernst Wolgemuth. s. l. 1669.
Zipes 1982 = Zipes, J.: Rotkäppchens Lust und Leid. Biographie eines europäischen Märchens. Köln 1982.

Die Märchen der Weltliteratur

Begründet von Friedrich von der Leyen
Herausgegeben von Hans-Jörg Uther

ALBANISCHE MÄRCHEN
Martin Camaj/Uta Schier-Oberdorffer, 276 Seiten

ALTÄGYPTISCHE MÄRCHEN
Emma Brunner-Traut, 378 Seiten

ARABISCHE MÄRCHEN
Kassette, 2 Bände
Max Weisweiler, 648 Seiten

MÄRCHEN AUS ARGENTINIEN UND PARAGUAY
Felix Karlinger/Johannes Pögl, 256 Seiten

MÄRCHEN AUS AUSTRALIEN
Anneliese Löffler, 288 Seiten

MÄRCHEN DER AZTEKEN UND INKAPERUANER? MAYA UND MUSICA
Walter Krickeberg, 348 Seiten

MÄRCHEN DER BANTU
Almut Seiler-Dietrich, 288 Seiten

BASKISCHE MÄRCHEN
Felix Karlinger/Erentrudis Laserer, 288 Seiten

MÄRCHEN DER BERBER
Uwe Topper, 264 Seiten

BUDDHISTISCHE MÄRCHEN AUS DEM ALTEN INDIEN
Else Lüders, 408 Seiten

CHINESISCHE MÄRCHEN
Richard Wilhelm, 396 Seiten

MÄRCHEN VOM DACH DER WELT
Gisela Schenkowitz, 336 Seiten

DÄNISCHE VOLKSMÄRCHEN
Laurits Bodker, 344 Seiten

DEUTSCHE VOLKSMÄRCHEN
Elfriede Moser-Rath, 332 Seiten

ENGLISCHE VOLKSMÄRCHEN
Katherine Briggs/Ruth Michaelis-Jena, 312 Seiten

ESTNISCHE VOLKSMÄRCHEN
Richard Viidalepp/Eugenie Meyer, 458 Seiten

FINNISCHE UND ESTNISCHE MÄRCHEN
August von Löwis of Menar, 335 Seiten

FRANZÖSISCHE MÄRCHEN
Kassette, 2 Bände
Felix Karlinger/Ernst Tegethoff und andere, 695 Seiten

FRIESISCHE MÄRCHEN
Jurjen van der Kooi/Babs Gezelle Meerburg, 400 Seiten

MÄRCHEN GRIECHISCHER INSELN
Felix Karlinger, 327 Seiten

EUGEN DIEDERICHS VERLAG

Die Märchen der Weltliteratur

Begründet von Friedrich von der Leyen
Herausgegeben von Hans-Jörg Uther

NORWEGISCHE VOLKSMÄRCHEN
Klara Stroebe/Reidhar Th. Christiansen, 332 Seiten

MÄRCHEN AUS DEM PANDSCHAB
Helmtraut Sheik-Dilthey, 280 Seiten

MÄRCHEN AUS PAPUA-NEUGUINEA
Ulla Schild, 272 Seiten

PERSISCHE MÄRCHEN
Arthur Christiansen, 312 Seiten

PLATTDEUTSCHE MÄRCHEN
Wilhelm Wisser, 312 Seiten

POLNISCHE MÄRCHEN
Ewa Bukowska-Grosse/Erwin Koschmieder, 312 Seiten

PROVENZALISCHE MÄRCHEN
Felix Karlinger/Gertrude Gréciano, 280 Seiten

RÄTOROMANISCHE MÄRCHEN
Leza Uffer, 288 Seiten

RUSSISCHE VOLKSMÄRCHEN
August von Löwis of Menar/Reinhold Olesch, 340 Seiten

MÄRCHEN AUS SCHOTTLAND
Hanna Aitken/Ruth Michaelis-Jena, 384 Seiten

SCHWEDISCHE VOLKSMÄRCHEN
Kurt Schier, 296 Seiten

SCHWEIZER VOLKSMÄRCHEN
Robert Wildhaber/Leza Uffer, 280 Seiten

SIBIRISCHE MÄRCHEN II
Gerhard Doerfer, 288 Seiten

MÄRCHEN AUS SINKIANG
Karl Reichl, 272 Seiten

SPANISCHE MÄRCHEN
Harro Meier/Felix Karlinger, 328 Seiten

MÄRCHEN AUS SRI LANKA
Eckard Schleberger, 288 Seiten

SÜDAMERIKANISCHE INDIANERMÄRCHEN
Felix Karlinger/Elisabeth Zacherl, 320 Seiten

MÄRCHEN AUS DEM TESSIN
Pia Todorović-Strähl, 288 Seiten

MÄRCHEN AUS TIBET
Helmut Hoffmann, 256 Seiten

MÄRCHEN AUS DEM TSCHAD
Herrmann Jungraithmayr, 288 Seiten

TSCHECHISCHE VOLKSMÄRCHEN
Oldrich Sirovátka, 312 Seiten

TÜRKISCHE MÄRCHEN
Otto Spies, 336 Seiten

MÄRCHEN DER USBEKEN
Ilse Laude-Cirtautas, 288 Seiten

MÄRCHEN AUS WALES
Frederik Hetmann, 288 Seiten

ZIGEUNERMÄRCHEN
Walter Aichele/Martin Block, 392 Seiten

EUGEN DIEDERICHS VERLAG